普通高等教育“十二五”规划教材·经济管理类核心课系列

组织行为学

主　编　罗倩文
副主编　强国民　阳芙蓉　陈英葵

科学出版社
北　京

内 容 简 介

组织行为学是一门综合运用管理学、心理学、社会学、社会心理学、人类学、政治学等理论研究组织管理中人的心理行为及行为规律的学科，是普通高等院校经济管理类专业主干课程之一。本书力求既系统阐述组织行为学经典理论，又及时反映组织行为学的前沿成果。本书共十一章，由导论、个体心理与行为管理、组织中的个体行为、激励与行为反应、群体行为基础、群体动力行为、领导与领导力、权力与政治、组织结构与组织设计、组织变革与组织发展、组织文化组成。各章最后附有相应的复习思考题以及相关的案例分析等内容，以便读者学习和参考。

本书可供高等院校经济类和管理类各专业本科生、研究生学习使用，也可作为对组织行为学感兴趣读者的自学参考书和各类管理者的培训用书。

图书在版编目（CIP）数据

组织行为学 / 罗倩文主编. —北京：科学出版社，2016.9

普通高等教育“十二五”规划教材·经济管理类核心课系列

ISBN 978-7-03-049637-9

Ⅰ. ①组… Ⅱ. ①罗… Ⅲ. ①组织行为学-高等学校-教材 Ⅳ. ① C936

中国版本图书馆 CIP 数据核字（2016）第 199911 号

责任编辑：兰　鹏/责任校对：李　影

责任印制：赵　博/封面设计：蓝正设计

科 学 出 版 社 出版

北京东黄城根北街 16 号

邮政编码：100717

http://www.sciencep.com

北京凌奇印刷有限责任公司印刷

科学出版社发行　各地新华书店经销

*

2016 年 9 月第　一　版　开本：787 × 1092　1/16

2025 年 2 月第六次印刷　印张：21

字数：500 000

定价：49.00 元

（如有印装质量问题，我社负责调换）

前　　言

组织行为学是管理科学的重要组成部分，也是行为科学的一个发展分支，是一门多学科、多层次的交叉边缘性学科。它运用系统分析的方法，综合了管理学、经济学、心理学、社会学、人类学、政治学、文化学等学科的理论知识，对个体、群体和组织中人们的行为规律进行研究，探索和揭示组织中人的心理与行为规律性，帮助解释、预测和控制人的行为，从而提高对人行为的管理和引导能力，提高组织的工作绩效，以更有效地实现组织目标。这样的学科目标和定位必然使得组织行为学在管理学领域中占有重要位置。

组织行为学是一门新兴学科，始于20世纪50年代至60年代的美国，20世纪80年代传入中国，也是一门发展中的学科。当今信息技术飞速发展，网络经济日益壮大，经济全球化日益加强，行业结构不断变化，组织模式不断更新，组织环境更加复杂和不确定，这既是机遇，也对组织行为学的发展提出了前所未有的挑战。本书在厘清组织行为学的经典理论架构的同时，参阅和引用了国内外学者研究的前沿成果，结合多年的教学经验编写而成。

本书以学科发展为视角，以基本理论为架构，以案例学习为载体，秉承理论和实践相结合的原则，以通俗语言循序渐进、深入浅出，科学系统地介绍组织行为学理论知识。本书结构完整，每章附有学习目标、导入案例，有助于读者理解课程知识，掌握课程学习要点。同时章后附有复习思考题、案例分析等内容，帮助读者进一步复习巩固前面所学内容，学会运用组织行为学理论工具分析组织行为现象，进而为今后的组织管理活动实践奠定认知基础。

本书是编写组集体贡献的成果，由罗倩文主编，强国民（石河子大学）、阳芙蓉（重庆师范大学）、陈英葵（贵州师范大学）为副主编。罗倩文负责本书总体设计、统稿编辑、文字校对、最终修改和定稿。全书共十一章，第一章、第八章和第十章由邱娟（西南大学）、罗倩文负责编写；第二章、第三章由陈英葵、李世茂（西南大学）负责编写；第四章由乔晶（重庆工商大学）负责编写；第五章至第七章由强国民负责编写；第九章、第十一章由阳芙蓉负责编写。

在编写过程中，编者借鉴和参考了国内外学者的研究成果，以及国内外教材的精华素材，在此向他们表示真诚的感谢和敬意。本书在出版过程中，得到科学出版社的大力支持，在此表示衷心的感谢！由于编者水平有限，书中难免存在疏漏和不当之处，敬请广大专家学者和读者批评指正。

罗倩文

2016年6月30日

目　　录

第一章　导论 ……………………………………………………………… 1
　　第一节　组织行为学的概念与范畴 …………………………………… 2
　　第二节　组织行为学的产生与发展 …………………………………… 8
　　第三节　组织行为学的理论基础 ……………………………………… 13
　　第四节　组织行为学的研究方法 ……………………………………… 16
　　第五节　组织行为学面临的挑战 ……………………………………… 20
第二章　个体心理与行为管理 ……………………………………………… 28
　　第一节　行为基础 ………………………………………………………… 29
　　第二节　人格差异与行为 ………………………………………………… 32
　　第三节　知觉与归因 ……………………………………………………… 41
　　第四节　价值观与态度 …………………………………………………… 52
第三章　组织中的个体行为 ………………………………………………… 67
　　第一节　胜任力 …………………………………………………………… 68
　　第二节　组织公民行为 …………………………………………………… 73
　　第三节　心理契约 ………………………………………………………… 77
　　第四节　工作压力 ………………………………………………………… 83
　　第五节　印象管理 ………………………………………………………… 88
第四章　激励与行为反应 …………………………………………………… 94
　　第一节　激励概述 ………………………………………………………… 95
　　第二节　内容型激励理论 ………………………………………………… 97
　　第三节　过程型激励理论 ………………………………………………… 104
　　第四节　行为改造型激励理论 …………………………………………… 109
　　第五节　综合激励理论 …………………………………………………… 113
第五章　群体行为基础 ……………………………………………………… 120
　　第一节　群体的概述 ……………………………………………………… 121
　　第二节　群体的形成与发展 ……………………………………………… 123
　　第三节　群体属性 ………………………………………………………… 127
　　第四节　群体行为特性与规律 …………………………………………… 131
　　第五节　群体行为与工作绩效 …………………………………………… 137
第六章　群体动力行为 ……………………………………………………… 148
　　第一节　团队与团队管理 ………………………………………………… 149
　　第二节　冲突与冲突管理 ………………………………………………… 156
　　第三节　沟通与人际关系 ………………………………………………… 163

第七章　领导与领导力 ······ 181
第一节　领导概述 ······ 182
第二节　领导理论 ······ 185
第三节　领导力 ······ 198
第八章　权力与政治 ······ 209
第一节　权力概述 ······ 210
第二节　权力的来源 ······ 214
第三节　组织政治行为 ······ 224
第四节　组织政治行为的管理 ······ 231
第九章　组织结构与组织设计 ······ 242
第一节　组织与组织理论 ······ 243
第二节　组织结构 ······ 248
第三节　组织设计 ······ 258
第十章　组织变革与组织发展 ······ 267
第一节　组织变革 ······ 268
第二节　组织变革的阻力 ······ 275
第三节　组织变革的模型 ······ 280
第四节　组织发展 ······ 286
第十一章　组织文化 ······ 301
第一节　组织文化概述 ······ 302
第二节　组织文化理论 ······ 311
第三节　组织文化建设 ······ 316
参考文献 ······ 328

第一章

导　　论

学习是什么？学习就是继承，继承古今中外和人类社会的一切学问与知识；只有全面地继承才能进行全新的创造。

——高士其

※ 学习目标

1. 掌握组织行为学的相关概念和学科性质。
2. 了解组织行为学的发展历程。
3. 理解组织行为学的理论基础。
4. 了解组织行为学的具体研究方法。
5. 理解组织行为学面临的主要挑战。

导入案例

优酷土豆合并阵痛难解

自 2012 年优酷土豆合并以来，土豆网经历了持续的人事动荡，有消息称，从原土豆网加入优酷土豆集团管理委员会的唯一一名高管——优酷土豆集团人力资源高级副总裁于洲将离职。

对此传闻，优酷土豆官方予以否认，在接受腾讯科技采访时，于洲本人也表示正在参加集团内部的会议，并以“传言”二字回应；不过，一位优酷土豆集团的内部知情人士向腾讯科技确认了上述消息。

但无可否认的是，土豆网与优酷合并之前的大部分老员工开始了第二波离职热潮。早在 2013 年 5 月 13 日，优酷土豆 2013 年第一季度财报发布前两天，原土豆网技术副总裁黄冬也正式在土豆网办理了离职手续，跟随黄冬一起跳槽的还有土豆网二十多名产品技术部门的员工。

除此之外，离职的还有土豆网总编辑祖晨、市场部高级总监张亚红等。据了解，优酷、土豆合并之后，由于在视频流量、内容上没有增长亮点，土豆网总编辑祖晨的工作早已被架空，仅负责几个边缘的子频道。

至于引发土豆网2013年人事动荡的主要诱因，一位土豆网离职人士表示，就是2013年2月土豆网新总裁杨伟东的加盟。上任之初，杨伟东对土豆网的定位进行了一定的调整，不追求做综合类的视频门户，主打娱乐化、个性化、年轻化，希望把土豆打造成为中国年轻人最喜欢的视频网站之一、最喜欢的文化品牌之一。其实，这种定位与土豆之前的品牌形象并无太大的冲突，问题在于，在最终的执行上产生了种种问题，并导致了合并以来土豆网原本逐渐缓和的各种矛盾重新激化。

杨伟东在加盟优酷土豆集团之前，历任诺基亚大中国区营销及活动市场总监、麦特文化发展有限公司首席执行官（chief executive officer，CEO）。擅长市场营销的他，同时带过来约20名老部下，并安排进入公司除产品技术部门以外的诸多重要中层岗位。颇让人寻味的是，这些人供职于土豆，但无一例外都是与优酷签订的聘用合同。

问题的关键在于，杨伟东团队空降土豆网以来，对于土豆网整体品牌的塑造很长时间内并没有真正详细的战略规划，重点工作集中在从手中的项目、从内容入手寻求市场营销和商业合作，具体做青年文化的相关策略和思路还在摸索中，土豆网上下也并没有统一的认识。

另外，虽然做营销出身的杨伟东团队有着很强的客户资源、媒体资源，但其对互联网和技术不了解，在产品技术乃至视频内容本身等方面存在短板。原土豆网技术副总裁黄冬带领的产品技术团队职能被逐渐弱化，这也直接导致了原技术团队的迷茫和出走。

资料来源：腾讯科技，http://tech.qq.com/a/20130805/008600.htm，2013-08-05（内容有缩减）

组织行为学是管理理论的重要组成部分，是管理理论发展到一定阶段的产物，并随着管理理论的发展越来越受到重视。组织行为学是一门广泛吸收多学科知识的交叉学科，综合了心理学、社会学、人类学等学科的研究成果，并且在借鉴的基础上发展了一些关于组织管理的新观点和新理论，提高了对组织中个体、群体行为模式的解释、引导和预测能力，促进了组织管理水平的提高和组织绩效的改善，具有很强的实践性和应用性。所以，学习和研究组织行为学不但具有理论意义，而且具有现实意义。

第一节　组织行为学的概念与范畴

一、为什么要学习组织行为学

初学组织行为学的学生可能会疑惑：我的职业意向是从事人力资源管理类、市场营销类或者是会计类的工作，只要学好人力资源管理、市场营销学、会计学等与特定职位相关的课程就可以了，为什么要学习组织行为学呢？又没有“组织行为总裁”这一职位。像这些未踏入或者是刚踏入职场的学生，他们很难认识到组织行为学知识可以给他们的未来发展带来的帮助。相反，那些拥有几年工作经验的人却会把组织行为学看做重要的学习课程。因为他们已经意识到组织行为学理论可以帮助人们理解工作环境，而且学习这些理论还能给予人们重塑个人心智模型的机会。因此，应该说组织行为学非常重要，它可以帮助我们理解并预测自身所处的环境情况，从而有利于我们完成目标。

大多数人都出生在组织中、在组织中受教育、通过组织取得绝大多数的物质财富，并且去世时仍然是某些组织的成员。人生的许多活动都受各类政府组织的管制，绝大多数人大半生的时间都是在组织中工作。因此，所有人都要在组织中与他人共同生活、工作，而组织行为学正提供了与他人共事的知识和技巧，如建立一个高绩效的团队、激励同事、处理工作中的冲突、影响上级领导、改变员工的行为等，而这些只是组织行为学所提供的知识和技巧的一小部分而已。

无论选择什么职业生涯，组织行为学理论都会在人们的工作中扮演重要的角色，掌握组织行为学知识的人职业生涯会更顺利，更容易成功，可以说组织行为学对所有人都有用。总的来说，学习组织行为学至少可以帮助我们更好地管理自己、管理他人、管理组织。

1. 管理自己

每个人只有了解自己、学会化解压力、舒缓负面情绪、保持积极向上的心态，才能更好地应对生活和工作中的各种突发情况。学习组织行为学可以使人们更好地认识自己，了解自己真实的愿望和需要，清楚自己的价值观、态度、性格、胜任力等，从而准确定位自己，明确个人的职业生涯规划，找到适合自己发展的工作，在工作中发挥自己的潜力。

2. 管理他人

人总是存在于一定的工作群体或社会群体中，并与生活和工作中的他人建立各种关系。管理好自己与他人、自己与组织的关系，不仅有利于自己的生活、工作，也有利于实现组织的绩效。而组织行为学正可提供如何处理与他人关系的知识，以及如何与他人共同实现组织绩效的知识。

3. 管理组织

学习组织行为学有助于正确地建构组织结构、运作流程和制度体系，创造适合组织发展（organization development，OD）的组织文化和价值观，实现组织的变革，从而提高组织绩效、实现组织的既定目标，使组织保持健康发展和可持续的竞争优势。

二、组织行为学的概念与学科性质

（一）组织行为学的概念

史蒂文·L. 麦克沙恩（Steven L. McShane）等认为，组织行为学是对人们在一个组织中或组织周围所想、所感、所做的研究。由此可见，组织行为学是研究处于组织中的人的行为，因此，在对组织行为学的概念进行探讨之前，很有必要介绍一下什么是组织及组织行为。

1. 组织

在现代高度组织化的社会中，所有人都可以说是组织中的人，每一个人都离不开组织：人一出生就是家庭组织的成员，上学后也是学校、班级组织的成员，工作后又是工作单位的成员……大多数人都在组织中生活、学习、工作，通过组织获得物质财富和精神财富。彼得·德鲁克（Peter F. Drucker）在《走向新型组织》中写道：组织是由人组成的，目的是发挥人的优势而避开其劣势。事实上，这是组织唯一能做的事，也是组织存在以及我们需要组织的唯一理由。组织已经渗透到我们生命中的每一层次，我们无时无刻不存在于各种特定组织之中，都在与各种组织交往，这说明组织是人们生活的普遍形式和存在方式。而组织的存在非常广泛，如学校、医院、银行、政府、军队、公司等，对于组织的定义也是众说纷纭。

切斯特·巴纳德（Chester I. Barnard）认为，组织是两个或者两个以上用人类意识加以协调而成的活动或力量系统。斯蒂芬·罗宾斯（Stephen P. Robbins）认为，组织是对完成特定使命的人们的系统性安排。埃德加·沙因（Edgar H. Schein）认为，组织是为了达到某一特定的共同目标，通过各部门劳动和职务的分工合作，以及不同等级的权力和责任的制度化，有计划地协调一群人的活动。杰克·邓肯（Jack Duncan）认为，组织是一个相互影响、相互依赖，为了达成某一共同目标的工作群体的集合。杰拉尔德·格林伯格（Jerald Greenberg）和罗伯特·A. 巴伦（Robert A. Baron）认为，组织是一个结构化的社会系统，由群体和个人组成，他们为了实现共同的目标而在一起工作。综上所述，组织的定义可以概括为：组织是为实现某些特定目标，由分工与合作及不同层次的权力和责任制度而形成的社会协作系统。

从组织的基本概念可知，组织不论大小和形式，基本特点如下。

（1）组织有明确的目标。组织是人为建立起来的社会协作系统，目的在于帮助个体实现其自身难以实现或不能实现的目标。一个组织必须有明确目标，否则协作无从发生。不同的组织由于性质不同，组织目标也不尽相同。例如，企业目标是为社会提供所需的产品和服务；学校目标是培养社会所需的专业人才；医院目标是提供社会所需的医疗服务。组织的目标不是一成不变的，在组织发展过程中，组织目标必须随着环境变化而适当变更。

（2）组织是有分工的协作系统。现实生活中，人们已经普遍认识到组织是按照一定的目的、任务和形式构建的社会群体，是协调分工和专业化的一种工具。要保证分工协作的有效和组织目标的实现，必须建立一种权责分明的关系结构，以维系组织运行的秩序和促进组织的发展。科学划分部门、管理层次以及各岗位的责任、义务、权力与利益；科学建立有效的沟通协调机制是组织正常运行的保障。

（3）组织是人的集合体。组织的构成要素包括人、财、物等，其中人既是组织管理的对象，又是组织管理的主体。当两个或者两个以上的人为了共同目标走到一起时组织才得以产生，所以组织的生存和发展与人的思想、行为有着密切的联系，人的心理和行为规律影响着组织效率。

2. 组织行为

行为（behavior）古语又作“行伪”，是指举止行动，受思想支配而表现出来的外面活动。《韦氏大辞典》对行为的解释是：“对外界刺激反应的某种表现；个体、组织等方面对其外部环境的反应；某种事物活动的方式。”可见，东西方对行为的解释有一定的差别，但一般来说，行为是人们内在心理需要与外部社会环境相互作用所产生的一系列活动反应。对于社会人来说，人的各种形体动作、喜怒哀乐以及人与人之间的交流和沟通等都属于行为。但是，组织行为学主要研究的是组织行为。

组织行为（organizational behavior）泛指组织中的个体、群体以及作为人格化主体的组织对内源性或外源性刺激所做出的反应。加拿大学者凯利（Joe Kelly）将组织行为精辟定义为对组织性质进行系统的研究：组织是怎样产生、成长和发展的；以及怎样对组织的各个成员、对组成这些组织的群体、对其他组织以及对更大机构发生作用的。

组织行为的概念结构应包含四个核心命题。

（1）组织行为遵循人类行为的原则。组织行为是在特定环境中的人类行为。组织中的人不论是否在职都受到同样的心理机制支配，在受到一定外界压力时，无论这种压力是否与工作有关，人体内部机制都马上额外给人以适量的内分泌刺激。同样的，在工作中的人都受组织生活内部和外部同样心理学原则支配。

（2）组织行为是由情景决定的。人的行为是个体特征和环境变数两者之间的相互作用的函数，用公式来表示即 $B=f(P\cdot E)$。公式中的 B 代表行为；E 代表环境（environment）；P 代表个体特征（personality）；f 代表函数。在个体特征既定的情况下，环境情景等外部因素对人的行为起着决定作用。

（3）组织行为是影响整体的。组织是一个以特定形式组合起来的相互协作的人群系统，它的任何一部分变化都会对系统及其他部分产生影响。组织行为是全体组织成员共同活动的行为，通过组织的个体行为来实现，反过来又影响成员的个体行为。

（4）组织行为代表结构和过程变数之间一种经常的相互作用。结构是指组织的形式、定义和作用；过程是指组织系统内一系列的活动，如决策、沟通、领导和冲突等。组织行为是组织中人的组合形式与特定组织结构中人的活动的两项变数的交互作用。

组织行为具有可描述性、可解释性、可预测性和可控制性，分析和研究组织行为就是为了能够解释、预测及控制组织中的人的行为与组织的行为。

3. 组织行为学

组织行为学发展至今已成为现代行为科学体系中最成熟、最核心和最前沿的学科，越来越受到人们的重视。在其发展过程中，有不少学者从不同的角度对该学科进行了定义。罗宾斯认为组织行为学是对组织内人的行为和态度所进行的系统研究。约翰·W. 纽斯特罗姆（John W. Newstrom）认为，组织行为学是一门研究人在组织中的行为知识并对其加以应用的学科。安德鲁·杜布林（Andrew J. Dubrin）认为，组织行为学是系统研究组织环境中所有成员的行为，以成员个体、群体、整个组织以及与外部环境的相互作用所形成的行为为研究的对象。加里·约翰斯（Gary Johns）认为，组织行为学是综合运用心理学、社会学、管理学、人类学、经济学、生物学、生理学和政治学等多种学科的知识，分析研究组织中人的心理、态度、行为及其规律的学科。张德认为，组织行为学是研究组织中人的心理和行为表现及其规律，提高管理人员预测、引导和控制人的行为的能力，以实现组织既定目标的学科。陈国权认为，组织行为学是依据实证科学的研究方法，综合运用有关学科（包括心理学、社会学、文化人类学、政治学、工程学、信息和系统科学等）中的知识，系统地研究由人所形成的各种组织在个体、群体和组织层次上的行为，以达到组织所期望的目标的学科。冯明认为，组织行为学是综合应用各种与人的行为有关的知识，通过系统地研究组织中人的心理与行为以达到组织预定目标的学科。

综合考虑以上定义，本书认为，组织行为学是综合运用有关学科知识，通过系统地研究一定组织体系内人的心理和行为表现及其规律，从而提高预测、引导和控制人的行为能力，以实现组织既定目标的一种社会科学。对于此定义，应该注意以下几点：①组织行为学的研究对象是人的心理和行为的规律性；②组织行为学的研究范围是工作组织中人的心理和行为规律；③组织行为学的研究方法是系统分析法；④组织行为学的研究目的是预测、引导和控制人的行为，以达到组织既定的目标。

（二）组织行为学的学科性质

组织行为学是一门跨学科、多层次的基础科学，同时又具有两重性与应用性。

1. *跨学科性*

组织行为学是以行为科学（主要是指心理学、人类学、社会学）、管理学（主要是指人力资源管理学、组织管理学）的概念、理论、模式和方法为主要知识基础，同时吸取了政治学、经济学、历史学、生物学、生理学等社会科学和自然科学中有关论述人类行为、心理的内容，充分体现了组织行为学是一门多学科相互交叉、渗透与融合的边缘性、跨学科性学科。组织行为学作为一个在原有的众多学科的相互交叉重叠中发展起来的新兴学科，既吸收了原有学科的多种特点，又形成了自己的新特点。

2. *多层次性*

组织行为学的多层次性表现为：它是一门综合研究组织中个体、群体和整个组织的行为发展规律，以及它们与社会环境的关系的知识体系。从系统的观点来分析，组织行为学作为一个完整的知识系统，其研究可分为三个层次，包括对个体行为的研究、对群体行为的研究和对组织行为的研究。这三个层次依次递进，对群体的讨论是建立在研究个体行为的基础之上的，对个体和群体的研究又受组织的制约，而对个体、群体和组织的研究又都处于社会环境这一复杂系统之中，具体如图 1-1 所示。

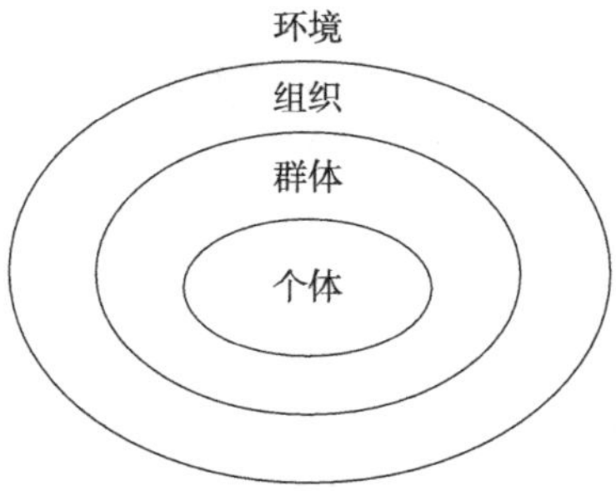

图 1-1　组织的三个层次及环境

资料来源：冀鸿和李泓欣（2012）

3. *两重性*

组织行为学又是一门具有两重性的学科，它既具有与组织中人的行为生物性特征相联系的反映人的行为一般规律的属性（即自然属性），又具有反映人的社会活动规律的属性（即社会属性），具体表现在以下三个方面。

（1）多学科性带来的两重性。组织行为学的研究既综合了普通心理学、生物学、生理学等不具有阶级性的自然科学，又应用了社会学、社会心理学、政治学等具有明显社会属性的社会科学。组织行为学是在这些学科的基础上发展起来的，在性质上自然也就反映了这些学科的特性。

（2）人的双重性。组织行为学的研究对象——人是具有双重性的。一方面，把个体和群体作为生产力的一个要素，即作为劳动者来研究，是没有阶级性的，也就是说，通过劳动者的劳动不断创造出物质产品，发展了社会生产力。另一方面，不管是个体还是群体的人总是在一定社会环境中相互联系、相互影响，正如马克思所说：人是一切社会关系的总和。因此人不仅具有一种生产力的最活跃的要素——劳动者的自然属性，而且具有一种人与人关系中的社会人的属性。

（3）管理的双重性。管理一方面作为对人们共同劳动的协调和指挥，反映了社会化大生产的共同规律，具有一般性和共性，这种共性不受社会制度的制约，即它是管理的自然属性；另一方面，管理又是一种监督劳动，这种监督劳动是一种社会属性的职能，不同社会制度是不一样的。管理的双重性决定了研究管理领域的人的心理和行为规律的组织行为学也具有双重性。

4. 应用性

相对于心理学、社会学、人类学等学科来说，组织行为学属于应用性学科，在掌握了一定组织中人的心理和行为的规律性之后，还要进一步对人的行为进行评价、分析、预测和引导，其目的是指导组织管理者实际工作，提高他们的工作能力，改善组织工作绩效。

三、组织行为学的研究范畴

组织行为学并不是研究一切人类的心理和行为规律，而是只研究工作组织中人的心理与行为的规律。通过对工作组织中人的行为的观察、研究和分析，揭示其行为规律，为解释、预测、引导和控制组织中人的行为提供科学依据与决策参考，以便更合理地利用人力资源，更有效地实现组织目标。其研究范畴主要包括以下四个方面（图 1-2）。

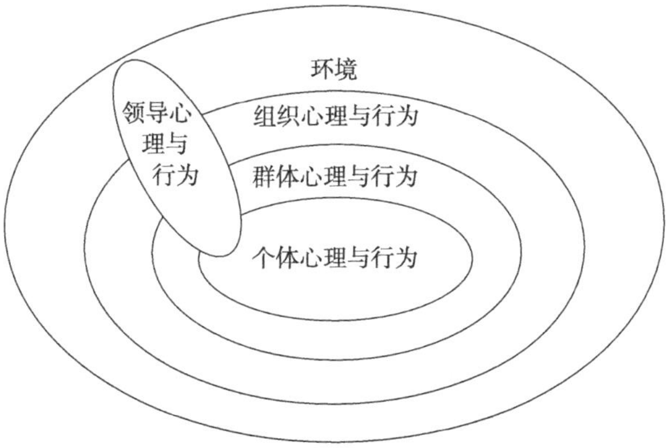

图 1-2 组织行为学的研究范畴

资料来源：熊勇清（2011）

1. 个体心理与行为

个体是构成组织最基本的单元，是组织的细胞，是组织行为学研究的基础和出发点，组织行为学要研究整个组织的行为规律，必须从作为个体的人的行为开始分析。组织行为学对个体心理和行为进行考察研究，就是分析处于组织环境中的个体的所作所为，目的在于对个体心理与行为进行引导和控制，使之符合组织目标。

个体心理就是个体的社会心理，即个体在特定的社会部门或组织系统中，因其所处的角色地位而表现出的心理现象。其研究内容主要包括人格、知觉、价值观、态度等。行为是心理活动的物质相关物，个体行为则是指处于组织环境中个人的行为、作风和绩效表现，对不同的组织政策、实践和过程的反应。具体而言，其研究内容主要包括胜任力、组织公民行为、心理契约、工作压力、印象管理等。此外，个体心理与行为的研究内容还包括激励理论。

2. 群体心理与行为

人们由于共同的目标或相同的需要、兴趣、情感，会组成某种群体或团体。这些群体或团体之间及内部的个体与个体之间相互作用、相互制约，从而影响个体的工作效率以及组织的管理效率。群体心理与行为主要研究组织中群体行为的方式、影响因素及其对组织绩效的影响等。具体而言，其主要包括群体行为的基础、团队管理、冲突、沟通等。

3. 领导心理与行为

领导行为是影响组织、群体和个体行为，进而影响组织生产与绩效的一个关键因素。虽然领导者作为普通个体，领导班子作为一般群体，有其一般性规律，但在管理活动中，他们特殊的身份、地位、角色、职责与功能，决定了他们的特殊性和重要性。对领导心理与行为主要是研究其规律，目的在于为领导的选拔、培训与考核提供理论依据。具体而言，其研究内容主要包括领导理论、领导力的开发、权力与政治等。

4. 组织心理与行为

组织心理与行为研究是在个体心理与行为及群体心理与行为研究的基础上，分析行为与更大范围的社会环境的关系，目的在于寻找适合组织的组织形式与结构，形成良好的组织氛围和文化，使组织既能满足内部功能的要求，又能适应外部环境的变化，保证组织运行的有效性。具体而言，其主要包括组织结构与组织设计、组织变革与发展、组织文化等。

组织行为学分四个层面研究组织中人的行为规律，各层面之间既存在不同，也存在一定联系。在研究组织行为学时切记不可孤立地只研究其中的某个层面，而是应该考虑到个体、群体、领导和组织之间相互依存和相互补充的关系，运用系统研究来实现对人的行为的预测和管理，以达到组织的既定目标。

第二节　组织行为学的产生与发展

组织行为学的思想源远流长，但其作为独立的学科发展则始于20世纪初，20世纪60年代末才正式形成，现已被广泛应用于各类社会组织管理活动之中，并成为工商企业管理、社会事业管理以及政府公共管理等管理学教育培训系统的基础学科和核心课程。

一、工业心理学的兴起

在19世纪末，随着生产的发展和科学技术的进步，企业规模不断扩大，生产技术更加复杂，市场也迅速发展，这些都迫使企业改进管理方法，提高管理水平。与此同时，管理者开始有意或无意地涉及组织问题，如组织的结构、构成要素、组织原理等。虽然不同的研究者所处的环境和关注的对象不同，对组织进行研究时所选择的角度也不同，但他们都开始了对组织的探究。

在这一时期，比较有代表性的是弗雷德里克·泰勒（Frederick W. Taylor）、亨利·法约尔（Henri Fayol）、马克斯·韦伯（Max Weber）三人的古典管理理论。泰勒侧重研究的是低层工作人员的操作行为分析、工作控制行为和组织构造行为原则；法约尔则把注意力放在高层领导行为的研究上，对企业计划与预测行为、组织构造行为、控制和协调行为等进行了全面探讨；而韦伯主要研究行政组织的构造行为、控制和协调行为，还深入、抽象地研究了管理行为和权威的联系。然而这一时期对组织行为的研究非常轻视或忽视组织中人的因素，因此其研究是不全面的。但是古典管理论也包含了许多有益的组织行为学思想，对以后的心理技术学、工业心理学、组织行为学的诞生产生了很大的影响。

20 世纪初，古典管理论开始受到社会的重视，并逐渐广泛地参与到工业发展当中。随着心理学在工业生产上的应用，对组织行为的研究开始涉及实践和理论问题，工业心理学也由此兴起。

1901 年，德国心理学家斯特恩（L. W. Stern）把心理学知识应用于工业企业，并提出了“心理技术学”这一概念。后来，美国心理学家、被誉为“工业心理学之父”的雨果·芒斯特伯格（Hugo Munsterberg）开始进行心理技术学的具体研究工作，他于 1913 年发表的《心理学和工业效率》是最早从心理学角度研究现代组织中人的行为的著作，成为组织行为学早期开拓性和基础性的文献。在这部著作中，芒斯特伯格把自己的研究成果概括为三个方面: 一是最适合的人，即研究工作对人们的要求，识别最适合从事某种工作的人应具备什么样的心理特点，将心理学的实验方法应用在人员选拔、职业指导和工作安排方面；二是最适合的工作，即研究和设计适合人们工作的方法、手段与环境，以提高工作效率；三是最理想的效果，即在商业中用合理的方法也同样可以确保资源的合理利用。其研究重点是用心理测验等方法去寻求如何使人们的智能与其所从事的工作最适合；研究在什么样的心理条件下，才能从每个人的工作中获得最大和最令人满意的产出；研究企业如何去影响工人，以便从他们那里获得最好的结果等问题。

美国管理学者莉莲·吉尔布里斯（Lillian M. Gilbreth）进一步补充了芒斯特伯格的思想，首次提出了管理心理学的概念，并在 1914 年出版了《管理心理学》一书。她关心工作中人的因素，强调在应用科学管理原理时，必须首先看到工人，并要了解他们的个性和需要。工人的很多不满，并不是因为工作的单调，而是因为管理人员对工人的关心不够。

这一时期的研究都注意到并肯定了人的作用，关心工作中人的因素，可以看做组织行为学的萌芽期。但其研究主要是针对工作中个体差异的测定、劳动合理化、工作方法的改进、最佳工作条件的建立等方面进行的，研究范围较窄，而且缺乏社会学和人类学的观点与论据，也未能注意到工作中社会环境、人际关系、领导和被领导的关系，以及组织机构本身所具有的社会性等问题。

二、霍桑试验与人际关系理论

霍桑试验是心理学史和管理学史上最著名的试验之一。1924~1932 年，美国国家研究委员会和美国西方电气公司合作，进行了有关工作条件与生产效率之间关系的试验，由于是在霍桑工厂进行的试验，所以被称为霍桑试验。

在当时，霍桑工厂是美国电话电报公司的设备制造与供应部门，是拥有 25 000 名职工的大工厂。该工厂具有较完善的娱乐设施、医疗制度和养老金制度等，但工人们仍愤愤不平，生产效率也很低。为了探究其中的原因，1924 年 11 月，美国国家研究委员会组织了一个包括多方面专家在内的研究小组，对该厂的工作条件与生产效率之间的关系进行了试验研究。该试验分为两大阶段：第一个阶段是从 1924 年 11 月至 1927 年 5 月，是在美国国家科学委员会赞助下进行的；第二个阶段是从 1927 年至 1932 年，由乔治·梅奥（George E. Mayo）主持进行。整个实验包括四个方面，即照明实验、福利实验、谈话实验和群体实验。

在最初研究照明和其他条件对工人和生产率的影响时，研究发现，无论是增强还是减弱试验小组的照明强度，生产率都有所提高，这说明照明强度与生产率之间并没有直接关系。研究还发现，工作报酬、休息时间、工作日和工作周的长短等条件的变化与生产率之间也不存在明确的因果关系。这些试验结果让研究人员感到研究毫无意义，霍桑试验因此陷入困境。

在研究小组准备宣布试验失败时，梅奥却发现了一些现象，便和其他一些人继续研究。梅奥等认为一定是有其他因素在影响生产率，他们便进行了福利实验、访谈实验和群体实验。实验结果发现，生产率的提高是由于一些社会因素在起作用，如士气、劳动集体成员之间的关系及有效的管理。霍桑试验所取得的成果经过梅奥的整理、归纳和总结，形成《工业文明中人的问题》一书，并于 1933 年正式发表。以此为基础，以梅奥为代表的一些经济学者、管理学者、心理学者形成了“人际关系学派”。他们由此提出的人际关系理论，为组织行为学的形成和发展奠定了实验和理论基础。在西方心理学界，梅奥被公认为工业社会心理学的创始人和管理心理学的先驱。

人际关系理论的主要观点如下：①人是社会人，应从社会、心理角度调动人的积极性；②生产效率主要取决于员工的“士气”；③企业组织内部存在着“非正式群体”；④新型的领导能力在于通过员工心理需要的满足来达到提高效率的目的。

人际关系理论的出现使西方许多管理学者开始重视企业中对人的行为的研究，如库尔特·勒温（Kurt Lewin）创建的群体动力理论、雅各布·莫雷诺（Jacob L. Moreno）创建的社会测量学和亚伯拉罕·马斯洛（Abraham H. Maslow）创建的需要层次理论，这些理论的产生为行为科学的形成提供了契机，为组织行为学的形成奠定了理论基础。

三、行为科学的诞生

人际关系理论闻名于世，成为行为科学研究的先声，促使更多学者致力于对人的行为的研究，自然科学和社会科学方面不断取得的成果又推动了对人的行为的研究进程，从而导致行为科学这一新兴学科在 20 世纪 40 年代末 50 年代初正式形成。

1949 年，在美国芝加哥大学召开的一次跨学科的会议上，马斯洛首先提出了行为科学的概念，他认为行为科学并不是完全独立的学科，而是心理学、社会学、人类学等研究人类行为的各种学科相互结合的边缘性学科。1952 年，行为科学高级研究中心成立。1953 年，美国福特基金会邀请一些大学的著名学者研讨后，正式把这门综合性极强的学科定名为行为科学。1956 年，《行为科学》月刊正式发行。从此，行为科学的研究迅猛发展，成为对企业员工在组织中的行为以及这些行为产生的原因进行分析的学科。美国管理百科全书对行为科学的定义为：“行为科学是运用研究自然科学那样的实验和观察的方法，来研究在一定物质和社会环境中的人的行为及动物的行为的科学。已经确认的研究行为所运用的学科包括心理学、社会学、社会人类学和与研究行为有关的其他学科。”行为科学的研究范围涉及员工的需要、动机、个性、情绪、态度，特别是人群之间的相互关系等，从而构成了管理科学的一个主流学派。

四、组织行为学的确立

行为科学产生之后，被迅速运用于各个领域，并获得了很大的发展。特别是20世纪50年代建立在群体理论基础上的社会心理学的发展，使工作环境中的群体因素受到了更多的关注。1958年，美国学者哈罗德·莱维特（Harold J. Leavitt）首次用管理心理学一词替代工业心理学，希望引起对组织中群体和领导研究的关注。20世纪60年代，莱维特在为《心理学年鉴》所写的一篇文章的标题中又将管理心理学改名为组织心理学，以进一步提高社会心理学尤其是群体心理学在企业管理中的重要地位和作用。1960年，美国心理学协会工业心理学分会改名为工业和组织心理学分会，目的是要加强研究比个体差异测定更为广泛的组织问题。随着这一学科从个体到群体的研究，再到组织的研究，其研究和实验的机构也发生了变化。它从各个大学的心理学院系转入管理学院系，并吸收了社会心理学家、社会学家和人类学家从事研究，其研究项目开始取名为组织行为学，这一名称强调了组织的概念，同时又明确了它不是任何单独哪一门学科的产物。从此大量的学术性论文开始出现，《组织行为研究》也于1979年创刊，组织行为学作为一门独立的研究领域和学科出现了。

五、组织行为学的发展

美国麻省理工大学斯隆商学院教授、组织行为学家沙因在1980年出版《组织心理学》一书时，认为在1965年组织行为学还是一个崭新的领域，20世纪70年代该领域仍在形成当中，80年代才算正式成形。进入20世纪80年代之后，组织行为学分化为微观组织行为学和宏观组织行为学，其中微观组织行为学主要研究个体和群体心理及行为的发展规律，宏观组织行为学主要研究组织心理和行为的发展规律。1988年，美国学者罗伯特·维卡（Robert Vica）和富兰克林·斯克伯兹（Franklin Sikebozi）提出了组织科学的概念，从微观和宏观、理论性和应用性两个方面把组织科学分为组织行为、人力资源管理、组织理论和组织发展四个部分。除此之外，组织行为学又吸纳了系统学说、权变学说的观点，全面质量管理、企业再造、管理伦理、学习型组织等理论都被纳入组织行为学的研究范围。

随着组织的演变、管理理论的发展、管理环境的改变，进入20世纪90年代以来组织行为学出现了一些新的发展动向。

（一）传统取向的组织行为学的新发展

1. 组织变革已成为组织行为学研究的首要问题

随着经济全球化的潮流和经济结构调整，对企业重组、战略管理、跨国公司或国际合资企业管理的研究呈现强劲势头，复杂性增加导致研究的注意力全面转向整个组织层面。这个方面的研究主要探索组织变革的分析框架、理想的组织模式、干预理论以及变革代理人的角色。

与组织变革密切相关的是领导行为研究，受权变理论的影响，先后出现了多种领导理论。在组织变革中，管理决策显得十分重要。在个体层面上，组织行为学比较注重决策和判断中所采用的认知策略和判断决策问题；在组织层面上，组织行为学主要分析不同背景下的决策模式、权力结构和参与体制，并特别重视决策技能的开发和利用。与组织变革密切相关的还有激励机制和企业文化，它们也成为组织行为学研究的热点。

2. 组织行为学强调对人力资源的系统开发

组织行为学更加关注研究管理者决策、技术创新和员工适应中必须具备的胜任素质，更加关注如何充分利用和开发人力资源。相应的组织行为学研究由原来的局部、分散转变为整体、系统。有关胜任特征评价、个体对组织的适应性和干预问题的研究等人力资源问题正向纵深发展。

3. 组织行为学研究更加关注国家目标

组织行为学在跨国公司和国际合资公司的比较研究、科技投入的行为研究、失业指导研究、劳动力多元化、国家金融安全等方面，均取得了客观的经济效益和社会效益。组织行为学家把组织作为开放的社会–技术系统来看待和研究，研究领域已突破传统框架，涉及管理培训与发展、工业业绩评价、管理决策、组织气氛和组织文化、跨文化比较等新领域。

4. 组织行为学研究更加关注工作生活质量

组织行为学认为强调生产率与强调工作生活质量（quality of work life，QWL）并非相互排斥的。如果工作生活质量不令人满意，是很难实现高生产率的。相反，高的生产率是拥有改善工作生活质量所必需资源的先决条件。组织行为学越来越重视有关工作满意度、雇员安全与健康、组织文化、组织承诺、心理契约、压力管理、工作–家庭平衡等方面的研究。

（二）积极组织行为学的兴起

传统组织行为学重点研究组织、团队、管理者和员工的机能不良等负面障碍问题的解决。例如，如何更有效地解决冲突、压力和工作倦怠，改进不良的态度和对组织变革的抵制，等等。积极组织行为学（positive organization behavior，POB）则把研究重点放在如何采取积极的方法和怎样发挥员工优势以提高组织的绩效水平上。

积极组织行为学的理论基础源于积极心理学的研究成果。西方积极心理学的发展始于20世纪60年代，到了90年代，有关积极心理学的研究成果大量涌现。塞利格曼（Seligman）和席克珍特米哈依（Csikszentmihalyi）正式提出积极心理学的概念。受积极心理学理论的影响，鲁森斯（Luthans）于2002年正式提出了积极组织行为学，它是以积极心理学的应用为基础，运用全新的视角来研究组织行为学的积极方面的组织行为学模式。积极组织行为学强调的是发现和挖掘组织中的人力资源优势和员工的心理能力，并且使这些积极的优势变成可测量的、可开发的且可以用来改善组织的绩效，这些积极因素包括自我效能感（self-efficacy）、希望（hope）、乐观（optimism）、主观幸福感（subjective well-being，SWB）和恢复力（resilience）等，它们也被认为是积极组织行为学有关积极心理能力的典型代表。

（1）自我效能感。自我效能感是指人们对自己实现特定领域行为目标所需能力的一种信念，它是目前积极组织行为学诸概念中研究最多、理论发展最为成熟的一个。这一概念源自班图拉（Bandura）的社会学理论，根据社会学理论的观点，一个人对自我信念的强度决定了他所做的选择、抱负、付出多大努力在特定任务上，以及面对困难与挫折时能够坚持多久。通常人们害怕并逃避他们认为自己难以应付的威胁性情境，而当他们判断自己能够成功处理威胁不大的情境时，他们的行为就会非常果断，这种对自我完成某项任务能力的判断就是自我效能。班图拉强调自我效能感是积极性发挥作用最普遍也最为重要的心理机制，人们只有相信自己的行为能够达到理想的效果，并能阻止不理想结果的发生，才会有行动的动机。

（2）希望。希望是指个体相信自己能够设置目标，想出实现目标的途径，并激励自己去实现目标的一种信念。斯奈德（Snyder）建构了希望理论，该理论由两大因素决定，即路径（pathways）和意志力（agency）。路径是指达成目标的方法、策略或能力；意志力是指追求目标的动机或信念，是达成目标的心理能量。他认为希望是“个人对于目标能够实现的所有察觉”，是一种“目标导向的认知过程”。希望不仅反映了个体达成目标的决心，还包括个体对能够制订完备的计划和确定达成目标的有效途径的一种信心。

（3）乐观。心理学家把乐观定义为一种倾向于做积极结果预期和积极因果归因的认知特性。乐观者做外部的（不是自己的错）、非稳定的（暂时的挫折）以及特定的（只是这一情境中的问题）归因；悲观者则做内部的（是自己的错）、稳定的（会持续较长一段时间）以及总体的（会破坏他们所做的一切）归因。乐观能够对身心健康、成就取向、动机等因素产生积极的影响，但有时候也会产生问题，适度的悲观谨慎反而是有益的，所以积极组织行为学提倡现实和灵活的乐观。

（4）主观幸福感。主观幸福感是指人们关于自己生活的情感性和认知性的评价。它与人的情绪、情感以及对生活满意度的主观评估有关，也就是说决定人们是否幸福的并不是实际发生了什么， 而是人们对所发生的事情在情绪上做出何种解释，在认知上进行怎样的加工。随着人们对工作-家庭平衡等生活与工作关系问题的认识加深，主观幸福感对组织参与者的影响会日益受到关注。

（5）恢复力。恢复力是指面对丧失、困难或者逆境时的有效应对和适应。当生活环境变化对人们造成威胁时，这种自我保护的生物本能就会展现出来。恢复力包括需要人们在童年期和成人期都要不断学习的一系列关键技能，它的提高意味着成长、健康和幸福。

第三节　组织行为学的理论基础

组织行为学是一门多学科、多层次相互交叉的综合性、边缘性的应用科学，它形成的直接原因是管理科学的发展，除此之外它的产生和发展还有很广泛的理论准备及知识积累，主要有心理学（psychology）、社会学（sociology）、社会心理学（social psychology）、人类学（anthropology）、政治学（politics）、经济学（economics）和伦理学（ethics）等学科知识。心理学的贡献主要在于个体和微观的分析，其他六个学科的贡献在于帮助我们理解一些宏观的概念，如群体过程或组织。

1. 心理学

心理学是研究人类心理现象规律的科学。人的心理现象是指人的心理活动经常表现出来的各种形式、形态或状态。关于人性、人的观念和行为，心理学给予了最经典、最系统、最精确的科学解析。一般认为，心理活动是内省的，行为是外显的，要研究组织中人的外显行为规律性，必须以心理学为理论基础，因为现代心理科学从内隐和外显两个层面对人类行为的基本特征与规律的阐释分析，为组织行为研究提供了坚实的理论基础和广阔的技术平台。

有学者把现代心理学的内容分为“五大理论”和“八大主题”，它们交互存在、分化整合，形成十分庞杂的心理学科群，大致可分为理论心理学与应用心理学两个门类（表1-1）。其中，与组织行为学最为相关的心理学科主要有学习心理学、人格心理学、管理心理学，以及最重要的工业心理学和组织心理学等。

表1-1 现代心理学科群门类体系

理论心理学门类	应用心理学门类
普通心理学（general psychology） 发展心理学（developmental psychology） 学习心理学（psychology of learning） 认知心理学（cognitive psychology） 人格心理学（personality psychology） 社会心理学（social psychology） 变态心理学（abnormal psychology） 生理心理学（physiological psychology） 动物心理学（animal psychology） 实验心理学（experimental psychology） 演化心理学（evolutionary psychology）	工业心理学（industrial psychology） 管理心理学（managerial psychology） 工程心理学（engineering psychology） 人事心理学（personnel psychology） 组织心理学（organizational psychology） 教育心理学（educational psychology） 咨询心理学（counseling psychology） 临床心理学（clinical psychology） 健康心理学（health psychology） 心理测量学（psychometrics） 消费心理学（consumer psychology） 广告心理学（advertising psychology） 法律心理学（forensic psychology）

心理学对组织行为学的特殊贡献集中表现在：①一般及基础性心理学科，如普通心理学、发展心理学、学习心理学、认知心理学和人格心理学等，为组织中个体行为的心理特征及规律提供了直接和基本的理论支持；②一些理论和应用学科，如社会心理学、管理心理学和工业心理学等，为研究组织中的群体和整体社会行为提供了重要的理论和经验依据；③其他一些心理学科，如变态心理学、咨询心理学、临床心理学、健康心理学和心理测量学等，为工作压力、人际冲突和人员流失等有关异常组织行为的研究提供了学术和技术支持。

2. 社会学

社会学是研究社会及其关系的科学。它是一门综合性较强的学科，把社会作为一个整体，以社会关系为研究对象，对社会现象各方面的关系及其发展变化的规律进行综合研究。社会具有广义和狭义两种含义，广义上的社会是人类关系的体现，包括人类所有直接和间接的关系；狭义的社会是某些特殊的和比较具体的人类结合体，凡是一群有某些共同的观念、态度和行为习惯的人，或者是在一起共同生活的人，都可以构成社会的基本单元。任何社会都是由特定的组织、群体和个人组成的，而社会的组织和群体又是由各种规范、制度来维系的。社会学还研究社会中人们的互动，如合作、冲突等；研究社会现象的关系模式，如家庭、群体、组织、阶级等。

社会学所揭示的人类群体生活的一般原理是组织行为学的重要组成部分，组织中人的行为是离不开社会关系的，因此研究组织中的人的行为必须从其所处的整个社会关系着手，才能全面认识人的行为规律。例如，研究组织中个体的行为受组织内外社会环境的影响，个体在社会中所担任的角色和社会地位，群体的动力、结构、交往、权力和冲突，非正式组织、群体之间的合作配合和人与人之间的关系等，都需要社会学的知识。

组织行为学把组织看做一个开放的、有机的社会组织，组织、群体和个体之间存在着彼此互相依存的关系，同时它们还与环境构成互动的、复杂的社会体系。因此，研究组织行为学就是要运用社会学的知识来探索人在社会关系中表现出来的行为。

3. 社会心理学

社会心理学是心理学的领域，但它是心理学和社会学相结合的产物。社会心理学是把个体作为社会的人来研究其心理过程的学科，主要研究社会主体与社会客体之间的特殊关系，即人与人、人与群体之间的关系；研究各个社会共同体的心理表现、群体里人们相互关系的性质、个人在群体中的地位，以及有关沟通、模仿、暗示、人际关系、社会舆论、团体压力等方面的内容。

社会心理学从社会和个体相互作用的观点出发，研究特定社会生活条件下个体心理活动的发生、发展及其变化规律。社会心理学家研究较多的一个领域是变革，即如何实施变革及如何减少变革的阻力。社会心理学对组织行为学的主要贡献在于对行为改变和态度改变，以及沟通、群体过程、群体决策等方面的研究。

4. 人类学

人类学研究社会是为了认识人及其活动。它通过对文化和环境的研究使我们得以了解不同国家和不同组织内人们的基本价值观、态度及民族文化的差异。人类学通常划分为四大分支，即文化人类学、考古学、体质人类学和语言人类学，其中与组织行为学最密切相关的是文化人类学。文化人类学研究人类各民族创造的文化，以揭示人类文化的本质，其对组织行为学的主要贡献是组织中人的行为与人类社会起源的理论、人类社会行为以及人类和文化的关系等知识。

由于文化背景的差异，不同文化所熏陶出来的价值观、规范、风俗、习惯、民族性等也不同，即使在一个组织中，成员的受教育程度、家庭背景、社会环境也有差异性，这些都会影响他们的态度与行为。因此，组织管理者和领导者都必须根据不同文化背景和现实环境，选择与之相适应的、有效的组织形式。因此，组织行为学要深入地研究人的行为，必须借助于人类学的知识和方法，其实在组织行为学中，对组织文化、组织环境和不同国家文化差异的认识大多来自人类学的研究成果。

5. 政治学

政治学主要研究政治环境中个体和群体的行为，进而促进人们对组织中各种行为的了解。政治学较注重研究结构性的冲突、权力的分配，以及如何为了个人利益去获取、利用权力等。

随着政治学的发展和人们对组织是政治实体的清醒认识，组织行为学的研究中逐渐引入政治学的观点，研究题目包括冲突、组织内的政治和权力等，其对准确解释和预测组织中各个利益主体的权力资源分配和平衡、利益争夺与管制具有重要的贡献。

6. 经济学

经济学的研究对象已不仅限于物质资源的生产和消费及货币交换关系，而是已经包括了人类的全部行为。凡是以多种用途为特征的资源稀缺情况下产生的资源分配与选择问题都可以纳入经济学的范围，都可以用经济分析加以研究。经济学之所以有别于其他社会科学而成为一门独立的学科，关键所在不是它的研究对象，而是它的分析方法。所有人类行为都可视为某种关系错综复杂的参与者的行为，通过积累适量信息和其他市场投入要素，使行为源于一组稳定偏好的效用达到最大。因此，就现实人类行为来看，经济学分析方法适用于说明全部人类行为。

经济学作为研究人类行为的一门人文社会科学，认为任何人类行为都是在资源环境约束下来追求自身预期收益最大化的理性行为。组织行为学可以利用经济学的分析方法研究劳动市场变化的规律、生产力、人力资源规划和预测以及成本–收益分析等。

7. 伦理学

伦理学是关于道德问题的理论，是研究道德的产生、发展、本质、评价、作用以及道德教育、道德修养规律的学说。道德则是社会与自然的一切生存与发展的利益关系中，善与恶的行为规范及其相应的心理意识与行为活动的总和。其研究的最重要的问题是道德与经济利益、物质生活的关系，个人利益与整体利益的关系等问题。这些伦理在诸多方面影响组织中人的行为，协调组织与其利益相关者之间的关系。

第四节　组织行为学的研究方法

一、组织行为学研究的一般原则

任何一门学科，由于其学科体系和学科内容的特殊性，都有自己的学习和研究原则。要想正确理解和有效运用组织行为学，必须有一个正确、严格的研究原则。探寻人类行为的真理本身就是一个非常精细而复杂的工程，不同于化学、物理和工程科学的研究，人可能无法被有效地控制或操作。因此，1949 年在芝加哥大学召开的有关人类行为科学的会议上，科学家们对行为学研究做了四项决定：①理论的肯定和证明，必须靠公众都能观察和了解到的客观事实，不能单凭学者个人的经验；②尽量用数理化的公式来说明假设，以便精密地测试和修正；③尽量使各种论述精确，以便能用严密的试验予以肯定或否定；④使用自然科学惯用的“厘米、克、秒”制作度量工具。

一般的行为科学家和专门的组织行为学研究者都致力于遵循以下科学标准：①整体的目的是理解、解释、预测和控制；②定义是精确和可操作的；③测量是可靠的、有效的；④方法是系统的；⑤结果是不断累积的。

总结以上要求，组织行为学研究的一般原则如下。

（1）客观性原则。研究者要以客观的态度，运用客观的手段对所研究的内容进行客观分析，从而保证得到客观的研究结果。对人的心理活动进行分析和研究绝不能靠猜测，也不能以己之心度他人之意，而应当尊重事实，并善于透过现象看本质，察觉行为结果背后真正的心理原因。

（2）发展性原则。客观事物总是在不断发展变化的，人的行为和心理也是不断发展和变化的。在现实中，任何行为表现的形成都有其历史和现实的原因，而任何现有的行为特征又都不是一成不变的。这就要求我们在研究人的心理和行为时，不要用孤立的、静止的观点来看问题，而是要考虑心理和行为的发展变化。组织行为学的研究不仅要看到当前的行为现象，还要寻找造成这种现象的历史原因，并以此预测未来的趋势。

（3）系统性原则。系统性原则要求研究者要善于对人的行为和心理活动进行综合考察，把几个不同的系统对人的影响联系起来，即要把社会系统、组织系统、群体系统、个体系统对人的行为和心理活动的影响联系起来进行考察，切不可把这些联系割裂开来，孤立地进行研究。

二、组织行为学研究的一般过程

组织行为学研究的一般过程可以分为四个步骤，具体如图 1-3 所示。

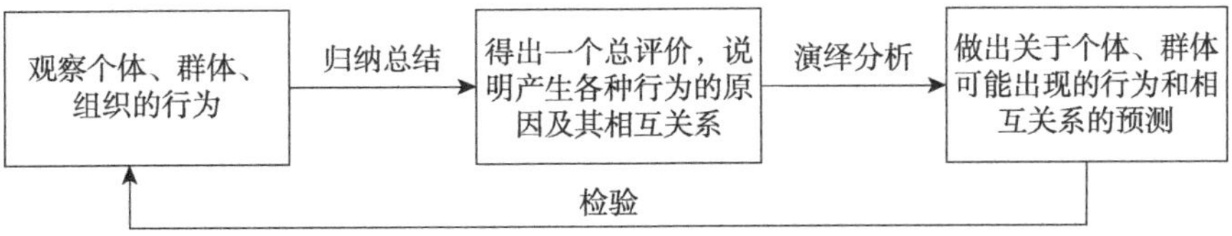

图 1-3 组织行为学研究的一般过程

各个步骤具体的任务和作用如下：①观察和实验阶段。收集有关个体、群体、组织行为和环境的情况，如实记录各种数据的资料。②系统分析阶段。分析并说明个体、群体、组织和环境情况产生的原因及其相互关系。③预测阶段。做出关于个体、群体和组织的行为及其相互关系的预测。④检验阶段。通过系统和控制性的研究来检验所得结论的正确性。

三、组织行为学研究设计的方法

（一）组织行为学研究方法的分类

研究方法是指在研究中为了揭示事物内在规律、提出新理论和新观点而采用的途径、工具和手段。任何一门以某种客观规律性为研究对象的科学，都有与之相适应的科学的研究方法。组织行为学也不例外，它也具有作为揭示客观规律性手段的研究方法。组织行为学的研究方法可以按研究目标、研究深度和研究变量的可控性三种情况分类。

1. 按研究目标分类

组织行为学的研究方法按研究目标可分为基础理论研究、应用基础研究和具体问题研究。基础理论研究主要是为了积累组织行为学的学科知识，发现组织行为学的相关理论；应用基础研究是为了解决某类组织中普遍存在的现实问题，提出某种解决问题框架的研究；具体问题研究是指针对某个特定的现实问题，做出具体的解释和提出解决方案的研究。

2. 按研究深度分类

组织行为学的研究方法按研究深度可分为描述性研究、预测性研究和因果性研究。描述性研究主要是为了了解客观事物、行为的特点和出现频率而进行的研究；预测性研究是指根据过去和现在的客观情况中反映出来的规律，对今后可能发生的情况进行预测而展开的研究；因果性研究要求弄清楚各个变量之间的相互关系及发展趋势，在描述清楚现象和实践以后，深入探索现象和实践之间的关系。

3. 按研究变量的可控性分类

组织行为学的研究方法按研究变量的可控性可分为文献研究法、现场调查法和实验研究法。文献研究法主要是指搜集、鉴别、整理已发表的文献资料，通过对文献的分析、综合、归纳形成科学认识的方法；现场调查法是根据研究问题的性质，运用一定的工具，如问卷、调查表、电话访问等，对特定人群进行调查，收集资料进行统计分析，以确定其行为特征心理趋向的方法；实验研究法是指在严格控制的环境条件下或创造一定条件的环境下，诱发被试者产生某种心理现象或行为，以研究人的心理活动规律和行为规律的一种方法。

（二）组织行为学的研究术语

组织行为学研究设计中常见的术语如下。

1. 变量

变量（variable）可以是任何一种可改变强度或幅度，并且具有可以观察、测量的一般性特征。例如，工作满意度、员工生产率、工作压力、个性、群体规范等都是变量。组织行为学研究中主要测定三种类型的变量。

（1）自变量（independent variable），是指能独立变化并引起其他变量发生变化的变量。自变量习惯上用 x 表示，常见的有智力、个性、工作满意度、经验、动机、强化模式、领导风格、报酬分配等。

（2）因变量（dependent variable），是指由于其他变量的变化而自身发生变化的变量。因变量习惯上用 y 表示，常见的有生产率、缺勤率、流动率、工作满意度及对组织的承诺等。

（3）中介变量（mediator），考虑自变量 x 对因变量 y 的影响，如果 x 通过影响变量 m 来影响 y，则称 m 为中介变量，又称干扰变量。

2. 假设

假设（hypothesis）是指对两个或多个变量间的关系所做的试探性解释。试探性是指它的正确性仍有待证实。因此，除非被实证研究证实，否则假设只能是试验性的解释，并且不能被接受。

3. 因果关系

因果关系（causality）是指变量之间的导引关系的方向性。如果 x 的变化引起了 y 的变化，那么就称 x 是 y 的原因，它们之间就是因果关系。

4. 相关性与相关系数

相关性（correlation）说明两个变量之间在量变上是否具有稳定的关系，这种关系的强弱程度表示为相关系数（correlation coefficient）。其变化范围从−1 到+1。当两个变量变化方向相同时，相关系数为正数；当两个变量变化方向相反时，相关系数为负数；当两者各自独立发生变化时，相关系数为零。需要特别指出的是，相关系数只是用来测量两个变量之间的相互关系程度，并不意味着一定存在因果关系。

5. 效度、信度以及普遍性

效度（validity）是指研究中对变量的测量是否确定是原本想要测量的内容。例如，当我们探讨高凝聚力的工作团队与高生产率之间的关系时，必须注意了解每一个变量是如何测量的，并且是否真正达到了测量的目标，真正测出了想要测量的内容。

信度（reliability）是指测量结果的一致性。换句话说，我们用某个测量工具对同一个对象进行测量时，每一次测量的结果应该相当接近，而不管测量者是谁。

普遍性（generalizability）是指研究结论可以在多大程度上被一般化，即研究结论是否可以概括到圈定研究对象以外的领域中。

（三）组织行为研究设计的具体方法

组织行为学研究的方法是多种多样的，常用的主要有以下几种。

1. 观察法

观察法是指在日常生活中观察者通过感官直接观察他人的行为，并把观察结果按一定条件作系统记录的研究方法。观察法常常借助于各种视听辅助手段，如录像、录音、摄影等。

观察法按被观察者所处的实际情景特点，可分为自然观察与控制观察。自然观察是指在完全自然的条件下进行的观察，被观察者一般不知道自己正处于被观察状态；控制观察是指在限定条件下进行的观察，被观察者可能知道，也可能不知道自己正处于被观察状态。

观察法的目的明确、使用方便、所得材料较系统，已在组织行为中被广泛运用。但这种方法只能了解大量的表面现象，很难了解复杂现象的本质特征，因此最好与其他方法结合使用。

2. 调查法

（1）问卷调查法，是指运用经严格设计的问题和对问题回答的不同程度的量表，让被调查者进行书面回答的调查、研究方法。这种方法可在很大的范围内进行调查，而且花钱不多。此外，回答问题的人可以不写明姓名，这使被调查者敢于如实回答一些敏感的或者关于本人的问题。这种方法还有一个优点是，被调查者有较多的时间考虑如何回答问卷提出的问题。问卷调查又可分为书信邮寄问卷调查法和直接现场问卷调查法，前者的缺点是回收率较低，尽管信中附上邮票，而真正回复的一般只在45%左右，后者回收率高，但花的人力和时间又会较多。

（2）面谈法，即研究者通过与被调查者直接交谈来探索被调查者的心理状态的研究方法。其优点是信息的回收率高，通常在80%~95%，而且由于面对面的谈话，调查者可以做解释，因此所得的反应也较丰富、确切。但面对面谈话会给人增加心理负荷，使人产生防御心理，所以要求研究者应具备一定的谈话技巧。

（3）电话调查法。优点是比较节省，而且能调查较多的人。但是这种方法也有缺点，即容易使被调查者对问题产生误解。

3. 实验法

按实验地点的性质可分为实验室实验法和现场实验法。

（1）实验室实验法。这种方法是指在实验室内利用一定的设施，控制一定的条件，并借助专门的实验仪器研究被试者（个人或群体）心理特质和行为的一种方法。实验室实验法最大的特点在于，研究工作是在实验室条件下进行的，因此其优点在于控制条件严格，可以避免许多其他因素的干扰，研究结果具有较强的说服力。但是实验室实验为了达到精确性和可控性而牺牲了现实性和普遍性，再加上人工实验室脱离了活生生的组织环境，添增了人为因素，真实性较差。因此，对于实验室的结果不能过分迷信，对其实验结果的推广和应用，须持谨慎态度。此外，许多心理和行为规律，如群体行为中的情绪感染、冲突等，难以在实验室内进行实验。

（2）现场实验法。这种方法也叫自然实验法，是指在日常生活等自然条件下，有目的、有计划地创设和控制一定的条件来进行研究的一种方法。自然实验法在很大程度上可以推断出因果关系。它与实验室方法比较起来，由于自然的场景比实验室更真实，增加了实验的有效性，使实验结果易于推广。但其控制条件与施加实验措施不如实验室方法方便，如果控制群体不能维持恒定，外界因素的干扰将会降低控制效果。但如果在运用时能和有关方面建立较好的协作关系，现场实验法是最有效和最具有普遍性的研究方法。

4. 案例研究法

案例研究法是研究者在较长时间内对某一典型个体、群体或组织连续进行深入、具体的研究，从中寻找其心理和行为活动规律的方法。像企业家传记、公司发展史之类的文章或书籍就属于案例研究。一般来说，这种研究中，研究者是一个独立的观察员，利用组织正式的或非正式的访问谈话、发调查表和实地观察所收集的资料，以及从组织结构内的各种记录与档案中去收集有关个人、群体或组织的各种情况，用文字、录音、录像等方式如实记录下来，可供学生和有实践经验的人员研究、讨论和分析。

案例研究法对于在那些没什么经验可借鉴的新领域中进行探索，增进对新问题的洞察力是一种特别有效的方法。但它也有不足之处，即常常不可避免地带有观察者或案例材料撰写者的感知偏见和主观解释，案例阅读者也会受观察者或案例撰写者所选择的案例内容的限制。所以，在运用案例研究法时必须注意三点：①案例要选准，研究的问题要具有针对性、普遍性；②分析案例要权变、实事求是，遇到不同的情况要具体问题具体分析；③要处理好个案与全局的关系，特别是把握好各种关系的发展变化，以及时调整研究方案。

5. 测验法

测验法是指采用标准化的心理测验量表或精密的测量仪器，测量被研究者的有关行为特征和心理品质的方法。测验法是心理学研究中收集和分析资料的主要方法之一，组织行为学在发展过程中吸收了心理学的内容，测验法也就成为组织行为学研究中收集和分析资料的主要方法之一。

心理测量是使个体行为量化的主要工具，根据研究的不同方面，测验法可分为智力测验、成就测验、人格测验、胜任力测验等。测验法往往为组织中的人员选拔、提升等提供依据。运用测验法时要特别注意采用标准化的测验工具，并检验其信度和效度。

6. 统计分析法

近年来组织行为学的研究趋于定量化，统计分析方法的应用日益广泛。这种趋势是组织行为学研究走向深入、追求精确的标志。

统计分析法一般是针对研究结果而言的，在对组织行为学问题进行研究的过程中，通过观察、调查、实验等方法收集了大量的数据和资料之后，还要借助计算机等工具，运用数理统计方法，对数据资料进行统计分析，以便了解数据的特征和变量之间的关系，以预测未来的发展趋势。常用的统计分析法有集中趋势分析法、相关分析法、因素分析法等。

第五节 组织行为学面临的挑战

随着信息技术、全球化、多样性和伦理道德等组织内、外环境的急剧变化，不少传统管理理论和方法面临严峻的挑战，组织行为学也不例外。组织如何处理这些挑战，如何应对内外环境的变化，是21世纪组织行为学研究的重大课题。

一、信息技术的变革

信息技术的突飞猛进，特别是计算机技术和互联网技术的广泛应用，正在改变并将进一步改变组织的管理技术和活动过程。其影响可以体现在以下几个方面。

1. 工作地点更加灵活

随着信息技术的发展，一种新型的工作方式产生了——虚拟工作（virtual work），即员工通过信息技术来完成他们的工作，而不是在传统的工作场所。最典型的虚拟工作的形式是远程办公（或称电子办公）。远程办公通过网络，将工作内容从家里电脑传送给办公室。远程工作族是指在家利用电脑网络为公司工作的员工，或至少有一段时间是在家工作的员工。远程办公还可以使组织跨越地理位置的限制，与掌握关键技能的工作人员保持接触。目前，全世界已有超过500万名科学家经常利用互联网与其他同行合作完成研究项目。

有研究表明，虚拟工作特别是远程办公，通过提供更好的工作–生活平衡潜在地减少了员工压力以及显著地减少了办公室出勤过程中所浪费的时间。但是虚拟工作也面临着一系列现实或潜在的挑战，如果没有足够的空间和资源在家里办公，家庭关系就不会改善，还有可能受到损害；一些人会抱怨他们与社会隔离了，而且晋升机会也减少了。显然，虚拟工作更适合那些自我激励且自律的人，他们可以在信息技术的帮助下有效工作，并且能在生活等其他方面得到满足。这种工作方式适用于通过员工绩效而不是员工出勤率来评价员工的组织。

2. 工作内容的变化

在传统工作场所的等级制度下，通常是专业化的工作，以及监督和员工之间的冲突与对抗。今天的工作场所员工面对的通常都是资本密集型、自控的机器设备。技术对员工的能力提出了全新的要求，强调抽象思维、严格的推理和程序性的思考。员工通过信息而不是通过观察和感受，了解生产和服务过程中发生的事情，解决生产中的问题。

二、组织的变化

组织的发展深受内、外部环境的影响，为了保持组织的持续发展，需要不断监视内外环境的变化并及时做出相应调整。

（一）组织外部环境的变化

1. 经济全球化

在这样一个生产不断国际化、贸易走向自由化、金融逐渐一体化以及“全球统一市场”逐步形成的时代大潮中，一种新的、跨越国界的企业、市场的相互关系得以建立，它在使世界经济在所有方面融为一体的同时，也必将给一国产业组织及相关政策带来巨大调整和变革。经济全球化一方面改变了市场环境，重塑了市场结构，另一方面无疑对中国传统的商业模式、组织结构、业务流程都产生了巨大而深远的影响。

经济全球化能为组织带来无尽的收益、更大的市场、更低的成本，并使组织更便利地获得知识和创新，但它也可能是目前越来越大的工作强度、越来越低的工作安全感及工作–生活失衡的主要原因。

2. 文化多元化

随着全球化与劳动力多元化的发展，组织的文化元素也趋于多样化。首先，在许多国家，企业员工的组成在性别、国籍和种族方面正日趋多样化；其次，企业更加强调跨职能工作团队的重要性，而团队的不同职能会形成不同的文化，这一趋势使当今的工作群体面临严峻的文化多元化问题；最后，全球性营销和跨国经营也日益受到重视。

多元化的企业文化为企业的发展创造出一种大融合的环境，它接受多样化的文化，吸引多样化的人才。文化多元化的员工队伍更善于解决问题，他们的视野更为广阔，对多种可能性有更强的分析和判断能力，而且减少了所谓“群体思维”的产生，可以提高创造力。与此同时，文化多元化也为组织带来各种潜在问题——主要是团队凝聚力和员工交流方面的挑战。

（二）组织内部环境的变化

1. 雇用关系的变化

随着全球化、互联网、众包、云计算、大数据逐渐成为潮流，以及信息技术力量的迅速崛起，分工协作、外包、项目制、兼职等多种雇用形式开始陆续出现。雇主和员工之间的关系也必然随之发生改变，无论是国家、企业还是个人层面，都有从长期、僵化的雇用形式向短期、灵活、多样的用工方式转变的趋势。

这种变化降低了劳动契约制，进而造成组织中各个层次雇员的工作稳定性降低，组织面临的挑战就是吸引、留住对于组织生存至关重要的优秀雇员。然而，优秀雇员经常很难留住，因为他们趋向于更关注自己职业生涯的重要性，而非组织忠诚。

2. 创新变革和授权

当今成功的组织都是鼓励创新和积极变革的组织。为了满足不断变化的市场需求，为了适应战略的调整，为了在激烈的竞争中获胜，组织和组织的管理者都需要不断创新和变革。组织的领导者永远是变革的发起者和推动者，而员工的参与和支持则是变革成功的保障。因此，变革推动者的重要任务之一就是鼓励和刺激员工对变革的积极性和宽容度。

现代组织较之传统组织，一个重要的变化就是员工自我控制、自我决定行动方向的权力大大增加了。一方面是因为应付日益激烈的竞争而不得不广泛授权，以便更灵活地应对市场变化；另一方面是管理者与被管理者的关系和角色发生变化，管理者由无所不能的指挥者、控制者，变成了教练员、倡议者或促进者。决策权更多地被下放到直接面对客户和市场的操作层，员工被赋予了更多的控制和决定自己工作的权力。管理者和被管理者都要重新学习，管理者要学会下放权力，被管理者要学会如何对自己所做的工作承担责任以及如何恰当决策。

三、员工的变化

1. 员工的结构呈现差异化的趋势

不同职位、学历、年龄和性别的员工的内在工作价值和外在工作价值越来越趋于差异化。此外，他们的家庭背景、知识结构、工作经验、生活方式乃至宗教信仰等方面的差异性也在不断增加。这些差异化意味着员工在组织中会表现出不同的文化价值观、工作态度和交往方式，进而引起组织文化由单维向多维、由封闭向开放的变化。如何改变管理哲学、构建组织文化，使组织能够在保证员工稳定性的基础上对差异性做出反应，是组织行为学面临的新挑战。

2. 员工心理状态的变化

21 世纪被普遍认为是知识经济的时代，与此同时，知识型员工也正在崛起。知识型员工具有较高的创造性、流动性、成就动机和所从事工作任务具有一定复杂性的特点，因而其个性和行为表现出了不同于传统组织环境下的特征：对组织的依赖性降低；看重工作的自主性而轻视来自组织的指令和管制；看重工作的意义而不仅仅注重工作结果的关联性；等等。这不仅改变了组织与工作者的关系，而且将从根本上动摇组织的基础，导致工作者对组织的忠诚性急剧减弱。

全球化组织的出现意味着工作需要不分白天黑夜，虽然先进的通信技术为人们带来了便捷，使员工可以在任何时间、任何地点进行工作，但工作时间仍然占用了太多的个人生活时间，使员工越来越没有时间陪伴家人。因此，他们日益抱怨工作时间和非工作时间的界限非常模糊，导致工作与个人生活之间出现了矛盾，他们要面对来自工作和生活的双重压力。这就要求组织相应地改善工作环境、改进工作设计、变革工作内容、改变工作时间等，平衡员工的工作–家庭矛盾，提高其忠诚性。

四、伦理道德的困境

伦理与企业经营的关系是一个长期的管理学问题，近年来频频发生的相关事件使伦理问题成为企业管理的中心议题。企业伦理是企业在处理企业内部员工之间，企业与社会、企业与顾客之间关系的行为规范的总和。

1. 组织外部的伦理道德问题

2001 年 11 月，安然向美国证券交易委员会递交文件，承认做了假账，并于 12 月正式向法院申请破产保护，破产清单所列资产高达 498 亿美元，成为美国历史上最大的破产企业；2002 年，安达信倒闭、世通公司财务丑闻等一系列恶劣事件震撼了美国与全球业界。曾屡次创造利润神话，一度号称“中国第一蓝筹股”的 ST 银广夏，因伪造经营业绩、虚报财务报表而受到中国证券监督管理委员会（简称中国证监会）的处罚。由此可以看出，企业伦理已成为全球企业共同面临的问题。

在竞争激烈、瞬息万变的市场经济社会里，利润关系到每一个企业的命运，因此有的经营者为了追求利润，不把经营事业的目光放在“永续经营”上，而着眼于“短线操作”，为了实现利润的最大化，不惜采取各种非法途径去达到目的，如假冒仿制、欺诈行骗、商业贿赂、行业垄断等不正当竞争行为，犹如商海里的一股逆流，扰乱了市场秩序，也使企业掉入火坑，万劫不复。

2. 组织内部的伦理道德问题

组织内部的伦理道德问题主要是在管理工作和员工关系上的问题。前者出现的问题通常是管理者在做出对组织有利的决定的同时发现该决定违背伦理，或者做出的决定符合伦理要求却不利于组织的利益。而后者出现的问题则多是提高生产率和员工满意度之间的矛盾，如工作中的性骚扰、报酬以及晋升中的歧视、隐私权等。

组织内部的不道德行为之所以存在，是不道德个体和工作环境共同影响的结果。事实表明，个体的活动是否道德在很大程度上受到个体的个性特点以及他所工作的环境两方面的影响。一个人道德发展水平越高，则越少受到外界环境的影响，在决策时，也更倾向于采取道德方式的行为。因此对于组织内部的伦理道德，从 20 世纪 70 年代起，在美国、西欧、日本的一些先进企业，就已经在组织内部建立起严格的伦理制度和监管制度。国内越来越多的组织也意识到伦理在组织中的重要性，因此他们着手向员工提供伦理培训。

本章小结

组织行为是指组织中的个体、群体以及作为人格化主体的组织对内源性或外源性刺激做出的反应，它包含四个核心命题。组织行为学是一门多学科、多层次相互交叉的综合性、边缘性的应用科学。它是管理理论的重要分支，是管理理论发展到一定阶段的产物。组织行为学主要的研究范畴是个体心理、群体心理、领导心理以及组织心理与行为。组织行为学研究设计的具体方法主要有观察法、调查法、实验法、案例研究法、测验法和统计分析法等。当代组织行为学面临着信息技术的变革、组织的变化、员工的变化及伦理道德的困境等挑战。

➢复习思考题

1. 为什么要学习组织行为学?
2. 什么是组织行为学?
3. 组织行为学的研究对象包括哪些层面?
4. 组织行为研究设计的具体方法有哪些?
5. 组织行为学面临的挑战有哪些?

扩展阅读

国际环境下的组织行为——考克斯圆桌原则

来自日本、欧洲和北美的企业领导人于 1986 年达成了考克斯圆桌协议（Caux Round Table），旨在促进商务活动中的伦理道德价值提升（考克斯是会议举办地瑞士的一个城市名称）。协议中形成的原则主要是以两个理念为基础：Kyosei 和人的尊严。Kyosei 是个日本词汇，意思是：“为了共同利益共同生活和工作，促进合作和共同繁荣与健康公平的竞争共存环境。”人的尊严包括对每个人的价值观的尊重，不把别人当做实现自己愿望的工具。1994 年，《考克斯圆桌商业原则》（*Caux Round Table Principles for Business*）正式出版。

1. 原则 1：企业责任

企业对社会的价值就是财富以及它所创造的就业机会和提供给顾客的物有所值的、可售卖的产品与服务。为了创造这样的价值，一个企业必须保持它的经济健康和生存能力，但是存活不是最终目标。通过与之分享所创造的财富，企业在改善所有顾客、员工和股东的生活方面发挥着作用。供应商和竞争者也应该赞同企业能以诚实、公平的态度来承担责任和履行义务。企业作为地方性、全国性、地区性和全球性社区中勇于负责任的成员，影响着所在社区的未来。

2. 原则 2：企业的经济和社会影响

为了开发、生产或销售而在外国建立的企业也应该创造生产就业机会，以及协助提高当地公民的购买力，为那些国家的社会进步贡献力量。企业也应该为所在国的人权、教育、福利和生存能力尽一份力。企业应该有效且谨慎地使用资源，通过自由而公平的竞争以及对技术、生产方法、营销和沟通方面革新的重视，不仅为业务所在国，而且应该为整个世界的经济和社会发展做出贡献。

3. 原则3：企业行为

在接受商业秘密的合法性的同时，企业应该认识到真诚、坦率、诚实、守信及透明不仅对自身的诚信和稳定有利，而且有利于交易的顺利进行和效率提升，尤其是在国际层面上。

4. 原则4：尊重规则

为了避免贸易摩擦和促进自由贸易、公平竞争以及公平平等地对待所有参与者，企业应该尊重国际和国内规则。另外，企业还应该意识到有些行为尽管合法，但是仍然存在负面影响。

5. 原则5：支持多边贸易

企业应该支持《关税及贸易总协定》的多边贸易体系，以及类似的国际协议。应该加强合作来促进贸易自由化的进程，减缓那些阻止全球贸易的国内措施，同时尊重国家的政策目标。

6. 原则6：尊重环境

企业应该保护，并且如果可能应该改善环境，促进可持续发展，以及减少自然资源的浪费。

7. 原则7：不进行违法运作

企业不应该参与或容忍行贿、洗钱或其他的腐败行为。相反，企业应该与其他企业合作，一起来消除这些行为。企业不应该进行武器交易，或其他任何用做恐怖主义活动、贩卖毒品以及其他有组织犯罪活动的物品交易。

资料来源：MBA智库百科

测试

21世纪管理者的特性

在以下列出的个性特征方面给自己评分，其中每一项都是美国国际商学院联合会（The Association to Advance Collegiate Schools of Business，AACSB）推荐的、主修商业管理的大学生必须培养的技巧和个性特征。

评分标准：S＝强，即我对这一方面很自信；G＝中，即还有进一步加强的空间；W＝弱，即我必须在这一方面继续努力；？＝不知道，即我还不确定。

（1）压力承受能力：在艰苦的条件下依然能够把工作干好的能力。

（2）不确定性忍受力：在模糊和不确定的条件下干好工作的能力。

（3）社会客观性：在行动中能够避免种族、道德、性别等偏见的能力。

（4）内在工作标准：个人设定并执行高效率标准的能力。

（5）持久力：坚持长时间工作的能力。

（6）适应力：对待变化的灵活性和适应性。

（7）自信：一贯的坚决果断，并显示出自己的独特见解。

（8）自我评价的客观性：客观评价个人优缺点的能力，理解他人与工作有关的动机和技巧的能力。

（9）内省能力：从自身的经验、知识、学习中提高的能力。

（10）企业家精神：处理问题，并利用机遇创造积极性变化的能力。

评分方法：S=1分；G=0.5分；W=0分；？=0分。将分相加便得总分。

资料来源：郑可和等（2014）

案例分析

通用电气公司对管理的贡献

1878年，爱迪生创建了通用电气公司——一家私有的股份公司。他利用公司筹集资金从事电灯的研究。1879年，他制造出世界上第一盏白炽灯。就在这一年，通用电气公司开发出第一台将机械能量转化为电能、能够为普通电灯供电的设备。从这些创新开始，通用电气以其创新性的理念和实施的技能而著称于世。在此后的100多年里，通用电气公司开发出创新的和实用的技术，包括第一台电动X光机和第一台电视机。这家公司还在许多机器的开发中扮演着重要角色，从收音机到火车头、从家电到雷达系统。医药、制造和国防部门受益于通用电气公司的发明，平民百姓也能够从中受益。

这些了不起的发明并不是通用电气公司的全部，它的另一个为人称道的贡献是管理。从公司建立早期开始，通用电气公司就是新的管理技术和管理实践方面的领导者。这方面的许多成果被其他公司复制应用，但是在实施的过程中几乎没有人能够比通用电气做得更好或做出更好的发展。

通用电气公司的第一项管理创新是建立公司层次的研发实验室，它成立于1900年。到了20世纪30年代，通用电气公司又成为第一家设立养老金和利润分享计划的企业。这些举措旨在与劳工建立合作关系，将工会排除在外。在20世纪50年代，通用电气公司在全国范围内实行集权化的决策，推出了五卷本的蓝皮书，规定了经理们的每一项行动的要求。

战略管理也是由通用电气公司率先于20世纪60年代实行的，现在，战略管理已经成为多数商学院本科生的结业课程。在此期间，通用电气公司还和麦肯锡公司共同提出了通用电气业务评价法（GE Business Screen），这项技术可以帮助企业找出最佳业务单元组合。在20世纪80年代和90年代，通用电气公司建立了一种有效能的企业文化，成为第一批发起六西格玛品质改进和“群策群力”项目（一种流程再造，用于减少无效工作和提高授权）的企业。

除了产品和管理创新之外，通用电气公司还为企业管理提供了其他启发。例如，这家公司能够迅速地做出改变，完全抛弃过去的做法。公司CEO杰夫·伊梅尔特说，“绝大多数GE员工从历史中得到教训，但并不拘泥于历史的经验。他们让自己生活在当下，放下历史的包袱”。

通用电气公司在培养领导者方面也做出了巨大的努力。它有一项备受争议的政策，每年要解雇绩效位于倒数10%的员工。有些人认为这项政策不近人情，但能够留下来的员工确实代表着最优秀的群体，他们在这项政策的激励下努力超越自己的战略目标。通用电气公司也确实培养出许多杰出的人才。从通用电气公司走出来的CEO包括Amgen公司（生物技术）的Kevin Sharer、SPX公司（工业综合）的Chris Kearney、Intuit公司（软件）的Steven Bennett、霍尼韦尔公司（工业综合）的拉里·博西迪和Albertson's公司（超市）的Larry Johnston。

通用电气公司的增长速度也许不是最快的，市值、利润和规模也不是最大的，但它一直被认为是最好的公司之一。2006年《财富》《大亨》《金融时报》对企业经理的调查表明，通用电气公司是世界上最受尊敬的企业。在过去10年间，通用电气公司六次荣获这一殊荣。通用电气公司是1896年道·琼斯12家工业平均指数发布以来唯一一家仍然榜上有名的企业。其他的11家企业要么被收购，要么已经停业。

通用电气公司对管理的贡献举世公认。它的许多做法被其他公司模仿和采用。例如，戴尔公司每年派出15名领导人参加通用电气公司的项目培训。Albertson's超市的Larry Johnston对通用电气公司的人力资源管理极为推崇。他说："GE公司拥有最好的员工队伍。即使在这方面最好的其他公司也无法望其项背。正是对人的激情令通用电气公司的领导者们在人力资源管理上花费大量的时间……有了最好的员工，你就不必担心执行的问题，因为他们一定能够做到。"哈佛大学管理学院教授克里斯滕森高度评价通用电气公司："它是世界上最好的管理学院。"通用电气公司管理学派在过去一个世纪中扮演着教导和培训的角色，它很可能还会将这一角色带入下一个百年。

资料来源：陈春花等（2013）

思考题：

1. 过去一个世纪中通用电气公司的各项管理实践与管理理论的发展模式一样吗？请解释你的回答。

2. 哪些通用电气的管理创新属于古典管理理论的范畴？哪些属于行为管理理论的范畴？请解释。

3. 如何用权变理论解释通用电气公司以往的管理变革？

第二章

个体心理与行为管理

最重要的不是头脑，而是指导头脑的东西——性格、心灵、崇高的品性、教养。

——陀思妥耶夫斯基

※ 学习目标

1. 重点掌握人的行为特征及模式；掌握人的行为的影响因素。
2. 掌握人格概念及影响因素；了解组织中的人格特质及理论。
3. 重点掌握知觉概念、知觉偏见；理解归因基本理论、归因偏差。
4. 掌握价值观、态度与人的行为的关系。

导入案例

方太的人力资源激励

浙江方太厨具有限公司（简称方太），仅用6年时间，就从无到有，由200多家吸油烟机厂的最后一名做成中国厨具行业的第二大品牌。除了其二次创业转型成功、父子顺利交接班以外，在人力资源开发方面，方太也有独到之处，以下是方太在人力资源激励方面的一些“镜头”。

如何管好董事长、总经理“身边的人”？方太的做法是，太太如果没有能力管理企业，还是尽量不要让她参与。女儿也要求其另搞企业当总经理。身边的其他人，如小车司机、秘书，虽然没有职位，但别人会对他另眼相看；还有办公室主任，他掌握的事特别多，其一言一行，均会影响企业形象。这些“董事长、总经理身边的人”往往因自己特殊的身份而产生优越感，进而忽视纪律约束。方太对这些“身边的人”，一是经常教育，要求他们带头遵守厂纪厂规，做工作的模范；二是一旦他们违反厂纪厂规，则坚决处理，绝不护短。

董事长茅理翔身边的一个工作人员将调任另一部门做他想做的事。此人与茅理翔之间合作得很好。在其写调职申请报告时，有很多人持担心态度，茅理翔也有顾虑，再招一个新手会不会马上适应？尽管这会为茅理翔的工作带来很大不便，但最后茅理翔还是尊重他的选择。临走的时候，他对茅理翔说："董事长，谢谢您!您是我职业生涯中最好的老师。"

方太针对人才跳槽的问题，试验了内部人才流动的办法，效果很好。

方太根据公司的实际情况，搞了车间承包责任制，把生产部门分成4个车间，把主要模具工提拔为车间主任，让他们独立承包，并授予一定的权力，如招工权、酬劳分配权等。

方太文化最具特色的是市场文化和品牌文化。方太的企业价值观是"让家的感觉更好"。在品牌文化上，他们提出产品、厂品、人品"三品合一"、"文化兴牌"的战略，着力提高方太的文化品位。他们非常重视党建工作，成立了慈溪市第一家乡镇企业党校，职工文化也开展得有声有色。

资料来源：中新浙江网

人的个体心理包括心理影响因素及活动过程，与人的行为紧密相连。人的心理认知是行为的内在驱动力，研究人的心理认知能力是找到人的行为反应的主要影响因素，对同一事物的心理认知差异会导致人在行为上的差异。人的心理认知过程是人们对客观事物的认识和理解过程，由外界事物作用于人的感觉器官产生感觉开始，进而造成人格差异，并由感觉发展到知觉，由个体知觉发展到社会知觉，从而演化出不同的人格特质、内在需求、价值观和行为态度等。学习本章，能帮助学习者理解并掌握知觉与社会知觉的形成过程、特征，理解归因理论，正确运用认知差异和行为归因理论知识了解人格差异、价值观、态度等因素之间的联系，以及它们的共同作用对人的行为反应的影响，为开展有效的组织管理及人力资源管理打下夯实的基础。

第一节 行为基础

一、行为的含义及基本特征

（一）行为的含义

要确定行为的概念范畴，首先要确定行动的概念范畴，以便将行为与简单的生理运动区别开来。行动概念可分为广义的行动和狭义的行动两种，若将行动作为行为的一种，是指由行为的一系列随意运动与自动化所组成、指向一定目的的行为，我们可以将这一概念称为行动的狭义性概念。另外，如果将行动这个词分为"行"和"动"两部分的话，那么我们就可以得到一个广义的行动概念，即行为具有目的目标，而人们的运动则是接受人们行为目的目标而动作。

就行为目标和动机的关系而言，行为可分为以下几种。

（1）意志行为。意志行为是指人们有明确动机目标的行为。按照个人行为动机与整体长远目标是否统一，意志行为又可分为积极主动性行为和消极被动性行为。所谓积极主动性就产生过程来讲是指个体动机与行为的整体长远目标的统一程度。相反，一些具有不愉快、消沉性质的情绪认识等心理活动，都归为相应的这些人都具有消极被动性行为。但实际上，这里所说的动机的积极主动性或消极被动性，不在于人们的认识和情绪等心理活动是否愉快或消沉，而是在于人们的认识和情绪等是否能与群体的行动目标相符合。很多看起来消极被动性的心理活动，只要与积极主动的目标联系起来，往往就会有积极主动的性质。

（2）潜意识行为。潜意识行为是指人们具有明确目标但无明确动机的行为，即人们老想做但又不知道为什么要这样做的那些行为。潜意识行为主要表现在两个方面：一是口语流露与不经心的笔误等行动；二是神经性症状，即过分强烈的潜意识形成的变异行为，它包括压抑、反应形式、投射、文饰作用、升华等。

（3）娱乐消遣行为。娱乐消遣行为是指人们有明确动机但却无明确目标的行为，即是指那些总是想去做但却不在乎甚至不知道怎么做以及会做到什么程度的行为。例如，一个人具有娱乐休闲动机时，如果他自己觉得看电影、看电视、跳舞等目标都能满足这个动机，那么他对娱乐消遣目标的选择只有随意性，而没有必须性。

总之，人的行为是指人的有目的的活动。它包括人的欲望、动机、感情、态度、意志等在行为上的表现。一般来说，人的行为是一种有目的、有意识并在一定力量支配下的自觉的能动活动。人的行为与一般动物的根本区别就在于，一般动物活动是由有机体的自然需要支配的，是一种纯本能的体现，而人的行为则是由需要支配的。

（二）行为的基本特征

人的行为有以下几大基本特征。

（1）自发性：人的行为是主动自发而不是被动的。外力能影响人的行为，但无法发动其行为。外在的权力、命令无法使一个人产生真正的效忠行为。

（2）因果性：任何一种行为的产生都是有一定原因的。行为同人的需求有关，还同该行为所导致的后果有关。就需求来说，人们的行为受他自己的需求的激励，而不受别人认为他应该有的需求的激励。

（3）目的性：人类行为不是盲目的，它不但有起因，而且有目标。有时，在旁人看来是毫不合理的行为，对其本身来说却是合乎目标的。

（4）持久性：任何行为在目标没有达成以前，是不会终止的，也许会改变行为方式，或由外显行为转为潜在行为，但总是不断地向着目标进行。

（5）效果性：人的行为总会引起一定效果。只不过效果有大有小，有好有坏。

（6）可变性：人的行为总是在不断变化的。人们不仅可以经常变换其行为的手段，而且行为的质量层次也在不断变化。

研究人的行为的共同特征，对于探索人的行为动机规律、心理活动规律，从而预测、引导和控制人的行为有着重要的意义。

二、行为的模式

行为模式是人的行为过程的基本样式或一般规律。研究人的行为模式，对研究人的行为及进行行为辅导有着重要的意义。

（一）行为的一般模式

1. S→R 模式

行为主义心理学的创始人沃森（J. B. Wastson）认为，人的全部行为都可以表示为刺激和反应，即行为是 S（刺激）→ R（反应）。S 代表某种刺激（环境、条件等诱因）；R 代表达到某个目标的行为反应；→代表神经系统的作用。这个模式认为，人的行为总是在一定的刺激条件下产生的。但是，这个模式把人的主观能动性排除在外，所以很难说明人的行为的本质和全过程。

2. S→O→R 模式

美国斯坦福大学的莱维特在《管理心理学》一书中，对人的行为提出了三个相关的假设：①行为是有起因的；②行为是受激励的；③行为是有目标的。由此在刺激（S）与反应（R）之间，应考虑个体（O）内在条件、主观能动性。他提出了以下模式，具体如图 2-1 所示。

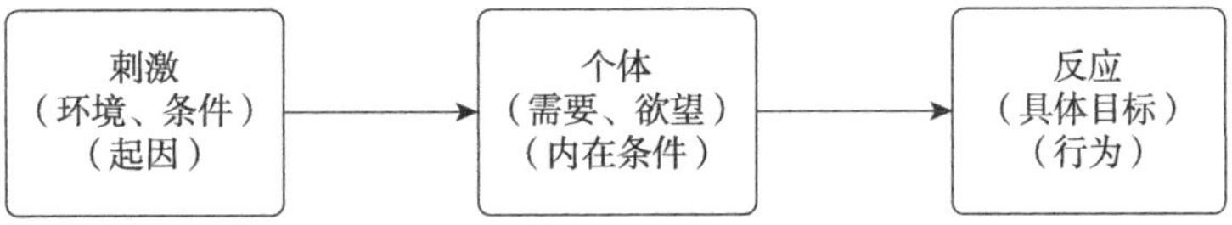

图 2-1　人的行为模式

由于个体的思想观念、知识经验、心理状态、身体状况等的不同，人的行为会因人、因时、因地而异，即刺激与反应之间会有各种不同的关系。人们对刺激的反应大体有以下几种情况：①同一刺激对不同的人会引起相同的行为；②同一刺激对不同的人会引起不同的行为；③不同刺激分别刺激不同的人，会引起同样的行为。

（二）行为的高级模式

新行为主义的杰出代表托尔曼（E. C. Tolman）和群体动力理论的提出者勒温，在这方面曾做出过一定的探索。托尔曼将人的行为分为分子行为与整体行为，并认为整体性行为具有如下特征：①指向一定的目的；②利用环境的帮助并作为达到目的的手段；③最小努力原则；④可教育性。勒温致力于需求系统和心理动力方面的研究，提出了“人”与“环境”对行为影响的公式：$B=f(P\cdot E)$。即人的行为随着人与环境的变化而变化。其中，B 代表人的行为；P 代表个体（内在需求）；E 代表环境（社会与自然环境）；f 代表函数关系。

三、影响行为的因素

任何事物的运动都有其内部原因和外部原因，人的行为也不例外。因为任何行为都是个人因素与环境因素相互作用的结果，影响人的行为的因素我们可以从内、外两个方面去寻找原因（图 2-2）。影响人的行为的环境（客观）因素包括组织的内部环境因素和组织的外部环境因素；影响人的行为的个人（主观）因素包括生理因素、心理因素、文化因素和经济因素。在分析个人（主观）因素时，应同时考虑到外在表现（行为）和内在思想（动机）两个方面，因为两者关系错综复杂，有时一致，有时并不一致，同时在分析内在思想

（动机）时，应同时考虑到积极动机和消极动机两个方面，因为产生行为的动机有积极的，也有消极的。

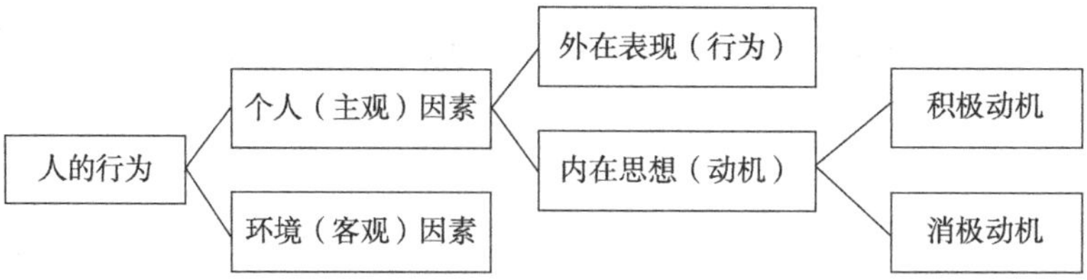

图 2-2　个体行为的影响因素

第二节　人格差异与行为

一、人格的概念及影响因素

（一）人格的概念

当前，人格心理学学派林立，理论体系繁多，心理学工作者至今对人格还没有一个公认的定义。人格心理学著作中通常介绍多种主要的理论，集思广益，把人格的丰富含义尽量表述得正确、全面，以免一叶障目。在人格定义发展过程中存在以下几种定义。

（1）总和式定义。这种定义起源较早，始于古罗马时代，到 17 世纪更为心理学工作者所常用。他们认为，人格是个人所有特质的总和。沃伦（H. C. Warren）把人格定义为人的各种属性的总和，认为人格包括个人品性的各个方面，如气质、德行、智慧、技能等。这种定义有助于确定人格的外延，探讨人格应该包括的特性，对后来的人格特质理论有一定的启发作用。但是，这种定义是初步的、常识性的，因为人格并不是许多特质简单的总和，而是各种特质有机地整合；它主次不分，只是罗列各种特质，有可能扩大人格概念的外延。

（2）整合式定义。人格的各种属性只是构成整个人格的元素，人格由这些元素组成。卡迈克尔（Carmichael）认为人格是一个人在各个发展阶段的全部组织。这种定义强调人格各种属性的组织性和整体性，比总和式定义前进了一大步。

（3）层次性定义。美国心理学家詹姆斯（James）在相同意义上使用自我和人格这两个概念，他指出："不管在想什么，对自己有多少知晓，所谓我自己，就是我的人格或人性的存在。"这种分法扩大了自我（人格）的概念，把自我经验中凡属于"我"以及与"我"有关的一切事物都看做自我的内容，混淆了意识和物质的界限，把许多意识的东西看做物质的东西。这种定义把人格的各种属性（特征）看做有组织的，并按一定层次结构排列，使人格特征层次分明，具有内在的统一性。

（4）适应性定义。这种定义的提出是受达尔文进化论的影响，把人格看做个体在适应环境中形成的独特的适应方式。肯普夫（Kempf）把人格定义为人在对环境进行独特适应中具有的那些习惯系统的综合。这种定义着眼于个体与环境的关系以及人格的适应功能，是有意义的，但是它把人格局限于适应（甚至社会适应）是不全面的，人不仅能适应环境，而且能改造环境。这种定义强调人格的功能，没有指出人格的内在特性和本质。

（5）区别性定义。舍恩（M. Schocn）认为人格是习惯、倾向和情操有组织的系统、起作用的整体或同一体，而这些习惯、倾向和情操是区别一群人中任何一个成员不同于其他成员的特征。人格具有独特性，但不等同于个体差异，这种定义强调个体人格的独特性。

综合以上五种定义的基本观点，并参考美国人格心理学家高尔顿·奥尔波特（Gordon Allport）的观点，本书将人格定义为：人格是个体内部身心系统的动力组织，其在不同时间、地域下影响着人的内隐和外显的心理特征和行为模式。

（二）人格的影响因素

1. 生物遗传因素

（1）遗传因素对人格的作用程度因人格特征的不同而异。通常在智力、气质这些与生物因素相关性较大的特质上，遗传因素的作用更为重要；而在价值观、信念、性格等与社会因素关系密切的特质上，后天环境的作用可能最重要。

（2）人格的发展是遗传与环境交互作用的结果。人既具有生物属性，又具有社会属性。遗传因素影响人格的发展方向及变化，环境因素在胚胎状态时就开始影响人类人格，后天环境因素多种多样，小到家庭因素，大到社会文化因素，这些因素都对人格的形成与发展有着重要的影响。

2. 环境因素

（1）家庭因素。强调人格的家庭成因，重点在于探讨家庭间的差异和不同的教养方式的影响。家庭教养方式一般分为三类：①权威型教养方式。在这种环境下成长的孩子容易形成消极、被动、依赖、服从、懦弱、做事缺乏主动性，甚至不诚实的人格特征。②放纵型教养方式。在这种家庭环境中成长的孩子多表现为任性、幼稚、自私、野蛮、无礼、独立性差、唯我独尊、蛮横胡闹等。③民主型教养方式。父母的这种教育方式能使孩子形成一些积极的人格品质，如活泼、快乐、直爽、自立、彬彬有礼、善于交往、富于合作、思想活跃等。

（2）社会文化因素。每个人都处在特定的社会文化之中，文化对人格的影响是极为重要的。其作用表现在：①社会文化对个人的影响力因文化的强弱而异，这要看社会对个体的要求是否严格，越严格，其影响力越大；②社会文化因素决定了人格的共同性特征，它使同一社会的人在人格上具有一定程度的相似性。例如，中华民族是一个勤劳勇敢的民族，这里的“勤劳勇敢”的品质就是中华民族共有的人格特征。

（3）学校教育因素。学校教育在学龄儿童人格的形成与发展中具有重要作用。学生通过课堂教育接收系统的科学知识，同时形成科学的世界观。通过学习还可以形成与发展学生的坚持性、主动性等优良的人格特征。校风和班风也是影响学生人格形成与发展的重要因素。良好的校风和班风能够促使学生养成积极性、独立性和遵守纪律等品质。在学校，老师要通过各种教育教学活动，塑造学生的人格特征，同时教师又是学生学习的榜样，教师的言行对学生的人格同样产生潜移默化的影响。

（4）个人主观因素。社会上各种影响因素，首先要被个人接受和理解，才能转化为个体的需要、动机和兴趣，才能推动个体去思考与行动。另外，个体已有的心理发展水平对人格特征形成的作用会随着个体年龄的增加而日益增强。

遗传因素构建了先天的特质和能力，家庭因素奠定了人格形成的基础，学校教育和教学对人格的形成起着主导的作用，而社会实践（社会文化）在人格的形成与发展中起着决定性作用（图 2-3）。

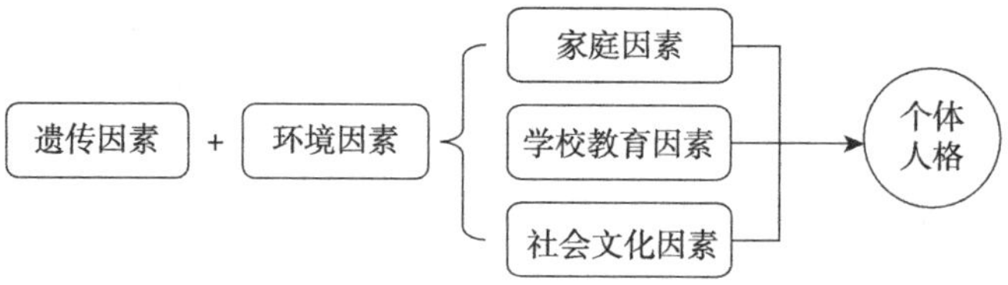

图 2-3 影响人格的主要因素

二、组织中的人格特质

（一）人格特质的含义

人格特质（trait）是指在不同的时间与不同的情境中保持相对一致的行为方式的一种倾向。人格特质一旦形成就相对稳定，它贯穿于人的整个心理，是人的独特性的整体写照。对于管理者来说人格特质是十分重要的，因为它渗透到管理者的所有行为活动中，影响管理者的活动方式、风格和绩效。大量研究和实践表明，某些人格特质和管理活动有着特定的关系，所适宜的管理环境也不同。利用成熟的人格测试方法对管理者或应聘人员的人格类型进行判断，可为人事安置、调整和合理利用人力资源提供建议。

（二）与工作绩效有关的人格特质

在研究组织行为时对个体的人格感兴趣的主要原因是人格和行为、绩效的关系。例如，研究者发现了大五人格因素与工作表现之间的关系，那些有责任心、可依赖的、有恒心的和以成就为中心的员工比那些缺乏这些特征的员工表现得好。可以说，一些人格要素是工作绩效好坏的有效预测指标。在这里，我们主要介绍对工作绩效影响尤为重要的几个人格因素，具体是自我监控（self-monitoring）、控制点（locus of control）、自尊（self-esteem）、马基雅维利主义（Machiavellianism）、A 型人格（type A personality）、冒险性（adventure）。

1. 自我监控

自我监控是指个体根据外部情景因素调整自己行为的能力，这一人格特质日益受到人们的重视。高自我监控者对环境线索十分敏感，能根据不同情境采取不同行为，在根据外部环境因素调整行为方面表现出很强的适应性，并能够使公开的角色与私人的自我之间表现出极大差异；低自我监控者倾向于在各种情景下都表现出自己的真实性情和态度，不能伪装自己，因此在他们是谁以及他们做什么之间存在着高度的行为一致性。

一些初步的证据表明，高自我监控者比低自我监控者更关注他人的活动，但是有关自我监控的研究还处于起步阶段，因此很难做出预测。另外，高自我监控的管理者在职业中更会灵活应变，更可能在组织中占据核心地位，得到更多的晋升机会。初步研究表明，个体自我监控能力的高低会影响到其工作的绩效、职业的成功和在群体中的人际关系（图2-4）。

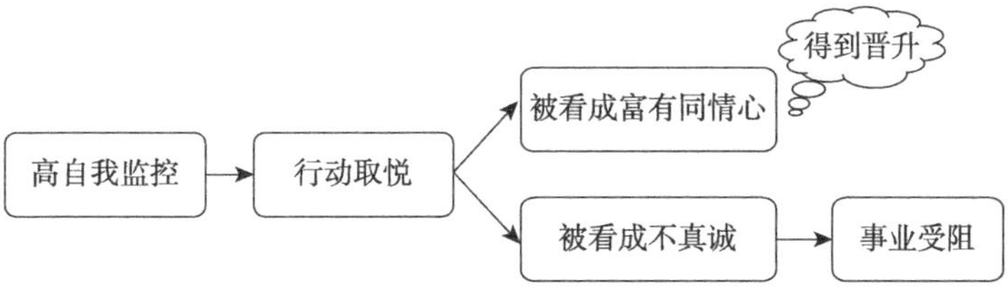

图 2-4　高自我监控力
资料来源：肖余春（2009）

2. 控制点

控制点是指人们认为自己可以控制命运的程度，是个体对于自己命运根源的认知。一些人认为自己是命运的主人，可以控制命运，属于内控型；另外一些人认为自己受到命运的主宰，认为生活中发生的一切都是运气和机遇的作用，认为自己的人生被外界力量左右，属于外控型。

大量内控和外控的比较研究得出同样的结论，外控得分高的个体对工作更不满意，总是怨天尤人，认为自己工作效率低下是周围环境（如较差的工作环境、不和谐的同事关系等）所导致的，从而造成他们工作积极性的降低。相反，内控型的个体觉得人定胜天，认为无论什么困难都阻挡不了其自身的发展，往往在日常生活和工作中保持昂扬向上的积极态度。

外控者对工作更不满意的原因是：当面对同样的情景时，内控者容易把组织结果归因于自己的活动，而外控者感到那些对自己来说很重要的组织结果均是自己无法左右的，如果自己所处的情景缺乏吸引力，内控者认为除了自己之外没有别人可以责备。另外，不满意的内控者更倾向于离开使自己不满意的工作。

总体来说，内控型的个人会在工作上干得更好，但这一结论在不同的工作中也会存在一定的差距。外控者更为顺从，认真听取上级的安排；而内控者在决策之前积极寻找信息，对获得成功有着更强烈的动机，更倾向于控制自己的环境。因此，外控者在结构分明和条理清楚且只有严格遵守指示才会成功的工作中会做得很好；内控者在复杂的工作环境中会做得更好，其中包括绝大多数管理和专业技能的工作，因为这些工作需要进行复杂的信息加工和学习活动。另外，内控者也适合于需要创造性和独立性的工作活动。例如，几乎所有成功的销售人员都是内控型的人。

3. 自尊

人们喜爱或不喜爱自己的程度各不相同，这一特质称为自尊。有关自尊的研究为组织行为学提供了一些很有趣的证据。例如，与自尊心弱的人相比，自尊心强的人相信自己拥有工作成功所必需的大多数能力，有更强的成功预期，在工作选择上会更为冒险，更可能选择那些非传统性的工作。

有关自尊方面最普遍的发现是，自尊心弱的人更可能寻求他人的认同，更倾向于按照自己尊敬的人的信念和行为从事，因为他们比自尊心强的人更容易受到外界的影响，他们需从别人那里获得积极的鼓励。从管理的角度来看，自尊心弱的人更注重取悦他人，他们很少站在不受欢迎的立场上。人们还发现自尊与工作满意度之间存在相关性，大量研究表明，自尊心强者比自尊心弱者对他们的工作更为满意。

4. 马基雅维利主义

马基雅维利主义人格特点以尼科洛·马基雅维利（Niccolo Machiavelli）的名字命名。具有较高马基雅维利主义的个体更加讲究实效，保持着感情的距离，相信结果能替手段辩护，他们一贯的思想准则是“只要行得通，就采用它”。

人们对马基雅维利主义与行为结果的关系进行了大量研究，这些结果也受到情景因素的调节。具有较高马基雅维利主义的个体比具有较低马基雅维利主义的个体更愿意操纵他人，赢得更多利益，更难被别人说服，却更多地说服他人。研究发现，高马基雅维利主义者在以下几个方面工作更有成效：①当他们直接与别人面对面交往而不是间接地相互作用时；②当情境中要求的规则与限制最少，并有即兴发挥的自由时；③当具体问题的情感卷入与能否成功无关时。

高马基雅维利主义者是不是一个好员工主要取决于工作类型，以及在评估绩效时是否考虑道德内涵。对于一些情况我们可以预期高马基雅维利主义者的绩效水平会大打折扣，如结果不能为手段辩护的工作，行为有绝对的规范标准，以及上一段落列出的三个条件不存在时，但是对于需要谈判技能的工作（如劳工谈判者）和成功带来实质效益的工作（如拿佣金的销售人员），高马基雅维利主义者的工作会更为出色。

5. A 型人格

有一些人非常具有竞争性，总是体验到一种时间上的紧迫感，这些人就拥有 A 型人格。A 型人格者“总是不断地驱动自己要在最短的时间里干最多的事，并对阻碍自己工作的其他人或事进行攻击（如果这样做是被允许的）”。这种特点在北美文化下受到高度推崇，而且它与进取心和物质利益的成功获得存在正相关关系。

A 型人格者不断给自己施加时间压力，总为自己规定最后的期限，因此常常处于高度的焦虑状态，这些特点也导致了一些具体的行为结果。从管理角度来看，A 型人格者表现为愿意长时间从事工作，但他们的决策失佳也绝非偶然，因为他们做得太快了。A 型人格者是速度很快的工人，他们更注重的是数量而不是质量。A 型人格者很少具有创造性，因为他们关注的是速度和数量，遇到问题时常常依赖自己过去的经验。面对环境中的各种挑战和困难，他们很少改变自己的反应方式；面对一个新问题时，他们很少花专门时间来研究和开发具体的解决方法。

A 型人格的表现如下：①运动、走路和吃饭时间节奏很快；②对很多事情的进展速度感到不耐烦；③总是试图同时做两件以上的事情；④无法打发休闲时光；⑤着迷于数字，他们的成功是以每件事中自己获益多少来衡量的。

另外，与 A 型人格相反的 B 型人格较松散、与世无争、对任何事皆处之泰然。A 型人格者在面试过程中做得更好，因为他们更可能被评价为具有一些理想特质，如工作积极性高、能力强、富于进取和成功动机高。在组织中，A 型人格者工作十分勤奋，最优秀的销售人员常常是 A 型人格，但 B 型人格者却常常占据组织中的高层位置。因为 A 型人格者倾向于放弃对质量的追求，而仅仅追求数量，然而在企业和组织中，晋升“常常给那些睿智而非匆忙，有创造性而非仅有好胜心的人”。

B 型人格的表现如下：①从来不曾有时间上的紧迫感以及其他类似的不耐烦；②认为没有必要表现或讨论自己的成就和业绩，除非环境要求如此；③充分享受娱乐和休闲，而不是不惜一切代价达到自己的最佳水平；④充分放松而不感内疚。

6. 冒险性

人们在冒险意愿上存在差异，并且这种接受或回避风险的倾向性对管理者做决策所用时间以及做决策之前需要的信息量都有影响。例如，一项研究让 79 名管理者进行模拟人事练习，要求他们做出聘用决策。低冒险性的管理者比高冒险性的管理者做出决策所花时间更长，使用的信息量也更多。有趣的是，两组决策准确性是相当的。

总体来说，具有高冒险性倾向的管理者决策更加迅速，在做出决策时所需的信息量更少。认识这些差异并根据不同工作的具体要求考虑冒险倾向性是很有意义的。例如，对于一名股票经纪人来说，高冒险倾向性可能会带来更好的业绩，因为这类工作需要迅速决策；相反，这种人格特质可能会成为一名从事审计工作的财会人员的主要障碍，最好安排无冒险倾向的人从事这种工作。

三、人格特质理论

人格特质理论（theory of personality trait）起源于 20 世纪 40 年代的美国，主要代表人物是美国心理学家奥尔波特和雷蒙德・卡特尔（Raymond B. Cattell）。人格特质理论把人格认定为是由诸多特质构成的。所谓特质，是指人拥有的、影响行为的品质或特性，它们作为一般化、稳定而持久的行为倾向而起作用。一个偶然发生的行为不能称为特质，因为即使最外向的人也偶尔有沉默的时候，最内向的人也可能偶然爆发。特质被看做一种神经心理结构，也是一种先在的倾向，使个体以相对一贯的方式对刺激做出反应。特质论并不是把人格分为绝对的类型，而是通常认为存在一些特质维度，每个人在这些特质上有不同的表现。例如，慷慨是一种特质，每个人都可在不同程度上具备这种特质，使其成为自己人格的特色之一。而人之所以有差异，就在于不同的人有着不同的特质表现程度，形成不同的特质构型，以此来解释人的行为差异。

（一）卡特尔的人格特质理论

特质表现为一个人在不同的情境中经常出现的稳定行为模式。例如，一个“温和性”特质的人，在工作中对上级的命令相对服从，对其他人的错误比较容忍，对待朋友比较谦逊；在社交情境会回避冲突；对待父母也可能比较孝顺；不会有太激进的政治主张；等等。这种在各种情境中都会表现出的相应的一致性的行为方式就是特质。

美国心理学家卡特尔通过对人格的词汇进行聚类分析，得出了 35 个特质群，称为表面特质。卡特尔又对表面特质进行因素分析，得到了 16 个根源特质，他认为根源特质是构成人格的基本要素（表 2-1）。

表 2-1　卡特尔 16 种人格特质

序号	特质名称	低分者特征	高分者特征
1	乐群性	缄默、孤独	乐群、外向
2	聪慧性	迟钝、愚昧	聪明才学
3	稳定性	情绪激动	情绪稳定
4	恃强性	谦逊、服从	好强、固执
5	兴奋性	严肃、谨慎	轻松、乐观

续表

序号	特质名称	低分者特征	高分者特征
6	有恒性	权宜敷衍	始终负责
7	敢为性	胆怯、退缩	冒险、犯难
8	敏感性	理智、求实	敏感、感情用事
9	怀疑性	信赖、随和	怀疑、刚愎
10	幻想性	合乎常规	异想天开
11	世故性	天真、率直	老于世故
12	忧虑性	沉着、自信	忧虑、抑郁
13	实验性	保守、传统	激进、自由
14	独立性	随群、依附	自力更生
15	自律性	不拘小节	自律、严谨
16	紧张性	心平气和	紧张、困扰

资料来源：张嵩（2012）

（二）MBTI 人格理论

MBTI（Myers-Briggs type indicator，即迈尔斯-布里格斯类型指标）人格理论的基础是著名心理学家卡尔·荣格（Carl G. Jung）先生关于心理类型的划分，后由美国的心理学家布里格斯（Katharine C. Briggs）与迈尔斯（Isabel B. Myers）研究并加以发展。MBTI是一种迫选型、自我报告式的性格评估测试，用以衡量和描述人们在获取信息、做出决策、对待生活等方面的心理活动规律和性格类型。这种理论可以帮助解释为什么不同的人对不同的事物感兴趣、擅长不同的工作并且有时不能互相理解。这个工具已经被运用了将近 30 年，夫妻利用它增进关系的融洽度，学生和老师利用它提高学习和授课效率，青年人利用它选择职业，组织利用它改善人际关系、团队沟通、组织建设、组织诊断等。在世界 500 强企业中，有 80%的企业有 MBTI 的应用经验。这一人格测试包括 100 道题，主要集中于在以下四个两极性的维度上进行描述。

1. 内倾（I）–外倾（E）维度

内倾（I）–外倾（E）维度用以表示个体心理能量的获得途径以及个体与外界相互作用的程度，即个体的注意较多地指向外部的客观环境还是内部的概念建构和思想观念。外倾型态度表现为主体的注意力和精力指向客体，即在外部世界中获得支持并依赖外在环境中发生的信息，这是一种从主体到客体的兴趣向外的转移。外倾型个体需要通过经历来了解世界，所以他们更喜欢大量的活动，并偏好于通过谈话的方式来思考，在语言的交流中对信息予以加工。而内倾型态度表现为主体的注意力和精力指向内部的精神世界，其心理能量通过内部的思想、情绪等获得。内倾型个体在内部世界中获得支持并看重发生的事件的概念、意义等，因此他们的许多活动是精神性的，他们倾向于在头脑内安静地思考以加工信息。外倾型个体经常先行动后思考，而内倾型个体经常耽于思考而缺乏行动。

2. 感觉（S）–直觉（N）维度

该维度又称非理性维度或知觉维度，表示个体在收集信息时注意的指向，即倾向于通过各种感官去注意现实的、直接的、实际的、可观察的事件，还是对事件将来的各种可能性和事件背后隐含的意义以及符号和理论感兴趣。感觉型的个体倾向于接受能够衡量或有证据的任何事物，关注真实而有形的事件。他们相信感官能告诉他们关于外界的准确信息，也相信自己的经验。他们重视现在，关心某一刻发生的所有的事情。而直觉型的个体自然地去辨认和寻找一切事物的含义，他们重视想象力，更注重将来，努力改变事物而不是维持它们的现状。直觉型的个体看到一个环境就想知道它的含义和结果可能如何。感觉型的个体被视为较有实际意识，而直觉型个体被视为较有改革意识。感觉（S）–直觉（N）维度在问题解决过程中有重要作用。

3. 思维（T）–情感（F）维度

该维度又称理性维度或判断维度。该维度用于表示个体在做决定时采用什么系统，即做决定和下结论的方法，是客观的逻辑推理还是主观的情感和价值。情感型的个体期望自己的情感与他人保持一致，他们做决定的基石是何者对他们自己和他人是重要的；其理性判断的依据是个人的价值观。而思维型的个体通过对情境做的客观的、非个人的逻辑分析来做决定，他们注重因果关系并寻求事实的客观尺度，因此较少受个人感情的影响。

4. 知觉（P）–判断（J）维度

该维度用以描述个体的生活方式，即描述个体是倾向于以一种较固定的方式生活（或做决定）还是以一种更自然的方式生活（或收集信息）。这一维度是一种态度维度。虽然个体能够使用直觉和判断，但是这两极不能够被同时运用。多数个体会自然地发现采用某种生活方式时总是比另一种更加轻松，因此总是在和外部世界打交道时采用这种生活态度。判断型个体倾向于以一种有序的、有计划的方式对生活加以控制，他们期望看到问题被解决，习惯于并喜欢做决定。而知觉型个体偏好于知觉经验，他们不断地收集信息以使生活保持弹性和自然。他们努力使事件保持开放性，让其自然地变化，以便出现更好的事件。

取每个维度上偏好类型的代表字母，即可以由四个字母构成性格类型，如ISFJ即内倾感觉情感判断型，ENFP即外倾直觉情感知觉型。四个维度、八个偏好类型可以组合成16种性格类型，如表2-2所示。

表2-2　MBTI性格类型表

（ISTJ） 内倾感觉思维判断	（ISFJ） 内倾感觉情感判断	（ISTP） 内倾感觉思维知觉	（ISFP） 内倾感觉情感知觉
（INFJ） 内倾直觉情感判断	（INTJ） 内倾直觉思维判断	（INFP） 内倾直觉情感知觉	（INTP） 内倾直觉思维知觉
（ESTP） 外倾感觉思维知觉	（ESFP） 外倾感觉情感知觉	（ESTJ） 外倾感觉思维判断	（ESFJ） 外倾感觉情感判断
（ENFP） 外倾直觉情感知觉	（ENTP） 外倾直觉思维知觉	（ENFJ） 外倾直觉情感判断	（ENTJ） 外倾直觉思维判断

在国外，MBTI因其独到的理论根基、严格的操作规范和极强的实用性被广泛应用于团队建设、生涯设计、教育教学以及个体与家庭治疗等领域。例如，桑普尔（Sample）综述前人的研究发现，16种人格类型中有4种在典型组织中占统治地位，分别是ISTJ、ESTJ、INTJ、ENTJ，这四种人格类型在组织中所占百分比明显高于基础人群。赖尼瑟（Reynierse）

调查了 1 925 名低、中、高层企业管理人员，他发现这些人与一般人群相比在外向、思考、判断这三个维度上表现突出，在信息获取方式上低层管理者更倾向于感觉，随着管理层级的升高，逐渐往直觉过度，高层管理者中以直觉方式获取信息者占多数。

（三）大五人格理论

20 世纪八九十年代，随着对人格结构特质研究的深入，许多研究者对人格特质进行因素分析时发现，人格研究的一系列资料中，一般都显示出五个人格维度的证据，形成近十几年来最为流行的人格理论模型——大五人格模型（The Big Five），具体如表 2-3 所示。

表 2-3 大五人格模型的特质含义

五因素名称	主要关注点	低分者特征	高分者特征
外向性（extraversion）	对人际关系的舒适感程度	封闭内向、胆小害羞、安静少语	喜欢群居、善于交际、自己决断
随和性（agreeableness）	服从别人的倾向性	冷淡、敌对、不受欢迎	合作、热情、信赖他人
责任心（responsibility）	对信誉的关注程度	精力分散、缺乏计划、不可信赖	有条不紊、持之以恒、值得信赖
神经质（neuroticism）	个体承受压力的程度	平和、自信、有安全感	紧张、焦虑、失望、缺乏安全感
经验开放性（open experience）	对新事物的热爱程度	保守、喜欢传统的事物	富有创造性、有好奇心、具有艺术敏感性

1. 外向性

外向性用来表示人际互动的数量和密度、对刺激的需要以及获得愉悦的能力。这个维度将社会性的、主动的、个人定向的个体和沉默的、严肃的、腼腆的、安静的人作对比。外向的人喜欢与人接触，充满活力，经常感受到积极的情绪。他们热情，喜欢运动，喜欢刺激和冒险。在一个群体当中，他们非常健谈、自信，喜欢引起别人的注意。内向的人比较安静、谨慎，不喜欢与外界过多接触。他们不喜欢与人接触不能被解释为害羞或者抑郁，这仅仅是因为比起外向的人，他们不需要那么多的刺激，因此喜欢一个人独处。内向人的这种特点有时会被人误认为是傲慢或者不友好，其实一旦和他们接触就经常会发现他们是非常和善的人。

2. 随和性

外向性是评估个体喜欢与他人一同出现的程度，而随和性则评价个体对他人所持的态度，这些态度一方面包括亲近人的、有同情心的、信任他人的、宽大的、心软的，另一方面包括敌对的、愤世嫉俗的、爱摆布人的、复仇心重的、无情的。随和性高的人是善解人意的、友好的、慷慨大方的、乐于助人的，愿意为了别人放弃自己的利益，他们对人性持乐观的态度，相信人性本善。随和性低的人则把自己的利益放在别人的利益之上，本质上，他们不关心别人的利益，因此也不乐意去帮助别人。而且有时候，这类人对他人是非常多疑的，怀疑别人的动机。对于某些职位来说，太高的随和性是没有必要的，尤其是在需要强硬和客观判断的场合，如科学家、评论家和士兵等就不需要太高的随和性。

3. 责任心

责任心是指我们控制、管理和调节自身冲动的方式。它是用来评估个体在目标导向行为上的组织、坚持和动机，同时也反映个体自我控制的程度以及推迟需求满足的能力。它把可信赖的、讲究的个体和懒散的、马虎的个体作比较。冲动的个体常常被认为是快乐的、有趣的、很好的玩伴，但是冲动的行为虽然会给个体带来暂时的满足，但却容易产生长期的不良后果，如攻击他人、吸食毒品等，因此冲动的个体一般不会获得很大的成就。但是冲动也并不一定就是坏事，有时候环境要求我们能够快速决策。人们一般认为谨慎的人更加聪明和可靠，但是谨慎的人可能是一个完美主义者或者是一个工作狂。谨慎的人容易避免麻烦，能够获得更大的成功，但是极端谨慎的人让人觉得单调、乏味、缺少生气。

4. 神经质

神经质用来反映个体情感的调节过程，反映个体体验消极情绪的倾向和情绪的不稳定性。高神经质的个体表现为具有不现实的想法、过多的要求和冲动，心理压力大，更容易体验到愤怒、焦虑、抑郁等消极的情绪。他们对外界刺激的反应比一般人强烈，对情绪的调节、应对能力比较差，经常处于一种不良的情绪状态下。并且这些人思维、决策以及有效应对外部压力的能力比较差。相反，低神经质的人具有较少的烦恼，不易情绪化，比较平静。

5. 经验开放性

经验开放性用来描述一个人的认知风格。这个维度将那些好奇的、新颖的、非传统的以及有创造性的个体与那些传统的、无艺术兴趣的、无分析能力的个体作比较。开放性的人偏爱抽象思维，兴趣广泛；封闭性的人讲求实际，偏爱常规，比较传统和保守。开放性的人适合教授等职业；封闭性的人适合警察、销售、服务性职业等。

结合管理实践的研究发现，这五个维度与工作绩效之间存在着密切的联系。外向性可以预测管理和销售职位的工作绩效；随和性得分高的人在需要大量群体合作的情境中表现出色；责任心得分高低可以预测工作绩效；神经质得分高低也可以预测工作绩效；经验开放性在预测培训结果方面也十分重要。这些结论为人力资源管理提供了有益的启示。

第三节 知觉与归因

人的行为的产生有赖于个体对所在环境的理解和判断，这种理解和判断是通过知觉的作用产生的，人的知觉直接影响人的心理状态和行为。因此，在管理中要研究和预测人的行为，必须了解人的一般心理过程及其规律，尤其是知觉在社会交往、归因和个体决策中的作用。

一、知觉与社会知觉

（一）知觉概述

1. 知觉的含义及特征

与知觉相近的概念是感觉，为了更好地理解知觉这个概念，我们需要简单地了解一下感觉。感觉是客观事物直接作用于人的感觉器官，在人脑中所产生的对事物个别属性的反应。

知觉是指一个人为了给观察到的对象赋予一定的意义而进行的组织和解释感觉印象

的过程。它是各种感觉的结合，它来自于感觉，但已不同于感觉。感觉只反映事物的个别属性，知觉却认识了事物的整体；感觉是单一感觉器官活动的结果，知觉却是各种感觉协同活动的结果；感觉不依赖于个人的知识和经验，知觉却受个人知识和经验的影响。同一物体，不同的人对它的感觉是类似的，但对它的知觉就会有差别，知识经验越丰富对物体的知觉越完善、越全面。显微镜下的血样，只要不是色盲，无论谁看都是红色的；但医生还能分辨出里边的红细胞、白细胞和血小板，没有医学知识的人就看不出来。

需要说明的是，知觉是一种积极、能动的认识过程。这种能动性的特征主要体现在四个方面。

（1）知觉具有选择性。人要对某个对象进行某个方面的认识和判断，必须对该对象在该方面的所有信息进行收集和分析后得出结论。由于人的有限理性，加上背景、需要、兴趣、经验和能力等方面的不同，人们会选取一部分信息进行认识和判断，形成结论，而其他的信息则作为背景，这种现象就是知觉的选择性。如图 2-5 所示，如果以黑色为背景，就会看到白色的柱状物，反之则看到几个人物。例如，在课堂上，对认真听讲的学生来说，教师的声音就是知觉的对象，而周围环境中的声音则成为知觉的背景。对于上课看课外书的同学来说，教师的声音就成了背景，课外书就是知觉的对象。

图 2-5　知觉的选择性

资料来源：王振宇（2004）

（2）知觉具有整体性。在知觉过程中，人并不是被动地吸收信息，而是力求将观察到的对象知觉为具有一定结构的整体形象，即使是一个不完整的形象，人们也会在知觉作用下将其形成一个完整的形象。如图 2-6 所示，黑背景中的黑色三角形和白背景中的白色三角形，是作为一个整体被知觉的，尽管背景图形似乎支离破碎，但构成的却是一个整体。知觉的这种特性被称为知觉的整体性。

知觉对象作为一个整体不是各部分的机械堆砌，对一个事物的知觉取决于它的关键性的强的部分，非关键性的弱的部分一般被掩蔽。例如，一首歌，无论是男高音唱还是女高音唱，无论是童声唱还是老人唱，人们都会把它知觉为同一首歌；一旦改变其旋律或歌词，就会成为另一首歌。在这里，不同的音色、音调不是决定一首歌的关键性的部分，只有歌

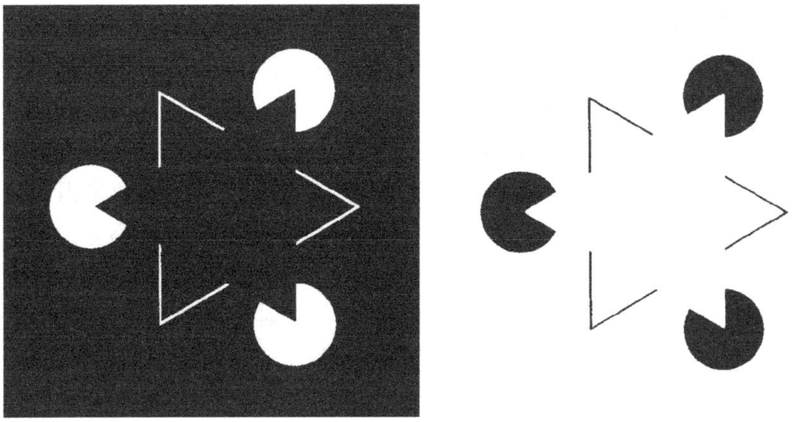

（a）黑色三角形　　　　　　（b）白色三角形

图 2-6　知觉的整体性

资料来源：王振宇（2004）

曲的旋律和歌词才是决定一首歌的根本因素。

（3）知觉具有理解性。这种整体形象的形成也会由于知觉者的知识经验、实践经历、个人兴趣爱好等因素的不同而不同。例如，对一张 X 光片，不懂医学知识的人，是无法从中得到具体信息的，而放射科医师就能从 X 光片中看出身体某部分的病变情况。也就是说，对同一个知觉对象，不同的人会有不同的理解。又如，当我们看到天上的一片云彩，有的人说像飞龙，有的人说像飞马。

（4）知觉具有恒常性。当知觉条件发生一定的变化时，知觉的映象仍然保持相对不变，这就是知觉的恒常性。常见的知觉恒常性有亮度恒常性、大小恒常性、形状恒常性等。例如，阳光照射下的白色墙壁与阴影中的角落所反射出来的亮度差别很大，但人们却把它们感知成亮度相等的白色，这是亮度恒常性。学生坐在第一排座位上看老师与坐在最后一排座位上看老师，老师在他们视网膜上的像大小不一，但学生总是把老师看成具有特定大小的形象，这就是大小恒常性。无论人们在教室的哪个地方看教室的门，也无论教室的门是开着的还是关着的，人们总把教室的门看成是矩形的，这就是形状恒常性。恒常性使人在不同的条件下，始终保持对事物本来面貌的认识，保证了知觉的精确性。

2. 知觉过程

知觉的过程实际上包括五个步骤，即注意、组织、解释、检索、判断（图 2-7）。当一个人已经注意到某一个刺激时，知觉过程中的每一个步骤都会给上一个阶段提供反馈信息，根据这些反馈信息，这个人可能会调整他的知觉。

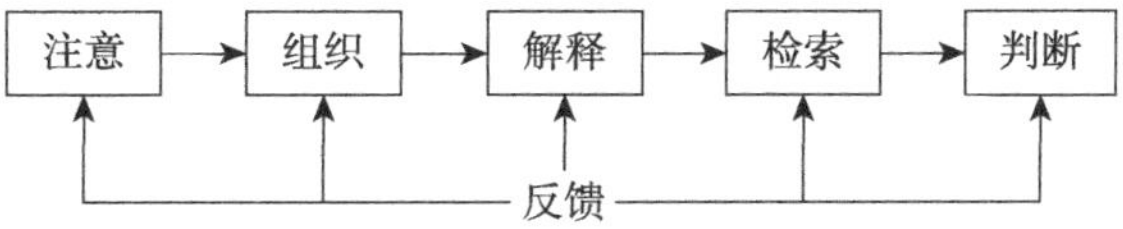

图 2-7　知觉的过程

资料来源：达夫特（2004）

（1）注意。这是知觉过程的起点，在这个步骤过程中人们会关注所有信息中的一部分，并把其余部分过滤掉。例如，当我们观看篮球比赛的时候，我们主要关注的是正在运球的篮球运动员以及围绕在其周围的篮球运动员，而会忽视整个场馆中其他各种各样的信息。这个步骤就是将知觉对象从背景中分离出来的过程。

（2）组织。当一个人对刺激给予注意时，他就会开始对刺激中的有关信息进行组织，这样就会在下一个步骤中更好地解释这个刺激。人通过使用参考框架来组织、筛选信息，并倾向于发现这种刺激中的有关模式。这个步骤其实就是形成一个整体形象的过程。

（3）解释。在这个步骤中，知觉者寻找受刺激的解释。心理学家通过研究知觉过程，认为解释过程包括两个过程的组合，即投射和归因。投射是指我们用自己的思想和感觉去想象所观察的人，就是把自己的内心所想有意识地强加于别人身上。例如，当我喜欢这件衣服时，我就认为别人也会喜欢这件衣服。如果我们自己的想法和感觉与其他人的想法和感觉实际匹配的程度不紧密，投射可能会使知觉过程产生偏差。

（4）检索。当知觉者对某项刺激给予注意并通过组织和解释对它产生认识后，知觉者会回忆一些与当前事件有关的过去事件的信息。例如，当老板在考核员工的行为和工作表现时，他会回忆员工过去做得很好的事情和做得不好的事情。

（5）判断。知觉过程的最后一个步骤就是判断。在这个步骤中，知觉者使用当前信息和检索出来的过去信息来得出一个最终的结论。在判断阶段，知觉者对各种信息进行聚合和加权处理。聚合信息是指将各种不同的信息汇集起来，而加权信息则是对不同的信息分配不同的权重。最终，人们按照自己的价值观、观点和标准对各种信息分配不同的权重，然后进行加权计算，得出最后的判断。

3. 影响个体知觉的因素

影响知觉的因素可以归纳为知觉者、知觉对象及知觉环境三个方面。

（1）知觉者。知觉者的差异性与其本身的态度、情绪状态、需要、经验、职业、个性、兴趣等相关。态度是指对待事物的态度不同，人所选择的外部刺激就不同，从而导致知觉的不同。情绪状态是一个人在特定时刻所体验到的特殊情绪状态强烈地影响到个体对环境刺激的选择和解释，这种情绪状态包括愤怒、愉快、恐惧、焦虑、绝望等。需要是一个人的需要在很大程度上决定着人们知觉的选择，尤其是在知觉对象模棱两可时更是如此，当一个人的某种需要特别强烈时，他的知觉活动就直接指向与满足需要密切相关的事物，而与满足需要无关的事物则被排斥。经验是指一个人在相似目的或相似条件下由经历所获得的经验也会影响这个人的知觉的选择和对刺激的解释，经历不同，所获取的经验不同，观察问题的角度和内容就不同。其他的因素，如一个人的职业、个性、兴趣等对知觉都会产生不同的影响。以上这些因素构成了人在知觉时的心理过滤器，从而影响对知觉对象的认知。

（2）知觉对象。知觉对象本身与环境的对比度越大，被注意到的可能性就越大，那些强度较强、体积较大、运动变化、色彩鲜艳的事物，更容易被人注意到而被选择成知觉对象；相反那些强度弱、体积小、静止不动、色彩灰暗的事物，则容易被忽略。在群体里，声音洪亮的人比安静的人更容易受到注意，外貌漂亮的人比外貌一般的人也会更多引起别人的注意，新奇、运动、声音、大小等因素都能影响我们的知觉。

（3）知觉环境。在不同环境下认识和了解客观事物会影响到我们的知觉。物理环境和社会环境均能影响到我们的知觉。例如，一个学生穿着运动短裤出现在升旗仪式上，就会引起老师们和学生们的关注。

（二）社会知觉

1. 社会知觉的含义及特征

个体的知觉是在社会中形成的，具有社会属性，而且又以社会为对象，具有社会内容。在组织行为学中把握社会知觉（social perception），主要是了解对个体行为的知觉，以便能了解人们的行为选择，并在此基础上加以引导。社会知觉是对个体及其行为动机的整体把握，有其特殊性，比一般知觉更复杂。

1）社会知觉的含义

在传统普通心理学中，知觉不包括判断、推理等认识过程。而这里的知觉既包括对人的外部特征的知觉，也包括对人的个性特点的理解，对人的行为的判断和解释。这里的知觉相当于认识，因此在社会心理学书籍中有人主张用“社会认知”一词来代替社会知觉。

社会知觉的概念是美国心理学家布鲁纳（J.S.Bruner）于 1947 年在知觉研究中采用的，用来指知觉的社会决定性，即知觉不仅仅取决于客体本身，也取决于主体的目的、态度、价值观和过去的经验。这种用法与社会心理学中的用法有所不同。在社会心理学中，社会知觉主要用来表示对人、对己和对社会群体的知觉。具体来说，社会知觉是指在社会环境中，人们对某一个人或某一群体的知觉，是对他人的心理状态、行为动机和意向做出的推测与判断的过程。社会知觉是人们对社会对象，包括自己、他人或群体的知觉，它侧重于知觉的判断和最初的认识。

社会知觉作为对人的知觉，与对物的知觉一样，也服从心理学揭示的知觉过程的一般规律，但与对物的知觉相比，还有其特殊性。海德（F. Heider）在其《人际关系心理学》一书中指出对人知觉和对物知觉的三个差别：①人能体验其内部生活，而物不能。每个人都体验到其思想和感情，认为别人也是如此。②物不被认为是其自身活动的原因，而人则往往被认为是第一原因。责任感就意味着个人的行动有其内部原因，而不只是对环境力的反应。③人可以有意识地操纵和利用知觉者，而物不能。对人知觉的目的就是使观察者预测作为刺激之人的可能的行动，以便预先计划自己的行动。

本书对社会知觉的定义为：社会知觉是指个体觉察到社会性事物的刺激，从而表现出自己的对应性态度或者是行为，是个体试图了解和理解其他人的过程。

2）社会知觉的特征

社会知觉是协调人际关系，调动人的自觉性、主动性、积极性和创造性的重要心理成分。此外，管理水平的提高、组织效率的发挥、团体内部凝聚力的增强等都会受到社会知觉的影响。因此，有必要理解社会知觉的特殊性，以便更好地开展组织管理活动。社会知觉主要具有以下特征。

（1）主观性。作为他人，只能感知一个人的外部特征及行为，而对人的内部心理状态、心理特征及行为动机等只能凭借他的外部特征及行为去推断，这种推断受知觉主体的生活体验、性格、兴趣、需要等主观因素的影响，带有极强的主观性。

（2）选择性。对于同样一个社会刺激，不同的人会采取不同的认知态度，有的予以认知，有的则无所谓。产生这种现象的原因是，每个人都以已有的认知结构为基础，从自己已有的生活经验出发，对当前社会刺激做出种种估计和猜测。如果估计该社会刺激给自己带来奖励，有益于自己，就会选择它作为认知对象。

（3）自控性。试验表明，凡是能刺激个体产生焦虑的社会刺激，或将要带来不愉快的刺激，个体生理反应、情绪反应必然很敏感，但个体认知态度是不积极的，会把这些刺激压抑下来，从而减少焦虑，以适应社会。

2. 社会知觉的分类

社会知觉分为四类，包括他人知觉（person perception）、自我知觉（self-perception）、人际知觉（interpersonal perception）和角色知觉（role perception）。

1）他人知觉

他人知觉是通过对他人的言谈、举止、表情、仪表、风度等外部特征的知觉，进而了解他人的动机、情感、意图等，是由他人的外在表现推测其内在心理状态。

影响对他人的知觉的因素包括三个方面：知觉对象的仪表、风度、言谈举止等；知觉者的态度和观点；知觉的环境。管理者要做到知人善任，对所有管理者来说，他人知觉是非常重要的，这就要求管理者能真正了解他人，以便能够用人之所长，人尽其才。然而要做到对他人的正确知觉并不容易，由于对他人的知觉免不了要受到知觉者认识结构的影响，知觉者会掺杂个人的观点、需要、动机等许多主观因素对他人进行判断和评价。

（1）面部表情。人是富有表情的动物，人的表情往往能反馈其身心状态。面部表情是一种重要的社会刺激物，它既有先天因素，也有后天习惯的部分。相同的面部表情表达相同的情绪状态，全人类有较高的一致性。面部表情以面部肌肉变化为标记。例如，人们在生气时，脸会拉长，肌肉下沉；人们高兴时，会喜笑颜开，肌肉松弛。另外，在人们的交往中，要想达到最佳的交际效果，还要学会巧妙地使用目光。例如，要给对方一种亲切感，就应当让眼睛闪现热情而诚恳的光芒。

（2）身段表情 。身段表情主要就是人体的姿势和体态，它可显示个体的情绪状态。例如，如果一位老师在上课当中，肢体语言非常丰富，并在学生当中来回穿梭着讲课，就说明该老师激情澎湃、非常敬业。

（3）言语表情 。它不是指说话的内容，而是指说话时的音量、语调、节奏等特征。人们通过言语表情判断他人的情绪状态，其准确性往往与通过面部表情的判断一样。例如，当和新认识的朋友交谈时，对方说话耿直、语速较快时，就可以判断此人可能时间观念较强，做事果断、雷厉风行。

2）自我知觉

自我知觉是指一个人通过对自己行为的观察而对自己心理状态的认识。自我既是认识的主体，同时也是认识的客体。人的自我知觉既有整体性，又有可分性。它是由许多要素构成的，犹如一幅完整的自画像。自身的知觉是自我意识的重要组成部分，随着个人自我意识的发展，自我知觉经历了三个发展阶段：①生理自我。在这个阶段，个体主要表现为对自身的外形、穿衣、家庭朋友对自己态度的判断，以及对自己所有事物的判断，从而表现为自豪或自卑的自我情感。②社会自我。在这个阶段，个体的自我评价主要表现为对自己在社会上的声誉、地位、社会中其他人对自己的态度以及自己对周围人的态度等方面的判断和评价，从而表现出自尊或自卑的自我体验。③心理自我。在这个阶段，个体表现为对自己的智慧、能力、道德水平等方面的判断和评价，从而表现出自尊或自卑的自我体验。

个体的自我知觉水平一般会遵循生理自我、社会自我、心理自我这一进程，但是由于每个人的社会化程度不同以及各种主客观因素的影响，每个人的自我知觉水平也完全不一样。例如，有人过分注重自身的外貌、物质欲望的满足，有人侧重于对社会地位、个人价值的实现等方面的追求。

3）人际知觉

人际知觉是指对自己与他人以及他人与他人之间相互关系的知觉，包括对人的外部特征、个性特点的了解以及对人行为的判断和理解。这种知觉主要是在人际交往中发生的，以各种交际行为为知觉对象。

人际知觉的主要特点是有明显的情感因素参与知觉过程，即人们不仅相互感知，而且彼此间会形成一定的态度，在这种态度的基础上又会导致产生各种各样的情感，如对某些人喜爱、对某些人同情，而对另一些人反感等。人际知觉过程中产生的情感决定于多种因素，如人们彼此间的接近程度、交往的频繁程度以及彼此间的相似程度等，都会对人际知觉过程中的情感造成很大影响。一般来说，人们彼此越接近，交往越频繁，相似之处越多，就越容易产生友谊、同情和好感。在管理实践中，正确处理各种人际关系，对于协调人与人之间的关系、提高沟通效率、增强群体凝聚力及建立高效的工作团队等具有非常重要的意义。

4）角色知觉

角色知觉是指个体对于自己或他人在特定的社会或组织中的地位、权利、义务、权力和职责以及由此产生的行为的知觉。角色知觉就是要使人能够“设身处地为别人想想”，善于理解非自己扮演角色的特点和困难。角色知觉主要是表现出人对角色行为的认识。一个完整的角色知觉过程包括角色认知、角色行为、角色期望和角色评价。

角色知觉是角色观念的重要组成部分，它是个体对角色及有关角色现象的整体反映。在现实生活中，人们经常可以发现，如果个人对社会所赋予的角色内涵非常明确时，他所扮演的角色就完成得很好。萨尔宾（Sarbin）的实验就证明了这个结论，他把各种角色表演时的记录呈现给被试者，要求被试者指出发言者所扮演的角色、年龄、性别、行为等。结果发现，那些角色知觉良好的人，能够做出正确的判断，而那些角色知觉混乱的人和精神病患者，在知觉时往往会发生错误。

二、知觉偏见

（一）知觉偏见的含义

所谓知觉偏见，是指个人对某一群体或该群体成员所持有的缺乏以充分事实为根据的态度。偏见可成为最具破坏性的社会态度，如纳粹党徒对犹太民族的屠杀就在于根深蒂固的偏见的作怪。偏见影响了人们对其他人或其他种族的认知及理解，甚至影响到他们的态度或行为。

（二）知觉偏见的来源

（1）晕轮效应（halo effect）。晕轮效应是指对一个人的某种特性形成好或坏的印象之后，人们倾向于据此推论这个人其他方面的特性，即“抓住一点，不及其余”，如“一白遮百丑”。晕轮效应又称光环效应，它是一种影响人际知觉的因素。这种爱屋及乌的强烈知觉的品质或特点，就像月晕的光环一样，向周围弥漫、扩散，所以人们就形象地称这一心理效应为光环效应。例如，拍广告片的多数是那些有名的歌星、影星，而很少见到那些名不见经传的小人物；一个作家一旦出名，以前压在箱底的稿件全然不愁发表，所有著作都不愁销售，这都是晕轮效应的作用。晕轮效应以局部的知觉结论代替整体评价，导致以点代面的结果，所以又称以点带面效应。

（2）首因效应（primacy effect）。首因效应由美国心理学家洛钦斯（A. S. Lochins）首先提出，也称首次效应、优先效应或第一印象效应，是指交往双方形成的第一次印象对今后交往关系的影响，也即是“先入为主”带来的效果。如果一个人在初次见面时给人留下良好的印象，那么人们就愿意和他接近，彼此也能较快地相互了解，并会影响人们对他以后一系列行为和表现的解释。反之，对于一个初次见面就引起对方反感的人，即使由于各种原因难以避免与之接触，人们也会对之很冷淡。例如，招聘面试、新官上任等的第一印象都至关重要。一个人若给别人第一印象良好，就会从好的方面影响到人们今后对他的行为的看法，即使他后来表现得稍微差一点，也容易取得人们的谅解；而若第一印象不好，要使他人改观就相当费力。

（3）选择性扭曲（selective distortion）。选择性扭曲是指人们有选择地将某些信息加以扭曲，使之符合自己的意向。由于人脑的有限性，所以人们在知觉时不可能将所有相关的信息都输入大脑中作为知觉对象，而只能把一部分信息作为知觉对象，这一部分信息并非人们的随机选择，而是人们根据自己的兴趣、需要、经验和态度进行主动选择。正是由于人们进行选择性知觉，所以就会产生某些重要的或者是关键性的信息没有被选择，或者选择的信息失真等现象，从而影响知觉结果的准确性。例如，某些中小企业利用消费者对知名企业的品牌忠诚，利用消费者视觉上的模糊打“擦边球”，如“彬彬”西服模仿“杉杉”西服即属此类。

（4）后视偏差（hindsight bias）。后视偏差即个体面临不确定性事件新的信息时，往往对先前获得的信息有过高的估价，进而在决策上发生偏差。在社会知觉中，人们大多是事后诸葛亮，事情发生后总觉得自己事先的判断很准确，而实际并非如此。例如，以前对某个人的评价并非很贴切，而当这个人做出某种行为之后，他就说：“看，我以前就认为他是这样的人。”对事物的判断也是如此，如果让一些人预测一场足球比赛谁将获胜，大家猜测 A 队获胜的概率很高，结果 B 队胜了，事后让大家回忆自己当初估计哪个队获胜，很多人认为自己当初就认为 B 队能胜。事件发生前后人们的判断不一致。后视偏差并非人们有意让别人知道其评价比较恰当，即便不当着他人的面，让个人在单独情况下说出自己原先的知觉时，这种现象也会发生。它是一种真正的记忆歪曲，说明个人在社会知觉中不由自主地倾向于认为自己的判断是正确的。

（5）刻板效应（stereotypes effect）。刻板效应也称定型效应，它是指人们对社会上某一类人或某一类事物所形成的一种较为固定的看法，并对以后有关该类对象的知觉产生强烈的影响。一个人在知觉他人时，往往会不自觉地按其年龄、性别、职业、民族、地域等特性进行归类，并根据自己对这类人所产生的固定形象，对他们做出个性上的判断。刻板效应有利于群体特征的概括，但也会使知觉者将一些固定的印象赋予知觉对象，因而影响了对知觉对象的正确看法。例如，把同一个人的照片分别发给两组大学生看，但看照片前对两组大学生的指导语不同。指导语告诉第一组大学生，照片上的人是罪大恶极的逃犯；

然后告诉第二组，照片上的人是个艺术家。然后主动出示照片，要求每组学生口头描述照片上的肖像。结果发现，两组大学生对同样的照片做了差别极大的描述。

三、归因及归因偏差

（一）归因

当我们观察他人行为时，总是试图解释为什么某人以某种方式行动，这种将观察到的行为归因于某种原因的过程被称为归因（attribution）。也就是说，我们不但观察和了解个体行为，而且对引发行为的原因产生兴趣。我们对个体的不同判断，取决于我们把特定行为归因于何种意义的解释。在归因时，一般存在两种心理倾向：①投射。投射主要是解释他人行为的一个常见办法，是以自己为参考点。投射使人们倾向于按照自己是什么样的来知觉他人，而不是按照被观察的他人的真实情况进行知觉。②自利偏好。自利偏好是习惯于把原因归结为非自身的因素，而认为是外界的原因，这可能是人们推卸责任的结果。当对别人的行为进行归因时则可能存在相反的情况，即他人的成功被认为是环境和外在的原因，他人的失败则是其内在的原因。

（二）归因偏差

归因偏差（attribution bias）是指认知者系统地歪曲了某些本来是正确的信息，有的源于人类认知过程本身固有的局限，有的则是由人们不同的动机造成的。归因的结果对人的后续行为有很大的影响。正确的归因有助于提高人的行为的积极性并产生对自己及他人有利的、合理的行为，错误的归因则会造成行为动机的削弱，导致异常行为的产生。实际生活中，人们对自己及他人的错误归因是经常发生的。常见的偏差有以下几种。

（1）基本归因偏差。基本归因偏差是指在其他条件相同的情况下，人们具有内部归因而非外部归因的普遍倾向，即使在有明显可能的情境时也是如此。产生这种归因偏差的原因可能是，个体的内在因素比情境因素更突出、更显眼、更易引起人们的注意。将行为结果归因于行为者个人的特质反映了人们的一种自然的、习惯性的认识倾向。

（2）行为者—观察者归因偏差。行为者—观察者归因偏差是指人们往往把他人的行为归因于内部原因，而将自己的行为归因于外部原因。产生这种归因偏差的原因是行为者的注意力并不在自己身上，而是关注外部情境，所以会做出外部归因。而观察者的注意力却集中于行为者，因而会做出行为者内部原因的归因。

（3）利己主义归因偏差。利己主义归因偏差又称自我服务偏见，是指人们一般将良好的行为或成功归因于自身，如自己的能力、努力等，而将不良的行为或失败归因于外部情境或他人。成功能体现并维护人们自身的价值，可以维护人们的自尊心，也可以给别人留下良好的印象，而这种归因恰好可以满足个体维护自尊心和良好形象的需要。

（4）忽视普遍性的偏见。根据凯利的归因理论，必须先收集大量的行为样本，并从一致性、区别性和一贯性三个方面进行充分的分析后，才能有较大的把握对一个人的行为进行准确的归因判断。而现实中，人们通常会根据一两件事就轻易地对一个人做出判断，这种归因显然是存在偏差的。产生这种偏差的原因主要是人们在归因时往往很在意一些具体细节和特殊偶发事件，却忽视概率统计资料的运用。

除此之外，其他导致归因偏差的因素还有迷信、宿命论、行为者的社会地位、长相及性格差异等。例如，“谋事在人，成事在天”就是将成败归因于外在的神秘力量。这种归因在行为实施者虽是多方努力但仍认为成功无望时最容易产生。对于一个有一定社会地位且受公众欢迎的人物，人们习惯对他的行为做出好的归因。而对于一个非常漂亮且讨人喜欢的女孩的过失行为，人们更愿意做出外部归因。在“女不如男”的偏见中，人们也常将女性的成功行为归因于运气、机遇等。

四、归因理论

归因理论认为，我们对个体的不同判断取决于我们对特定行为归因于何种意义的解释。这一理论是说明和分析人们行为活动因果关系的理论。人们用它来解释、控制和预测相关的环境，以及随着这种环境而出现的行为，因而归因理论也称认知理论，即通过改变人们的自我感觉、自我认识来改变和调整人的行为的理论。主要的归因理论有以下几种。

（一）海德的归因理论

美国心理学家海德（Fritz Heider）是归因理论的创始人，1958年他在《人际关系心理学》一书中从朴素心理学的角度提出归因理论。他非常重视现象之间的因果关系，认为人们需要控制周围的环境、预见他人的行为，只有这样，才能在复杂多变的环境中生存。

海德认为，人的行为是有原因的，其原因或取决于外界环境，或取决于主观条件。如果判断个体行为的根本原因来自外界力量，如周围的环境，与个体互动的其他个体的强制作用，外部的奖励、惩罚、指示、命令，天气的好坏，工作的难易程度，等等，则称为外部归因；如果判断个体行为的根本原因源于个体本身的特点，如需要、情绪、兴趣、态度、信念、努力程度等，则称为内部归因。

任何个体的行为可能既有外部原因，也有内部原因，其往往是内、外原因共同作用的结果，但是在某一特定时刻，总有某一原因占主要地位。所以，只有先弄清楚产生行为的根本原因是内在的还是外在的，才能有效地影响个体的行为。

（二）凯利的三维归因理论

美国心理学家哈罗德·凯利（H. E. Kelley）提出三维归因理论，是对海德的归因理论的又一次扩充和发展，对于正确分析成败的原因具有一定的帮助。他指出，人们在试图解释某人的行为时，可能用到三种形式，即归因于行为者、归因于客观刺激物、归因于行为者所处的情境或关系。其中，行为者的因素属于内部归因，客观刺激物和行为者所处的情景及关系属于外部归因。人们在归因时，使用了三种基本信息，即区别性信息、一致性信息和一贯性信息。

（1）区别性（distinctiveness）是指行为者在对待不同刺激物时，行为表现是否有差别，即是在众多场合下都表现出这种行为，还是仅在某一特定情境下表现这一行为。如果行为者对其他对象没有表现出与这一刺激物相同的反应，其区别性就高，观察者就会对该行为做出外部归因；如果做出相同的反应的话，其区别性就低，观察者就会做出内部归因。

（2）一致性（consensus）是指周围其他人对同一刺激物所表现出的行为方式与行为者的行为表现之间是否一致。如果每个人面对相似的情境都有相同的反应，则该行为的一致性就高，观察者就会对该行为进行外部归因；如果情况不是这样，那么这个人的行为就是独特的，同别人的行为之间只具有低一致性，观察者就会把行为归因于内部。

（3）一贯性（consistency）是指行为者是否在任何情境和任何时候都对同一刺激物做出同一反应，即行为者的行为是否稳定而持久。如果他在不同场合对于同一刺激物的反应始终如一，则说明其行为的一贯性较高；反之，则表明这是一个特例，行为的一贯性较低。行为的一贯性越高，观察者越倾向于对该行为做内部归因。

上述三类信息的使用情况，决定了行为归因的可靠程度。通过这些信息的组合，我们就可以断定引发某种具体行为的原因是来自行为者本身，还是来自客观刺激物或情境。例如，李磊上语文课迟到了，我们可以利用该理论对其最有可能迟到的原因进行解释，并得出不同的结果，具体如表 2-4 所示。

表 2-4 李磊上课迟到的原因分析

行为信息			归因结果
区别性	一致性	一贯性	
高 （李磊其他课都没有迟到）	高 （李磊上语文课总迟到）	高 （其他人都迟到）	语文课太枯燥
低 （李磊其他课都迟到）	高 （李磊上语文课总迟到）	低 （其他人都不迟到）	李磊是个爱迟到的学生
高 （李磊其他课都不迟到）	低 （李磊上语文课都不迟到）	低 （李磊其他课都不迟到）	李磊的自行车中途坏掉了

凯利对归因理论的贡献在于，他提出了一个归因过程的严密的逻辑分析模式，对人们的归因过程做了比较细致、合理的分析和解释。但是他的三维归因理论也遭到了批评，主要是因为他过分强调归因的逻辑性，使之成为一个理想化的模式，脱离了普通人归因活动的实际。人们实际上往往得不到该模型所要求的信息，不知道某人在以前同样场合中的行为，也难以知道其他人在同样场合中的行为。

（三）维纳的成败归因理论

美国心理学家伯纳德·维纳（B. Weiner）提出了成功和失败的归因模型。他认为，人们的行为获得成功或遭到失败主要归因于四个方面的因素，即努力、能力、任务难度和机遇。这四种因素可以按内外因、稳定性和可控制性三个维度来划分。从内外因方面来看，努力和能力属于内部原因，任务难度和机遇属于外部原因；从稳定性来看，能力和任务难度属于稳定因素，努力和机遇属于不稳定因素，因为一个人的能力和他面临任务的难度是很难改变的，而一个人的努力程度和是否遇到适当的时机是不断变化的；从可控制性来看，努力是可控制的因素，而任务难度和机遇都是不以人的意志为转移的。

人们把成功和失败归因于何种因素，对其以后的工作积极性有很大的影响。维纳研究了人们对成功与失败的归因。他同意海德提出的尺度，即把原因分为内在的和外在的两种。把成功归结为内部原因（努力、能力），会使人感到满意和自豪；把成功归结为外部原因（任务容易或机遇），会使人产生惊奇和感激心情。把失败归于内因，会使人产生内疚和无助感；归于外因，会使人气愤和产生敌意。把成功归因于稳定因素（任务容易或能力强），会提高以后的工作积极性，把成功归因于不稳定因素（碰巧或努力），以后工作的积极性可能提高也可能降低。把失败归因于稳定因素（任务难或能力弱），会降低以后的工作积极性；而归因于不稳定因素（运气不好或努力不够），则可能提高以后的工作积极性。

但他还提出另一种尺度，把原因区分为暂时的和稳定的两个方面。依照这两种尺度，维纳对成功行为的决定因素做了分类，具体如表 2-5 所示。

表 2-5 维纳对成功行为的决定因素的分类表

归因尺度	内在的	外在的
稳定的	能力	任务难度
暂时的	努力	机遇

资料来源：韦克难（2001）

两种尺度上的因素在归因中都是很重要的，它们会导致不同的后果。在我们形成期望或者预言某人将来的行为时，暂时的、稳定的尺度是非常重要的。例如，假设我们相信某球队比赛成绩之所以好是因为队员个人技术好，整体作战能力强，那么当这支球队再次与对手相遇时，我们就会预期这支球队的战绩会和上一次一样好。如果我们断定这支球队的获胜纯属偶然，如因为士气高或分组有利，我们就不会对它下次取胜抱有信心。在解释失败的尝试中，暂时的、稳定的尺度也是适用的。如果把失败归因于稳定因素，我们就可以预测将来的失败；如果把失败归因于暂时性因素，就可以预测将来的改进。

归因的内在、外在尺度同对一种行为的奖赏或惩罚是联系在一起的。如果我们认为某人的成功不是由于机遇或工作简易，而是凭他自己的能力经过一番努力获得的，我们就会奖励他；而当他的失败被归因于能力低或懒惰时，我们就会惩罚他。

第四节 价值观与态度

一、价值观

（一）价值观概述

1. 价值观的内涵及特征

价值观是指一个人对周围的客观事物（包括人、物、事）的意义、重要性的总评价和总看法。这个定义包含着判断的成分，这些成分反映了一个人关于正确与错误、好与坏、可取与不可取的观念。对于一个人来说，最有意义的、最重要的客观事物，就是最有价值的东西。

价值观具备内容属性和强度属性两种属性。前者是指某种行为模式或存在状态是否重要；后者界定的则是该行为模式或存在状态有多重要。例如，人们对金钱、友谊、权力、自尊心、工作成就和对国家的贡献等的总评价和总看法就不尽相同，有的人把金钱看得最重要，有的人则把对人民的贡献看得最有价值，等等。当我们根据强度来排列一个人的价值观时，就可以获得一个人的价值观体系。像这种对诸事物的看法和评价在心目中的主次、轻重的排列次序，就是价值观体系。价值观和价值观体系是决定人的行为的心理基础。

一个人的世界观决定了他的价值观，价值观是从出生开始，在家庭和社会的影响下，逐步形成的。一个人所处的社会生产方式及其所处的经济地位，对其价值观的形成有决定性的影响。当然，报刊、电视和广播等宣传观点，以及父母、老师、朋友和英雄人物的观点与行为，对一个人的价值观也有不可忽视的影响作用。在特定的时间、地点、条件下，人的价值观总是相对稳定和持久的。例如，对某种事物的好坏总有一个评价和看法。在条件不变的情况下，这种看法不会改变。但是，随着人们的经济地位的改变，以及人生观和世界观的改变，这种价值观也会随之改变。

价值观有如下几个特征：①价值观是实物价值的主观反映；②价值观以人的需要为基础；③价值观是一个具有不同层次、不同类型的结构系统；④价值观是个性心理结构的核心因素。

2. 价值观的作用

价值观对人们自身行为的定向和调节起着非常重要的作用。价值观决定人的自我认识，它直接影响和决定一个人的理想、信念、生活目标和追求方向的性质。价值观的作用大致体现在以下两个方面。

（1）价值观对动机有导向的作用，人们行为的动机受价值观的支配和制约，价值观对动机模式有重要影响，在同样的客观条件下，具有不同价值观的人，其动机模式不同，产生的行为也不相同，动机的目的方向受价值观的支配，只有那些经过价值判断被认为是可取的动机，才能转换为行为，并作为目标引导人们的行为。

（2）价值观反映人们的认知和需求状况，价值观是人们对客观世界及行为结果的评价和看法，因而它从某个方面反映了人们的人生观和世界观，反映了人的主观认知世界。

价值观在组织中的影响作用主要表现在以下几方面：影响对他人及群体的看法，从而影响到人与人之间的关系；影响个人对决策和问题解决方法的选择；影响个人对所面临的形势和问题的看法；影响关于道德行为标准的确定；影响个人接受或抵制组织目标和组织压力的程度；影响对个人及组织的成功和成就的看法；影响个人对目标和组织目标的选择；影响管理和控制组织中人力资源的手段的选择。

价值观不仅影响个人行为，而且影响整个组织行为，进而影响企事业单位的经济效益和社会效益。在同一客观条件下，对于同一事物，由于人们的价值观不同，所以人们会产生不同的行为。在同一个企事业单位中，有人重视金钱报酬，有人更注重工作成就或权力和地位，这就是价值观不同所导致的不同侧重。对于同一个规章制度，如果两个人的价值观相反，那么他们就会采取完全相反的行为。认为这个规章制度是合理的人，就会认真地贯彻和执行；认为这个规章制度是不合理的人，就会拒不执行。而这种截然相反的行为，将对组织目标的实现起完全不同的作用。因此，为了获得好的经济效益和社会效益，企事业单位的领导人在选择组织目标时，就必须考虑到与企事业单位有关的各种人员的价值观。只有在平衡各方面价值观的基础上，才能选择出合理的组织目标。

视野拓展

IBM（International Business Machine Corporation，即国际商业机器有限公司）原董事长兼总经理托马斯·沃森（小沃森）在他所著的《一个企业和它的信念》一书中，回顾他父亲老沃森在创建公司几十年成功的历史时指出：“我坚定地认为，第一，任何组织要生存和取得成功，必须有一个坚定的信念，作为该企业一切政策和行动的出发点；第二，公司成功的唯一最重要的因素是严守这个信念；第三，一个企业在其生命过程中，为了适应不断变化的世界，必须准备改变自己的一切，但不能改变自己的信念。”该公司价值观和信念中最核心的内容，就是为顾客提供世界上任何公司都比不上的最佳的服务，以及对公司职工的尊重。也正是因为该公司始终严守这个信念，所以它在同行业的竞争中获得了最广阔的市场。

（二）价值观的分类

在价值观体系中，核心价值观是它的基本内核，在主导价值观体系中占有支配地位。由于价值观与社会、经济、文化的发展密切相关，不同的学者对研究价值观的着眼点不同，因此对价值观有着不同的分类方式。

1. 按组织群体类型划分

这种分类方式将人的价值观分为个人价值观、集体价值观和社会价值观。个人价值观是指一个人对周围的客观事物（包括人、事、物）的意义、重要性的总评价和总看法。集体价值观是群体、企业、组织中人员所共同承认、接受并指导他们行为的价值观；社会价值观是全社会的人所共同承认、接受并指导他们行为的价值观（图 2-8）。

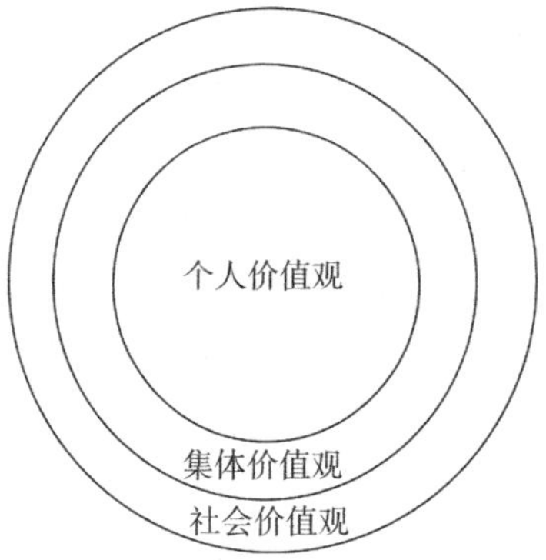

图 2-8　按组织群体类型的价值观分类

资料来源：刘佛翔（2012）

2. “格雷夫斯”行为等级划分

格雷夫斯（Graves）在对企业组织各类人员进行大量调查的基础上，曾把错综复杂的多种多样的价值观，按照其表现形态的不同，归纳概括为下列七个等级。

第一级，反应型。这类人并未意识到自己和周围的人是作为人类而存在，他们只是对自己基本的生理需求做出反应，而不考虑其他条件，类似于婴儿或脑神经受损伤的人。这类人在企事业单位中很少见。

第二级，宗法式忠诚型。这是从父母或上级学到的价值观，其忠诚带有封建的色彩。这类人喜欢按部就班地看问题、做工作，依赖成性，服从习惯与权势，喜欢有一个友好而专制的监督和家庭似的和睦集体。

第三级，自我中心型。这类人性格粗犷、富有闯劲，为了取得自己所希望的报酬，愿做任何工作，愿意尊敬严格要求的上级领导。

第四级，顺从型。这类人具有传统的忠诚努力和尽职的性格，勤勤恳恳，谨小慎微，喜欢任务明确的工作，重视安全和公平的监督方式。

第五级，权术型。这类人重视现实，好活动、有目标，喜欢成就和进展，喜欢玩弄权术，乐于奉承“有奔头”的上级。他们常通过摆弄别人、篡改事实来达到个人目的。

第六级，社交中心型。这类人重视工作集体的和谐，喜欢友好的监督和平等的人际关系，把善于与人相处和被人喜爱看做重于自己的发展。

第七级，存在主义型。这类人喜欢自由和创造性的工作，喜欢灵活的职务，重视挑战性的工作以及学习和成长的机会，把金钱和晋升看做次要的。他们能高度容忍不同观点的人和模糊不清的意见，对于僵化的制度、滥用权力、空挂职位等能直言不讳。

1974 年，在美国的企业调查研究中，采用以上七个等级来分析和研究组织中的不同价值观，得出这样一种结论：企业职工的价值观分布在第二级到第七级之间。就管理人员来说，过去属于第四级和第五级价值观的人是多数。目前虽属于第六级和第七级的人还是少数，但从发展趋势看，属于这两级的管理人员正在逐步取代属于其他级价值观的管理人员。

3.“斯布兰格”价值类型划分

另一位组织行为学家斯布兰格（Sibulange）认为，人的价值观可分为六类（表 2-6）：第一类是理性价值观，它以知识和真理为中心；第二类是审美性价值观，它以外形协调和匀称为中心；第三类是政治性价值观，它以政治权利地位为中心；第四类是社会性价值观，它以群体和他人为中心；第五类是经济性价值观，它以有效和实惠为中心；第六类是宗教性价值观，它以信仰为中心。

表 2-6　“斯布兰格”价值类型划分

分类	属性与倾向	内容
理性价值观	可行性与理性	它是以知识和真理为中心的价值观。把自我价值实现、追求真理看得高于一切
审美性价值观	表面与感性	它是以外形协调和匀称为中心的价值观，把美和协调看得比什么都重要
政治性价值观	竞争性	它是以政治权利地位为中心的价值观，把仕途看做最有价值
社会性价值观	归属感与集体化	它是以群体和他人为核心的价值观，把为他人服务看做最有价值
经济性价值观	生理与物质需求	它是以有效和实惠为中心的价值观，认为世界上最有价值的就是实惠
宗教性价值观	精神满足	它是以信仰为中心的价值观，把宗教信仰当做人生最有价值的事物

资料来源：康善招等（2012）

根据调查，美国人更重视上述六类中的第三类和第五类价值观。对于这六类价值观中哪一类或哪几类最重要，看法并不一致，结果尚待进一步讨论和论证。

（三）工作价值观

工作价值观（work values）是整个价值观系统的一部分，它具有价值观的持久性和不易改变的特点，并且是影响员工工作态度和工作行为的关键因素。工作价值观通过影响个体在工作中的行为以及工作群体和组织的行为，进而影响组织目标的实现。

1. 工作价值观的定义

目前，通过对价值观有代表性的定义进行总结，可以将工作价值观的定义分为两大类：一类是从需求的角度来界定工作价值观；另一类是从评价标准的角度来界定工作价值观。其中，从评价标准的角度来界定工作价值观的学者占大多数。

早期有关工作价值观的定义是由国外学者休珀（Super）提出来的，他把工作价值观看做个人的内在需要及其从事活动时所追求的工作特质或属性，是个人所追求的与工作有关的目标。可以看出，他的定义更加侧重于从需求层面考量。更多的学者则更关注于从评价标准层面来界定工作价值观。例如，伊莱泽（Elizur）将工作价值观定义为一种内在的思想体系，认为它是个体对与工作行为及工作环境有关的活动中所获得的某种结果的价值判断，可以直接影响行为方式；多斯（Dose）也认为工作价值观就是那些与工作本身及工作环境有关的评价标准，人们就是通过这个标准来区分对错、评价偏好的。

宁维卫是国内最早研究工作价值观的学者之一，他认为工作价值观是一种个体因素，是指人们在求职过程中用来衡量各种职业优势、意义和重要性的内在尺度，属于个性倾向性的范畴，不过他同时也强调工作价值观的社会性；而凌文辁、方俐洛等则认为工作价值观是人们在职业生活中表现出来的一种价值取向，是个体选择职业时的一种信念和态度。

归纳起来可以看出，工作价值观具有如下特质：体现了人们从工作中希望得到的；反映了需要和满足之间的相互关系；是偏好的选择，而非道德上的强制性要求；人们从事某一行为而非其他行为的倾向性；是一种内在动力，使个人朝着人生目标前进，引导行为的方向和动机。

2. 工作价值观的维度

由于对工作价值观观点和研究目的的不同，不同的学者对工作价值观有不同的分类。

（1）两分法。赫茨伯格（Herzberg）把工作价值观分为内在价值和外在价值，这种观点对职业价值观的研究具有深远影响且被广泛地加以应用。米勒（Miller）将工作价值观分为两大层面， 即内隐的工作价值观（intrinsic work values）和外显的工作价值观（extrinsic work values）。

（2）三分法。三分法最早是由美国心理学家休珀在实证研究的基础上提出的，他把工作价值观分为内部报酬价值 （intrinsic rewards）、外部报酬价值（extrinsic rewards）和外部附带价值（extrinsic concomitants）。这种划分方法对以后的研究有很大的影响。沃罗克（Wollack）等将工作价值观分成三个维度，即内在价值观、外在价值观和综合性价值观。奥尔德弗（Alderfer）在以上两种划分方法的基础上提出了一个相对比较全面而简明的划分方法，他把职业价值观划分为内在价值、外在价值和社会价值三种。

（3）四分法。苏吉斯（Surkis）在实证研究的基础上得出四个维度，即内在价值、外在价值、社会价值和威望价值。罗恩（Rone）通过对七个国家职业价值观的跨文化研究得出了职业价值观的两个划分维度，即个体–集体、物质–精神，并依据这两个维度把职业价值观分为四类：以个体为中心、人本主义的自我实现的职业价值观；以集体为中心、人本主义的社会职业价值观；以个体为中心、物质主义的自尊职业价值观；以集体为中心、物质主义的生理安全职业价值观。这四类价值观正好与苏吉斯的内在、社会、威望和外在四类职业价值相对应。

3. 工作价值观与相关变量的关系

（1）工作价值观与人格特质的关系。国外相关学者发现大五人格和工作价值观的某些维度间存在着稳定的关系，如随和性对工作关系、外向性对内在工作价值观都有积极的预测作用；经验开放性与经济状况和工作条件负相关。但其也发现，人格加上性别和年龄，共七个变量只解释了中等水平的工作价值观变量，所以仍然需要考察其他因素的影响。另外一些学者利用大七人格证实了人格和工作价值观间的关系，他们发现生活方式是社会地位的积极预测因素，生活方式和仁慈还可以预测个人价值。另外，人口统计学特征以及一些其他变量也会对人格与工作价值观间的关系产生影响，所以在研究时应该予以全面考虑。

（2）工作价值观与工作行为和工作绩效的关系。工作价值观衡量员工对工作的判断，它直接影响员工的工作行为以及工作成效。一些学者发现同时具有高成就导向和高权力导向工作价值观的男性员工倾向于工作更长时间，但是这一结论在女性员工身上没有得到体现。另外一些学者发现工作价值观作为重要的调节变量，影响着工作压力和业绩之间的关系。工作价值观对工作行为和绩效的影响比较直观，因此有研究者开始细致地研究工作价值观的哪些维度对工作行为和绩效产生影响、产生何种影响，并扩展研究两者关系中起调节或中介作用的变量及其作用机制。

二、态度

（一）态度概述

1. 态度的内涵及构成

态度是个人对人、对事物所持有的一种评价与行为的心理倾向。这里的评价是指人对态度对象认识的肯定或否定的看法。行为倾向则是指人的心理活动的准备状态，这种心理准备状态决定了人们对客观事物的喜恶情感和要采取的行为。所以，不同的态度使人们产生不同的认识和情感，而且会影响其行为表现。人们在认识客观事物或人的过程中，总是持有某种积极、肯定或消极、否定的倾向。这种反应倾向是一种内在的心理准备状态，一旦变得比较持久和稳定就成为态度。态度一经形成，就会影响一个人对行为、对事物、对他人及各种活动做出的定向选择。

作为一种心理倾向的态度，其组成有三个部分，即认知因素、情感因素和行为倾向。

（1）认知因素。认知因素就是个体对认知对象带有评价意义的叙述。叙述的内容包括对态度对象的认识、理解、相信、怀疑以及赞成或反对等。例如，“我认为学习心理学有助于协调人际关系”这句话，便表明了主体对心理学的理解与评价及赞赏观点。

（2）情感因素。情感因素就是指个体对认知对象的情感体验，如“我热爱劳动”和“我讨厌虚伪”这两句话，便分别反映了主体对劳动和虚伪的不同的爱憎情感。

（3）行为倾向。行为倾向是指个体对认知对象的反应或行为的准备态度，也就是个体对认知对象会做出何种反应。它在态度中具有指导作用和动力作用，指导着人对事物的行为方向并制约人的行为反应，决定人们采取哪些行为，如“我要向公司提一项合理化建议”。

这三种态度成分若是协调一致的、肯定的评价，定会产生友善的情感反应，并带来亲近性的行为倾向。并且一经协调形成，这种态度将持续一段时间，而不会轻易改变。其在行为反应模式上也表现出规则性，从而使个体适应社会。

2. 态度的特征

（1）社会性。态度是个体在长期的生活和工作中，通过与他人的相互作用，以及社会环境的不断影响而逐步形成的。所以态度是后天形成的，是通过在社会活动中学习而获得的。态度形成后又使个体把态度指向和作用于社会。

（2）针对性。态度必须具有特定的对象。态度的对象可能是具体的人和事，也可能是抽象的概念。态度的存在不是孤立的、抽象的，而是具有针对性的。因此，态度包含着主体与客体的对应关系。

（3）协调性。态度是认知、情感和意向三种因素的统一体。认知因素是态度的基础，情感因素是态度的核心，意向因素是态度的外观。一般而言，这三种因素是协调一致的。但由于人的行为是极其复杂的，有时也会表现出不协调性，如情感与意向完全协调，而认知与情感却不协调，认知与情感的不协调就可能导致认知与意向的不完全协调性。这主要是因为认知的改变比情感的改变要容易，所以人们常有心里明白但感情上却转不过弯来的现象。

（4）稳定性。态度是在需要的基础上，经过长期的认知和情感体验而形成的。它一经形成，则相对稳定，成为一个人个性的组成部分，并在行为反应上表现出一定的规律性。但态度也不是一成不变的，特别是在态度刚刚形成还不太稳定或没有固定化时，通过引进新的经验和知识，促进态度的转变是可能的。

（5）两极性。两极性即人们对态度的对象往往是表现出两种相互对立的极端态度，如肯定与否定态度、赞成与反对态度、亲近与疏远态度等。态度的表现形式与意义之间的关系是复杂的，肯定态度不一定是积极态度，否定态度也不一定是消极态度。态度的两极性和情感的两极性是相互联系的。尽管态度的形成中存在着一种“中性态度”，但它是短暂的，终究会向态度的两极发展。

（6）间接性。态度只是行为前的心理状态，并不是行为本身。所以态度本身是难以被直接观察到的。人们的态度可以通过他们的言谈、举止、表情间接地表示出来，对态度的了解也是通过对人们言论、表情、行为的观察分析和推测进行的，所以人们对态度的了解只能是间接的，而不是直接的。

3. 态度的影响

态度作为行为的指导和动力系统，对个体的其他心理活动会产生直接影响，进而影响个体的行为方式和结果。

（1）态度影响社会性判断。态度一旦形成就会让自身对社会性事物的认知产生反作用，这种反作用有积极作用，也有消极作用。以正确的价值观为基础的科学态度会对人的社会认知、判断产生积极的影响，而消极的人生态度则会使人产生偏见、误解，导致判断失误。

（2）态度影响耐力。耐力是指人对挫折的耐受、适应能力，它和人对所从事活动的态度有密切的关系。例如，追求真理、热爱科学的人，对实验的失败有着较强的忍耐力；对团体有认同感、抱有忠诚态度的员工，当团队处于困境时，会更加积极地寻求解决办法。

（3）态度影响工作效率。一般来说，人对自己所从事的工作喜爱并有良好的态度，就会努力去工作，产生高效率。但事实比这种设想更复杂，因为工作行为常受到多种因素的影响，虽然对工作不满意，但是考虑到自身生存和社会规范、群体约束等因素，也可能会产生高效率。

（4）态度影响人际关系。如果人与人之间持有真诚、友好、热情、谦和、宽容的态度，那么社会成员之间会和睦相处，人际关系就非常和谐，组织也会富有凝聚力；反之，虚伪、冷漠、敌视、傲慢的态度则会导致人际关系的紧张，凝聚力降低。

（二）态度的形成与改变

态度是具体的、不稳定的，经常处于矛盾之中。态度的形成和转变与态度中的认知、情感、行为三者的关系密切相关，可以通过改变三者的关系来改变态度，进而实现影响人们行为的目的。

1. 影响态度形成的因素

（1）社会环境的影响。一个人从出生到生命结束都要生活在一定的社会环境之中，并受到社会环境的影响。这种影响主要是通过社会规范、准则的要求和约束，各种思想观念的宣传和教育，风俗习惯的潜移默化和文化的熏陶等方式进行的。

（2）家庭的影响。对于个人态度的形成，家庭及父母的影响是最为重要的。父母的教养方式对于个人态度的形成及其今后态度的变化和发展具有决定性的作用。早期形成的态度往往会一直保持到成人期，有些态度则可能会影响人一生。

（3）同辈群体的影响。随着年龄的不断成长，同辈群体逐渐成为首要的参照对象，对一个人态度的形成产生重要的影响。个体开始经常把自身所持有的态度观点与同伴们的态度、观点作比较，并以同伴们的态度、观点为依据来调整自己原有的态度，使自己与同伴们保持一致。

（4）团队的影响。个人所属的团队也将对其态度的形成具有重要的影响作用。团队是通过特定的行为规范与准则来约束和限制其成员的。每一个加入团队的个人都必须遵守团体规范，在言行举止上和团队保持一致。因此，可以利用团队有利的方面来感染其成员，使他们的态度更加积极向上。

（5）大众传媒的影响。大众传播媒介是以报刊、图书、电影、广播等手段面向大众的一种信息沟通方式。社会通过大众传媒将社会规范、价值标准、文化传统以及对某一社会事件的态度传递给公众，从而影响公众形成符合社会要求的态度。

2. 态度改变理论

虽然态度形成之后比较持久，但也不是一成不变的，它会随着外界条件的变化而变化，进而形成新的态度。态度的改变主要包括两个方面：一是态度方向的改变，即以一种新的态度代替原有的态度；二是态度强度的改变，即只是改变原有态度的强度而不改变方向。

1）平衡理论

心理学家海德（F. Heider）提出了改变态度的平衡理论（balance theory），又称 P-O-X 理论，P 代表认知主体，O 为与 P 发生联系的另一个人，X 则为 P 与 O 发生联系的另一个任意对象。海德强调一个人对某一认知对象的态度，常常受他人对该对象态度的影响。

海德认为，若 P、O、X 三者关系相一致，则 P、O、X 体系呈均衡状态。由此根据 P、O、X 三者的情感关系推导出八种模式（图 2-9）。其中四种是平衡的，四种是不平衡的。人类普遍有一种平衡、和谐的需要，而不平衡状态是不稳定的，会使个人产生心理上的紧张，促使他们的认知结构向平衡的方向转化。解决不均衡状态的途径有三种：①接受他人的劝说，改变态度；②坚持己见，改变对他人的评价，不再尊敬他人；③认为他人的反对态度只是一种假象，实际上他人还是持赞成态度的。

海德平衡理论的缺点是过于简单，只表示出关系的方向，却没有说明这种关系的程度。奥斯古德和坦南鲍姆（P. Tannenbaum）于 1955 年在扩展的海德的平衡理论中，提出了一致性理论，这种理论的主要特点是既注意了态度的方向，也注意了不同方向态度的强度。以一致性理论为基础的预测比那些平衡理论做出的预测更加数量化。

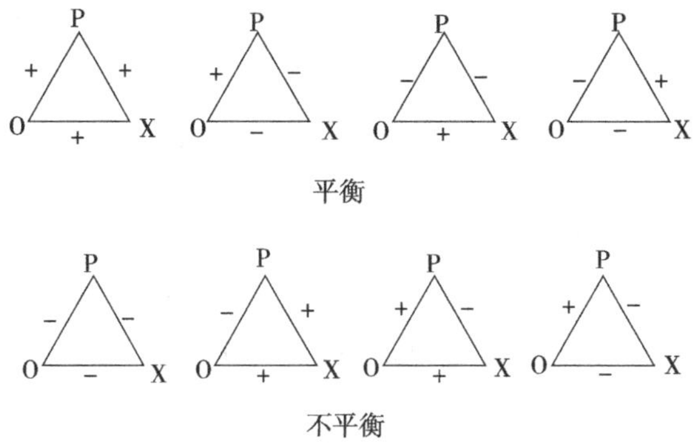

图 2-9　海德平衡理论示意图

资料来源：陈国海（2010）

2）认知失调理论

认知失调理论（cognitive dissonance theory）是社会心理学家费斯汀格（Festinger）于1957 年在《认知失调论》一书中所提出的，他认为认知不协调的基本单位是认知，它是个体对环境、他人及自身行为的看法、信念、认知和态度。费斯汀格将认知元素间的关系分为三类：①不相关。此时两种认知元素间没有联系。②协调。此时两种元素的含义一致，彼此不矛盾。③失调。此时“如果考虑到这两种元素单独存在的情况，那么一个认知元素将由其反面产生出它的正面……假如从 y 产出非 x，那么 x 和 y 就是不协调的”，即失调。

该理论认为，一般情况下，个体的态度与行为是相协调的，因此不需要改变态度与行为。假如两者出现了不一致，如做了与态度相违背的事，或没做想做的事，这时就产生了认知失调。认知失调会产生一种心理紧张，个体会力图解除这种紧张，以重新恢复平衡。费斯汀格提出了三种解决认知失调的途径：①改变行为，使个体对行为的认知符合态度认知；②改变态度，使其符合行为；③引进新的认知元素，改变不协调的状态。

该理论原则上与海德的平衡理论是相同的，但是认知失调理论强调个体通过自我意识调节达到认知平衡，而海德则十分重视人际关系对态度的影响。

3）态度改变三阶段理论

社会心理学家凯尔曼（H. C. Kelman）提出态度的形成需要经过三个阶段，即顺从、认同和同化。

（1）顺从。顺从是指个体在奖惩制度的压力下，为了不受到惩罚，而在外显行为上与他人保持一致。在这种情况下，个体的认知和情感与他人并不一致，顺从是被动的。顺从阶段个体所表现出的态度受外在压力的影响，如果外在情景发生变化，态度也会随之改变。

（2）认同。认同是指个体自愿接受他人提出的观点、信念和行为规范，并努力使自己在这方面的想法与他人相一致。认同不同于顺从，不受外界压力的影响，而是主动接受他人的影响。这种主动性来自于他人和群体的吸引力，即楷模或榜样的吸引力。在认同阶段个体所表现出的态度只是个体在情感与行为上与他人相一致，比顺从前进了一步，但在认知上还有一定的距离。所以没有形成真正的态度。

（3）同化。同化是指个体发自内心地相信和接受他人的观点，并将自己所认同的新思想和自己原有的观点、信念结合在一起，构成一个统一的态度体系。在同化阶段，个体完成了态度中认知、情感和行为协调一致的过程，也就是说个体在认知、情感和行为上完全与他人相一致，从而形成了自己稳定、持久的态度。

可见，人的态度的形成是经历一个过程的，管理者必须了解这一点。管理者只有正确认识态度形成过程中的三个阶段，才能在改变员工的某一态度时，采取有效的措施，逐步提高其认识，最终达到改变其态度的目的。

（三）工作满意度

在不同的工作环境中，组织成员不同行为方式的过程和结果，会对工作产生不同的感受和评价，从而影响工作态度和组织承诺。因此，提高工作满意度，对于实现工作与生活平衡、改进组织状况具有重要意义。

1. 工作满意度的含义

工作满意度（job satisfaction）又称工作满意感，是指人们从工作中得到的某种程度的满足或产生的某种满意的感受。工作满意度是一种主观上的心理感受或意识状态，究其本质，工作满意度其实就是员工对所从事的工作的一般态度。工作满意度产生于员工从工作中得到的实际回报与心理期望之间的差距，如果员工得到的回报达到甚至是超过了心理期望，员工就会产生较高的工作满意度；反之，则其工作满意度较低。

许多工作满意度的研究都涉及工作满意度的维度问题。尽管工作本身千差万别，但根据以往的研究结论，大多数工作都有一些可以用来描述工作满意度变化的共同维度。美国组织行为学者洛克（E. A. Locke）对工作满意度的特定维度进行了归纳和分类，提出了 10 个维度，具体如表 2-7 所示。

表 2-7 工作满意度的特定维度

一般类别	特定维度	维度描述
工作	工作本身	内在兴趣、多样化、学习机会、困难、工作量、成功的机遇、对工作流程的控制等
奖励	报酬	数量、公平或公正报酬的根据
	晋升	机会、公正
	认可	表扬、批评、对所做工作的称赞
工作背景	工作条件	时数、休息时间、工作空间质量、温度、通风、工厂的位置等，退休金、医疗和生活保险，年假、休假等
自己	自己	价值观、技能和能力
公司内的其他人	监督管理者	管理风格和影响、技能的熟练程度、行政管理技能等
	同事	权限、友好、帮助、技术能力等
公司外的其他人	顾客	技术能力、友好等
	其他	如学生、父母等

资料来源：傅永刚（2010）

2. 工作不满意的结果

当组织成员对工作不满意时，会有多种表现途径，有积极的表现，如提出建议，也有消极的表现，如抱怨、不服从、逃避工作责任。可以从建设性 / 破坏性和积极性 / 消极性两个维度，将工作不满意的表现分为四类，具体如图 2-10 所示。

（1）退出，是指离开组织，包括寻找新的工作岗位或辞职。该行为既有积极性也有破坏性。

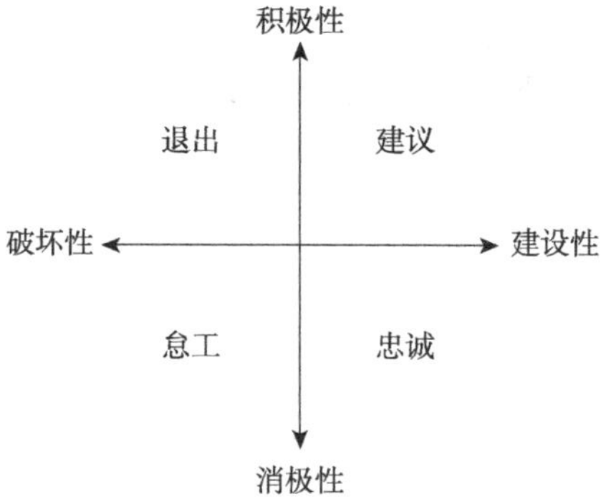

图 2-10 工作不满意的反应

资料来源：秦志华（2013）

（2）建议，即采取主动的、建设性的努力来改善工作方式，包括提出工作改进建议、主动与上司一起讨论所面临的问题。该行为既有积极性也有建设性。

（3）忠诚，是指被动但乐观地等待环境有所改善，包括面对外部批评时站出来为组织说话，以及相信组织及管理层会做正确的事。该行为既有建设性也有消极性。

（4）怠工，是指被动地听任事态越来越糟，包括长期缺勤或迟到、降低努力程度和增加失误率。该行为既有消极性也有破坏性。

3. 工作满意度与工作行为的关系

（1）工作满意度与缺勤。一般来讲，工作满意度与缺勤率之间存在负相关关系，即员工满意度越低，缺勤率越高。但也有学者指出，工作满意度与缺勤行为间的关系可能不是很强，因为缺勤行为可能是由很多因素导致的，如个人或家人的疾病、社交活动、照顾子女等，工作满意度高的员工也可能因为这些原因而缺勤。如果能消除其他因素的影响，工作满意度与缺勤率之间的关系还是很明显的。

（2）工作满意度与离职。研究工作满意度对离职意向的预测作用，对个人和组织的发展都非常重要。有学者指出，导致员工离职的原因主要集中在三个方面，即经济因素、工作关系因素和个人因素。相关文献研究认为，从外在经济因素的角度解释离职，在某些条件下是成立的，但是在这些外在环境因素和行为之间，个人态度是一个很重要的中介变量。工作机会、经济因素、市场条件及个体的差异等因素会先影响员工对企业的态度，再使员工产生离职意向，直至最后产生离职行为。

（3）工作满意度与工作绩效。研究工作满意度的最初理论假设是，高工作满意度的员工是高绩效的员工，但随着研究的深入，学者们得到了不同的观点。目前对工作满意度与工作绩效之间的关系仍未达成一致，主要有三种观点：①工作满意度与工作绩效之间存在一定相关关系。高的工作满意度带来高的工作绩效，是对工作满意度与工作绩效之间关系的最早观点。后来有研究者指出，工作满意度是伴随绩效奖励而来的，好的工作绩效带来奖励，同时带来工作满意度，因此是工作绩效导致工作满意度。还有研究者提出，工作满意度与工作绩效互为因果。②工作满意度与工作绩效之间的关系不存在。一些学者认为工作满意度与工作绩效之间没有明显的关系，对工作满意、持积极态度的人，其工作效率可能很高，也可能比较一般；而对工作不满意、持消极态度的人，其工作效率也可能很高。布雷菲尔德（A. H. Brayfield）和克莱克特（W. H. Crockett）对此问题进行了长达40年的研究，认为没有什么证据表明通常的士气调查所测得的员工态度与工作绩效间存在任何简单的、可以觉察的关系。③工作满意度与工作绩效之间受其他变量的影响。许多学者倾向于认为工作满意度与工作绩效之间的关系受第三变量的影响，调节工作满意度与工作绩效之间关系的变量有奖励、工作属性、工作组合、能力、事业领域、绩效压力、时间压力及环境约束等，这些变量只有很少一部分得到了实证研究的支持。

本章小结

本章讨论主要围绕两个核心的概念，即个体的心理和外在的行为。首先，阐述行为的含义、特征及影响因素，找出组织中人格差异的影响因素，通过对人格特质相关理论的阐述找出人格差异和行为的联系。其次，通过知觉相关概念的引入，使读者详细掌握知觉偏见产生的原因，通过对归因理论的阐述，让读者对归因偏差进行不同视角的界定。最后，通过价值观的分类和形成原因来分析个体态度的形成与改变，进而分析个体形成良好工作态度的影响因素，找出个体内在心理与行为的联系，为其开展更有效的组织行为管理奠定了条件。最为重要的是通过对这几大概念的理解，找出它们与个体行为表现的内在关系及影响因素，对不同的行为进行分类，为理解和掌握下面几章的组织行为相关知识奠定基础。

➢复习思考题

1. 简述行为的含义及特征，并分析行为的不同模式。
2. 简述人格的含义及形成过程中的影响因素。
3. 试分析比较各种人格特质理论。
4. 简述社会知觉的含义及其分类。
5. 阐述归因偏差的类型及克服方法。
6. 价值观的类型和作用是什么？

拓展阅读

对美貌的刻板印象及美貌的相对性

戴恩（Dane）让大学生被试者观察三个与他们年龄相近的人的照片，并评定其是有魅力、中等魅力还是缺乏魅力。要求被试者在27项人格特质上逐个评价三个人（婚姻、事业），结果发现人们对长相漂亮的人的评价要高于一般的人，人们往往认为漂亮的人婚姻幸福、职业较好、威望也高。与不漂亮的人相比，漂亮的个体更为自信、温暖、诚实、强壮、谦虚、友好、合群和有知识。这恰恰表明了对美貌的刻板印象，也即人们认为美的就是好的。

但是美貌并不是绝对的。例如，影视世界往往被漂亮的人占据，一些人认为这些完美的形象产生了一种不切实际的标准，很少有人能达到。这些传播媒体所造成的漂亮标准，在日常生活里是否确实会影响我们对他人的反应方式呢？为了验证这一点，肯贝利（Kenberg）等设计了一项现场研究。他们在男性大学生看一部《霹雳娇娃》（由三位漂亮女士主演的影视剧）的前后访问这些大学生。实验中两名实验者的助手到大学生宿舍，请他们帮忙解决一项私人争论，让大学生评定照片（这张照片事先已被评定为中等，在一个

7 分量表上得 4 分）上的女孩的漂亮程度。正如预测的一样，刚刚看过《霹雳娇娃》的男学生对相片上女孩的评价比未看过的低。该研究揭示了漂亮的对比效果：外貌一般的人常因为另一个刚出现过的异常漂亮者而被认为较不具吸引力。

肯尼斯（Kenneth）和维勒（Veiller）进行了进一步的研究，他们想知道对比效果在什么情况下产生，而与其相反的辐射效应又在什么情况下产生。他们假设是长相一般的人和漂亮者之间的关系造成了这种差异。为此，肯尼斯设计了一项研究，实验中被试者看到两个人，其中一位是长相一般的目标个体，另一位是外貌较好或是其貌不扬的比较个体，这两个人有时扮作朋友，有时为陌生人。这两种不同的人际关系（陌生人、朋友）产生了不同的效果；当他们被认为是陌生人时，产生对比，而当两人是朋友时，则产生辐射效应。

资料来源：冀鸿和李泓欣（2012）

拓展训练

你是个高马基雅维利主义者吗？

陈述：	非常不同意 →				非常同意
1. 指挥别人最好的办法是告诉他们想听的话。	1	2	3	4	5
2. 当你想请某人为你做事时，最好告诉他真实原因。	1	2	3	4	5
3. 任何完全相信别人的人都会陷入困境中。	1	2	3	4	5
4. 如果不经常抄近路前进会很难超过别人。	1	2	3	4	5
5. 所有人都有邪恶之念，只要有机会就会流露出来。	1	2	3	4	5
6. 只有当一种行为符合道义时，人们才应该去做。	1	2	3	4	5
7. 大多数人的本质是善良、随和的。	1	2	3	4	5
8. 没有理由欺骗任何人。	1	2	3	4	5
9. 大多数人对自己财产损失比对丧父之痛更为铭记。	1	2	3	4	5
10. 一般来说，没有强迫人们不会去努力工作。	1	2	3	4	5

计分方法：

将 1、3、4、5、9、10 题的分数累加起来。对于余下的四题，以反向方式计分，即 5 分为 1 分，4 分为 2 分，以此类推。所有题目得分总和即为你的马基雅维利主义分数。在美国，成年人的马基雅维利主义分数平均值为 25 分。

资料来源：肖余春（2009）

你是 A 型人格吗？

陈述：									
1. 不在意约会时间	1	2	3	4	5	6	7	8	从不迟到
2. 无争强好胜心	1	2	3	4	5	6	7	8	争强好胜
3. 从不感觉仓促	1	2	3	4	5	6	7	8	总是匆忙
4. 一时只做一事	1	2	3	4	5	6	7	8	一时多事
5. 做事节奏平缓	1	2	3	4	5	6	7	8	节奏极快
6. 表达感情	1	2	3	4	5	6	7	8	压抑情感
7. 有许多爱好	1	2	3	4	5	6	7	8	没啥爱好

计分方法：

累加7个问题的总分，然后乘以3。分数高于120分，表明你是极端A型人格。分数低于90分，表明你是极端B型人格。

分数	人格类型
120分以上	A^+
106~119分	A
100~105分	A^-
90~99分	B
90分以下	B^-

资料来源：陈国海（2010）

案例分析

钻石人格

如果你问奥斯卡·罗德里格斯（Oscar Rodriguez）关于网络泡沫的问题，他会说："什么泡沫？"罗德里格斯，38岁，企业家，经营一家销售单颗钻石（loose diamond）的网络公司。他的企业现在正蒸蒸日上。2004年，公司的销售额为206万美元——比2003年增长140%。罗德里格斯的钻石数据库是世界上最大的数据库之一，拥有多达60 000颗钻石的记录。据罗德里格斯说，这些钻石价值3.5亿美元。毋庸置疑，罗德里格斯对自己所面临的商业风险持乐观态度。

但是对罗德里格斯来说，前途并不总是一片光明。1985年，罗德里格斯从他的祖国波多黎各搬到了佛罗里达州的甘斯威尔，当时他只会说一点点英语。他在那里的一个社区大学学习，在当地的一个购物中心找了一份工作来养活自己。毕业之后，他同居的女朋友建议他为当地的一家珠宝商工作。"我当时认为她一定是疯了。我对珠宝一无所知"，罗德里格斯说，但是他却采纳了她的建议。他努力工作，拥有了自己的钻石并且通过了美国宝石协会的钻石等级认证，但是他对此并不满足。"很快我就意识到，如果在这里工作，我只能拿到不时涨一点的工资，而我将一事无成。这驱使我探询其他的商业机会。我也真正了解了钻石——它们的价格和品质。"

1997年，罗德里格斯厌倦了为他人打工，决定开一家自己的珠宝店。但是，生意并不景气。"我的一些顾客告诉我，他们能在网上买到的钻石太少了。我脑海中立时闪过一个念头。"罗德里格斯看到了机会，他开始联系知名的钻石经销商，看他们是否有兴趣通过网络销售钻石。一位著名的经销商说："通过网络销售钻石是行不通的。你的公司会无法生存。"罗德里格斯听到这个便灰心了，他说他犯了一个错误，"我没有继续坚持去做。如果你有一个梦想，一定要努力坚持"。

一年后，罗德里格斯开始为了梦想更加努力地工作。最终，他找到了第一位愿意给他供货的经销商。罗德里格斯说："有了一个，之后的就很容易获得。我的公司成立了。前三个月，我就卖掉了价值20万美元的钻石。这就是我。接下来我就着手增加员工人数并最终关闭了珠宝店，退出了零售。"虽然罗德里格斯还有一些库存，但他主要扮演买者与经销商之间的联系人的角色，并且给顾客提供更多的选择余地。

现在，罗德里格斯是一位知名的企业家，他的公司Abazias. com也于2003年12月上市。罗德里格斯为什么会成功呢？只需问一下与他相识多年的两个人便可知道答案。帮助罗德里格斯建立了基业的一位房地产商说，“罗德里格斯是个非常上进的年轻人。他能成功是很自然的事情。他是一名真正意义上的企业家”。罗德里格斯之前的房地产方面的老师也说：“罗德里格斯对自己的激励总是源源不断。他拥有很好的人格、关注细节、勇于坚持。你会发现从一开始他就坚持不懈。我以他为傲。”

罗德里格斯用正确的方式维持着成功，他也意识到自己的商业潜力：“我拿的工资不高，公司每年的管理费用为 25 万美元。没有负债，收支平衡。我很关心我的公司。在我们的事业起飞之前，我会保持公司的平稳发展。然后就会是另一番景象。”

资料来源：百纳网商业评论：个体经营，http://www.ic98.com/service/baike/262.html

思考题：

1. 你认为是什么因素带来了罗德里格斯的成功？仅仅是因为“正确的时间在正确的地方”，还是因为他的性格特点？

2. 你觉得罗德里格斯大五人格维度（外向性、随和性、责任心、神经质、经验开放性）的得分如何？哪一项得分最高？哪一项会比较低？

3. 哪些信息能够表明罗德里格斯具有主动型人格？

第三章

组织中的个体行为

我不是环境的产物，我是自我选择的结果。

——斯蒂芬·科维

※ 学习目标

1. 掌握胜任力的概念及类型，了解胜任力模型。
2. 掌握组织公民行为内容以及组织公民行为形成的影响因素。
3. 掌握心理契约的概念、内容及管理过程。
4. 理解工作压力的概念及来源。
5. 了解印象管理的概念、过程和策略。

导入案例

实验室的小陈

前进研究所的实验室只有两名工作人员，一个是30岁的小陈，另一个是45岁的女工程师。这个岗位技术性强，工作环境幽雅。一般人认为，年轻人能到这里工作就心满意足了。但是，小陈对这里的工作兴趣不大，工作几年没有什么进步。

小陈这个人精力旺盛，善交际、善交谈，好动不好静。他走进安静的实验室就坐不住。特别是在工作量不大的时候，那位女工程师利用时间看书、学习，他却安不下心，有机会就出去转转，因而给他人留下了工作散漫的印象。

但是有一次，一种新研制出来的防腐涂料急需进行各种性能测试，因为有些设备供应不上，眼看要影响到工作。这时，小陈主动提出筹办此事。他不辞辛苦，多方奔走，终于在短期内完成了任务，保证了试验工作按计划进行。这种事使人们认识到小陈是有事业心的，而且颇有外交才能，肯吃苦、办事效率也高。于是，后来进行机构改革时，领导把小陈调到供应科，专搞科研项目的设备材料供应工作。小陈到那里后如鱼得水，工作相当出色。

资料来源：百度文库

任何一个组织中，个体的行为表现和发展变化都受到胜任力、组织公民行为、工作压力等因素的影响。通过本章学习，能帮助学习者理解并掌握胜任力概念、胜任力模型，掌握组织公民行为内容及影响因素，学会与组织建立一定的心理契约，同时也能正确地应对来自工作中的各种压力，学会抗压、减压，另外也能运用印象管理提升自己外在的整体形象，无形中给自身的发展提供一定的动力，无论是管理者和被管理者，学好本章都会为他们开展有效的组织管理和职业生涯的发展打下坚实的基础。

第一节 胜任力

一、胜任力概述

（一）胜任力的含义

胜任力（competence）这个概念最早由哈佛大学教授戴维·麦克利兰（David McClelland）于 1973 年正式提出，关于胜任力的概念还没有一个统一的定义。competence 来自拉丁语 competere。不同学者对此命名有所不同，如胜任素质、胜任特质、胜任力、素质、胜任能力、能力等。目前关于胜任力的定义主要有以下几种（表 3-1）。

表 3-1 胜任力定义汇总

学者	年份	胜任力的定义
McClelland	1973	绩效优秀者所具备的知识、技能、能力和特质
McLagan	1980	足以完成主要工作的一连串知识、技能与能力
Boyatzis	1982	个人固有的产生满足组织环境内工作需求的能力
Spencer	1993	能可靠测量并能把绩效员工区分出来的潜在的、深层次特征
Mansfield	1996	精确技能与特性行为的描述
Green	1999	可测量有助于实现任务目标的工作习惯和个人技能
Sandberg	2000	在工作时人们使用的知识和技能
仲理峰和时勘	2003	能把某职位中表现优异者和表现平平者区别开来的行为特征

综上，众多学者对胜任力的定义虽有不同，但都有一定的共同点：与特定工作相关，具有动态性；以绩效标准为参照；包含一些个人的特征，是个人潜在特性或行为，如知识、技能、特质等。由上面的定义可以发现，胜任力基本上是指用以区别优秀绩效与一般绩效的特征，与具体的岗位要求有较大联系。

本书对上述学者的胜任力概念进行了归纳整理，将胜任力定义为：能将某一工作（或组织、文化）中表现优异者与表现平平者区分开来的个人潜在的、深层次特征，它可以是动机、特质、自我形象、态度或价值观、某领域的知识、认知或行为技能，也就是任何可以被可靠测量或计数的，并且能显著区分优秀绩效和一般绩效的个体特征。

（二）管理人员及管理人员胜任力

1. 管理人员

哈罗德·孔茨（H. Koontz）和奥登纳尔（C. O' Donnell）认为管理人员是决策制定者，更是影响组织成员互动及支配组织资源以达到目标的人。从管理层级的角度来看，一般可将管理人员分为三级。

（1）高层管理人员，又称经营层或策略层，承担着制定广泛的组织决策、为整个组织制订计划和目标的责任。

（2）中层管理人员，又称管理层，包括所有处于基层和高层之间的各个管理层次的管理者。他们有三项主要的责任，其一是监督与协调基层管理者的活动；其二是贯彻和执行高层领导者的决策；其三是扮演高层管理者与基层管理者之间的沟通桥梁的角色。

（3）基层管理人员，又称监督级或执行级管理者，是最底层的管理人员，管理着非管理雇员所从事的工作。

2. 管理人员胜任力

管理人员胜任力是多维度、多层次、跨职业的。在组织中不同层级的职务、不同系列的职务所要求的具体胜任力的内容和水平是不同的。一般来说，高层次管理者胜任力管理素质包括价值倾向、诚信正直、责任意识等，而管理技能包括战略决策能力、激励指挥能力和开拓创新能力。低层次管理者胜任力管理素质包括价值倾向、责任意识、权力倾向三个要素，管理技能包括经营监控能力、战略决策能力和激励指挥能力三个要素。高层次管理者战略决策能力更为关键，低层次管理者责任意识更为重要。

（三）胜任力构成要素

根据对胜任力概念所做的界定，胜任力包括知识、技能、能力和特质四个要素。它既包括表象的知识、技能等方面的素质，又包括潜在的能力、特质等心理品质（图 3-1）。

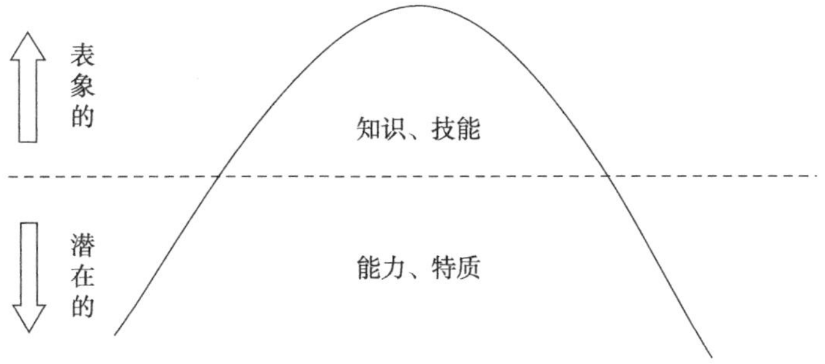

图 3-1　胜任力构成要素图

资料来源：笔者参考胡君辰（2010）的资料绘制而成

（1）知识。知识是指以概念及其关系的方式存储和积累下来的经验系统，是指胜任该岗位工作应具有的知识结构和知识水平，主要包括专业知识、政策法规知识（包括相关政策、法律、法规或条例方面的知识）、相关知识（包括为了完成本职位的工作而应掌握的相关领域的其他知识）。岗位工作知识是从事工作最基本的基础之一，因此可以看成是岗位最基本的素质要求。

（2）技能。技能是以活动的方式固定下来的经验系统，主要是指岗位工作所要求的具体的操作活动，如电脑操作、机器操作等。对于管理类岗位倾向于强调一些管理技能，而对于技术类岗位或操作类岗位，更多地强调动手能力。

（3）能力。能力是个性心理特征之一，是指那些直接影响活动的效率，使人的活动任务得以顺利完成的心理条件和心理特征的总和，它和每个人的个性相联系。人的能力总是表现在人的活动当中，离开活动很难辨别人的能力的高低，离开社会活动人的能力也很难形成。一个人的先天素质是能力形成与发展的前提和基础。素质是能力发展的自然前提和可能性。这种可能性变成现实性还要有其他条件（如环境、教育和实践活动等）的作用。

（4）特质。特质是指个人的个性、心理特征在外界环境与各种信息的影响下表现出的行为方式，如做事谨慎和细致、能承受压力、善于听取他人意见等。

（四）胜任力的特点

（1）综合性。胜任力由多种要素组成，它是员工外在的知识、技能和内在的态度、自我概念以及行为动机等心理品质的有机结合。

（2）可识别性。从有关胜任力的定义可以看出，并非任何技能、知识等都是胜任力，只有那些能够显著将高绩效者与一般绩效者区别开来的那部分知识与技能才被称为胜任力。

（3）动态性。胜任力具有可习得性和迁移性，可以通过一系列“干中学”或培训来开发，以不断提高其广度与深度。

（4）工作紧密性。胜任力与员工所承担的工作任务密切相关，它是员工高质量地完成本岗位各项工作任务所必备的基本特征，是个人能力与工作情景的有效匹配。只有个人能力为工作所需时，它才能称为胜任力。

二、胜任力类型

胜任力依照不同的标准有不同的分类，通常分为以下几类。

（一）个体胜任力和组织胜任力

戈尔茨坦（Goldstein）和福特（Ford）将胜任力分为个体胜任力和组织胜任力。其中，个体胜任力是指对能显著区分高绩效者和一般绩效者的个体特征深入分析。而组织胜任力有三个可辨别的成分：①提供进入变化市场的潜能；②对终端产品有意义的贡献；③对竞争者来说很难模仿的竞争优势。

（二）工作胜任力、岗位胜任力和职务胜任力

依据个体在工作中的不同职位，可把胜任力分为工作胜任力、岗位胜任力和职务胜任力。工作胜任力影响个体的工作绩效水平，通过它可以预测个体的工作绩效；岗位胜任力是指具有某种资格或胜任某一岗位的条件，即拥有足够的技能、知识来履行特定任务或从事某一活动；职务胜任力是指某一行业工作者是否具备某一职务所要求的职务行为能力。

（三）硬性胜任力和软性胜任力

理查德·鲁夫（Richard Ruff）根据胜任力的可变化情况把胜任力分为硬性胜任力和软

性胜任力。硬性胜任力是指人们完成预期达到的工作的标准，软性胜任力是指个人的行为和属性。

（四）管理胜任力、人际胜任力和技术胜任力

根据工作中表现出来的各种胜任特征，胜任力可分为管理胜任力、人际胜任力和技术胜任力。管理胜任力主要是指组织领导能力；人际胜任力是指有效交流、积极建立人际关系的能力；技术胜任力是指与某一特殊的专业活动相关的胜任力。

（五）通用胜任力、可迁移胜任力和专业胜任力

按组织所需的核心专业与技能，可将胜任力分为通用胜任力、可迁移胜任力和专业胜任力。通用胜任力是一个组织核心价值观、文化等的反映，为全体成员所共有；可迁移胜任力是指某些岗位的通用胜任力，如管理者胜任力、领导胜任力；专业胜任力是指从事某一专业工作的胜任力。

（六）基准性胜任力和鉴别性胜任力

根据不同的个人素质特征，可将胜任力分为基准性胜任力和鉴别性胜任力。较容易通过培训、教育来发展的知识和技能是对任职者的基本要求，称为基准性胜任力；而在短期内较难改变和发展的动机、特质、自我认知、社会角色等高绩效者在职位上获得成功所必须具备的条件，被统称为鉴别性胜任力。

三、胜任力模型

胜任力模型就是某一特定岗位所应具备的胜任力要素总和，包括不同的动机表现、个性与品质表现、自我形象与社会角色特征以及知识与技能水平。

（一）冰山模型

冰山模型（图3-2）将人的胜任力形象地比喻为漂浮在水上的冰山，包括“水面上的冰山”和“水面下的冰山”两部分。该模型指出人的胜任力由动机、特质、自我认知、社会角色、技能和知识六种要素构成，其中“水面上的冰山”即显性胜任力，包括知识和技能，是胜任者的基本素质要素，是容易了解和测量的部分；而“水面下的冰山”部分被称为隐性胜任力，包括社会角色、自我认知、特质、动机，是人的内在的、难以测量的部分，这部分胜任力不太容易通过外界的影响而改变，却对人员的行为与表现起着关键性的作用，是区分优异者和普通者的关键要素。

（二）洋葱模型

洋葱模型（图3-3）是从冰山模型的基础上发展而来的，具体是将胜任力比喻为层层包裹的洋葱，核心的层面是个性、动机；中间层是自我认知、态度和价值观；最外层是技能和知识。核心层和中间层难以评价和培养形成，而外层最容易评价和培养。与冰山模型相比，洋葱模型更突出了潜在素质和显性素质之间的层次关系，但两者本质是一样的，都是强调核心素质或者基本素质。

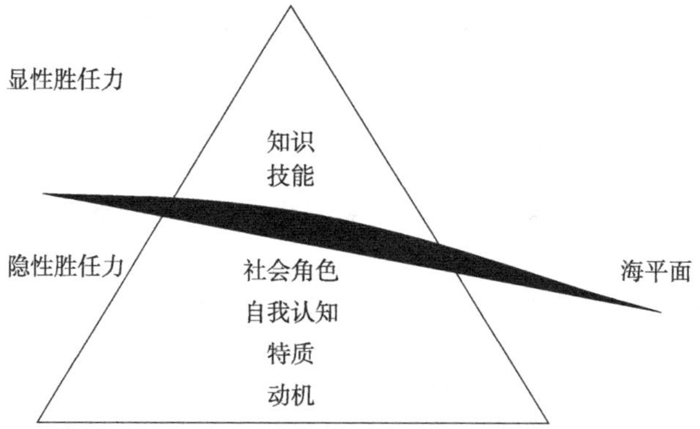

图 3-2 冰山模型

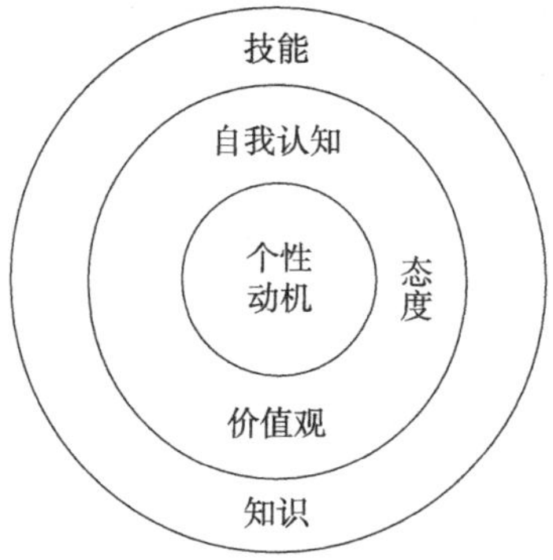

图 3-3 洋葱模型

（三）胜任力辞典

胜任力辞典（表 3-2）将人应具备的七个方面的胜任力，包括成就与行动、协助与服务、冲击与影响等编制成了一本辞典。通过对比胜任力辞典中每一项胜任力的评鉴标准，人们可以很快获悉自身胜任力的不足之处。

表 3-2 胜任力辞典

胜任力	内容
成就与行动	成就导向，重视秩序、品质与精确，主动性，信息收集
协助与服务	人际理解，顾客服务导向
冲击与影响	冲击与影响，组织直觉力，关系建立
管理	培养他人，命令，授权，团队合作，团队领导
认知	分析式思考，概念式思考，技术、专业、管理的专业知识
个人效能	自我控制，自信心，灵活性，组织承诺
其他个人特色与能力	职业偏好，准确的自我评估，喜欢与人相处，写作技巧，远见，与上级沟通的能力，扎实的学习与沟通方式，恐惧被拒绝的程度较低，工作上的完整性；法律意识，安全意识，与独立伙伴、配偶、朋友保持稳定关系，幽默感，尊重个人资料的机密性等

第二节　组织公民行为

一、组织公民行为概述

（一）组织公民行为的含义

组织公民行为（organizational citizenship behaviors，OCB）是员工超出工作角色之外的自发行为，如主动积极、帮助同事、主动提出建设性意见等，这些对组织的运行非常有帮助，它不是正式工作规定的要求，也不是由正式报酬体系所引发的，这类行为可以保持某些社会心理环境因素，支持任务绩效的完成。众多学者认为组织公民行为充当了组织运行的润滑剂，减少了组织各个部分的运行阻力，可以促进组织绩效的提高。

组织公民行为的定义如下：自愿的个体行为，一般不是在聘用合同中明文规定或是职位描述所要求的，不做也不会受到惩罚，这类个体行为可以此形成、保持、促进组织、社会和心理环境因素，进而促进、推动任务绩效的完成，并在整体上提高组织绩效。

（二）组织公民行为的作用

早期的组织公民行为研究者们大都把组织公民行为当做一种积极的对组织运作有利的行为。传统上组织公民行为研究有三个基本假设：一是组织公民行为的动机是无私的或利他的（如该行为是在支持性的工作环境、积极的态度或人格品质下产生的）；二是组织公民行为促进了组织运作的有效性（如充当组织运行的“润滑剂”）；三是组织公民行为最终对员工有利（如营造一个有吸引力的工作环境）。也有一些研究考虑到了组织公民行为的消极作用。例如，组织公民行为可能是一种印象管理的手段，组织公民行为具有工具性特征，有些员工会利用组织公民行为达到获得升迁的目的等，但总体来说，目前对其消极一面的研究尚且不足。

1. 组织公民行为的积极作用

（1）充当组织运行的润滑剂，有利于减少人际矛盾的冲突。例如，利他和助人行为就起到了这方面的作用，通过主动为他人提供方便、帮助他人、维护人际和谐，保证了工作关系的顺畅。

（2）能提升同事和管理者的生产力。例如，通过帮助有困难的同事提高同事的生产力；另外，员工主动协调人际关系，主动承担工作，减少了管理者在冲突协调、工作分派方面耗费的不必要精力，从而节约管理者的精力。

（3）自愿合作行为能使组织更有效率地利用资源，减少不必要的资源争夺，特别是能更有效地利用稀缺资源。

（4）促进团队成员之间及跨团队的工作协调。组织公民行为的一个核心特点就是组织成员能够从组织的大局出发考虑问题，这样会使组织中的群体利益和个体利益都得到有效的协调。

（5）通过创造一个使人更加愉快工作的环境，从而吸引和保留高素质的员工。组织成员做出比较多的组织公民行为的环境是一个充满互相合作、互相支持的环境，这样的环境一定是一个非常适合工作的有吸引力的环境。

（6）提升组织绩效的稳定性。例如，组织成员在任何时候，包括在组织面临困难和危机的时候，都能够全身心投入，会减少绩效波动的可能性。

（7）增强对环境变化的适应能力。环境变化过程中伴随组织转型而来的职责真空很快就会被组织公民行为弥补。

2. 组织公民行为的消极作用

博利诺（Bolino）等对传统的组织公民行为研究中的三个基本假设提出了质疑，指出了组织公民行为可能产生的负面效应。

（1）组织公民行为可能是出于利己的动机或者消极的工作态度。例如，有的员工从事组织公民行为是为了给他人尤其是上司留下好印象，通过帮助他人显示出自己乐于助人，通过参加组织中的活动展现自己多方面的知识和技能，引起他人对自己的关注等；某些情况下，员工故意做出一些职责范围之外的事情是为了显示出自己比其他员工表现得更好；有时员工愿意做分外的工作可能是对自己工作职责范围内的工作不感兴趣，或者逃避做自己不喜欢做的事情；对工作之外的个人生活的不满意也会使员工愿意加班工作。

（2）组织公民行为不一定都会带来对组织有益的结果。例如，员工将主要精力放在做职责范围之外的工作会忽视了本职工作；依靠员工的额外工作完成组织中的工作任务不一定是对组织最有效的做法，可能花费的时间很长而工作质量不高，可能不如直接雇用另外的人来做更有效；可能显示出组织管理中存在的问题。

（3）组织公民行为有时也不一定会使组织成为一个有吸引力的环境，员工不一定喜欢这样的工作环境。例如，如果员工争先恐后地刻意去表现出组织公民行为，出现一种“组织公民行为升级”的现象，员工会感到更大的工作压力以及工作超负荷；如果员工很多的精力放在做职责范围之外的工作上，他们会感到角色模糊；组织公民行为作为一种工具性的行为增加组织中的政治行为，容易引发员工的不满和员工之间的冲突。

对组织公民行为负面效应的关注使我们更清楚地认识到组织公民行为也可能是组织管理中的一把双刃剑。在管理实践中，管理者关注组织公民行为的同时也应该更全面地考虑员工的组织公民行为与角色内行为的关系。有的员工职责范围内的工作绩效很高但组织公民行为表现不突出，对这样的员工一方面应鼓励其保持高的工作绩效，同时加强其团队合作、积极参与活动的意识和行为等；如果员工组织公民行为表现较为突出但工作绩效平平甚至较差，这种情况下管理者应反思是否给员工安排的工作岗位不合适或者组织中的文化存在问题等。有的情况下，尽管员工的工作绩效和组织公民行为表现都很好，但员工在工作中的幸福感并不一定很高，他们可能为了刻意做出这些表现而感到很大的工作压力。组织公民行为可能是组织管理问题的指示器，它可以为管理者提供很多关于管理问题的信息，而管理者应该做的是识别和培育健康的组织公民行为，对员工工作生活质量进行监控，使组织公民行为更多地发挥积极的作用。

二、组织公民行为维度

对组织公民行为维度（表 3-3）的划分有很多种，包括二维结构、三维结构、四维结构、五维结构和七维结构等，下面主要介绍较为著名的二维模型、五维模型和七维模型。

表 3-3　西方文化背景下组织公民行为维度

维度	维度解释	来源
助人行为	自发地帮助同事避免和解决工作问题	Organ（1998 年）; Moorman 和 Blakely（1995 年）; Grallam（1989 年）; Anderson（1991 年）
运动员精神	任劳任怨地忍耐工作中不可避免的麻烦，并仍然保持积极的态度，为了团体的利益甘愿牺牲一些个人的兴趣和爱好，不轻易否决别人的意见等	Organ（1988 年）; Podsakoff 等（1990 年）
组织忠诚	对外树立组织良好形象，保护组织使之免受外来威胁，即使在逆境下仍然保持对公司的忠诚	Graham（1989 年）; van Dyne 等（1994 年）
组织遵从	接受和内化组织的规章制度与程序，并严格、认真地遵守，即使在没有他人在场的情况下也是如此	Smith 等（1983 年）; van Dyne 等（1994 年）
个人主动性	自愿并积极主动地从事与工作相关且做出超出组织要求的行为	Moorman 和 Blakely（1995 年）; Grahaln（1989年）
公民道德	员工作为组织中的公民应有的道德行为，如保护组织资源，为了组织的利益宁愿牺牲个人利益	Organ（1988 年）; van Dyne 等（1994 年）
自我发展	员工积极主动提升自己的知识水平和工作技能	George（1992 年）
利他	面对面地向某人提供帮助的行为，如帮助别人拎重物，帮助新员工适应环境	Smith（1983 年）; Organ（1988 年）
一般性服从	服从于做一个好员工的规范，如准时上班，不闲聊，不偷懒	Smith（1983 年）
事先知会	帮助他人避免问题的发生，即在问题发生之前有远见地告诫他人	Organ（1988 年）; Podsakoff 等（1990 年）
责任意识	在考勤、保持工作环境清洁、节省公司资源等问题上的表现超过公司的最低要求	Smith（1983 年）; Organ（1988 年）; Podsakoff 等（1990 年）

史密斯（Smith）最早提出组织公民行为分类时，将组织公民行为分为两类：一类是利他；另一类是一般性服从。

奥绀（Organ）将组织公民行为分为五类，包括利他、事先知会、责任意识、运动员精神和公民道德。他的五因素模型受到广泛认可，大量研究者使用这五大维度设计问卷来测量组织公民行为。

帕德萨科夫（Podsakoff）等在总结约 30 类具体组织公民行为表现的基础上，概括出七个维度，包括助人行为、运动员精神、组织忠诚、组织遵从、个人主动性、公民道德和自我发展。

从目前学者对组织公民行为的研究来看，不管二维、五维还是七维，都是在西方文化环境背景下的研究，而以中国为背景的组织公民行为维度研究起步较晚，但正逐步得到重视。国内在强调借鉴西方研究成果的同时又注重本土化研究，其中最具代表性的为樊景立提出的十维度模型（图 3-4），其中五个维度是对西方研究的拓展，包括积极主动、帮助同事、观点表述、参与群体活动和维护企业形象；另外五个，即自我学习、参与公益活动、保护和节约组织资源、保持工作环境整洁和人际和谐，则是中国员工特有的组织公民行为维度。

三、组织公民行为的塑造

（一）影响组织公民行为的因素

（1）社会资本和社会网络。社会情境中的个体在各种各样的相互关系的基础上构成不

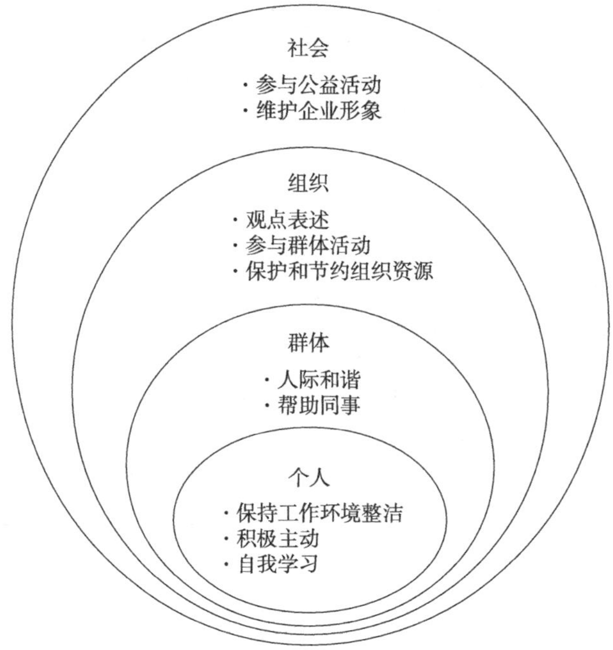

图 3-4 中国文化背景下的组织公民行为维度

同的社会网络，每个个体都是网络上的结点。社会网络的研究主要有两类：一类是自我中心的社会网络，即研究一个个体的社会关系（如友谊网络、信息网络等）对个体的心理和行为的影响；另一类是对一个群体的整体社会网络特征进行研究。社会资本是嵌入社会结构中的资源，是通过人与人之间的密切关系体现出来的。社会资本可以划分为结构维度、关系维度和认知维度。社会资本的增加和社会网络的拓展都有利于组织公民行为的形成与发展。

（2）组织承诺。组织承诺是个体表现出的一种对组织的感情倾向，以及对离开组织造成损失的认知和对组织应负的道德责任。组织公民行为是员工在自己角色之外对组织额外的贡献，因此，只有更高组织承诺的员工，才有可能表现出更多的组织公民行为。

（3）组织自尊。组织自尊是指组织成员认为他们的需求在参与组织的情景与扮演角色时可以被满足的程度，即个人越能融入组织的情景与角色，越倾向于表现出组织公民行为。

（4）个体差异。不同个体的人格特质、性别、年龄、需要、动机等各不相同，表现出组织公民行为的积极性也有所不同。具有责任感和随和性的人更容易与同事和谐相处，更容易产生主动积极完成任务的组织公民行为；内控型的人比外控型的人满意度更高，更容易产生组织公民行为。此外，还有人认为性别也能影响个体的组织公民行为。

（二）组织公民行为的具体塑造

组织公民行为对组织的有效运作具有积极的作用，因此有必要采取一些措施促进积极组织公民行为的产生，让组织成员能够表现出更多的组织公民行为。

1. 营造支持性的工作环境

组织公民行为的一个基本假设就是，员工与组织的关系是有别于经济交换的社会交换关系。社会交换是一种基于信任的自愿性行为，员工做出组织公民行为就是为了对自己从组织中获得的支持进行回报，或者为了预期到的有可能从组织中得到的回报而进行的投资。尽管社会交换理论在解释组织公民行为方面具有一定的局限性，但是大量与之有关的实证研究都得到了一些较为一致的结论。例如，员工的工作满意感、组织公平感、组织支持感等都与员工的组织公民行为之间存在积极的正向关系。因此，创造一个支持性的工作环境对员工做出组织公民行为是有利的。

2. 树立角色榜样

个体的组织公民行为受到群体中其他成员的组织公民行为的影响，当群体中他人较为一致地表现出组织公民行为时，个体也更倾向于表现出组织公民行为。因此，可以将表现出较多组织公民行为的员工树立为角色榜样，让其他员工向他们学习。并且对于组织公民行为来说，最有效的强化手段莫过于管理者在工作过程中发现员工做出组织公民行为后及时给予其认可，所以那些被树立为榜样的员工会因得到了足够的关注而更加努力。另外，对于员工来说，最重要的角色榜样是他们的直接主管，因此组织中不同层次的管理者应该身体力行地表现出组织公民行为，积极为下属树立角色榜样。

3. 进行组织文化建设

由于组织公民行为是在组织成员的角色要求之外的行为，管理者有时不容易察觉到员工的这些行为，也不易于通过正式的奖惩系统促使员工实施这些行为。因此完全通过正式而明确的组织规则鼓励员工做出组织公民行为是具有一定局限性的。这种情况下，组织文化的作用就显得尤为重要。组织文化意味着组织成员共享的价值观、共同的行为准则。因此，应该运用各种组织文化建设方法在组织中创建鼓励和支持组织公民行为的文化，使组织公民行为作为潜在的行为规范固化在组织的文化中。另外，员工通过接受组织文化建设在价值观层面上认同组织，从而形成与组织之间更牢固的情感纽带，这种关系将比仅仅基于社会交换的关系更为稳固。

4. 注意避免组织公民行为负面倾向

组织公民行为的作用不完全是积极的、正面的，员工做出组织公民行为的动机也不一定完全是积极的。有研究者指出，有些员工做出组织公民行为是一种印象管理策略，是为了通过组织公民行为获得更多的利益，如取悦领导、显示自己比其他员工能干等。而员工看到组织公民行为可能给自己带来的好处而刻意去表现出这些行为有可能会导致忽视自己的正式职责。管理者应该更加清楚地认识到，组织公民行为是组织管理中的一把双刃剑。管理者应该识别和培育健康的组织公民行为，使组织公民行为更多地发挥积极的作用。

第三节 心理契约

一、心理契约概述

（一）心理契约的内涵

1960 年，克里斯·阿吉里斯（Chris Argyris）首先运用心理契约（psychological contract）的概念和术语。他使用“心理的工作契约”来描述工厂雇员和工头之间的关系，但是阿吉里斯仅仅提出这样的概念，却没有给它下确切的定义。莱文森（Levinson）等在一个公共事业单位的个案研究中，将心理契约描述为“未书面化的契约”，认为它是组织与雇员之间相互期望的总和。心理契约被用来强调产生于双方关系之前的一种内在的、未曾表述的期望。其中有些期望明确，如工资；有些期望则比较模糊，仅仅是间接的揭示，如长期的晋升前景。科特（Kotter）认为，心理契约是存在于个体与其组织之间的一种内隐契约，它将双方关系中一方希望付出的代价以及从另一方得到的回报具体化。

很明显，心理契约在概念产生的初期被认为是存在于雇用双方之间的一种未书面化的契约、内隐契约或者期望，不同学者的界定尚存在一定差异。但是对于“究竟谁是主观理解的主体”大家都没有明确说明，而是内在地认为，存在雇员个人和组织两个主体，即心理契约是雇员和组织双方对交换关系的主观理解。因此，问题就出现了，因为两个主体经常会产生理解分歧，即造成心理契约内容的非唯一性，给心理契约的概念化和后续研究带来很多困难。所以，20 世纪 80 年代后期就出现了概念理解的进一步深化，产生了学派之间的争论。一派以美国学者卢梭（Rousseau）、罗宾斯和莫里森（Morrison）等为代表，他们强调心理契约是雇员个体对双方交换关系中彼此义务的主观理解，被称为“卢梭学派”；另一派则以英国学者盖斯特（Guest）、康威（Conway）、赫里奥特（Herriot）和彭伯顿（Pemberton）等为代表，他们强调遵循心理契约提出时的原意，并认为这是雇用双方对交换关系中彼此义务的主观理解，可以称之为“古典学派”。

综上所述，现在的心理契约存在广义和狭义两种理解。广义的心理契约是雇用双方基于各种形式的（书面的、口头的、组织制度和组织惯例约定的）承诺对交换关系中彼此义务的主观理解；狭义的心理契约是雇员出于对组织政策、实践和文化的理解以及对各级组织代理人做出的各种承诺的感知而产生的，是雇员对其与组织之间的，并不一定被组织各级代理人所意识到的相互义务的一系列信念。

（二）心理契约的特点

（1）主观性。心理契约的内容是员工个体对相互责任的认知，或者说是一种主观感觉，而不是相互责任这一事实本身。由于个体对他与组织之间的相互关系有自己独特的体验和见解，因此个体的心理契约可能与雇用契约的内容不一致，也可能与其他人或第三方（如组织代理人）的理解和解释不一致。

（2）动态性。正式的雇用契约一般是稳定的，很少改变。但心理契约却处于一种不断变更与修订的状态。任何有关组织工作方式的变更，不论是物理性的还是社会性的，都对心理契约产生影响。人们在一个组织中工作的时间越长，心理契约所涵盖的范围就越广。

（3）隐蔽性。心理契约的内容非常丰富，其中大部分并没有被明确规定，有些甚至从未被口头表达过，具有内隐特质，心理意向含糊，需要双方发挥观察力和想象力对对方进行揣摩，一旦一方忽略或没有观察到对方的期望，就有可能造成违约。

（4）非正式性。心理契约不同于经济契约。经济契约是通过一种制度化、规范化的方式来调整劳动关系。签订劳动契约作为雇主的一项重要义务，可提高劳动契约在劳动者群体中的覆盖率，最大限度地避免因事实劳动关系而造成的纠纷，这对于解决我国目前劳动争议、劳动纠纷呈上升和激化趋势这一问题具有较大的实践意义。经济契约以书面的形式公示它的存在，其拟定、贯彻、执行受到法律的监督和保护，一旦违背契约，将受到法律的追究；而心理契约则不具有书面形式，它依赖于行为双方的自觉自愿，没有明确的约束力。

（5）交互性。这一特点是相对于组织承诺而言的。组织承诺是指员工随着其对组织的“单方面投入”的增加，而产生一种心甘情愿参与组织各项活动的情感。组织承诺的内容是单向的，只是员工对组织的情感，而心理契约则是一种双向交互的关系，在这个过程中，员工会对双方履行契约的程度进行对比。另外，不少研究者指出，组织承诺其实是心理契约的结果。正是由于个体对于双方责任的认知、对比和信念，才导致个体对组织产生不同的承诺。

（6）要约性。这一特点是相对于“期望”而言的。期望包括的内容是那些员工相信他们有资格得到的东西和应该得到的东西，心理契约不仅有期望的性质，还包括对责任和义务的承诺与互惠。将这两个概念加以区分具有重要的实践意义，期望未实现时产生的主要是失落感，心理契约被违约时则产生非常强烈的消极情绪反应和后续行为，其核心是一种愤怒情绪，个体感到组织背信弃义，自己受到不公正的待遇。

（三）心理契约的类型

根据时间结构和绩效要求两个维度将心理契约划分为四种类型。时间结构维度是指雇用关系的持久性程度；绩效要求维度是指作为雇用条件的绩效描述的清楚程度。根据两个维度划分的心理契约类型有交易型、变动型、平衡型和关系型（图 3-5）。

	绩效要求	
时间结构	具体明确	具体不明确
短时	交易型 特点：低工作模糊性；高流动率；低员工承诺；低身份感 例：生产旺季临时雇用工人	变动型 特点：高工作不确定性；高不稳定性；高流动率 例：处于企业裁员或公司合并过程中的员工
长久	平衡型 特点：高员工承诺；高身份感；不断开发；相互支持；动态性 例：高参与性工作团队中的成员	关系型 特点：高员工承诺；高感情投入；高身份感；稳定性 例：家族企业中的成员

图 3-5　心理契约类型

（1）雇员以加班、职责外工作为代价，以换取组织提供的高额报酬、绩效奖励、培训和职业发展，是以经济交换为基础的契约关系，称为交易型契约。

（2）雇员以长期工作、忠诚和愿意接受内部工作调整为代价，以换取组织提供的长期工作保障，是以社会情感交换为基础的契约关系，称为关系型契约。

（3）雇员在组织机构精简或者合并中从事组织的短期工作，以获取不稳定的短期利益为基础的契约关系，称为变动型契约。

（4）雇员在组织成立临时团队小组为完成短期内某一组织目标，以不同的工作技能共同完成目标并相互支持为基础的契约关系，称为平衡型契约。

（四）心理契约的作用

心理契约之所以引起学术界和企业界的共同重视，主要原因在于违背心理契约会对员工态度和行为产生负面影响，从而进一步造成组织效益的损失。过去的研究一致发现，雇员对心理契约违背行为的认知与不良的雇员行为（包括离职、工作粗心）高度正相关；而与积极的雇员行为（如工作绩效、组织公民行为、组织承诺）和态度（如工作满意度、组织忠诚度）高度负相关。概括起来，心理契约有以下几方面的作用。

（1）增强企业凝聚力。在中国文化中，一般认为关系比书面契约更重要，决定员工去留的重要原因是双方能否建立良好的心理契约。有调查表明，新员工在一年内离职的主要原因就是他们认为组织没有兑现当初的承诺。员工是带着美好的期望进入公司的，如果他觉得事实与期望相悖，便会认为组织违背了心理契约而选择离职；反之，则会增强企业凝聚力，产生低离职率、高绩效。

（2）提高员工工作满意度。在组织中，每个员工由于背景、资历的不同，需要和动机存在很大的差异，即使同一个员工在职业生涯的不同发展阶段，心理需求也是不一样的。格式化的劳动契约具有规范性的特点，它事实上不可能针对每一个员工的期望、心理需求而体现出个性化的内容，这样会加大雇主的缔约成本。而心理契约一方面是针对员工个性化的心理需求而建立的，可以满足不同层次员工的需求，提高员工的满意度；另一方面，与静态的劳动契约相比，心理契约是动态变化的，可以随时做出修订、调整，满足员工需求的变化。

（3）提高员工和组织的工作效率。心理契约既包含了员工对组织的责任，也包含组织对员工的责任，员工以其对组织的责任来衡量自己的行为，组织以其对员工的责任来衡量组织的行为，如果双方都将其责任作为调节行为的标准，努力做出符合对方期望的行为，将对提高双方的工作效率发挥重要作用。

二、心理契约的内容和维度结构

（一）心理契约的内容

虽然对心理契约的概念界定还不能达成一致，但研究者们仍以实证研究的方法对心理契约的内容进行研究。

早期对心理契约内容的探讨着重对员工和组织相互要求，如组织对员工的理解、认同、工资保障和长期雇用，以及员工对工作的胜任和忠诚等的案例描述。1990 年，卢梭对即将赴任的 129 名 MBA（master of business administration，即工商管理硕士）毕业生的心理契约进行调查，第一次从实证角度对员工心理契约内容进行探讨。研究结果发现，员工心理契约中的雇主责任包括：①提升；②高额报酬；③绩效奖励；④培训；⑤长期工作保障；⑥职业发展；⑦人事支持。员工心理契约中的雇员责任包括：①加班工作；②忠诚；③自愿从事职责外的工作；④离职前预先通知；⑤接受内部工作调整；⑥不帮助竞争对手；⑦保守公司商业秘密；⑧在公司至少工作两年。

赫里奥特以管理者代表组织，用关键事件技术和比例分层抽样方法，对英国各地区各行业的雇员和组织间的心理契约内容进行调查和研究。结果表明，雇员的责任主要有守时、务业、诚实、忠诚、爱护资产、体现组织形象、互助 7 个项目。组织的责任有培训、公正、关怀、协商、信任、友善、理解、安全、有恒一致、薪资、福利、工作稳定 12 个主要类别。研究表明，雇用双方在心理契约中对组织的责任在友善、理解、安全、薪资、福利、工作稳定 6 个方面存在显著性差异。双方对雇员的责任在忠诚、爱护资产、体现组织形象 3 个方面存在显著差异。除此之外，双方在其他方面并不存在显著差异。

由此可以看出，当代工作关系已不是传统的员工提供忠诚、遵从和信用，以换取工作保障、晋升发展、培训机会和组织支持，契约越来越希望雇员接受长时间的工作、更多的责任、更广泛的技能、更多的压力、更模糊的角色要求，而组织则向员工提供高额工资报酬、绩效奖励或者仅仅提供一个职位方面的转变。

（二）心理契约的维度结构

1. 二维结构说

（1）交易型契约和关系型契约。最早对心理契约进行维度划分的是麦克·尼尔（Mac Neil），他将员工与组织之间的契约划分为交易型契约和关系型契约两种类型。卢梭又用典型相关研究验证了交易型契约反映的是雇员以加班、职责外工作为代价，以换取组织提供的高额报酬、绩效奖励、培训和职业发展，是以经济交换为基础的契约关系。关系型契约反映的是雇员以长期工作和愿意接受内部工作调整为代价，以换取组织提供的长期工作保障，是以情感交换为基础的契约关系。

（2）内在契约和外在契约。内在契约和外在契约的划分来自卡库（Kichul）和莱赛尔（Lester）对已有心理契约雇主责任的分析。外在契约涉及雇主所做的与员工工作完成有关的允诺，如灵活的工作时间、安全的工作环境、有竞争力的工资和奖金。内在契约涉及雇主所做的与员工工作性质有关的承诺，如工作自我选择、自主决策、自我控制、从事有挑战性的工作、提供组织支持、参与决策、有发展机会等。

2. 三维结构说

虽然有较多的研究结果支持“交易–关系”两个维度的存在，但也有一些学者提出了三维的心理契约结构。

卢梭和泰泽马（Tijorimala）以美国注册护士为被试者进行研究，提出心理契约中可能包括三个维度，即交易维度、关系维度和团队维度。交易维度是指组织为员工提供经济和物质利益，员工承担基本的工作任务。二者之间的互换关系是有限的和有形的，其内容更多以书面合同为基础。关系维度是指员工与组织关注双方未来长期稳定的关系，促进双方的共同发展；团队维度是指员工与组织注重人际支持和良好的关系。

三、心理契约的构建、破裂与违背

（一）心理契约的构建

心理契约的建立需要从多方面进行努力，在组织成员的整个职业生涯过程中都要注意心理契约的培养，使组织成员理解、认同组织目标，建立恰当的相互期望和相互承诺。

（1）关注员工的职业发展。员工选择一个企业，往往是以追求良好的职业发展为目的，都有从自己现在和未来的工作中得到成长、发展和获得满意的强烈愿望与要求。组织要在充分考虑员工的兴趣、能力的基础上，把个人职业生涯目标与企业的管理需要联系起来，确保个人职业生涯目标与组织的职业管理程序协调一致，以期实现个人目标与组织需要之间的最佳匹配和平衡。

（2）有计划地进行培训。企业应先为员工创造一个舞台，对员工的工作过程提供积极有效的指导，发掘员工的个性化需求，并以此为基础，进行有针对性的、循序渐进的培训和辅导，让员工能够施展才华，实现自我价值；要及时发现与处理员工工作和生活中所产生的实际问题，企业的管理人员要善于诱导、及时引导，让员工在企业中能够找到一条发展道路，把自己的全部身心融入企业的发展中，奉献全部智慧；要帮助员工更新知识、完善自我，让员工成长得更快，使公司与员工达到双赢的目的。

（3）营造以人为本的企业文化。人的行为是由其观念决定的，如果员工在心理上、在思想管理上不能与企业保持一致，企业战略目标将无法实现。文化是无形的管理工具，存在于人的头脑中，是一种精神状态，能时时刻刻对人们的行为起约束作用。健康向上的企业文化能在企业中创造出一种奋发、进取、和谐、平等的企业氛围和企业精神，为全体员工塑造强大的精神支柱，形成坚不可摧的生命共同体。

（4）设计有效的激励方式。构建心理契约的过程，是一个充分发挥组织成员的积极性、创造性与智能的过程，是保证员工生产出高水平的内在激励和承诺（主要表现为愿意奉献、工作勤奋、对工作满腔热情等）的过程，也是构建组织成员“生命共同体”的过程，是组织内聚力的根基。根据马斯洛需求层次理论，企业在建立心理契约时，要充分考虑到员工在不同时期所具有的不同需求，而心理契约也要在一定的范围内调整，以更好地强化员工对企业的信任和忠诚，使员工不断地认同企业的价值观和企业文化；要以公司的经营目标和员工的需要、目标、兴趣、职业生涯期望、工作价值观为中心，采取成就激励、能力激励、环境激励和物质激励相结合的激励方式，激发员工的潜能。

（5）不断沟通，将心理契约明晰化。内部沟通是企业提高效率、信息资源共享的重要途径之一。合理的沟通，可以让员工清晰了解企业的生产经营、战略发展目标及公司对他们的要求，进而认同公司的发展目标，达成默契，增加对企业的信任。在管理实践中，由于客观原因很可能会造成心理契约的破坏，此时企业管理人员必须开诚布公地告诉员工发生了什么，并合理解释这个变化，维护彼此的信任。

总而言之，构建心理契约可以实现人的自主能动性的开发，提高个体与组织之间的满意度、忠诚度与信任感，是实现企业持续发展的重要保证。它的无形规约，使个人与企业在动态的条件下，不断保持良好的关系，将个体的发展充分融合到企业的发展中去，从而创造出永远充满活力的企业组织。企业与员工之间也将达到一种互为诚信、相融相生和同频共振的效果，也促使企业的核心竞争力不断提高。

（二）心理契约的破裂与违背

在管理实践中，并不是所有的心理契约都得到了充分的兑现或履行，有些员工往往会觉得心理契约并未得到充分的兑现或履行，这就会出现心理契约破裂（breach）或违背（violation）。

1. 心理契约破裂与违背的内涵

心理契约破裂是指个体对于组织未能完成其在心理契约中应承担的责任的认知与评价。心理契约违背是指个体在组织中未能充分履行心理契约的认识基础上产生的一种情绪体验，其核心是愤怒情绪，个体感觉组织背信弃义或自己受到不公正待遇。

心理契约破裂与心理契约违背是两个不同的概念和过程，心理契约破裂是个体已经意识到组织未履行心理契约的一种客观状态，代表了关于契约实现程度的认知评价；心理契约违背则是一种情绪混合体，以失望和愤怒为特征，是那些由于意识到未能获得所期望的和所需要的东西而产生的失望、挫折和忧伤，或是源于意识背叛或受到不公正待遇而产生的辛酸、怨恨和愤怒。

2. 心理契约破裂与违背的反应

当个体感受到心理契约遭到违背时，通常会采取四种主要的行动方式作为回应（表3-4）。这四种行动方式是从积极反应–消极反应和破坏性–建设性两个维度进行划分的：①离职，即自动终止被违背的关系，通常是处理契约违背时的最后一种手段，但绝不仅是对契约违背的唯一反应；②申诉，即表达不同声音、不同情绪，这种表达有助于减少损失和恢复信任，是一种主动的、建设性的旨在改变情境中有争议的行为，它在维持既有关系的同时对契约违背做出补偿；③沉默，即忍受或接受不利的形势并期望能有所改善，这是一种非言语反应形式，在一定程度上起到维系现存关系的作用；④破坏/忽略，包括被动地忽略和主动地破坏，通常在申诉渠道不存在或者冲突自始至终都存在的情况下最为普遍，它包括忽视个人的职责以损害组织的利益或采取各种反社会行为，如故意破坏、偷窃和怠工等。

表 3-4　心理契约违背的行为反应类型

维度	积极反应	消极反应
破坏性	离职	破坏/忽略
建设性	申诉	沉默

资料来源：杨杰等（2003）

第四节　工作压力

工作压力不仅影响组织中个体的身心健康，更是影响组织环境、组织绩效的根源。它涣散组织的内聚力，增加人员的流动性，提高人力资源成本。组织可以通过消除压力的来源、改变员工的不良认知、提供社会支持等策略降低或消除工作压力对组织的负面影响，使组织健康发展。

一、工作压力概述

（一）工作压力的定义

工作压力的英文名称是“job stress”，也称工作紧张或工作应激。在工作压力定义的问题上有 40 多个关于“job stress”的概念，争论颇多，难以统一。因为不同学科（如生物学、心理学、社会学、行为医学、精神卫生学等）的学者都从不同的角度切入进行研究，故很难用一个定义来统一。如果一定要下定义的话，那么工作压力是指与工作相关的不良刺激对个体所引起的负性主观体验和心理、生理反应。

（二）压力与工作表现的关系

压力研究的奠基者赛利（Selye）在提出压力的概念时，就认为压力有积极和消极之分，但此后绝大多数研究者只关注压力的消极一面。过度的压力对人的危害是极大的，但并不是说压力对人没有一点好处。“人无压力轻飘飘”，我们经常体会到假如外界环境对我们没有一点挑战性，我们会感到索然无味。一个人如果长期缺乏刺激就会很快萎靡不振，会出现心理和生理问题，缺乏刺激所带来的危害可以说与压力所带来的危害不相上下。现在人们普遍认为，工作表现和压力水平的关系是个倒凹形曲线（图 3-6）。

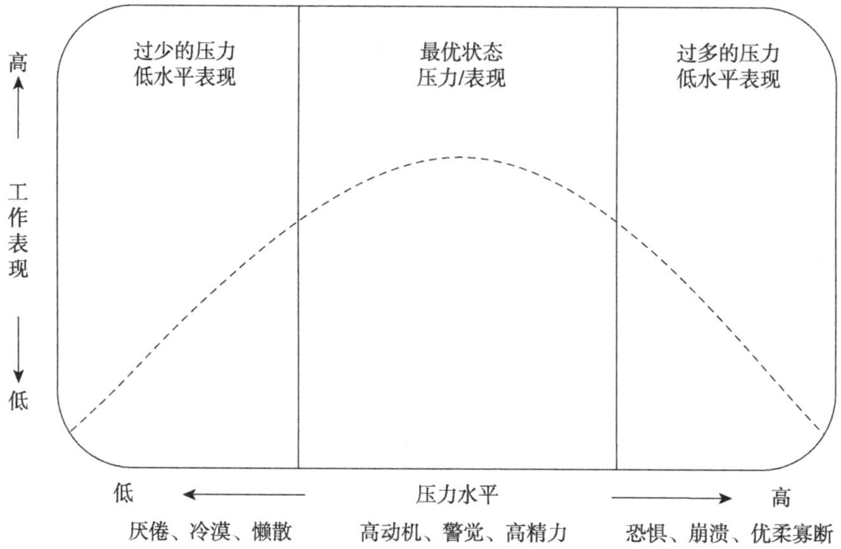

图 3-6　压力水平与工作表现之间的倒凹形曲线

资料来源：肖余春（2009）

图 3-6 说明，压力水平与工作表现之间的关系分为三个阶段：①低压力，低水平。有些人在低压力的水平下，会感到无所事事，如果没有紧迫感和工作动力，就会在工作中表现出厌倦、冷漠、懒散现象，以至于造成自身工作滞后。②中等压力，高等水平。当压力慢慢提高的时候，有些人就会产生紧迫感，就会尽力减小和工作目标间的差距，从而会使一个人得到激励从而提高工作表现。③高压力，低水平。当然，任何事物都是过犹不及，压力并不是越高越好，超过正常水平的压力会让人产生焦虑、丧失信心，工作效率也会大幅下降。

二、工作压力的来源

（一）个体因素

（1）知觉特征。知觉是选择、组织、理解信息的重要心理过程。知觉的理解性受个体的个性、动机、态度价值观、经历等多种因素的影响。因此不同的个体对同一事物的感知存在差异。某个压力源对一个人来说可能是有压力的，而对另一个人来说则可能构不成压力。也就是说，受个体知觉的理解性影响，同样一件事情，不同的个体会有不同的理解和体验。个体的期望与压力感受成正比。对同一事物期望程度不同，个体感受压力的程度也就不同。个体的适应性与工作压力成反比，个体的适应性越强，压力感受越弱。组织中的新员工往往会面对高期望与现实之间的落差，差距越大，个体感受到的压力越大。适应性较差的新员工心理压力就更大。

（2）过去的经历。个体过去的经历对压力产生强化作用。个体是否感到工作压力的存在与该个体是否有过相关的紧张经历有关，负面的强化会加剧压力。一名员工曾有过被解雇的经历，就会非常小心地对待现有的工作。相反，个体成功的经历能使其面对工作压力时充满信心。

（3）社会支持。是否能够得到他人的支持直接影响个体对工作压力的体验。例如，在具有压力的环境中与一个善于支持、鼓励的同事一起工作有助于员工减少压力，发挥潜能。相反，与关系紧张的同事共事可能使人焦虑，加大工作压力。

（4）个性差异。由于个性不同，个体对压力的感受也不尽相同。除此之外，员工的动机、态度、能力等，也会对工作压力产生一定的影响。有研究表明，性格对于工作压力有着重要的影响。A 型性格是指那些永无止境地奋斗，要以较少的时间获得较多的成果的个性特征。 但 A 型性格的个体对压力敏感，容易患心脏病。

（二）组织因素

（1）组织结构。组织结构反映了各个部门之间的隶属关系与协作关系。在组织中，各个部门、各个职位承担着不同的工作任务，这些任务是相互关联的。在完成任务时形成了多个任务群体与个体，避免不了上下级之间、协作部门之间、个体之间发生纵向与横向冲突，工作压力就这样产生了。组织中的每一个岗位都代表着一定的责任与权力。权力的争夺是工作压力的另一个来源。组织中资源的使用直接影响个体绩效。资源的限制使员工不能将技能、能力与积极性转化为高动力。因此，组织中的资源常常是部门、个体间争夺的对象，在争夺中常常伴有冲突发生。掌握资源的部门——人力资源管理部、财务部、设备供应部等部门不得不常常与其他部门发生冲突。资源的争夺实际上是权力争夺的翻版，组织中的冲突是工作压力的根源。

（2）工作量。变革中的组织大规模地裁员不仅给濒临解雇的员工带来冲击，留守员工也由于工作量加大而产生压力。所有关于工作压力的研究结果都显示，工作量过大是压力的来源之一。当然，工作量不足也会使员工产生压力，因为这样难以满足员工自我实现的心理需求。工作复杂程度是一个与工作量相关的因素。工作复杂程度过高或过低都会导致压力，过于简单的工作使人觉得枯燥，过于复杂的工作使人疲惫，两种结果都会导致负面压力。

（3）工作条件。显然，工作条件的简陋，如温度过高或噪声过大等，是工作压力的来源之一，这些因素还会降低工作绩效。而长期熬夜、频繁出差、每天长途往返上下班、工作时间过长、工作中受到不必要的打搅和监视，更容易使人产生压力。

（4）角色冲突与角色模糊。管理者担负着两项重任，一是完成组织目标，二是满足员工需要，同时将两个任务完成得令人满意不是一件容易的事，这常常使管理者处于角色冲突之中。组织中的员工有自我实现的需要，希望通过完成组织目标获得满足。与此同时，员工还有归属的需要，而非正式组织提供了满足员工归属需要的功能。非正式组织的目标常常与组织目标存在差距和冲突，这种状况往往使员工陷入角色冲突之中。

角色模糊是指员工不清楚所分配的工作内容和相应的责任，组织中的新员工需要融入组织时，往往感到角色模糊而产生巨大的压力。此外，对员工委以重任又不授予决策权，使工作难以开展，也会使员工因角色模糊而陷入压力之中。

（5）职业发展。组织变革的特点是扁平化，服务性组织迅猛发展，这种变革的特点使组织中层管理职位变少。晋升困难或受挫，对于高权力动机的个体无疑是巨大的压力。服务性组织可以提供的发展空间有限，这对于高成就动机的员工的压力不言而喻。组织的重组与裁员不断挑战员工的自信，员工对自己是否能够胜任新的工作、工作的保证与对新环境的适应感到信心不足，因而产生巨大的压力。

（6）组织内部的人际关系。组织内部的不良人际关系是导致工作压力的源头，也是造成工作流动的动因之一。社会的发展要求组织同时具有经济和社会双重功能，良好的组织氛围是组织生活中重要的一部分，它有助于实现组织目标。

组织中的个体不可避免地要与同事或客户接触，这可以给他们带来快乐，但也可能成为人际冲突的来源。有关文献调查表明：来自工作环境的干扰，如同事的高声打搅、电话铃声、其他人在旁边的来回走动是构成压力的主要根源。“办公室政治”更是导致工作压力的罪魁祸首。

（7）工作与其他角色的冲突。个体不仅是组织中的一员，同时还在社会环境中扮演着多种角色。这些角色常常与工作角色形成冲突，导致压力的产生。员工要在组织中成长，追求职业发展的目标，常常需要超时工作，因而生活变得单调而乏味，同时还因此减少了与家人相处的时间，这就使员工陷入巨大的压力之中。

总之，工作场所中的压力来源多种多样，概括起来，工作压力主要来自组织结构、工作量、工作条件、职业发展、组织内部人际关系、工作与其他角色的冲突等因素。压力源作用于个体，个体的知觉特征、个性差异、过去经历以及受到的社会支持等因素就会共同发生作用，使个体产生这样或那样的压力（图 3-7）。

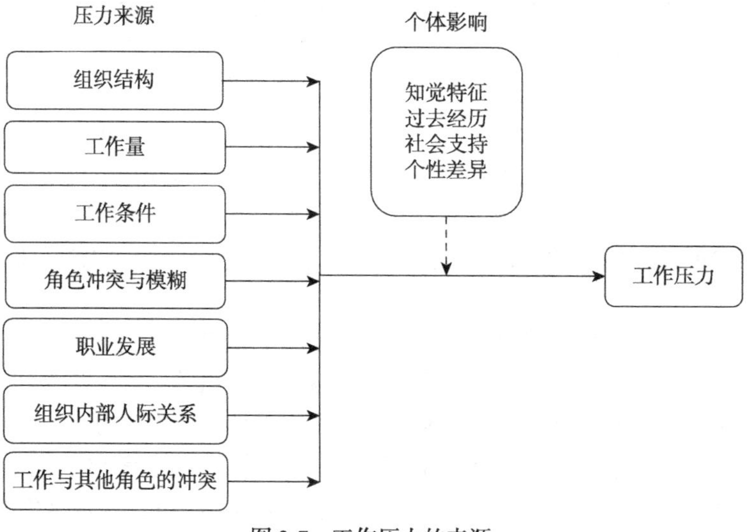

图 3-7 工作压力的来源

三、工作压力的管理策略

企业组织管理压力的策略包括找出并消除工作压力的来源、改变员工关于工作压力的认知、消除工作压力带来的负影响（图 3-8）。具体的方法就是加强组织中工作压力的个体调控，加强组织层面对工作压力的管理。

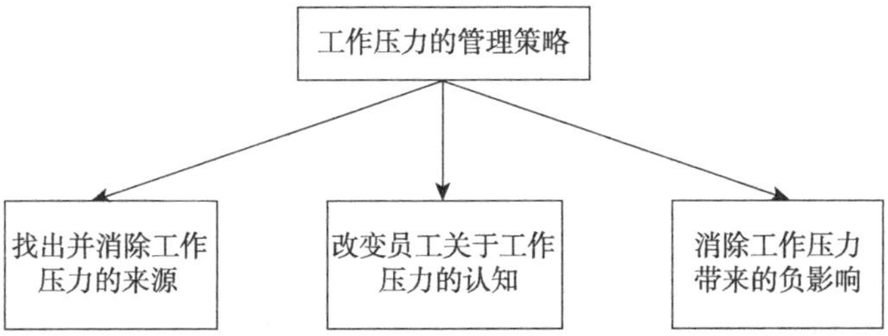

图 3-8　工作压力的管理策略

（一）组织中工作压力的个体调控

（1）降低员工的期望。工作压力是一种主观感受，个体的期望过高往往是造成工作压力的原因。组织中的员工，特别是组织中的新员工往往对组织抱有不切实际的期望，期望与现实之间的落差导致压力的产生。帮助员工适当地降低期望，树立可以达到的目标以减轻工作压力，是组织不可推诿的责任。

（2）提高员工的适应性。提高适应性可以降低工作压力。组织应该将培养员工的适应性作为人才培养的内容之一。知识与实际能力的转换、沟通与人际交往能力以及抗挫折能力的培养都是提高员工适应性的基本内容。

（3）改变员工的认知。帮助员工减轻工作压力，最重要的一项工作就是帮助员工改变对工作压力的不良认知，帮助员工树立自信，使员工正确地认识工作压力，面对挑战，变被动应对压力为主动挑战自我。

（二）工作压力的组织层面管理

组织层面的工作压力管理应该本着以人为本的原则，注重员工职业发展，提供心理支持。

（1）结构重组与工作再设计，提供职业发展的平台。组织中的管理者应该善于发现和解决组织结构与工作设计中的问题，进行工作再设计，尽量避免不必要的冲突来源。职业发展的受挫是工作压力的根源之一，组织应该提供职业发展的平台，加强对员工职业发展的管理，帮助员工实现职业发展规划，从多种角度使员工感受到成功带来的喜悦。

（2）改变工作量和完成时间，避免超负荷工作。实行目标管理，与员工共同商讨、制定组织目标以及完成阶段性目标的计划与方案。与此同时让员工有更多的参与机会，特别是参与对其有影响的改革的规划；激励员工成为组织中的主人，最大限度地调动员工的工作积极性。

（3）消除组织中不确定因素。分清责任、澄清角色，执行新员工的岗前培训计划。让员工了解组织目标以及如何完成组织目标，明确员工组织任务以及所承担的责任。在分配任务的同时，让员工承担相应的责任。

（4）增加沟通渠道，提供社会支持。降低工作压力的重要举措之一就是为有工作压力的员工提供心理支持和工作援助，使员工感到组织的温暖与力量，走出压力带来的阴影，沟通可以降低或缓解工作压力的影响。健康的组织应该提供多种沟通渠道，以使员工的压力有释放的出口。

第五节 印象管理

一、印象管理概述

（一）印象与印象管理

印象一般是指我们对别人的看法。从本义上说，印象是个体对认知对象各方面形成倾向性看法，它所反映的是印象的总体特征。但是在大多数情况下，我们并不是等到掌握了对象的全部特征之后才形成对它的印象，有时候甚至只需要看一个人的照片或者跟他说几句话就可以形成一种最初的印象。

在日常生活中，由于交往的需要，我们常常希望可以给对方留下一个好的、恰当的印象，这种有意影响别人，对自己形成符合自己期望的某种印象的过程叫做印象管理。人们通过各种各样的方式进行印象管理，包括衣着、仪表、言语和非言语行为、举止和做事的方式等。人们通过印象管理使自己的形象更符合社会期望，还可以运用印象管理在别人心中形成自己所期望的自我形象。其实，不仅仅是个人之间的往来如此，组织和组织之间也常常采取行动来赢得更好的印象，如清洁的环境、和谐的同事关系等。社会心理学家戈夫曼（Goffman）曾经把印象管理称做“舞台演出艺术”，他认为社会交往如同戏剧舞台，每个人都在表演，努力扮演好自己的角色，以赢得别人的赞扬与尊重。

本书将印象管理视为一个积极的广义概念，认为印象管理是指人们通过控制他人所获得的信息，试图影响他人对自己的印象形成的一种管理的过程。这是一种个体为了美化自己、避免自己的形象受损的积极行为，是个体高社会适应性的表现。

（二）印象管理的意义

人作为高级动物，与其他动物的最大差别是人从生下来就是社会动物，具有习得语言和文化规则的能力。因此，人人都会进行印象管理，人人都需要进行印象管理，不管是刻意的还是不经意的。在现实生活中，“包装”“作秀”是无处不在的，如果只是光着膀子散散步就能引起举世皆惊的“蝴蝶效应”，不管是有意还是无意，那又何乐而不为呢？因此，有效的印象管理是具有重要的现实意义的。

（1）维持自尊。人们都希望自己有面子，所以需要不断借着印象管理来获得被社会认可的自我意象。尤其是在遇到挫败、颜面尽失之后，更需要做印象管理，以挽回面子。

（2）界定互动关系。人们常常会借着印象管理来传递信息，以期让互动的个体知道如何去说话、如何去做事情才算合乎事宜和情理，并建立彼此互动的规范和行为。例如，某学生给别人留下的印象是比较有亲和力、容易相处，这就意味着要告诉别人“我很容易亲近”。他人便会据此调整和他的相处之道。

（3）产生影响力。在日常生活中，常常有人借着印象管理来获得权力和影响力。例如，在看不见硝烟的政坛，常会有“猛男”政要们将无招胜有招的“脱衣露肉”法作为纵横捭阖间的一招妙棋。远有肯尼迪、施瓦辛格，近有萨科奇、普京，他们都曾经在经意或不经意间上演过“肌肉秀”。俄罗斯总统普京曾经的一张赤裸上身照在西方社会引起了强烈关注，西方媒体普遍认为这是俄罗斯领导人在大胆地表现政治自信，联想到普京展示的大国外交和军事“肌肉”，这不能不在全球产生强烈的影响。

（4）建立公共形象。在人际互动中，建立稳定、一致的公共形象有利于彼此关系的发展，以免互相猜测而打乱彼此的互动模式。例如，偶像明星们在公共场合往往会表现青春靓丽或是帅气的一面，从而在公众面前维持一个优质偶像的称誉，以期达到自己的目的。

（三）印象管理的影响

1. 印象管理的积极影响

印象管理是社会文明进步的标志和结果，是维持良好的人际关系的润滑剂。社会文明越发展，人的言行举止就越被修饰，人的欲望要求的表达就越含蓄，必须承认，个体越成熟，印象管理的能力也越强。在社会交往中，那些根本不进行任何修饰的个体也不可能给自己营造良好的人际氛围。他会给周围的人带来一种潜在的威胁，因为它也许很直率，但会直率得让你尴尬，甚至伤害到你。因此，无论对于社会文明还是对于个人生活来说，印象管理都是不可或缺的，更不能斥之为虚伪。

同时在组织中，印象管理行为有利于和谐员工之间的人际关系，消除紧张气氛。另外，管理者也可以利用印象管理来提高员工的业绩。根据自我实现原理，当一个人希望某事发生时，他的努力和他所采取的行为会增加事情发生的概率。因此，管理者可以利用印象管理技术，通过改变员工对其自身的印象来改变其业绩表现。例如，不断地给员工一些暗示，让他们相信自己的能力，相信自己可以通过努力工作而取得好成绩。同时告诉他们企业对他们的期望和达到企业期望后可以获得的奖励，包括奖金、福利、培训和升迁等。这样，在员工本人心中，自己成了能人，因此会更努力工作，积极争取自我实现。

2. 印象管理的消极影响

首先，过分重视印象管理很可能会使自己失去个性。其次，过分重视印象管理很可能无法营造良好的人际氛围。因为如果一个人把自己包装得过于严密，别人根本无法了解他究竟是什么样的人，因此也无法信任他。最后，要特别提到的是，如果出于不良目的进行印象管理，印象管理就会败坏社会风气，但这应该不是印象管理本身的问题，而是动机、目的的问题。

印象管理给人力资源工作增加了不小的难度和相当多的问题。从这一点来说，组织内部的印象管理行为是不可取的，应该尽量避免，尤其是个别马基雅维利型的员工，他们采取印象管理的目的和后果更为可怕，具有较大的破坏性。

二、印象管理过程

印象管理过程包括两个阶段，一是形成印象管理的动机，二是进行印象建构。

（一）印象管理的动机

印象管理的动机是指人们想操纵和控制自己在他人心目中的印象的意愿程度。个体印象管理的动机水平将取决于以下三方面的因素。

（1）印象与个人目标的相关性。越是与个人目标关系密切的印象，个体进行印象管理的动机就越强烈。在组织中，个体的工作能力与工作方式形象，与个体的目标紧密相关。

（2）个人目标的价值。越是有价值的目标，个体进行印象管理的动机就越强烈。例如，提升对个体来说是非常有价值的目标，而上级和同事对自己工作能力与工作方式的印象，则直接影响个体的提升，因此个体会非常在意使上级和同事形成有关自己工作能力与工作方式的好印象。

（3）期望留给他人的印象与认为自己已经留给他人的印象之间的差异。这种差异越大，个体的印象管理的动机就越强。例如，某人希望上级赏识自己的能力、下级认可自己的工作方式，当认为上级过去已形成有关自己能力的不良印象，或者下级已形成有关自己工作方式的不良印象时，个体改变这种印象，对自我印象进行管理的愿望就会更强烈。

（二）印象建构

印象建构是指个体有意识地选择要传达的印象类型并决定如何去做的过程。印象建构又包含两个过程，即选择要传达的印象类型和决定如何去做。

首先是选择要传达的印象类型。要传达的印象类型不仅包括个人的人格特征，也包括态度、兴趣、价值观或物理特征等。一般而言，有五个因素影响要传达的印象类型，这五个因素是：①自我概念；②期望或不期望的同一性形象；③角色限制；④目标价值；⑤现有社会形象。

当人们选择了要传达的印象类型后，接下来要做的就是决定如何去传达这一印象。但很少有研究探讨人们是如何选择合适的方式来影响他人形成对自己的印象的。例如，是以直接的方式来表达自己有能力，还是通过间接的方式来传达自己有能力？哪种方式更好？

不同的人进行印象建构的能力是不一样的，高度自我监控的管理者对协调其自我表现或印象更加敏感，反应更强。而这些高度自我监控的人也被认为更有可能获得提升，也更有可能流动。

三、印象管理的策略

行为主体通过言语或非言语，有意或无意地控制他人对自己的印象的方法称为印象管理策略。在组织中，人们最常使用的印象管理策略主要有两种，即获得性印象管理和保护性印象管理。

（一）获得性印象管理

所谓获得性印象管理，就是试图使别人更加积极地看待自己，努力树立和完善在他人心目中的完美形象，其目的是获得他人的好评和赞许。通常情况下，人们会选择以下的手段来进行获得性印象管理。

（1）意见遵从，即附和他人的意见。为了避免“应声虫”的骂名，他们在表现意见遵从时一般不会一味地表示赞同，而常常是在一些无关紧要的事情上表现出不同意见，而在重大问题上保持意见一致，或在开始时发表不同的意见，而后逐渐趋同，制造出一种虽然被说服但自己却很有主见的假象。

（2）热情相助。对他人的事情表示关切，并愿意提供力所能及的帮助而且确有帮助他人的举动。

（3）抬举他人。经常赞美、奉承他人，不厌其烦地提及他人的优点和成绩，无论在人前还是人后，都是一个不折不扣的“马屁精”。

（4）自我抬高。通过仔细观察，发现所讨好的对象喜欢的特征，然后声称自己刚好具有，并表现出来。

（5）自我宣传。为了提高在别人心目中的形象，不惜自我鼓吹，宣传自己能力超群、精明能干，努力让别人发现自己的优点，承认自己的业绩。

（6）以身作则。努力工作，严格要求自己，把自己塑造成榜样。

从上面的这些举动来看，获得性印象管理往往在不经意间改变了我们对他人的看法，影响我们的正确判断，而且这些方法经常被那些善于投机取巧者利用，结果组织内可能会出现不正之风。可以说，获得性印象管理对人力资源管理有不利影响。例如，在员工的招聘过程中，那些业务能力低却善于进行获得性印象管理的面试者，可能利用意见遵从、抬举主考和自我抬高等手段，获得在考官心目中的完美形象，赢得他们的好感，从而顺利获得任职资格。而那些不善此道者，即使他们拥有很强的工作能力，完全符合岗位的要求，却可能因为相对平常的表现而遭淘汰。若工作本身确实需要员工的获得性印象管理能力（如推销、公关工作），那么这次招聘可能是成功的；若工作本身根本不需要员工的印象管理能力（如会计工作），那么这次招聘可能会错失很多优秀人才。

（二）保护性印象管理

所谓保护性印象管理，是人们尽可能弱化自己的不足或避免别人消极地看待自己，免于形象受损的一种努力，其目的在于避免惩罚和责备。一般情况下，人们通过以下手段来进行保护性印象管理。

（1）借口，也就是承认本身有错，却否认自己应该对其行为负责，于是把过错归于偶然因素、不了解情况、生理驱动力，甚至推诿他人。例如，迟到的员工可能找路上堵车、昨夜失眠等借口。

（2）辩解，即愿意对行为负责，但否认行为对他人造成伤害或引起其他不良后果。他们甚至先发制人，谴责他人。例如，迟到的员工会坚持说上班早晚几分都无所谓，不用大惊小怪，或者指出某领导也迟到过。

（3）事先声明，也就是先留下后路，做好安全准备，一旦出事就顺利摆脱责任。例如，在接受任务时就宣传没有人能够完成这个任务，自己只是尽力而为。

（4）自设障碍，即在危机出现前，根据先期预期找好借口。当结果不确定时，个体通过自设障碍从而为后来的不良结果提供一个外部理由。例如，员工在接到上级交代的重要任务后，感觉心里没底，于是又自动承担许多额外任务，一旦到期不能完成任务，就推脱说太忙。

本章小结

本章通过对胜任力、组织公民行为、心理契约、工作压力和印象管理这五个具体概念的阐释来理解和掌握个体行为管理内容。

根据胜任力概念所做的界定，其构成要素包括知识、技能、能力和特质四个要素。胜任力的特点主要有综合性、可识别性、动态性和工作紧密性。

组织公民行为的定义如下：自愿的个体行为，一般不是在聘用合同中明文规定或是职位描述所要求的，不做也不会受到惩罚，这类个体行为可以此形成、保持、促进组织、社会和心理环境因素，进而促进、推动任务绩效的完成，并在整体上提高组织绩效。

心理契约包括交易型、变动型、平衡型和关系型四种，其主要作用有增强企业凝聚力、提高员工工作满意度以及提高员工和组织的工作效率。

产生工作压力的因素包括个体因素、组织因素。适度的工作压力有助于工作效率的提高。但是，工作压力过高会对员工的身心健康起破坏作用，可能会降低在组织中的工作效率，解决工作压力问题需要员工个体和组织的共同努力。

印象管理是指人们通过控制他人所获得的信息，试图影响他人对自己的印象形成。这是一种个体为了美化自己、避免自己的形象受损的积极行为，是个体高社会适应性的表现。

➢复习思考题

1. 简述胜任力的含义、构成要素及类型。
2. 简述组织公民行为的作用，并分析其形成过程中的影响因素。
3. 组织公民行为的塑造策略有哪些?
4. 试分析、比较心理契约的不同类型。
5. 简述工作压力的来源及管理策略。
6. 简述印象管理的过程。

测试

工作压力测试

根据自己的情况回答，其中A代表经常；B代表有时候；C代表从来不。

1. 你是否在工作日就餐时感到没食欲，嘴巴发苦?
2. 你是否认为工作负担过重，感到难以承受?
3. 你是否感觉缺乏工作自主性，大多是领导让做什么才做什么?
4. 你是否觉得自己有太多工作，不能每件事都做到尽善尽美?
5. 你是否经常在工作时感到困倦疲乏，对什么事都无精打采?
6. 你是否躺在床上后仍感到还有很多事情没有做，难以入睡?
7. 你是否以前很努力上进，现在却一心想着去休假?
8. 你是否会常常在工作上与上级意见不合?
9. 你是否觉得自己和同事相处不好，有各种各样的隔阂存在?
10. 你是否在工作中碰到麻烦事时，容易急躁、易怒甚至情绪失控?
11. 你是否会在意别人对自己工作能力的评价?
12. 你是否觉得自己的工作总是不断重复而且单调乏味?

计分方法：

A得5分，B得3分，C得1分。

12～20分：你的工作压力适当，工作状态不错。

21～40分：你已经开始出现了工作倦怠的前期症状，要警惕，并进行适当调节。

41～60分：你的工作状态不佳，长此以往对身心健康和工作都非常不利，应当引起重视，建议接受心理咨询师的专业辅导。

案例分析

史蒂夫·乔布斯

熟悉计算机的人，大概没有人不知道那只被咬了一口的苹果。这只小小的苹果自创立之初仅仅 10 年时间，就占领了世界市场 8%以上的份额，让 IBM 这样的大牌公司着实吃了一惊。又一个 10 年之后，当众人都在为这种苹果敲响丧钟时，它却再一次迸发出靓丽、绚烂的火花。这不得不说是一个商界奇迹。而总裁史蒂夫·乔布斯先是公司的创建者、后是救世者的形象，更是名扬四海，谱写了创业史上的神话。不管你是他的崇拜者还是厌恶者，都会觉得乔布斯的领袖魅力不容置疑。

那只被咬了一口的苹果，真正的含义取自背叛上帝的亚当和夏娃偷吃的禁果，暗喻苹果电脑是 PC（personal computer，即个人电脑）领域的叛逆者。这种形象也恰如其分地勾画了乔布斯本人的特点。乔布斯成长于美国张扬个性的 20 世纪 60 年代，他从小特立独行，刻意塑造一个不同寻常的形象，执意要成为人们心目中的“叛逆”。尽管有父母的悉心照顾，但他却努力使自己看起来像个四处流浪了多年的孤儿。他的很多行为在外人看来十分古怪、离经叛道。例如，上大学没多久却又退学；与同伴一起远赴印度要进入修道院修行；在进入阿塔利（Atari）公司时，他每顿饭只吃酸奶和水果，并相信这种饮食习惯可以免去洗澡的麻烦。即使在苹果公司蓬勃发展的时代，乔布斯也总是以一副不修边幅的形象出现在众人面前。人们对他的描述是“瘦削、邋遢、留着长发、满面风尘、穿着破牛仔服、脚上趿着拖鞋。甚至在吃饭时也会把脏脚丫放在桌上，晃来晃去”。这与企业界那种西装革履的正统形象格格不入，也触怒了华尔街的不少名人。

乔布斯的管理方式曾被戏称为“愤怒管理”，他喜怒无常，经常在公司里上蹿下跑，对自己的手下大喊大叫。甚至在与雇员谈话时，一句话不投机就把人辞掉。他粗暴，常出言不逊、脏话连篇。他独断专行，用他的话说，“要么照着去做，要么滚蛋”。正是这种特立独行的风格和排他的绝对主义，使得 Mac 机得以诞生。但是，这种管理方式也显然是不利于一家公司长期、稳定发展的。终于，喜怒无常、骄傲粗鲁的乔布斯在 1985 年年初的权力争斗中失败，被 John Sculley 扫地出门。

1998 年 8 月，乔布斯受命于危难之中，回到苹果任职临时 CEO 时，人们看到了多年风风雨雨对乔布斯的改变。他依然带着一贯的自信和坚韧，但同时又多了一份成熟和平和。工作也比以前人性化多了，他在具体的工作中并不过多插手，更多关注需要进行协调的工作，如在财政、市场和交易等方面的工作。20 年前帮助苹果创造奇迹的硅谷公关之王里吉斯·麦肯纳说：“乔布斯成熟了。你知道我是怎么判断的?因为他一回到苹果，就虚心地向许多人请教，而且认真地听取了意见。他已从失败中学会了许多东西。”在他带领下推出的 iMac 大获成功，使公司迎来自 1995 年后的第一个盈利财年。接着，又推出了全新 iMacDV、G4、iBook，他在短短一段时间内竟然推出这么多成功、出色的新产品，令人目不暇接。1999 年，美国《洛杉矶时报》评选出了“本世纪经济领域 50 名最有影响力人物”，史蒂夫·乔布斯与另一名苹果公司创办人沃兹尼克并列第 5 名。

资料来源：http://news.3158.cn/201108011/n6376295519.html

思考题：

1. 被扫地出门之前和之后的乔布斯给人们留下了什么样的不同印象?
2. 你认为乔布斯使用了什么样的印象管理策略?
3. 你认为什么样的人更容易使用印象管理策略?

第四章

激励与行为反应

你可以买到一个人的时间，雇用一个人到指定的岗位工作，但你买不到热情，你买不到主动性，你买不到全身心的投入，而你又不得不设法争取这些。

——美国通用食品公司总裁弗朗克斯

※ 学习目标

1. 了解激励的概念及激励过程。
2. 掌握需要层次理论和双因素理论。
3. 掌握期望理论和公平理论。
4. 掌握强化理论。
5. 理解综合激励模型及应用。

导入案例

富翁与厨子的故事

古时候，有一位富翁，家里请了一位手艺高超的厨子，这位厨子尤其擅长“烤鸭”这道菜。可是，这位富翁从来没有赞扬过厨子的手艺。后来，厨子送到富翁面前的烤鸭，虽然美味可口，却只有一条腿，另一条腿到哪里去了呢？富翁觉得很纳闷，感到非常奇怪。一天，厨子把烤鸭端上桌，富翁看到仍是一条腿的鸭子，忍不住问厨子：“为什么每次你烤的鸭子都只有一条腿呢？”厨子回答说：“鸭子本来就只有一条腿嘛！”“胡说！鸭子明明是两条腿啊！”厨子不再辩解，而是推开窗子，请富翁向外望去。不远处水塘边有一群鸭子，正在打盹儿，缩起了一条腿，只用一只脚伫立。于是，厨子说：“你看！鸭子真的只有一条腿嘛！”富翁不服气，于是两手用力鼓掌鼓了数下，鸭子被掌声惊醒，动了起来。富翁得意地说：“你看，每一只鸭子都有两条腿啊!”厨子听了，不慌不忙地说：“对嘛！如果您在吃美味的烤鸭时，也能鼓掌称赞一下，烤鸭就会有两条腿了。”此后，富翁吃烤鸭时，都不忘真诚地赞美厨子，当然，从此富翁就能吃到两条腿的烤鸭啦！

富翁为什么先前吃不到两条腿的烤鸭呢？因为缺乏激励！

富翁为什么后来吃到了两条腿的烤鸭呢？因为实施激励！

资料来源：郭志达和王岩（2014）

上述有趣的故事说明了激励的重要性。激励能够使人的潜在能力得到最大限度的发挥，能够提高员工的工作积极性及团队的凝聚力，变消极为积极，从而保持工作的有效性和高效率。一个组织要实现预期的绩效目标，关键在于激励员工的行为使其符合组织的要求，因此，管理者必须掌握并运用有效激励来充分发挥员工的主观能动性，激发他们的工作热情，提高组织的整体绩效。

第一节　激励概述

一、激励的概念

激励一词来源于古代拉丁语“movere”，该词的本义是“使移动”。现在已经延伸为激发、鼓励、调动人的积极性。关于激励的定义，学者们给出了不同的观点。

罗宾斯认为，激励是通过高水平的努力实现组织目标的意愿，而这种努力以能够满足个体的某些需要为条件。

维克托·弗鲁姆（Victor H. Vroom）认为，激励是指个人对其自愿行为所做的选择进行控制的过程，是诱导人们按照预期的行为方案进行活动的行为。这些活动可能对被激励者有利，也可能对被激励者不利。

兹德克（Zedeck）和布拉德（Blood）认为，激励是指朝着某个特定目标行动的倾向。

坎伯尔（J. P. Campbell）认为，激励必须研究一组自变量和因变量之间的关系，这种关系在人的智力、技能和对任务的理解以及环境中的各种制约条件都恒等的情况下，能说明一个人的方向、幅度与持续性。

安德鲁·杜柏林（Andrew J. Dubrin）认为，激励是为达到某种结果而进行的努力，而这种努力来自于个人的内在动力。

在综合前人研究的基础上，本书认为激励是指管理者运用各种管理手段，满足被管理者的需要，激发其动机，使其朝着所期望的目标前进的心理活动过程。构成激励的主要要素包括动机、需要、外部刺激和行为，其中动机是激励的核心要素，需要是激励的起点和基础，外部刺激是激励的条件，而行为则是激励的目的。这四个要素相互组合与作用，构成了对人的激励。激励是管理过程中不可或缺的环节和活动，有效的激励可以成为组织发展的动力保证，使组织目标实现。

二、激励的过程

心理学家认为，人的一切行为是由动机决定的，而动机是由需要引起的。当人们产生某种需要而未得到满足时，欲望会被激发，产生一种紧张不安的心理状态，在找到能够满足需要的目标时，这种紧张不安的心理就转化为动机，并在动机的推动下，产生一定的行为，并向目标努力。目标达成后，需要得到满足，紧张不安的心理状态就会消除。随后，人们又会产生新的需要，新的需要引发新的动机和行为，使人们完成新的目标。因此，激励是一个持续反复的过程，它从需要出发，需要使人产生动机，动机诱发人们采取行动去满足需要，实现目标。一旦需要得到满足，新的需要又会产生，新的激励过程又开始了。因此，人的需要、动机、行为和目标相互作用、相互联系、相互制约，这个过程是一个不断循环的过程，使人不断实现新的目标，进而形成激励过程（图 4-1）。

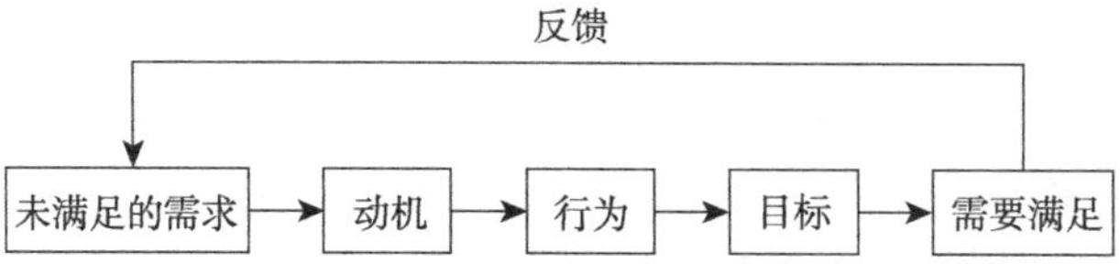

图 4-1　激励过程

1. 需要

需要是激励的起点与基础，是人们对某种目标的渴求和期望，是一种主观体验。需要越强烈，它的推动力就越强、越迅速。一个人的行为动机总是由其全部需要结构中最重要、最强烈的需要所支配、决定的。这种最重要、最强烈的需要就叫优势需要。例如，对于即将毕业的大学生来讲，目前最重要、最强烈的需要是找到一份满意的工作。一般来讲，人的需要有三个方面：一是生理状态的变化引起的需要，如饥饿时对食物的需要；二是外部因素影响诱发的需要，如食物香味的刺激、对某种新款商品的需要；三是心理活动引起的需要，如友谊、尊重及事业的追求等。

2. 动机

动机建立在需要的基础上，当人们需要某种东西而又未能满足时，身体或心理上便会出现紧张和不安的状况，这种不安和紧张成为内在的驱动力促使个体采取某种行为，心理学把这种现象称为动机。实际上一个人会有许多未满足的需要，同时具有许多动机，动机之间不仅有强弱之分，而且会有矛盾和冲突，一般来说，只有最强烈的动机才可以引发行为，动机越强烈，行动的积极性越高，这种动机被称为优势动机。例如，一个刚工作的年轻人，有买房、买车、培训学习等多种需要，但不可能同时满足这几种需要，只能根据动机的强弱来选择其一。在激励过程中，动机是激励的重要因素，要了解动机的形成、强弱及其与行为的关系，从而有效地激发人的动机，控制人的行为，实现管理目的。

3. 行为

行为是人们被动机驱使而采取的实现目标的一系列活动。行为是由满足某种需要的动机引起的，又是达到一定目标使需要得到满足的手段和过程。行为的结果可能会出现两种情况：第一种是在人们通过某种行为实现了目标，获得了生理和心理上的满足后，紧张的心理状态就会消除，随后又会产生新的需要，引起新的动机，树立新的目标；第二种是行为没有使目标实现，那么，或目标不变重新努力，或降低目标要求，或变更目标从事别的活动以满足相同或类似的需要。管理者要通过员工的行为来把握和了解他们的需要与动机，又要通过有效的激励措施满足员工的需要，激发员工的动机，从而控制其行为。

4. 目标

目标就是人们期望达到的目的或结果。行为的最终结果是实现目标，从而满足人们的需求，从而结束一个行为过程。目标的实现既是行为的结果，又是满足需要的条件。在激励过程中，目标是外置因素，是实施外部刺激的基本手段。管理者要通过有效地设置目标来实现激励。

三、激励的作用

1. 调动人的积极性，开发其潜在能力

激励的出发点是满足组织成员的各种需要，激发员工的动机，使之产生实现组织目标的特定行为的过程。因此，需要设计一个有效的激励机制满足组织成员的需要，有目的地引导需要，从而调动其工作的积极性和创造性，使其自觉、自愿地为实现组织目标而努力。美国哈佛大学的心理学家威廉·詹姆士在对职工的激励的研究中发现，按时计酬的职工仅能发挥其能力的 20%~30%，而受到充分激励的职工的能力可发挥到 80%~90%。因此，受到激励的员工能够更好地发挥其潜在能力。

2. 营造一个良性的竞争环境

科学的激励制度包含有一种竞争精神，它的运行能够创造出一种良性的竞争环境，进而形成良性的竞争机制。例如，在方向上对员工进行引导，在方法上运用表彰先进者、激励后进者的方法，从而营造良好的学习氛围和竞争环境，进而形成良性的竞争机制。只有这样，才能够使企业的员工素质得以不断提高，西方科学家经研究得出这样一个结论：“在具有竞争性的环境中，组织成员会受到环境的压力，这种压力将转变为员工努力工作的动力。”正如美国著名行为科学家道格拉斯·麦格雷戈所提到的：“人与人之间的相互竞争，也是激励的主要来源之一。”营造一个良性的竞争环境无疑成为员工的工作动力以及工作积极性的一个重要因素。

3. 有利于实现组织目标，增强组织的凝聚力

激励的最终目的是实现组织目标，而激励效果取决于个人需要的满足。因此，为保证组织作为一个整体协调运行，除了用严密的组织结构和严格的规章制度进行规范外，还需运用有效的激励，如股票期权，使员工的个人目标与组织目标相一致，理解和接受组织目标，认同和追求组织目标，使组织目标成为组织成员的信念，进而转化为组织成员的动机，并推动员工为实现组织目标而努力，从而增加组织的凝聚力和向心力。

在管理领域，人们应用心理学和社会学方面的知识去探讨如何预测和激发员工的动机，满足人的需要，引导员工行为，调动员工工作积极性。经过大量的研究和调查，出现了众多的激励理论，具体可分为四大类，即内容型激励理论、过程型激励理论、行为改造型激励理论和综合激励理论。

第二节 内容型激励理论

内容型激励理论主要从激发动机的内在驱动力——需要的角度来研究激励问题，重点探讨人的需要类型及其相互关系，主要包括需要层次理论（hierarchy of needs theory）、ERG 理论（ERG theory）、双因素理论（two factor theory）和成就需要理论（achievement need theory）。

一、需要层次理论

（一）需要层次理论的基本内容

需要层次理论是由美国心理学家亚伯拉罕·马斯洛（Abraham Maslow）于 1943 年在《人类的动机理论》一书中提出的。该理论将人的需要由低到高分为五个层次，即生理需要、安全需要、社交需要、尊重需要及自我实现需要（图 4-2）。

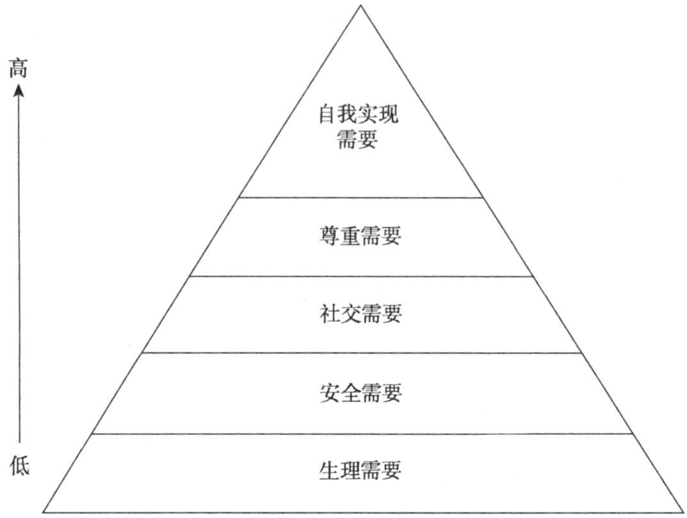

图 4-2 马斯洛需要层次

（1）生理需要，是维持人类生存最基本的需要，包括衣、食、住、行、性等基本的需要。

（2）安全需要，即保护自己免受身体和情感伤害的需要。安全需要既包括现在的安全需要，也包括对未来安全的需要。这种需要在社会生活中的体现是多方面的，如身心健康、人身安全、工作安全、职业稳定、收入保障、财产安全、医疗保险、老年的生活保证等。

（3）社交需要，是友爱与归属需要。这是人所具有的社会需要，包括友情、爱情及归属感的需要。希望与朋友、同事之间关系融洽，获得友谊和爱，希望成为群体的一员，并相互关心和照顾。感情上的需要比生理上的需要更细致，它和一个人的生理特性、经历、教育、宗教信仰都有关系。

（4）尊重需要，包括自尊和受人尊重两个方面。自尊是一个人希望在各种不同情境中有实力、能胜任、充满信心、能独立自主。受人尊重是一个人希望有地位、有威信，受到别人的尊重、信赖和高度评价。马斯洛认为，尊重需要得到满足，能使人对自己充满信心，对社会满腔热情，体验到自己的价值。

（5）自我实现需要，是最高层次的需要，是一种追求充分发挥个人的潜在能力，做出有价值的贡献，实现自己的理想和抱负的需要，包括个人成长与发展、发挥自身潜能、实现个人理想的需要。自我实现需要是人类追求的最高理想境界。

（二）需要层次理论的基本观点

（1）人的需要是有层次性的，从生理需要到自我实现需要是按次序、按阶梯逐级上升的。生理需要和安全需要属于较低层次的需要，主要从外部使人得到满足；而社交需要、尊重需要以及自我实现需要则属于较高层次的需要，需要从人的内心使人得到满足。对一般人来说，低层次需要的满足是有限的，高级需要的满足是无限的，因而高层次需要具有比低层次需要更持久的激励力量。

（2）在低层次的需要被满足之后，较高一层次的需要就占据了主导地位，成为主导需要，成为驱动人行为的主要动力，已经满足的需要不再起激励作用。

（3）不同的人，或同一个人在不同的时期或场合，具有不同的需要。马斯洛认为，五个层次的需要是人生来就有的，是内在的，但由于每个人的需要强度可能是不同的，即使是同一个人，在不同的环境条件下也会有不同的需要。正因为人的需要是不同的，所以要调动人的积极性，就必须针对不同的人，引导其满足不同层次的需要。

（4）需要的存在是促使人产生某种行为的基础。当一个人无所求时，也就没有什么动力和活力；若人有需求，就会存在激励的因素，而且只有未满足的需求才是影响人的行为的主要因素。

马斯洛的需要层次揭示了人类心理发展的一种普遍特性，对人类需要层次进行了分类。该理论为研究人的行为提供了理论框架，简单明了，易于理解，具有内在逻辑性，成为激励理论的基础，在实践中得到了普遍认可。如果需要激励员工，就要了解员工的需要层次，通过适当的管理措施来满足他们目前及更高层次的需要，从而增强员工的积极性和创造性，具体应用见表 4-1。

表 4-1　需要的层次与管理措施

需要的层次	诱因（追求的目标）	管理制度与措施
生理需要	薪水、健康的工作环境、各种福利	身体保健（医疗设备）、工作时间（休息）、住宅设施、福利设备
安全需要	职位的保障、意外的防止	雇用保证、退休金制度、健康保险制度、意外保险制度
社交需要	友谊（良好的人际关系）、团体的接纳、与组织的一致	利润分配制度、团体活动制度、互助金制度、娱乐制度、教育训练制度
尊重需要	地位、名分、权力、责任、与他人薪水的相对高低	人事考核制度、晋升制度、表彰制度、奖金制度、选拔和进修制度、委员会参与制度
自我实现需要	能发展个人特长的组织环境，具有挑战性的工作	决策参与制度、提案制度、研究发展计划、劳资会议

资料来源：陈立富等（2010）

二、ERG 理论

（一）ERG 理论的基本内容

ERG 理论是由美国组织行为学教授克莱顿·阿尔德佛（Clayton Alderfer）在马斯洛需要层次理论的基础上，进行了更接近实际经验的研究，于 20 世纪 70 年代初提出的一种新的需要理论。该理论认为人有三种需要，即生存（existence）需要、关系（relatedness）需要和成长（growth）需要，所以称之为 ERG 理论。

（1）生存需要是人基本的生理需要和物质需要，即衣、食、住、行、性等方面的需要，这一需要对应于马斯洛的生理需要和安全需要。

（2）关系需要是保持和发展人际关系的需要，要满足社会的和地位的需要就要和他人交往。这一需要对应于马斯洛的社交需要和尊重需要的外在部分。

（3）成长需要是要求得到提高和发展的内在欲望。成长需要的满足要求充分发挥个人的潜能，有所作为和成就，并不断地创新和前进。这一需要对应于马斯洛的尊重需要的内在部分和自我实现需要。ERG 理论与需要层次理论的对应关系如图 4-3 所示。

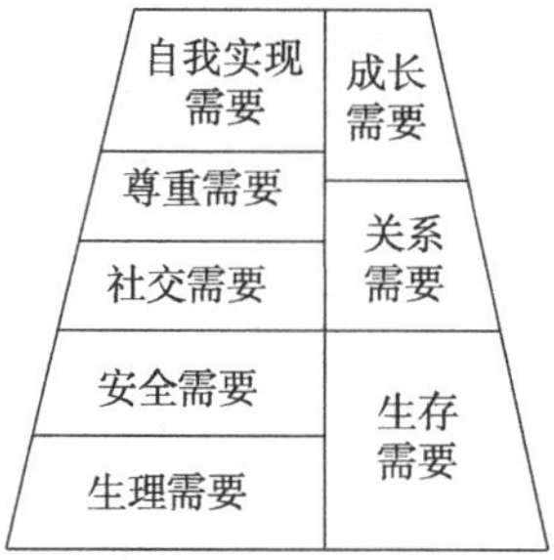

图 4-3　ERG 理论与需要层次理论比较

资料来源：陈立富等（2010）

（二）ERG 理论的基本观点

（1）各种层次的需要可以同时并存，共同发挥激励作用，并不强调需要层次的顺序。例如，一个追求好的工作业绩、表现好的员工，可能既受到生存需要的驱使，同时也受到关系需要和成长需要等各种层次需要的驱使，而不仅仅是由单一的需要推动。

（2）阿尔德佛提出了“挫折—倒退”理论，当较高层次的需要一再受挫得不到满足时，就可能会使人重新回到已经满足的较低层次的需要上，使低层次需要得到更好的满足，以弥补心理的受挫感。例如，可能会出现“关系需要的满足越少，对生存需要的要求就越多”和“成长需要的满足越少，对关系需要的要求就越多”这样两种情况。这就是较高层次的需要满足遇到挫折，而出现需要从高层次向低层次退化的现象。

（3）某种需要在得到基本满足后，其强烈程度不仅不会减弱，还可能增强。

（三）ERG 理论和需要层次理论的不同

（1）需要层次理论是一种刚性的阶梯式上升结构，必须按照层级来进行；而 ERG 理论却认为并不存在严格的阶梯式由低到高追求需要满足的倾向，在一些情况下，对需要的追求是可以越级发展的，并且对不同层次需要的要求可能同时并存，程度各有不同，共同交织对人的行为产生作用，并且人们的教育、家庭背景和文化环境等不同，某类需要对某个特定的人的重要程度或产生的驱动力就会不同。

（2）需要层次理论是建立在“满足—上升”的基础上的，认为一个人会滞留在某一主导需要层次上直至这一需要得到满足，只有前进，没有倒退；而 ERG 理论不仅发现“满足—上升”的方面，而且提出了“挫折—倒退”的一面。

（3）需要层次理论认为，人类的五种需要都是生来就有的，是内在的；而 ERG 理论则认为，三种需要中有的是先天的，有的是经过后天学习获得的，如成长的需要就是后天学习得来的。

显然，阿尔德佛的 ERG 理论较之马斯洛的需要层次理论更切合人们生活的实际，从而更具灵活性。因此要激励员工，必须要了解他们的需求层次，特别重视较高层次需要的满足，以防止“挫折—倒退”现象的发生。

三、双因素理论

双因素理论是美国心理学家弗雷德里克·赫茨伯格（Fredrick Herzberg）提出的。20世纪50年代末，赫茨伯格和他的助手们在美国匹兹堡地区对9个企业的203名工程师、会计师进行了调查访问。他们主要围绕两个方面展开提问："什么原因让他们对自己的工作感到满意，并估计这种积极情绪持续多长时间"；"什么原因让他们对自己的工作感到不满意，并估计这种消极情绪持续多长时间"。他将调查结果进行分析发现：使员工感到满意的都是属于工作本身或工作内容方面的，具体包括工作富有成就感、得到认可、挑战性的工作、增加的工作责任，以及成长和发展的机会等因素，被称为激励因素；使员工感到不满的，都是属于工作环境或工作关系方面的，具体包括公司政策、管理措施、监督、工作条件、人际关系、职务地位、工资、福利、工作安全等因素，被称为保健因素。因此，该理论又被称为"激励-保健因素"理论。

（一）双因素理论的主要内容

1. 满意的对立面是没有满意，不满意的对立面是没有不满意

赫茨伯格认为，传统的满意与不满意的观点是不正确的。他提出了表示满意程度的四种状态，认为满意的对立面应当是没有满意，不满意的对立面应该是没有不满意。图4-4（a）为传统观点；图4-4（b）为赫茨伯格的观点。

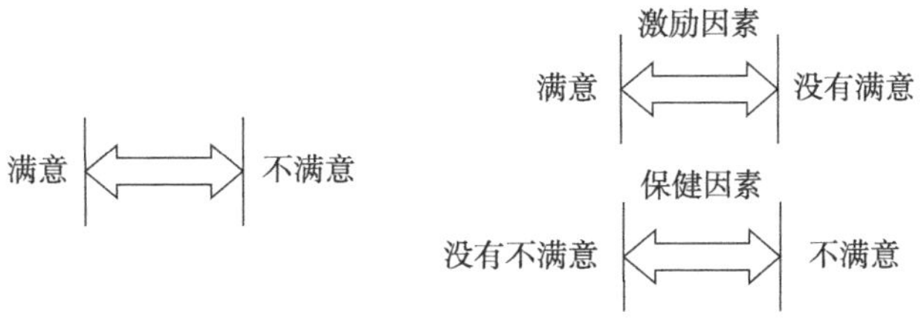

（a）传统观点　（b）赫茨伯格的观点

图4-4　传统观点与赫茨伯格的观点比较

资料来源：张德（2012）

让员工感到满意的激励因素与工作本身或工作内容相关，当人们得到这些方面的满足时，会对工作产生浓厚的兴趣和积极性，就能产生明显的激励作用；当人们得不到这些方面的满足时，工作缺乏积极性，但不会产生明显的不满意，只是没有满意。不具备与工作环境或工作关系相关的保健因素，会使员工感到不满意，带来沮丧、缺勤、离职、消极怠工等结果，从而降低员工工作的积极性和热情；如果这些因素得到改善，只能消除员工的不满意，能够安抚员工，使消极对抗行为消失，就不会降低其工作热情，换句话说，就能够维持员工已有的现状，但不会使员工感到非常满意，仅是没有不满意。

2. 只有激励因素的满足才能激发人的积极性

双因素理论认为并不是所有需要的满足都能激发人的积极性，只有激励因素的满足才能激发人的积极性，给员工的行为带来推动力，使其产生工作的满足感，激发出工作热情，从而充分、有效、持久地调动员工积极性。保健因素的满足只能防止人们产生不满的情绪，保健因素改善后，人们的不满情绪会消除，但并不会导致积极后果。因此，激励的确要以满足需要为前提，但并不是满足需要就一定能产生激励作用。

（二）双因素理论的评价

赫茨伯格的双因素理论虽然在国内外有很大影响，但也有人对它的正确性提出质疑。这些质疑主要如下。

（1）赫茨伯格调查取样的数量和对象缺乏代表性。样本仅有203人，数量较少，而且对象是工程师、会计师，他们在工资、安全、工作条件等方面的情况都比较好，因此这些因素对他们自然不会起激励作用，但这不能代表一般员工的情况。

（2）赫茨伯格设计问卷的方法和题目有缺陷。首先，根据归因理论把好的结果归因于自己的努力，而把不好的结果归罪于客观的条件或他人是人们一般的心理状态，人们的这种心理特征在他的问题上无法反映出来。其次，赫茨伯格没有使用满意尺度的概念。人们对任何事物总不是那么绝对，要么满意，要么不满意，一个人很可能对工作一部分满意一部分不满意，或者比较满意，这在调查问卷中没有反映。

（3）赫茨伯格认为，满意和劳动生产率的提高有必然的联系，而实际上满意并不等于劳动生产率的提高，这两者并没有必然的联系。

（4）赫茨伯格将保健因素和激励因素截然分开是不妥的。实际上保健因素和激励因素、外部因素和内部因素都不是绝对的，它们相互联系并可以互相转化。保健因素也能够产生满意，激励因素也能够产生不满意，如奖金既可以成为保健因素，也可以成为激励因素，工作成绩得不到承认也可以使人闹情绪，以致消极怠工。

尽管受到许多批评，双因素理论的贡献仍不可否认。首先，它告诉我们，采取了某项激励的措施并不一定就会带来满意，更不等于劳动生产率一定能提高。其次，满足各种需要所引起的激励深度和效果是不一样的，物质需要得不到满足会导致不满，但是获得满足的作用也是很有限的、难以持久的。最后，要调动人的积极性，不仅要注意物质利益和工作条件等外部因素，更重要的是要注意工作的安排，注意精神鼓励，给人以成长、发展、晋升的机会。只有用这些内在因素来调动人的积极性，才能起更大的激励作用并使其维持更长的时间。

运用双因素理论进行管理实践时，应从实际出发。即使是同一具体因素，在不同时期、不同地区也可能被划归为不同的类别。例如，在经济发达地区，特别是一些高技术企业、效益较好的企业，收入水平高，员工知识水平也高，在这些企业中建立激励方案时应维持保健因素而注重激励因素，更多地加入精神因素，如参与企业决策、加强员工培训、设计员工职业生涯等。而在经济不发达地区，物质激励在一定程度上具有激励效果，能使员工产生满足感并焕发出高涨的工作积极性。

四、成就需要理论

成就需要理论是由美国心理学家大卫·麦克利兰（David McClelland）于20世纪50年代初提出的。在经过大量调查研究的基础上，他认为在基本生存需要得到满足的前提下，人的行为取决于三种需要的满足与否，这三种需要是成就需要（need for achievement）、权力需要（need for power）和归属需要（need for affiliation）。

（一）成就需要理论的基本内容

（1）成就需要是指人们追求卓越、实现目标、争取成功的内驱力。具有较高成就需要的人，对成功有一种强烈的要求，同样也强烈担心失败。他们追求的是个人成就而不是成功的报酬本身，他们总是力求把事情做得更好或更有效率，具有较强的事业心和进取心。

（2）权力需要是指影响和控制他人而不受他人控制的愿望或驱动力。具有较高权力欲的人，往往喜欢承担责任，并能对他人施加影响，喜欢竞争性和领导者地位取向的工作环境；他们十分健谈、善争辩、坚强、坦率、冷静，敢于在公开场合发表意见，并且爱教训别人。与有效的绩效相比，他们更关心威望和获得对他人的影响力。

（3）归属需要也称社交需要、友谊需要或合群需要，是指一种希望被他人接纳和喜欢的愿望或驱动力。具有较高归属需要的人，总是积极寻求一种和谐、融洽的社会关系，喜欢合作性的而非竞争性的工作环境，希望与周围的人保持亲密关系和相互充分的沟通与理解，乐于主动关心和帮助有困难的伙伴，通常从受到别人接纳和喜爱中得到乐趣；他们对环境中的人际关系更为敏感，表现为对失去某些亲密关系的恐惧和痛苦，以及对人际冲突的回避和迁就。归属需要是保持社会交往和人际关系和谐的重要条件。

成就需要理论认为，三种需要的排列顺序不是固定的，不同的人往往有不同的排列顺序。倾向于成就需要的人，对胜任和成功有着强烈的要求；具有较高权力需要的人，希望成为领导，能够影响和控制其他人；倾向于归属需要的人，则重视从组织、团体和他人那里得到友爱和情谊。对于组织而言，拥有成就需要的人越多，越有利于组织的进一步发展。

麦克利兰还使用投射测验法来判断一个人是否是高成就需要者。该测验要求被试者对一系列图片做出反应。主试者向被试者提供一个刺激情境（如有某种特定内容的一幅画或一篇故事），让被试者在较短的时间内做出反应，如要求被试者编写一个故事描述正在发生的事情，事情会怎样发展，将来会怎样，等等，这些故事实际上是用来测量无意识动机的投射测验，以期从被试者的反应中了解其内心真实的需要、思想和情感的状况。

（二）成就需要理论的主要观点

麦克利兰在大量研究的基础上对成就需要与工作绩效的关系进行了十分有说服力的推断。虽然对于权力需要和归属需要的研究相对较少，但其结果是较为一致的。

（1）高成就需要者喜欢具有独立责任、能够及时获得信息反馈和适度冒险性的工作环境。高成就需要者不是赌徒，他们不喜欢靠运气获得成功，他们喜欢接受困难的挑战，能够承担成功或失败的个人责任，而不是将结果归于运气或其他人的行为，希望及时获得对自己绩效的反馈以便判断自己是否有改进。他们逃避那些他们认为非常容易或非常困难的任务，他们想要克服困难，但希望成功或失败是由他们自己的行为所致，这意味着他们喜欢具有中等难度的任务。在具备了这些工作环境后，高成就需要者被高度激励。不少证据表明：高成就需要者在大组织中管理一个独立的部门以及处理销售业务等方面颇有建树。

（2）高成就需要者并不一定就是一个优秀的管理者，尤其是对规模较大的组织而言。高成就需要者感兴趣的是他个人如何做好，关注的是自己的成就；而优秀管理者重视的是影响及帮助他人实现自己的目标。同理，大型组织中的优秀管理者，也未必就是高成就需要者。

（3）归属需要和权力需要与管理的成功密切相关。最优秀的管理者往往是权力需要很高而归属需要很低的人。

（4）通过教育和培训可以造就出具有高成就需要的人才。麦克利兰认为培养人们高成就需要的方法分为四个方面：①个体应努力获得有关自己情况的反馈信息。利用这些信息，个体将提高自己获得成功的信心，从而进一步加强追求成功的欲望。②个体应该选择一种获得成功的模式，如模仿杰出人物、劳动模范的做法。③个体应当寻找和改变自己的形象，把自己设想为某个追求成功和刺激性挑战的人。④个体要根据现实情况审时度势，提出切实可行的目标，避免产生不切实际的幻想。

在实践中运用该理论时，可以通过激发、引导及培训来增强员工的成就需要；在人员选拔和安置上要考虑员工的不同需要，那些有高成就需要的员工更希望工作能够提供个人的责任感、承担适度的风险、及时得到工作情况的反馈。高权力需要的人则喜欢承担责任，努力影响其他人，喜欢处于竞争的环境和被重视的地位，更关心威望和希望获得对其他人的影响力。

第三节　过程型激励理论

过程型激励理论主要研究人从动机到行为的过程，着重研究行为如何产生、发展、改变和结束的过程，识别激励行为发生过程中各种动态变量之间的关系，以预测和控制人的行为。具有代表性的理论有期望理论（expectancy theory）、公平理论（equity theory）和目标设置理论（goal-setting theory）。

一、期望理论

期望理论是由美国心理学家弗鲁姆（V. H. Vroom）在其1964年出版的《工作与激励》一书中提出的。该理论认为：人们采取某种行为的动力或者激励力，取决于对个人从组织中获得报酬的价值判断（效价）以及对取得该报酬可能性（期望值）的估计。期望理论是在两个假设的前提下展开的：①人们会主观地决定各种行动所期望的结果的价值，所以每个人对结果的期望各有偏好；②任何对行为激励的解释，不但要考虑人们所要完成的目标，也要考虑人们为得到偏好的结果所采取的行动。弗鲁姆说，当一个人在结果难以预料的多个可行方案中进行选择时，他的行为不仅受他对期望效果的偏好的影响，也受他认为这些结果可能实现的程度影响。

激励力量的大小取决于效价和期望值的乘积，用公式可以表示为

$$激励力量（M）=效价（V）\times 期望值（E）$$

公式中的 M 表示激励力量，即动机的强度，是指调动一个人的积极性，激发人内部潜力的强度。

公式中的 V 表示效价，是对目标价值的主观评价，是一个心理学概念，是指达到目标后对于满足个人需要的价值大小。同一奖酬对不同的人有不同的价值，同一目标，由于各个人所处的环境不同、需求不同、对某一目标的偏好程度不同，其需要的目标价值也就不同。同一个目标对每一个人可能有三种效价，即正、零和负。效价越高，激励力量就越大。当个人对实现某个目标漠不关心时，效价为零；而当个人不愿去实现这个目标时，效价是负的，这两种结果都不会产生激励作用。

公式中的 E 表示期望值，是人们根据过去经验判断自己达到某种目标或满足需要的可

能性是大还是小，即能够达到目标的主观概率，即个人据其经验对自己所采取的行动将会导致某种预期成果可能性的主观估计。不同的人期望值是不同的，冒险型的人期望值会大些，保守型的人期望值会小些。一般情况下，期望值介于 0 和 1 之间。

从上面的公式可以看出，人们积极性的增强取决于效价和期望值这两个因素。效价和期望值越高，激励力量就越大。那么如何使激励力量达到最高值？对此，弗鲁姆提出了期望理论模式，如图 4-5 所示。

个人努力→个人成绩（绩效）→组织奖励（报酬）→个人需要

图 4-5 期望理论模式

在以上期望模式的四因素中，管理者进行激励时要处理好三方面的关系。

（1）个人努力与个人成绩的关系。人总是希望通过一定的努力达到预期的目标，如果一个人主观认为通过自己的努力达到预期目标的概率较高，他就会有信心，就可能激发出很强的工作力量。但是当一个人认为目标太高，通过努力也不可能会有很好的绩效时，他就失去内在的动力，导致工作消极。

（2）个人成绩与组织奖励的关系。人总是希望在取得成绩后能得到组织奖励，这种奖励是广义的，既包括提高工资、多发奖金等物质方面的，也包括表扬、获得自我成就感、得到同事或领导认可和信赖等。如果一个人认为在取得绩效后能够获得合理的奖励，他就有可能产生工作热情，否则就没有积极性。

（3）组织奖励与满足个人需要的关系。人总希望自己所获得的组织奖励能满足自己某方面的需要。由于人们在年龄、性别、资历、社会地位和经济条件等方面都存在差异，他们对各种需要要求得到满足的程度不同。因而对于不同的人，采用同一种奖励办法能满足的需要程度不同，能激发出来的工作动力也不同。因此，根据每个员工的个人需要设置奖励是十分重要的。

从实用的角度讲，期望理论为管理者提高员工的工作业绩指出了一系列可供借鉴的途径。例如，为了提高期望值，目标设置要具体可行；注意培训员工以提高其完成任务的能力；通过授权等手段创造有利于完成任务的条件；言行一致，及时兑现报酬；等等。为了提高效价，奖励要针对人们最迫切希望得到满足的需要；对不同的人可根据其需要的不同给予不同的奖励。要通过各种渠道了解员工效价、期望值的变化情况，以便及时采取措施维持员工的工作积极性等。

二、公平理论

公平理论又称社会比较理论，是美国心理学家约翰·亚当斯（John S. Adams）于 1965 年在其发表《社会交换中的不公平》一书中提出的。该理论侧重于研究工资报酬分配的合理性、公平性及其对员工产生的积极性影响。其基本观点是：在一个人做出了成绩并取得了报酬以后，他不仅关心自己所得报酬的绝对量，而且关心自己所得报酬的相对量。因此，他要进行种种比较来确定自己所获报酬是否合理，比较的结果将直接影响今后工作的积极性。一般来说，比较有两种，即横向比较和纵向比较。

（一）横向比较

横向比较即一个人要将自己获得的“报酬”与自己的“投入”的比值与组织内其他人作比较，只有相等时他才认为公平，具体如下：

$$O_p / I_p = O_c / I_c$$

其中，O_p代表自己对个人所获报酬的感觉；O_c代表自己对他人所获报酬的感觉；I_p代表自己对个人所做投入的感觉；I_c代表自己对他人所做投入的感觉。

这里的报酬包括工资、奖金、提升、赏识、认可、受人尊重等，囊括物质和精神两方面的所得。所谓的投入包括时间、受教育程度、经验、技术、精力、努力程度和其他无形损耗等。应该注意的是，这里的报酬和付出都是个人的主观感觉，都是客观事物经过主观的加工处理后所得到的印象。每个人感知程度不同、评判标准不同，因而不同的人可能对同一种报酬和付出产生不同的感觉。

当上式为不等式时，可能出现以下两种情况。

（1）$O_p / I_p < O_c / I_c$。在这种情况下，第一种办法是个人要求增加自己的报酬或减小自己的投入，以便使左方增大，使等式两边趋于相等；第二种办法是个人要求组织减少比较对象的报酬或者增加其投入以便使右方减小，使等式两边趋于相等。此外，个人还可能另外找人作为比较对象，“比上不足，比下有余”，以便达到心理上的平衡。

（2）$O_p / I_p > O_c / I_c$。这种情况下，个人一般不会要求减少报酬，而且会自觉地多做些工作以增加投入。但过一段时间后他就会因重新过高估计自己的投入而对高报酬心安理得，于是其投入又会恢复到原先的水平。还有另外一种情形，个人可能担心这种不公平会影响同事对自己的评价，从而影响到自己在组织中的人际关系，因此在以后的工作中谨慎小心，这种情况同样不利于调动积极性。

（二）纵向比较

纵向比较即一个人要将自己现在获得的“报酬”与自己现在努力的“投入”的比值同自己过去进行历史比较，只有相等时他才认为公平，具体如下式所示：

$$O_p / I_p = O_h / I_h$$

其中，O_p代表自己对个人现在所获报酬的感觉；O_h代表自己对个人过去所获报酬的感觉；I_p代表自己对个人现在所做投入的感觉；I_h代表自己对个人过去所做投入的感觉。

当上式为不等式时，可能出现以下两种情况。

（1）$O_p / I_p < O_h / I_h$。当出现这种情况时，人会有不公平的感觉，会导致工作积极性下降。因此，他会要求减少投入或者增加报酬。

（2）$O_p / I_p > O_h / I_h$。当出现这种情况时，个人不会因此产生不公平的感觉，也不会因为自己所获报酬过高而主动增加投入。因为他可能会认为随着时间的推移，自己的能力、经验和技术等方面有了进一步的提高，这是一种正常的现象，其工作积极性不会因此而提高多少。

在公平理论中，员工所选择的与自己进行比较的参照对象是一个重要变量，可以划分出“他人”、“制度”和“自我”三种参照类型。他人，包括同一组织中从事相似工作的其他个体，还包括朋友、邻居及同行。员工通过口头、报纸及杂志等渠道获得了有关工资标准、最近的劳工合同等方面的信息，并在此基础上将自己的收入与他人进行比较。制度，是指组织中的薪金政策与程序以及这种制度的运作。组织层面上的薪金政策，不仅包括那些明文规定，还包括一些隐含的不成文规定。组织中有关工资分配的惯例是这一范畴中主要的决定因素。自我，是指员工自己在工作中付出与所得的比率。它反映了员工个人的过去经历及交往活动，受到员工过去的工作标准及家庭负担程度的影响。

一般情况下，人们使用横向比较较多。尽管公平理论的基本观点是普遍存在的，但在实际运用中很难把握。因为公平是一种心理的主观感受，受到很多因素的影响，如报酬和投入的评定标准，有些是无法量化的，并且在评定中人们总是倾向于过高估计自己的投入，过低估计自己所得的报酬；对别人的投入和所得报酬的估计则相反。因此，组织管理者要引导员工积极参与制定报酬分配制度，正确进行比较，多看到他人的长处，认识自己的短处，客观、公正地选择比较基准，多在自己所在的地区、行业内比较，尽可能看到自己报酬的发展和提高，避免盲目攀比而产生不公平感；同时要对员工进行公平心理的引导，使其树立正确的公平观，认识到公平是相对的，是相对于比较对象的一种平衡，不是平均，也不存在绝对的公平。

三、目标设置理论

目标设置理论是从行为的目的性出发来对行为动机进行研究的一种激励理论。它是由美国管理学兼心理学教授洛克（Edwin A. Locke）和同事于 1967 年提出的。洛克研究发现，外来的刺激，如奖励、工作反馈、监督压力等，都是通过目标来影响动机的。洛克认为，目标本身就具有激励作用，目标能把人的需要转变为动机，使人们的行为朝着一定的方向努力，并将自己的行为结果与既定的目标相对照，及时进行调整和修正，从而能实现目标。这种使需要转化为动机，再由动机支配行动以达成目标的过程就是目标激励。目标激励的效果受目标本身的性质和周围变量的影响。该理论强调了目标的重要性，并围绕目标的激励作用进行了探索。

（一）目标设置理论的基本模式

目标有两个最基本的属性，即难度和明确度，如图 4-6 所示。

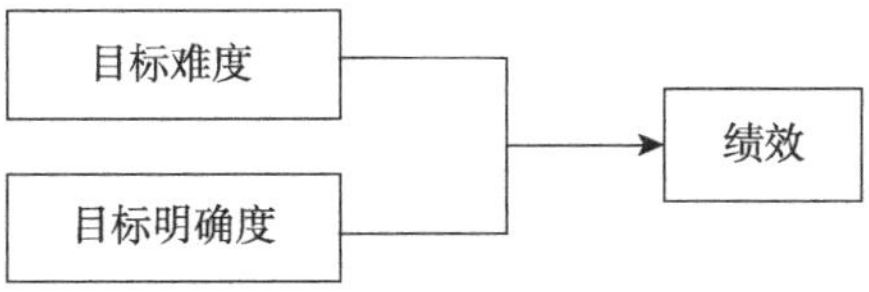

图 4-6 目标设置基本模式

目标难度是指目标要具有挑战性，必须经过努力才能完成。目标明确度是指目标的设定必须是具体的、可测量的。绩效是目标的效果，是由目标难度和目标明确度两个因素决定的。

（二）目标设置理论的扩展模式

目标设置理论的扩展模式也称高绩效循环模型。模型由三个部分组成，即向着目标努力、绩效和满意度，从明确的有难度的目标开始，如果有对这些目标的高度承诺、接受程度，产生高的绩效。假如高的绩效导致了希望中的回报，就产生高的满意感，如图 4-7 所示。

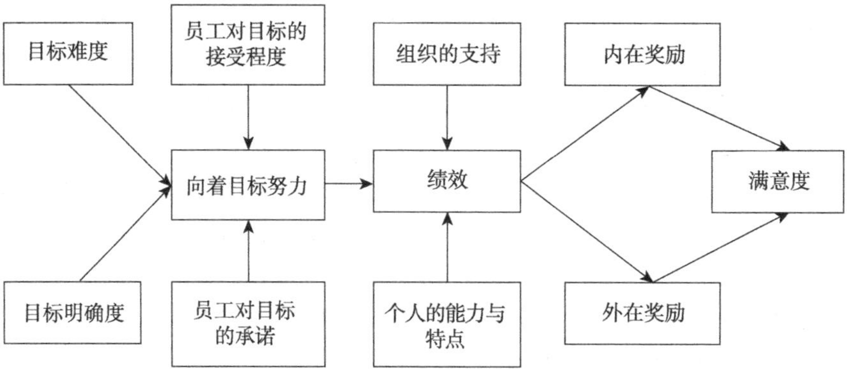

图 4-7 目标设置扩展模式

第一，向着目标努力。除了目标难度和目标明确度，还有员工对目标的接受程度与员工对目标的承诺。

第二，绩效。绩效由向着目标努力、组织的支持以及个人的能力与特点组成。当人们向着目标努力甚多的时候，绩效必然高于平常。

第三，满意度。即完成预期目标后，必须通过一定的内在奖励和外在奖励才能让人满意。

目标设置理论对管理实践的指导意义包括以下几方面。

（1）目标要明确、清晰。明确清晰的目标本身就是一种内部激励因素，它能够为员工指明内容和方向、完成期限以及应该达到的绩效标准等，要比笼统的目标——“尽最大的努力”效果更好，通过目标来引导个体行为及评价其能力。

（2）目标要具备一定的挑战性。有一定的挑战性但又可能实现的目标是最有效的，这样的目标可以激发人的潜力，使其在获得成就感的同时也满足自我成长的需要。太难的目标会耗尽员工的内在积极性，容易的目标会让员工失去积极性。如果能力和目标的可接受性等因素保持不变，则目标越具挑战性，绩效水平就越高，因为员工一旦接受了一项艰巨的任务，他就会投入更多的努力直到目标实现。

（3）目标要及时反馈。由于环境的不断变化，反馈可以使人们及时了解自己的实际情况与目标水平的差距，重新去审视自己的行为，反馈为目标的执行过程提供了总结。目标与反馈相结合可以有效地提高绩效。

（4）员工要参与设置目标。目标设置理论认为在某些情况下，参与式的目标设置能带来更高的绩效。在另一些情况下，上级指定目标时，绩效更高，也就是参与目标不一定比指定目标更有效。但是，参与的一个主要优势在于提高了目标本身作为工作努力方向的可接受性，目标越困难阻力就越大，如果人们参与目标设置，即使是一个困难的目标相对来说也更容易被员工接受，原因在于，人们对于自己亲自参与做出的选择投入程度更高。因此，尽管参与目标不一定比指定目标更有效，但参与使困难的目标更容易被接受。

在实际中应用时，管理者应让员工了解并参与目标的设置过程，目标要明确具体并且有难度，支持和鼓励员工认同目标，定期对员工在实现目标过程中的表现进行评价并及时进行信息反馈，从而调动员工完成目标的积极性。

第四节　行为改造型激励理论

行为改造型激励理论是指主要研究如何改造和转化人们的行为以使其实现目标的一种理论，它不仅考虑如何巩固和发展人的积极行为，更着眼于如何改造和转变人的消极行为。代表性的理论有强化理论（reinforcement theory）和挫折理论（frustration theory）。

一、强化理论

（一）强化理论的基本内容

强化理论也称操作条件反射论，是美国心理学家斯金纳（B. F. Skinner）在巴甫洛夫（Иван Петрович Павлов）的条件反射学说、华生（John B. Watson）的行为主义学说和桑代克（E. L. Thorndike）的错误学习论的基础上提出的。强化是心理学的术语，是指增强某种刺激与有机体某种反应之间的联系，即行为与影响行为的环境（包括行为产生之前的前因和行为产生之后的后果）之间的联系，也就是要通过不断改变环境的刺激因素来达到增强、减弱或消失某种行为的过程。斯金纳认为，人或动物为了达到某种目的，会采取一定的行为作用于环境。当某种行为的后果对他有利时，这种行为就会在以后重复出现；不利时，这种行为就会减弱或消失。人们可以用正强化或负强化的办法来影响行为的后果，从而修正其行为，这就是强化理论，也叫做行为修正理论。

强化过程即操作性条件反射，包含三个要素：第一个要素是刺激，如具体的工作环境；第二个要素是反应，也就是工作中表现出来的行为和绩效；第三个要素是后果，也就是奖惩等强化物。这三个要素的关系在心理学中被称为基本耦合，对于强化未来的行为模式有着显著的影响。

利用强化手段改造行为，一般有四种方式。

（1）正强化。正强化就是奖励那些符合组织目标的行为，以使人的行为（反应）得到加强以至重复出现的刺激。在管理中，对工作好的员工运用表扬、加薪、晋升、认可、指派有挑战性的工作、给予学习和成长的机会等手段进行激励都属于正强化。正强化是一种积极的强化，可以使员工更加努力地工作，以便使这些行为得到进一步加强，这样，就会促使员工在类似情况下，重复此种行为，从而有利于组织目标的实现。

（2）负强化。负强化是指预先告知人们某种不符合要求、不期望出现的行为可能引起的不良后果，以使人们采取符合要求的行为或回避不符合要求的行为，从而避免或消除不良后果。例如，企业安全管理人员告知工人不遵守安全规程，就要受到批评，甚至得不到安全奖励，于是工人为了避免此种不期望的结果，而认真按操作规程进行安全作业；因为学校里规定无故旷课的学生会被取消考试资格，学生为了避免这种情况出现都会按时上课以避免不希望的行为发生，这种行为不是积极强化的结果，而是为了避免惩罚，同时也促进了组织所希望的行为。

（3）惩罚。惩罚是指通过某种令人不愉快的结果而使某种行为得到终止。惩罚通常是用带有强制性或威胁性的措施来阻止不良行为的出现。例如，运用批评、降职、降薪、罚款、重新分派任务、解雇等方式以示对这种不合要求的行为的否定，从而达到减少消极行为或消除消极行为的目的。但是，惩罚一方面可能会引起怨恨和敌意，另一方面随着时间的推移，惩罚的效果会减弱。因此在采用惩罚策略时，要因人而异，注意方式和方法。与负强化不同的是，负强化只是包含了惩罚的威胁，在员工表现满意时并不付诸实际；而惩罚则是落实对组织不利行为的惩罚措施。

（4）自然消退。自然消退是对一个行为不予以强化，以表示对此行为的否定，这样就会使这个行为逐步减弱，最后消失。自然消退主要有两种方式：一是对某种行为不予理睬，以表示对该行为的轻视或某种程度上的否定，使其自然消退；二是指原来用正强化手段鼓励的有利行为由于疏忽或情况改变，不再给予正强化，使其逐渐消失。例如，如果一个人老是抱怨分配给他的工作不合理，但却没有人理睬他，也不给他调换工作，也许过一段时间他就不再抱怨了；又如，企业原来对超额完成任务都给予较高的奖励，但由于管理者更换或政策改变，不再有此项奖励，那么员工超额完成任务的积极性就会逐渐消退。

强化理论是影响和引导员工行为的一种重要方法，表扬和奖励可以使动机得到加强，行为得到鼓励；批评、惩罚等可以否定某种行为，使不好的行为越来越少。奖起着正面引导的作用，惩则起着劝阻和警告的作用，奖与惩好像一条航道上的左右两个航标，是保证船只正确航行所必不可少的要素。

（二）强化理论的管理运用

在管理中应用强化理论时要注意以下几点。

（1）以正强化为主。表扬、奖励等正强化措施会给人愉快的、积极的情绪感受，提高人的自信心，激发和调动人的积极性，而批评、惩罚等负强化手段对行为起抑制作用。所以，在强化手段的运用上，应以正强化为主，同时必要时也要对坏的行为给予惩罚，做到奖惩结合。

（2）及时反馈。及时反馈就是让人们通过某种形式和途径及时了解自己的行为及行为结果。一般来说，行为结果的好坏，对人的行为都有强化作用。好的结果能鼓舞人，激励人们继续努力，使这类行为重复出现；坏的结果能唤起人的警觉，促使人分析原因，及时进行自我纠正。为了使强化收到最好的效果，应该在一个行为发生之后立即予以强化。现代心理学认为，在积极行为发生之后，如能给予及时的奖励，就可以使被强化者及时意识到强化与目标行为之间的联系，收到最佳激励效果。强化与行为之间的间隔越长，强化的效果就越差，强化的作用随间隔时间的增长而减弱，因为这会使人感觉到强化与某一特定行为之间的联系不密切，其激励作用就会大大降低。

（3）因人而异。要依照强化对象的不同需要采用不同的强化措施。人们的年龄、性别、职业、学历和经历等不同，需要就不同，强化方式也应不一样。要使奖励成为真正的强化因素，就必须因人而异地进行奖励。所以奖励应尽量不搞一刀切，应该奖人之所需，形式多样化，只有这样才能起到奖励的效果。

二、挫折理论

（一）挫折理论的基本观点

挫折理论是由美国心理学家亚当斯（J. S. Adams）提出的。挫折理论主要揭示人的动机行为受阻而未能满足需要时的心理状态和由此而导致的行为表现，力求采取措施将消极性行为转化为积极性、建设性行为。

挫折是指人类个体在从事有目的的活动的过程中，指向目标的行为受到障碍或干扰，致使其动机不能实现、需要无法满足时所产生的情绪状态。几乎每个人都有受挫折的可能，但挫折心理的实际发生有三个必备条件：①个人所期望的目标是重要的、强烈的；②个人认为这种目标有可能达成；③在目标与现实中存在难以克服的障碍。

（二）挫折产生的原因

产生挫折的原因是多种多样的，从总体上可划分为客观原因和主观原因。

（1）客观原因。客观原因是由外界事物或情境阻碍人们达到目标而产生的挫折。它主要包括自然因素和社会因素两种。自然因素主要是指个人能力无法克服的自然灾害，如雪灾、洪水、地震山崩等。人和自然的关系是适应和改造的关系，人一方面适应自然环境，另一方面改造环境。随着人们对自然认识的不断深化和改造自然能力的不断加强，在挫折中自然环境的因素会越来越少。社会因素主要是指个人在社会生活中所遭到的政治、经济、风俗、习惯、宗教、道德等的限制。另外，客观原因还包括组织的管理方式、组织内的人际关系、工作的性质、工作的环境等。

（2）主观原因。主观原因是由个人因素阻碍人们达到目标而产生的挫折。它包括个人的生理因素和心理因素两种。生理因素是指个人具有的智力、能力、容貌、身材以及某些生理上的缺陷所带来的限制。这种缺陷导致不能胜任某种工作、工作中遭到失败等。心理因素是指个体的心理特点和心理水平，如需要、动机、理想、信念以及能力、气质、性格等所带来的影响。例如，能力差的学生容易在学习中受到挫折，内向的学生容易在人际交往中受到挫折。此外，动机的矛盾和斗争状态，也是引起挫折的主要心理因素。例如，个人所追求的几个目标，只能在取舍抉择中保留一个，其余的目标不得不忍痛放弃。同样，当个人欲望和集体需要发生冲突、理想和现实发生冲突、集体中的相互协作与竞争发生冲突时，都可能造成挫折。

（三）受到挫折后的行为

根据不同人的心理特点，受到挫折后的行为表现主要有两大类。

1. 积极行为

采取积极进取行为，即采取减轻挫折和满足需要的行为。

（1）坚持。坚持是指经过冷静、理智的分析，认为自己的目标和行为是正确的，虽然遇到了挫折却毫不气馁，坚持原有目标，加倍努力，选择其他途径最终达成目标。当然，如果行为和目标都是错误的，再坚持就不对了。

（2）改变行为。改变行为是指受到挫折后，认识到目标是正确的，行为是错误的，便坚持目标，改变行为，找到取胜的方法。

（3）调整目标。经过一再尝试，仍不能达到要求，说明目标定得过高，超过了自身的能力和条件，这时就应当调整目标水平，适当降低目标或重新设置符合实际的目标，用实现另一个目标来进行补偿，以新的需要来取代原来的需要。

2. 消极行为

采取消极行为，甚至是对抗态度，如攻击、冷漠、幻想、退化、忧虑、固执和妥协等。

（1）攻击。攻击是受挫之后的一种常见的反应。它可分为直接攻击和转向攻击两种。直接攻击是指个体受挫后产生的攻击行为直接指向构成挫折的人或物，如怒目相视、反唇相讥、还以拳头等。转向攻击是指当攻击行为不能直接指向阻碍其达到目标的对象时，而转向其他代替物。转向攻击一般有三种情况：其一，迁怒；其二，无名烦恼；其三，责备自己。

（2）冷漠。冷漠是指一个人遭受挫折后对挫折情境表现出一种漠不关心、无动于衷的态度。冷漠中也包含着愤怒不满的情绪，只是这种情绪被压抑，没有爆发，是一种比攻击更为复杂的行为反应。

（3）幻想。幻想是个人受到挫折后，陷入一种想象境界中，以非现实的方式来逃避问题。这种幻想又称“白日梦”，即暂时脱离现实，逃向幻想的自由境界，逃避虽能减轻当时的痛苦，但并不能解决任何问题。

（4）退化。个体受到挫折时，表现出一种与自己的年龄、身份、知识不相称的幼稚行为。在工作中表现为缺乏责任心、无理取闹、不能控制自己的情绪、敏感性降低、做出一些错误的决策等。例如，有的人在工作中遇到挫折或受到批评时，会像小孩子一样坐在地上捶胸顿足、号啕大哭或撕衣物或咬手指等，这些均属于退化反应，这是成熟心理的倒退现象，也是挫折的表现形式，对个人心理有暂时缓冲、平衡的作用，但对解决问题无济于事。

（5）忧虑。在情绪上表现出对前途茫然，不知所措，心事重重，愁眉苦脸，长吁短叹，情绪低落，坐立不安。情绪上的变化引起生理上的不平衡，出现头昏、出冷汗等反应。

（6）固执。它是指一个人受挫折后，被迫重复某种无效的动作。尽管反复进行某种动作并无任何结果，但仍要继续这种动作，由于这种行为带有某种强迫性质，所以往往不能被更适当的行为反应取代。心理学的研究表明，严厉的或长时间的惩罚会造成挫折情境而使人产生病态的固执。心理学家对大学生所做的实验表明，在受到较轻挫折以后学习新问题的能力大为下降，其原因是，原有行为的凝固化阻碍了新反应、新行为的出现，而这种旧行为的凝固化恰恰是挫折的一种反应。

（7）妥协。人们在受到挫折时，会产生心理或情绪上的紧张状态，这种紧张状态往往令人难以承受。为了摆脱这种状态，人们往往采取妥协性措施，从而减少在挫折时由于心理或情绪的过分紧张而给身体造成的损害。妥协措施常见的表现形式有以下几种（吴晓义和杜今锋，2006）：①文饰。所谓文饰，是指人们在受到挫折后，会想出各种理由原谅自己或为自己的失败辩解。文饰起着自我安慰的作用。也许在旁观者看来，自圆其说是荒唐的，但本人却以此得到说服，这种现象类似于我们平常所说的“阿Q精神”。②投射。所谓投射就是把自己所做的错事或不良表现，诿过于人，从而减轻自己的内疚、不安和焦虑情绪。③反向。所谓反向就是受到挫折之后，为了掩盖自己内心的憎恨和敌视，努力压制自己的感情，做出违反自己意愿和情感的行为。④表同。表同是与投射完全相反的一种表现，其特点是把别人具有的、自己羡慕的品质加到自己身上。具体表现就是模仿别人的举止言行、思想、信仰，以别人的风格和姿态自居。

（四）应对挫折的方法

人的一生中挫折和失败是难免的，因此要正确认识和对待挫折，采取适当的措施来防止挫折带来不利影响，从个体和组织两方面来应对挫折。

从个体方面来说，最重要的是要学会自我管理。个人对自己的思想和行为要学会管理和控制，谋取理性和感性的和谐，同时做到自我调节、自我反省，经常修正自己的思想过程，保证自己心理平衡，能正确地管理和驾驭自己的行为。

从组织方面来说，可以采取的措施包括：①教给员工掌握正确战胜挫折的方法，教育员工树立远大的目标，不要因为眼前的某种困难和挫折而失去前进的动力。②通过培训提高员工的工作能力和技术水平，增加个人目标实现的可能性，减少挫折的主观因素。③要积极改变情境，不少挫折都是由客观的自然环境因素和社会环境因素引起的，而且在人的挫折发生后，原有客观环境仍然在很大程度上影响着挫折所引起的消极情感和消极行为。在这种情况下，改变环境不失为一种好的选择。改变环境的方法有两种：一种是把受挫者调离原工作和生活环境，让受挫者到新的环境去工作、生活，以免触景生情；另一种做法是改变组织的环境气氛，给受挫者以充分的关心和温暖，使其不会因为受挫而感受到集体的排斥。④采用精神发泄法。精神发泄法又称心理治疗法，它通过创造一种环境，使受挫者可以自由地发泄自己受压抑的感情。因为一个人处于挫折的情境中，常常会以一种非理智的情绪反应取代理智行为。如果能使这种紧张的情绪发泄出来，则能使受挫者达到心理平衡，恢复理智状态。例如，管理者可以采取个别谈心的办法，倾听员工的抱怨、申诉；也可以让受挫者用写申诉信的方法发泄不满，因为当把不满情绪都写出来时，受挫者往往就会心平气和了。

第五节　综合激励理论

内容型激励理论侧重研究激发动机的诱因，从需要角度来研究；过程型激励理论侧重研究从动机到行为产生的过程；行为改造型激励理论则强调行为结果对行为本身的作用。这些理论只涉及激励问题的某一方面，而对于现实中复杂的激励问题，应该从各个方面综合进行考虑，因此综合激励模型对前述的激励理论进行了概括和融合，提出了一个更加全面、系统的激励理论模型。

一、综合激励模型

美国心理学家、管理学家波特（L. Porter）和劳勒（E. Lawler）在期望理论、公平理论、强化理论的基础上，于 1968 年在《管理态度和成绩》一书中提出了综合激励模型（comprehensive motivation model）。该模型考虑到“努力—绩效—奖励—满意”链和相应的影响因素与反馈，更全面地描述了激励的整个过程（图 4-8）。

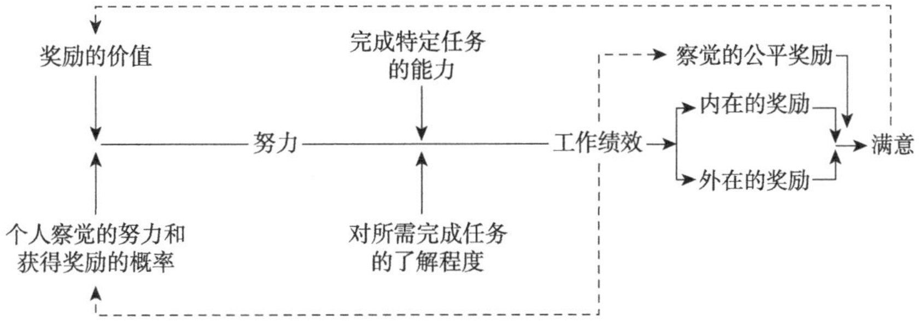

图 4-8　波特–劳勒的综合激励模型

资料来源：朱新华（2007）

波特–劳勒综合激励模型的主要观点如下。

（1）努力来自奖励的价值、个人觉察的努力和获得奖励概率的影响。努力程度是指个人所受到的激励强度和所发挥出来的能力；个人觉察的努力是指个人认为需要或者应当付出的努力；获得奖励的概率是指个人对于付出努力之后得到奖励可能性的期望值。其中，奖励对个人的价值因人而异，取决于它对个人的吸引力，而每次行为最终得到的满意，又会以反馈的形式影响个人对这种奖励价值的估计；个人对努力可能导致获得奖励概率的主观估计又受上一次工作绩效的影响。因此，过去的经验、实际绩效以及奖励的价值将对努力产生影响。如果个人有较确切的把握完成任务或者曾经完成过并获得相当价值奖励的话，那么他将乐意付出相当程度的努力。

（2）工作的实际绩效取决于能力（知识和技能）的大小、努力程度以及对所需完成任务的了解程度，如对完成目标所需从事的活动和有关任务的其他内容的理解和掌握。

（3）奖励来自工作绩效。奖励要以绩效为前提，不是先有奖励后有绩效，而是必须先完成组织任务才能进行奖励。它包括内在奖励和外在奖励，前者是工作本身产生的奖励，即尊重、自我实现、成就感等需要的满足，相当于马斯洛的需要层次理论中高层次的需要，而且与工作成绩是直接相关的；后者是指工作之外获得的工资、奖金、工作条件、职业的保障等方面需要的满足，相当于低层次的需要，与工作绩效之间的关联度相对较小，二者并非直接的、必然的因果关系，这是因为准确地衡量一个人的工作绩效，特别是非量化的部分难度较大，而工资、奖金、工作条件等报酬的取得不完全取决于工作绩效，还要考虑其他多种因素。

（4）奖励措施的满意度取决于员工认为获得的奖励是否公正。这种公平感是员工将其实际获得的组织报酬同其个人自认为应得的报酬进行比较的结果，如果他认为得到的奖酬是公平的，他就会感到满意，否则就会感到不满。

（5）个人满意与否以及满意的程度会直接影响到对下一个任务的努力程度。满意会导致进一步的努力，而不满意则会导致努力程度的降低甚至离开工作岗位。

波特–劳勒综合激励模型是对激励系统比较全面的分析，在20世纪六七十年代非常有影响的激励理论，在今天看来仍有相当的现实意义。它告诉我们，不要以为设置了激励目标、采取了激励手段，就一定能获得所需的行动和努力，并使员工满意。要形成激励→努力→绩效→奖励→满意并从满意回馈努力这样的良性循环，取决于奖励内容、奖惩制度、组织分工、目标导向行动的设置、管理水平、考核的公正性、领导作风及个人心理期望等多种综合性因素。

二、综合激励模型的应用

根据波特–劳勒综合激励模型，管理者须将“努力—绩效—奖励—满意”这个连锁过程贯彻到员工的激励过程中去，形成促进他们积极行为的良性循环。常见的激励有以下几种。

1. 报酬激励

报酬激励常用的方式有金钱激励和股权激励两种。

金钱激励是激励的主要形式，如发放鼓励性报酬、奖金、支付保险金，或在做出成绩时给予奖励。金钱激励必须公正，一个人对他所得的报酬是否满意不是只看其绝对值，而要进行社会比较或历史比较，通过相对比较，判断自己是否受到了公平对待，金钱激励是否公正会影响员工的情绪和工作态度。

股权激励是最富成效的激励制度之一，而股票期权作为股权激励的典型方式在国外也已取得了很大的成功。股票期权计划对企业的员工具有奖励与福利两个方面的激励作用。

2. 工作激励

管理者下放决策权是满足员工被委以重任的成就感的需要，可以使员工对工作抱有更大的热情。因此，管理者不应独揽大权，扼杀员工的工作积极性。

3. 推行弹性工作制

员工不愿受制于一些刻板的工作形式，如固定的工作时间和固定的工作场所，而更喜欢独自工作的自由和刺激，以及更具张力的工作安排，固定的工作时间和工作场所可能会限制他们的创新能力，因此应制定弹性工作制，在核心工作时间与工作地点之外，允许员工调整自己的工作时间及地点以把个人需要和工作要求之间的矛盾降至最小。事实上，现代信息技术的发展和办公手段的完善也为弹性工作制的实施提供了有利条件。

4. 工作富有挑战性

员工一般并不满足于被动地完成一般性事务，而是尽力追求完美的结果，因此他们更热衷于做具有挑战性的工作，把攻克难关看做一种乐趣和一种体现自我价值的方式。要使工作富有挑战性，除了下放决策权外，还可以通过工作轮换和工作丰富化的方式来实现。

5. 为员工提供学习和培训机会

员工关心自己的利益和价值，在生活有保障之后，他们会追求更高层次的自我超越和自我完善，所以企业除为员工提供一份与贡献相称的报酬外，还应立足长远，制订员工培训计划，为员工提供受教育和不断提高自身技能的学习机会，使其永不落后。

6. 双重职业途径激励法

在员工当中，一部分人希望通过努力晋升为管理者，另一部分人却只想在专业上获得提升。因此，组织应该采用双重职业途径的方法，来满足不同价值观员工的需求，但必须使每个层次上的报酬都是可比的。

本章小结

激励是指管理者运用各种管理手段，满足被管理者的需要，激发其动机，使其朝着所期望的目标前进的心理活动过程。激励是管理过程中不可或缺的环节和活动，有效的激励可以成为组织发展的动力保证，实现组织目标。激励是循环反复从需要出发，需要使人产生动机，动机诱发人们采取行动去满足需要，实现目标。一旦需要得到满足，新的需要又会产生，新的激励过程又开始了。因此，激励是一个循环反复的过程。

激励理论具体可以分为四大类，即内容型激励理论、过程型激励理论、行为改造型激励理论及综合激励理论。内容型激励理论主要从激发动机的内在驱动力——需要的角度来研究激励问题，重点探讨人的需要类型及其相互关系，主要包括需要层次理论、ERG理论、双因素理论和成就需要理论；过程型激励理论主要研究人从动机到行为的过程，着重研究行为如何产生、发展、改变和结束的过程，试图识别激励行为发生过程中各种动态变量之间的关系，具有代表性的理论有期望理论、公平理论和目标设置理论；行为改造型激励理论主要研究如何改造和转化人们的行为，使其实现目标的一种理论，它不仅考虑如何巩固和发展人的积极行为，更着眼于如何改造和转变人的消极行为，强调行为结果对行为本身的作用，代表性的理论有强化理论和挫折理论；综合激励理论对前述的激励理论进行了概括和融合，提出了一个更加全面、系统的激励理论模型。

在实际运用综合激励理论时应根据激励环境与激励对象的具体情况权宜应变，以有效地激发员工的潜力，使组织目标和个人目标在实现过程中达到统一，进而提高组织的经营效率。

➢复习思考题

1. 简述激励的概念及激励过程。
2. 联系现实谈谈你对需要层次理论的理解。
3. 请评价和分析双因素理论。
4. 根据期望理论，管理者在激励时应处理好哪些方面的关系？
5. 根据公平理论的主要观点，简述在实际运用中，如何才能做到公平？
6. 阐述强化理论的基本内容及在实际中如何运用？
7. 如何运用综合激励模型来提高激励水平？

拓展阅读

奖励为什么失败

一群孩子每天放学回家路过一位老人的住处时，都会嘲笑这个老人有多愚蠢、多丑陋。一天下午，老人在遭受了又一轮嘲笑后，想出了一个计谋。他对这群孩子说，如果他们明天能够接着来嘲笑他，每个人就会得到 1 美元。这群孩子又兴奋又惊讶，因为不仅可以干自己喜欢的事，还有奖励。于是，第二天他们早早地就来了，并极尽所能嘲笑老人。老人恪守诺言，给每个孩子 1 美元，并说如果明天还能来骂他，就给他们每个人 25 美分，孩子们觉得这还不错。第三天这群孩子又来嘲弄他一番，老人给了他们答应的钱，然后告诉这群孩子，下次再来骂他只能给 1 美分了。孩子们疑惑地相互看着，“1 美分？”他们不屑地说道，“算了吧！”这群孩子再也没来嘲笑他。

老人用狡猾的计谋赶走了一群令他讨厌的孩子。这一计谋之所以能够成功，就在于老人奖励孩子们自愿做的事，这立刻使他们把嘲弄老人看成是为了得到奖励，一旦没有了奖励，这群孩子也就消失了。这个其实并不愚蠢的老人用奖励扼杀了孩子们的内在动机。

资料来源：http://www.chinahrd.net/article/2010/05-18/75081-1.html

皮格马利翁效应

1968 年，美国心理学家罗森塔尔和雅格布森做了一个实验：他们来到一所小学，煞有介事地对所有学生进行智能测验。然后把一份学生名单通知有关教师，说这些名单上的学生被鉴定为“新近开的花朵”，具有在不久的将来产生“学生冲刺”的潜力，并再三嘱咐教师对此“保密”。其实，这份学生名单是随意拟定的，根本没有依据智能测验的结果，但 8 个月后再次进行智能测验时，奇迹出现了：凡被列入此名单的学生，不但成绩提高很快，而且性格开朗，求知欲望强烈，与教师的感情也特别深厚。借用希腊神话中一位王子的名字，他们将这个实验命名为皮格马利翁效应（Pygmalion effect）。

为什么会出现这种奇迹呢?由于罗森塔尔和雅格布森都是著名的心理学家,所以教师对他们提供的名单深信不疑,于是在教育过程中就会产生一种积极的情感,即对名单上的学生特别厚爱,尽管名单对学生是保密的,但教师们掩饰不住的深情还是通过语言、笑貌、眼神等表现出来,在这种深情与厚爱的滋润下,学生自然会产生一种自尊、自爱、自信、自强的心理,从而得到了显著进步。

皮格马利翁效应留给我们这样一个启示:暗示在本质上是人的情感和观念,会不同程度地受到别人下意识的影响。人们会不自觉地接受自己喜欢、钦佩、信任和崇拜的人的影响与暗示。而这种暗示,正是让梦想成真的基石之一。赞美、信任和期待具有一种能量,它能改变人的行为,当一个人获得另一个人的信任、赞美时,他便感觉获得了社会支持,从而增强了自我价值,变得自信、自尊,获得一种积极向上的动力,并尽力达到对方的期望,以避免对方失望,从而维持这种社会支持的连续性。

皮格马利翁效应也被总结为:“说你行,你就行,不行也行;说你不行,你就不行,行也不行。”

资料来源:陈立富等(2010)

游戏

赞美的力量

员工的需要主要分为物质需要和精神需要两种,相应的激励方法也是物质激励与精神激励相结合。根据马斯洛的需要层次理论,物质是人们较低层次的需要,在这一层次需要得到相对满足后,人们就会有高层次的需要,希望得到组织的尊重、认可及实现自我价值。因此,在现代组织中,物质激励是基础,精神激励是根本,在两者结合的基础上,可以逐步向以精神激励为主导过渡。

生活中的每一个人,都有较强的自尊心和荣誉感。你对别人真诚地表扬与赞同,就是对别人价值的最好承认和重视。而能真诚赞美下属的领导,能使员工们的精神需要得到满足,并能激发他们潜在的才能。打动人的最好方式就是真诚的欣赏和善意的赞许。这个游戏就是让学生感受赞美的力量,并鼓励他们将赞美用于课堂外的交流中。

游戏目的:感受赞美的激励作用。

时间:30分钟。

道具:记事本。

场地:不限。

应用:员工激励和团队建设。

游戏规则和程序:

(1)向大家暗示,我们每个人都希望赢得别人的尊重和认可。4~5人一组(尽量是熟悉的学生在一组)。

(2)每个人写出本组其他几个人身上的优点,必须要具体、有针对性,甚至可以讲一个你们之间的故事,赞美必须是发自内心的。可从以下方面进行赞美:①一个身体上的良好特征,如甜美的笑容、悦耳的嗓音等。②一种极其讨人喜欢的个性,如体贴他人、有耐心、整洁细心。③一种引人注目的才能或技巧,如良好的沟通能力和指挥能力。

(3)所列出的各项都必须是积极的、正面的。

（4）在所有人写完后，大家之间开始讨论所写内容，按照逆时针（或顺时针）顺序轮流告诉对某人的赞美，赞美时眼睛要看着对方，配合亲切的眼神和身体动作。

资料来源：该游戏由经理人培训项目编写组的《培训游戏全案》中“积极的反馈”游戏改编而来

相关讨论：

1. 你觉得进行这个游戏愉快吗？如果不是，为什么？
2. 谈谈你被赞美时的感觉及你在赞美别人时是怎么想的？
3. 为什么对我们中的大多数人来说，赞扬别人是一件困难的事情？
4. 什么能让我们更加轻松地给予别人积极的反馈信息？
5. 什么能让我们更加轻松地接受别人反馈的积极肯定的信息？（尝试去优雅地接受它；在对它进行质疑前，先好好思考一下它的正确之处，允许自己对它感觉良好）

案例分析

白泰铭跳槽

白泰铭在读大学时成绩不算突出，老师和同学都认为他不是很有自信和抱负的学生，以为他今后无多大作用。他的专业是日语，毕业后便被一家中日合资公司招为推销员。他很满意这份工作，因为工资高，还是固定的，不用担心未受过专门训练的自己比不过别人。若拿佣金，比人少得太多就会丢面子。

刚上班的头两年，小白的工作虽然兢兢业业，但销售成绩只属一般。可是随着他对业务的了解和与客户关系的越来越熟悉，他的销售额也渐渐上升了。到了第三年年底他已成为全公司几十名销售员中的头 20 名了。下一年他很有信心估计自己当属推销员中的冠军了。不过这个公司的政策是不公布每人的销售额，也不鼓励互相比较，所以他还不能很有把握说自己一定会坐上第一把交椅。第三年，小白干得特别出色。尽管定额比第二年提高了 25%，但到了第三年 9 月初他就完成了这个销售额。根据他的观察，同事中还没有人完成定额。

第三年 10 月中旬，日方销售经理召他去汇报工作。听完他用日语做的汇报后，日本经理对他格外客气，祝贺他已取得的成绩。在他要走时，那经理对他说：“咱公司要再有几个像你一样的推销明星就好了。”小白只微微一笑，没说什么，不过他心中思忖，这不就意味着承认他在销售员队伍中出类拔萃、独占鳌头吗？第四年，公司又把他的定额提高了 25%，尽管一开始不如第三年顺利，他仍是一马当先，比预计干得要好。他根据经验估计，10 月中旬前准能完成自己的定额。

可是他觉得自己的心情并不舒畅。最令他烦恼的事，也许莫过于公司不告诉大家员工干得好坏，没个反应。他听说本市另两家中外合资的化妆品制造企业都搞销售竞赛和有奖活动。其中一家是总经理亲自请最佳推销员到大酒店吃一顿饭；而且还有内部发行的公司通信之类小报，让人人知道每人的销售情况，还表扬季度和年度最佳销售员。想到自己公司的这套做法，他就特别恼火。其实一开始他并不关心排名第几的问题，如今却重视起来了。不仅如此，他开始觉得公司对推销员实行固定工资制是不公平的，一家合资企业怎么也搞大锅饭？应该按劳付酬。

后来他主动去找了那位外国经理，谈了他的想法，建议改为佣金制，至少按成绩给奖金制。不料那日本上司说这是既定政策，而拒绝了他的建议，母公司一贯就是如此，这正是本公司的文化特色。日本老板拒绝了他的建议。

第二日，令公司领导吃惊的是，小白辞职而去，到另一家公司了。

资料来源：徐碧琳和陈颉（2012）

思考题：

1. 你认为小白辞职的原因是什么？试用有关的激励理论予以解释。
2. 如果你是公司的经理，你会从哪些方面进行改进？

第五章

群体行为基础

只有在集体中，个人才能获得全面发展其才能的手段，也就是说，只有在集体中才能有个人自由。

——马克思、恩格斯

※ 学习目标

1. 了解群体的概念和类型。
2. 了解群体形成和发展的阶段模型。
3. 理解群体的属性。
4. 掌握群体行为的特征及其规律。
5. 理解并掌握群体行为对工作绩效的影响。

导入案例

面条式组织

奥迪康公司（简称奥迪康）是一家丹麦助听器制造商，20世纪80年代末，CEO拉斯·柯林提出："奥迪康要努力成为世界上最优秀的听力诊所和助听器零售商的首选伙伴。"拉斯·柯林坚信，获得持久竞争优势的最佳策略便是创造一种能够充分释放个人能力的工作环境，并设计一个精通变革管理的公司。

1991年，奥迪康进行了变革，形成了所谓的"面条式组织"。在这种新的组织中，奥迪康废止了以往的职位说明和正式岗位。为了让雇员在几种不同的职位上施展才干，并使其才干得到更充分的发挥，每位雇员将拥有一套自己的职位组合，使每个人都成为多面手。这一理念使组织的资源得到了扩展，工程师参与市场营销，营销人员管理开发项目，而财务人员则帮助实施产品开发。这种组织没有等级、没有层次、没有固定的部门，因而被称为"面条式组织"。"面条式组织"的结构是由项目决定的，其中的员工具有多方面的技能，如芯片设计师除了为某个项目设计芯片以外，可能还同时从事其他项目的市场营销或财务工作。它是一种“混沌”式的组织，没有等级概念，混沌、多变，没有组织机构图。奥迪康不仅废除了组织机构图，也拆除了围墙，其雇员不再拥有传统的办公室。他们创造了一种绝对透明的工作环境。每人有一张办公桌和一台电脑，但办公桌在五分钟之内就可以被移走。没有卷宗，只有一只小罐子用来存放某些重要的纸张信息。项目团队在空间上集中在一起，决策可以即刻进行而无须召集会议。营销人员很清楚隔壁在做什么广告。他们有意识地在工作地点设置了咖啡吧台，以激发人们展开讨论。用螺旋扶梯取代了电梯，因为这有利于人们相遇和交谈。

在“面条式组织”中，产品的开发和制造发生了巨大的改变。奥迪康在产品开发中与竞争对手结成了战略联盟，大大淡化了组织所具有的有形边界，公司的活力达到了空前的水平。管理人员的工作方式也发生了根本的变化，项目已经成为资源流动和确定方向的驱动力。现在的管理方式与过去已完全不同。过去是运用权力来推动事情的进展，而现在则是通过谈判。以前通过固定的一组人员来完成任务，但现在必须换一种方式。在新问题和新机遇面前做出反应的能力较以前大大增强。市场营销和研发之间的联系得到了加强。奥迪康内部以及与客户之间的许多障碍得以取消和减少。奥迪康这种模式的变革的效果是显著的，奥迪康的利润水平两年内增长了四倍。

资料来源：古桥（2005）

物以类聚，人以群分。群体是一种社会现象，它是介于个体与组织之间的一种特殊关系体，是众多个体为了某种需要而结合在一起的集合体，人们加入群体的目的是完成某项任务或满足自己的社会需要。处于群体中的个体，其行为的目的往往受群体所处环境的制约和影响，其行为的效果往往大于独处时个体行为效果的总和。群体在组织中发挥着特殊的作用，认识群体对解释组织行为具有重要意义。本章主要介绍群体的内涵、群体的形成与发展、群体属性、群体的行为特征与规律、群体行为与工作绩效等内容。

第一节　群体的概述

亚里士多德认为人是天生的政治动物。何为政治动物，一是它的群体性，二是它的道德性。但人类群体和其他物种群体的区别在于人是唯一具有自觉意识的生物，人知道我是谁，谁是我。老虎不明白这个，大象也不明白，所以它们的群体只是一种自在的群体，而不是一种自觉的群体。本节重点介绍群体的定义、特征、功能及类型。

一、群体的内涵

1. 群体定义

群体是指为了实现某个特定的目标，由两个或更多的相互影响、相互作用、相互依赖的个体组成的集合体。群体是一种社会现象，它是介于个体与组织之间的一种特殊的关系体。群体中个体的行为大于单个人行为的总和。

2. 群体特征

从现象上看，群体是两个以上相互作用、相互联系的个体的组合。并非任意集合起来的一些个人都可以称为群体，群体与多人是有区别的。群体有以下特征：①群体成员之间相互影响，相互联系，相互作用，相互依赖。②成员在群体内占有一定的地位，扮演一定的角色，为完成共同的目标而分工合作。③群体成员需要遵守一定的行为规范，他们在行为上相互制约。

3. 群体功能

群体的产生和存在源于它所具有的社会功能。群体主要有以下三项功能：①组合功能。群体是个体的有机组合，可以把不同个体的能力、知识和力量组合起来，从而完成个体无法独自完成的任务。②教化和协调功能。组织通过群体规范、群体任务、群体角色等手段来影响成员处理个体之间、个体与群体之间的关系和矛盾冲突。③满足个体需要的功能。根据马斯洛的理论，人的需要可以分为五个层次，群体可以分别从不同的方面来满足这五种需要。群体可以满足个体的安全需要、地位需要、自尊需要、情感需要、权力需要、实现目标的需要。

二、群体类型

组织中的群体各种各样，根据不同的标准可以把群体划分为不同的种类。

1. 正式群体和非正式群体

根据群体的组织属性可以将群体划分为正式群体和非正式群体。正式群体是由组织结构确定的、职责和任务分配很明确的群体。在正式群体中，一个人的行为是由组织目标规定的，并且是指向组织目标的。非正式群体是指组织成员关系为非官方规定的、在自发的基础上为满足某种心理需要而有意或无意形成的一种不定型的组织。非正式群体最初是由美国心理学家梅奥等在霍桑实验中提出的。梅奥认为，非正式组织是指企业成员之间由于共同的价值标准而自然形成的无固定形式的社会组织。在这里，人们基于共同的价值标准而产生共同的情感和态度，正是这种情感和态度把大家组合在一起。非正式组织的领袖人物是自发产生的，但其对成员的影响力却往往比正式组织的领导人更为强大。正式群体和非正式群体的区别如表 5-1 所示。

表 5-1　正式群体和非正式群体的区别

类型	组成因素	特性
正式群体	依正式程序而组成	结构单一性 具有一定结构形式
	以正式结构为本，而产生心理认同	领导者常具有主管身份 主要目标为完成工作任务
非正式群体	依人员自然交往而形成	结构具有重叠性 不具有一定的结构形式
	由心灵组合为本，而产生无形结构	领导者不一定为主管 主要目标为满足成员需求

2. 假设群体和实际群体

按照群体是否实际存在，可将群体划分为假设群体和实际群体。假设群体是指虽有其名而无其实、在实际中并不存在的一种群体。它是人们为了某种需要，人为地将人群按不同的方式加以划分而产生的群体。例如，人们将 80 后、90 后作为“新新人类”；将拥有穷、胖、矮、丑、呆等属性特征的人称做“屌丝”族。这些群体都属于假设群体，因为这些人从没有自觉地聚集在一起，也没有直接交往，甚至根本就不认识，只是因为他们在某些方面具有共同点而已，如共同的经历、共同的年龄特征、职业特征、典型的社会心理特征等。由此可见，这些群体实际并不存在，它们只是为了研究的方便而创设的，故称为假设群体。实际群体则是现实生活中实际存在的，其成员之间有着各种各样的联系的群体。例如，工厂中的车间、班组，行政机构中的科室等，都是实际群体。

3. 小群体和大群体

按照群体的规模大小，可将群体划分为小群体和大群体。小群体是成员之间能够直接在心理上相互沟通，在行为上相互接触和影响的群体。这种群体一般以 7±2 人为最佳，但也有人认为，可以有十几人或二三十人，但上限不能超过 40 人。具体地说，这种群体包括部队的班排、学校的班级、工人的班组、机关的科室、行政领导班子等。而大群体人员较多，成员之间的接触联系不太直接，相对来说，在这种群体里，人与人之间关系的维系，社会因素占的成分比心理因素大。具体来说，大群体可以大到阶级群体、阶层群体、民族群体和区域群体，也可以小到一个厂、一个公司等。

4. 命令型、任务型、利益型和友谊型群体

根据群体性质的不同，还可以把群体细分为命令型、任务型、利益型和友谊型群体。命令型和任务型群体多见于正式群体中，而利益型和友谊型群体多数属于非正式群体。

（1）命令型群体（command group），是指基于组织结构形成的、群体成员有明确的上下级关系、由上级和其直接领导下属组成的群体。政府、军队和企业中的各个单元大多数属于命令型群体。

（2）任务型群体（task group），是指基于组织结构形成，为完成一项工作任务而在一起工作的人。咨询公司的项目咨询团队就是典型的任务型群体。

（3）利益型群体（interest group），是指为了实现某个共同关心的特定目标而走到一起来的人们。例如，企业工会组织、小区的业主委员会就属于利益型群体。

（4）友谊型群体（friendship group），是指具有共同特点的成员形成和发展起来的群体，如购买了同一款车的人们组成的车友会、支持同一支球队的球迷俱乐部等。

第二节 群体的形成与发展

群体的形成与发展过程是从不熟悉到熟悉，从松散到紧密的一个过程，不仅受到组成群体成员的个性特征的影响，还受到来自文化和习俗的影响。而且，群体会随着时间而发生变化，如群体成员离职、晋升离开群体，或者招聘新成员加入群体。因此，群体的形成和发展是一个动态过程。本节重点介绍群体形成理论、平衡理论、四阶段模型、五阶段模型和间接–平衡模型。

一、群体形成理论与平衡理论

群体形成理论源自休曼斯（G. K. Humans）的经典理论，该理论建立在活动、交往和感情之上，这三个要素之间互相联系。

休曼斯曾经是霍桑实验中梅奥研究小组的一名成员，1951 年，他在其著作《人类群体》

中使用了“行为”这个通用词来描述个体及其活动的相互影响等实际的、可以观察到的现象。人们之间共同进行的活动越来越多，交往的次数就会越来越多，他们相互交往的情感（喜欢或不喜欢）就会越强烈。这个理论对群体的行为和过程的理解具有重要意义。群体形成的主要元素是交往（interaction）。一个群体中的人相互交往并不只是在物理距离上的接近，也是为了通过合作和解决问题实现群体目标。

还有许多其他的试图解释群体形成的理论。其中，最具有广泛性的理论之一是纽康姆（Theodore Newcomb）提出的平衡理论（balance theory），这是研究群体形成最具广泛性的理论之一。该理论认为，人们之间互相吸引是基于他们对双方相关的共同目标具有的相似的态度，图 5-1 展示了这种平衡理论。个体 *X* 将和个体 *Y* 交往，并建立关系，形成群体，因为他们具有共同的态度和价值观（*Z*），一旦这三者关系形成，参与者将努力在吸引和共同态度之间保持平衡。如果不平衡出现，参与者将会付出努力恢复平衡。如果平衡不能被重建，这个关系将瓦解。相近性和交往都在理论中发挥着作用。

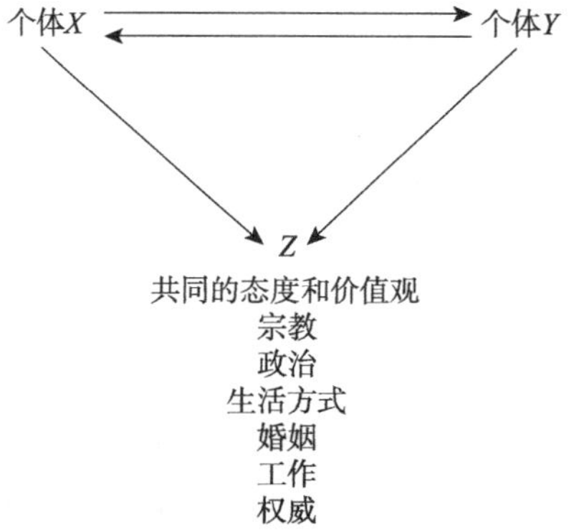

图 5-1　群体形成的平衡理论

资料来源：Newcomb（1953）

二、四阶段模型

一般来说，群体自建立到最后走向成熟的过程中，都会经历相互接纳、沟通和决策、激励和生产率、控制和组织四个发展阶段（图 5-2）。当然，各阶段活动之间总会有重叠，所以也不能绝对地将它们分开。

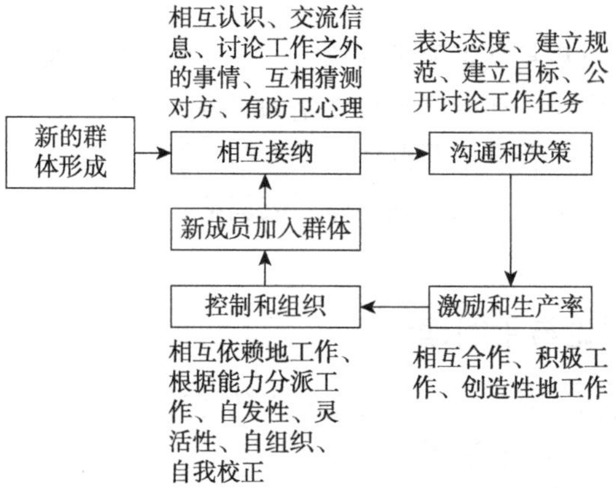

图 5-2　群体发展的四阶段模型

1. 相互接纳

在群体刚刚建立的一段时期，群体成员处于相互接纳阶段。各成员通过交流各自的信息相互认识，他们还可以通过讨论与工作无关的一些问题（如天气、体育活动或组织内最近发生的一些事情）来了解对方。他们也可能会讨论群体工作方面的事情，但是由于彼此之间还不是很熟悉，所以不会谈论得很深入。如果成员们在以前就很熟悉，这个阶段就会比较短。

在成员相互认识后，他们就会去讨论更敏感的一些事情，如组织政治或最近有争议的决策。在这一阶段，成员会相互交流各自对一些问题的看法，以及了解彼此的反应、知识、能力，但很少发生争论。通过讨论，成员们了解彼此在价值观念以及对某些问题看法的异同，并建立某种程度的相互信任。群体成员还有可能根据他们以前在群体中工作的经历来交流彼此对群体活动的期望。

2. 沟通和决策

一旦群体成员相互接纳对方后，就转入讨论本群体的工作，进入“沟通和决策”阶段。这时，群体成员们更加开放地表述各自的感受和观点。在相处中，他们对相反的意见会更有耐心，更加宽容，并努力从不同的角度探讨合理的解决办法。在这一阶段，成员们会慢慢发展出一套群体的行为规范。例如，建立群体的组织机构、规章制度和信息交流网络，明确群体成员之间的相互依赖关系；确定群体领导人，明确权限和责任；制定目标及其实现方法；成员们会相互讨论，并建立大家都认同的群体目标。然后他们给各成员分派任务和角色，以共同完成群体目标。

3. 激励和生产率

在这一阶段，群体的重点从成员之间的个人观点转向群体具体的工作活动。各成员开始开展各自被分派的工作，相互合作，相互帮助，共同完成目标，成员们受激励的程度日益增加，并创造性地完成工作。

4. 控制和组织

在控制和组织这一阶段，群体为完成目标而有效地开展工作。工作任务是在相互认同的基础上根据员工能力分派给每一个员工的。在一个成熟的群体中，各成员的工作活动都是自主的，工作有灵活性而不是受限于严格的规定，在必要的时候，群体会对其活动和潜在的产出进行评估和控制。群体表现出的灵活性、自发性、自组织性和自我校正对群体在长时间内保持高涨的生产效率是非常重要的。

并不是所有的群体都会经历这四个阶段。有些群体在到达最后一个阶段前就解散了，还有一些群体会解散得更早。管理人员必须了解群体发展的规律，因为群体行为是由群体所处阶段来决定的。只有这样，才能更好地管理一个群体。

三、五阶段模型

1965年，美国教育心理学家布鲁斯·W. 图克曼（Bruce W. Tuckman）发表了《小型团队的发展序列》，后来又提出了人们普遍接受的群体发展五阶段模型（five-stage group-development model）（图5-3），这五个阶段即形成阶段、震荡阶段、规范阶段、执行阶段和解体阶段。

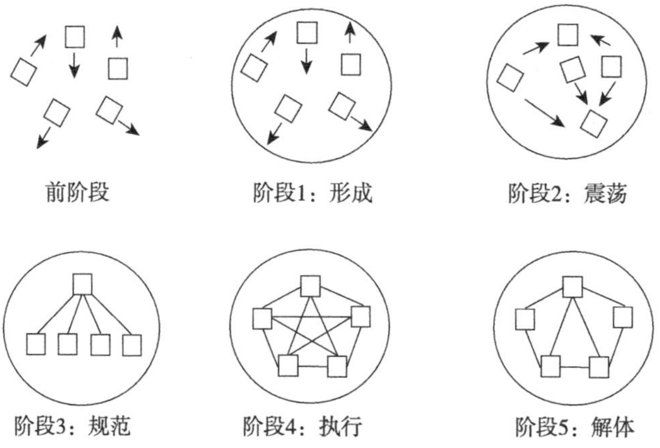

图 5-3　群体发展的五阶段模型

资料来源：Tuckman 和 Jensen（1997）

（1）形成阶段（forming stage）。在形成阶段，群体的目的、结构和领导关系都不确定。群体成员“摸着石头过河”，探寻能够被接受的行为规范。当群体各个成员开始确认自己是群体的一员时，这个阶段就结束了。

（2）震荡阶段（storming stage）。震荡阶段是群体的内部冲突阶段。群体成员一方面接受了自己的群体，另一方面却不愿意被群体约束。这一阶段的显著特点是争夺对群体的控制权。这个阶段结束时，群体的领导层次和发展方向都相对明确了。

（3）规范阶段（norming stage）。在规范阶段，群体内部成员之间开始形成亲密的关系，群体结构越来越稳固，群体凝聚力越来越强。群体认同感、自豪感随之产生。当群体结构稳定下来，群体成员对于什么是正确的行为达成共识时，这个阶段就结束了。

（4）执行阶段（performing stage）。在这个阶段，群体结构已被群体成员完全接受，群体的作用开始充分地得到发挥。群体成员的注意力已经从试图相互认识和理解转移到完成群体的各项具体任务。

（5）解体阶段（adjourning stage）。对于长期性的工作群体而言，执行阶段是最后一个发展阶段，而对于暂时性的委员会、团队、任务小组等工作群体来说，因为这类群体要完成的任务是有限的，因此，还有一个解体阶段。在这个阶段中，群体开始准备解散，高绩效不再是压倒一切的首要任务，注意力放到了群体的收尾工作上。这个阶段，群体成员的反应差异很大。有的很乐观，沉浸于群体的成就中，有的则很悲观，怀念在工作群体中建立起的友谊关系。

这种五阶段模型只是关于群体发展阶段的一般意义上的假设。群体在形成和发展中受到诸多因素的影响，阶段之间的界限可能变得不那么清晰，会呈现出不符合标准模式的情况。例如，有的群体在震荡阶段的绩效超过了规范和执行阶段；有的群体不是明确地从一个阶段发展到下一个阶段，而可能震荡和执行阶段同时进行；在另一些特殊的情况下，群体甚至可能倒退回前一个阶段。因此，有人对这个模型持批评意见，认为群体所处的环境十分复杂，经常发生强烈的变化，大多数群体的发展都无法用这个模型来解释。

四、间断–平衡模型

间断–平衡模型（punctuated-equilibrium model）适用于有明确截止日期的临时群体。

有明确任务期限的群体并非都经历相同顺序的发展阶段。如图 5-4 所示，群体成员的第一次会议决定群体的发展方向；第一阶段的群体活动依惯性进行；在第一阶段结束时，群体发生一次转变，这个转变正好发生在群体生命周期的中间阶段；这个转变会激起群体的重大变革；在转变之后，群体的活动又会依靠惯性进行；群体的最后一次会议会使完成任务的活动速度明显加快。

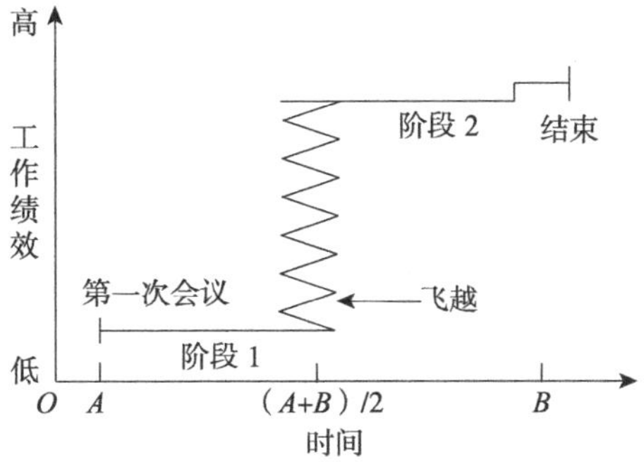

图 5-4 群体的间断–平衡模型

在第一阶段中，群体成员的第一次会议决定群体的发展方向，确定群体的任务、目标和行为方式。确定的内容在第一阶段中不太容易发生改变。即使有的群体成员有新的想法提出，大多也不会被采纳并付诸行动。这个阶段群体的运行处于平衡状态，是依惯性进行群体活动的阶段。

第一阶段之后是变革期，有趣的是，每个群体的变革期都正好在第一次会议和正式结束的中间时段附近。尽管有些群体的明确任务期限是一小时，而有些群体的明确任务期限是 6 个月。似乎每个群体像人一样都要经历一次“中年危机”。处于中点的变革期促使群体成员认识到，时间是有限的，必须迅速行动。群体成员感到时间的压力和完成任务目标的紧迫，他们认识到必须迅速采取行动，必须对原有的运行方式做出某些改变。于是群体就放弃了旧的思维方式，采纳新的见解，进入效率更高的第二阶段。

第二阶段是一个新的平衡阶段，或者说又是一个依惯性运行的阶段。在这个阶段中，群体开始实施在其转变时期创造出来的新计划。群体的最后一次会议以迅速完成工作任务为特征。最后一次项目会议则往往会比其他几次会议时间更长，很多问题都得到了最终的解决。

总之，群体的间断–平衡模型的特点是，群体在其长期的依惯性运行过程中，会有一个短暂的变革时期，这一时期的到来，主要是由于群体成员意识到他们完成任务的时间期限和由此产生的紧迫感。

第三节 群体属性

群体不是一群无组织的乌合之众，而是拥有一些特定属性的集合体。群体的属性主要包括群体角色（group role）、群体规范（group norms）、群体地位（group status）、群体规模（group size）和群体结构（group structure）五个方面。

一、群体角色

群体角色是指每一个成员在群体中表现出所被期待的特定的行为模式。一般而言，在一个特定的群体中，可以观察到的成员有三种比较典型的角色表现，如图 5-5 所示。

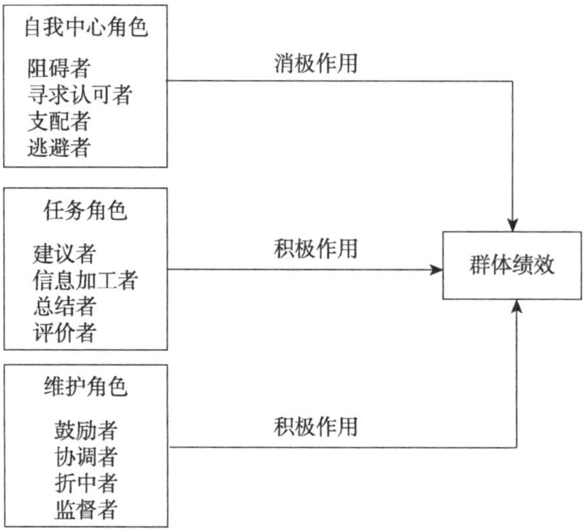

图 5-5 群体角色

1. 自我中心角色

自我中心角色是指处处为自己着想，为满足个人需要，不惜以牺牲群体的利益与和谐为代价的成员。该角色具体可分为以下四种类型：①阻碍者，是指那些总是在群体通往目标的道路上设置障碍的人。②寻求认可者，是指那些努力表现个人的成绩，以引起群体注意的人。③支配者，这类人试图驾驭别人，操纵所有事务，也不顾及对群体会产生什么影响。④逃避者，这类人对群体漠不关心，似乎自己与群体毫无关系，不作贡献。

2. 任务角色

任务角色主要是指工作涉及促进和协调与工作相关的决策制度的成员，具体又可分为以下四种类型：①建议者，是指那些给群体提建议、出谋划策的人。②信息加工者，是指为群体收集有用信息的人。③总结者，是指为群体整理、综合有关信息，为群体目标服务的人。④评价者，是帮助群体检验有关方案、筛选最佳决策的人。

3. 维护角色

维护角色也被称为关系中心型角色。这类角色一般涉及建立以群体为中心的感情和社会的相互作用，也可以细分为以下四种类型：①鼓励者，是指热心赞赏他人对群体的贡献的人。②协调者，是指解决群体内冲突的人。③折中者，是指协调不同意见，帮助群体成员制定大家都能接受的中庸决策的人。④监督者，是指保证每人都有发表意见的机会，鼓动寡言的人而压制支配者的人。

研究发现，自我中心角色为群体绩效带来消极影响，造成绩效下降。任务角色和维护角色对群体绩效都起积极作用，即任务角色、维护角色和群体绩效之间有正比关系。

二、群体规范

群体规范是指群体成员共同接受和遵循的行为标准。它是一种非正式的、用来指导群体成员行为的准则，对群体成员的行为有重大影响。规范和标准有所不同，标准规定的是成员的一举一动，规范规定的是其成员行为可以接受和不能容忍的范围，一经形成，就会发生作用，规范不仅可以是规定性的，也可以是禁止性的。

（一）群体规范的形成

群体规范是在群体成员掌握使群体有效运作所必需的行为的过程中逐渐形成的。群体中的一些关键事件可能会缩短这一过程，并能迅速强化新规范。群体规范可以通过很多方式形成。首先，群体规范可以通过领导的要求形成。如果群体领导明确地强调，在上班时不得打私人电话或者喝咖啡，休息时间不得超过 10 分钟，那么规范就会形成；其次，历史关键事件也通常是群体规范的起因。例如，在工作中，一个旁观者因离机器太近而受伤，从这以后，群体可能就会规定，除操作者之外，任何人不得进入离机器较近的范围内。

群体并不是为每一种可能出现的情景都制定规范，而是主要制定一些对自己很重要的规范。较为重要的规范一般包括以下三类：①能够促进群体生存的规范。群体着力于强化那些能够增加成功机会的规范，尽力保护自己的成员不受其他群体或个人的干扰。②能够增加成员行为可预测性的规范。群体如果能够更准确地预测成员的行为，群体的不确定性将降低，群体的效率将得到提高。③能够润滑成员人际关系的规范。一种规范如果能够保证群体成员的满意感并尽可能防止人际摩擦，这种规范就是重要的。例如，组织禁止员工询问薪酬水平，就属于此类规范。

（二）群体规范的类型

1. 与群体绩效有关的规范

群体通常会明确地告诉其成员：他们应该多努力工作，应该怎样去完成自己的工作任务，应该达到什么样的产出水平，应该怎样与别人沟通，等等。这类规范对员工个人的绩效有巨大的影响。

2. 与成员形象有关的规范

群体成员形象一般包括：如何着装，在何时应该忙碌，何时可以聊天，对群体或组织应该表现出忠诚感，等等。有些组织有正式的着装规定，有些虽然没有这种明文规定，但往往也有一些心照不宣的标准。同样，在大多数组织中，尤其对专业技术人员和高层管理人员来说，公开寻找另一份工作是不合适的。

3. 与社会交往有关的规范

这类规范来自非正式群体，主要用来约束非正式群体内部成员的相互作用。例如，群体成员应该与谁一起吃午饭、与谁一起郊游等，常会受到这些规范的制约。

三、群体地位

群体地位是个体在群体中的相对社会职位（social position）或社会等级（social rank），是社会对一个人的某种承认、尊重和接受的标志。每个群体都是其成员按照地位层次集合在一起而形成一定的地位体系，这种体系规定了团体中人们的隶属关系。团体中地位高的人通常比地位低的人员有更大的权力和影响，与同级之间的相互制约和相互影响也多于地位低的人员。总之，地位高的人在组织中有机会发挥更重要的作用，而地位低的人往往有脱离主流的孤独感和更多的压抑感。

影响地位高低的因素有很多，所受教育程度与工作等级是影响地位高低的两项最重要的因素，其他因素还有个体的能力、技能、工作种类、报酬、资历、年龄等。一般来说，个体在正式群体中地位的高低主要和个人所拥有的职权有关，在非正式群体中地位的高低主要和个体的威望有关。

地位作为社会等级的标志，在企业里面到处可见，尤其在不同级别的管理人员中，这种地位标志尤为明显。例如，在煤矿企业里，处长室、局长室、厂长办公室等，都是一种地位标志的象征。

地位在组织行为学中具有很重要的意义，它也是众多矛盾的根源。像企业中雇员的调动、升迁，以及群体中非正式领导的定夺，还有那些期望在组织中得到晋升的人想得到的激励等，都与地位密切相关。

四、群体规模

群体规模是指组成一个群体的人数的多少。群体规模应视群体任务的性质而定，任何群体都应有其最佳人数，也应有其上限和下限。以下主要围绕群体规模的上限和下限问题、群体成员的奇数和偶数问题、群体规模与工作效率的关系三个方面进行说明。

1. 群体规模的上限和下限问题

一般认为群体的下限应为 2 人或 3 人，但大多数人主张不能少于 3 人，因为 2 人往往只能构成个人间的纯感情关系，如果发生争执，没有第三者仲裁，矛盾很难解决，不能体现群体的特征。对上限的人数则存在分歧，如多数人认为 7 人最佳，但也有人主张 20~30 人甚至 40 人的。总之，群体规模不能太大，以避免群体成员间彼此不能接触和了解，心理上没有相互联系，行为上没有相互作用，从而也就没有对某一群体的归属感，失去群体的本质特征。

2. 群体成员的奇数和偶数问题

主张群体应为奇数的人认为，当群体成员发生意见分歧时，奇数群体可以采取投票表决方式使问题得到迅速解决，不会无休止地争论下去。主张偶数群体的人认为，单靠表决会影响群体中人与人之间的关系，不是解决问题的好办法；当意见分歧的双方势均力敌时，应进一步进行协商，这样既可在深入讨论的基础上使问题得到解决，又可避免群体中人们之间的关系紧张。

3. 群体规模与工作效率的关系

工作群体规模应视群体任务的性质而定。群体规模与人均效率的关系如图 5-6 所示，当人数为 n 时，人均效率最高。在群体规模的最佳值 n 附近做微小的变动，对人均效率的影响不是很大，但若变化的范围超过一定的“度”，则人均效率会大幅度下降。应当指出，不同的工作任务、不同的工种、不同的机械化程度以及工作的不同熟练程度等因素，决定着不同的群体应有不同的最佳人数、不同的上限和下限。

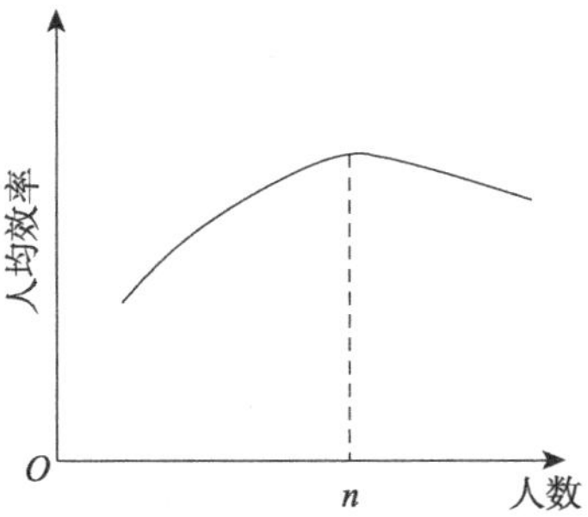

图 5-6 群体规模与人均效率的关系

五、群体结构

群体结构是指构成群体的成员在年龄、性别、教育背景、社会经验、能力、个性、价值观等方面具有共同性的程度。如果群体成员在上述一个或几个因素上具有很高的相似性，那么这个群体就趋向于同质性；反之，如果群体成员在上述因素上差异较大，呈现出多元化的局面，那么这个群体就趋向异质性。同质性结构群体的成员在性格、观点、能力、技能等各个方面都比较接近，在完成简单任务时，同质结构群体的效率较高；异质性结构群体是由相互差异很大的个体构成的，群体中的成员在各方面都是不相同的，在完成复杂任务时，异质性结构群体的群体效率较高。因为异质性结构群体有不同能力、性格、年龄、知识的人相互协作，取长补短，共同努力，群体拥有更多能够有效完成目标的能力和信息，所以这类群体适合那些复杂的、需要具备多种技术和知识的任务。一般来说，企业的基层生产班组具有同质性结构比较适当；领导班子最好由异质性结构群体构成。但需要注意的是，异质性结构的群体比较容易导致冲突的产生，成员之间磨合的时间也比较长。

通常情况下，群体可以依据不同的标准分为以下几种结构。

（1）年龄结构。根据构成群体成员的年龄特点，可以将群体成员分为老、中、青三类，根据不同年龄阶段成员数量的差异又可分为：①正三角形年龄结构，即老年人最少，中年人次之，青年人最多；②菱形年龄结构，即老年人和青年人少，中年人多；③倒三角形年龄结构，即青年人最少，中年人次之，老年人最多。一般来说，正三角形年龄结构比较合理，能够形成梯队，做到人尽其才，有利于出成果、出人才。

（2）专业结构。专业结构是指群体内专业人员的组成及其相互关系，如组成人员的专业和知识的广度和深度。通常情况下，群体成员的知识越广博、专业水平越高，越有助于完成任务。

（3）智力结构。智力结构由群体成员的智力水平、智力类型组成，合理的智力结构应由智力组织型、智力创造型和智力操作型三种基本类型的人组成。

（4）性格结构。人的性格千差万别，群体成员间是否相容，在很大程度上取决于其性格、信念、理想与世界观的相似性。

第四节 群体行为特性与规律

个体各有个性，但受到群体中其他成员的影响，个体在群体中的行为往往表现出不同于个体单独情境下的行为特性。这些反应是群体压力下的产物，也是个体适应环境的方式。

一、群体动力

美籍德国心理学家勒温最早提出群体动力理论，该理论认为，一个人的行为，是个体内在需要和环境外力相互作用的结果，可以用函数式表示为

$$B=f\left(P\bullet E\right)$$

其中，B 表示个人行为；P 表示个人，包括人的遗传因素、情绪、能力、人格等内在因素；E 表示社会环境，包括人际影响、群体中的社会心理气氛、群体压力、领导作风等。研究认为，群体动力包括放任、强扭和引导三种模式（图 5-7）。人们认为，图 5-7（a）和图 5-7（b）所示的放任和强扭模式是不可取的，图 5-7（c）所示的引导模式是群体动力应该遵循的。

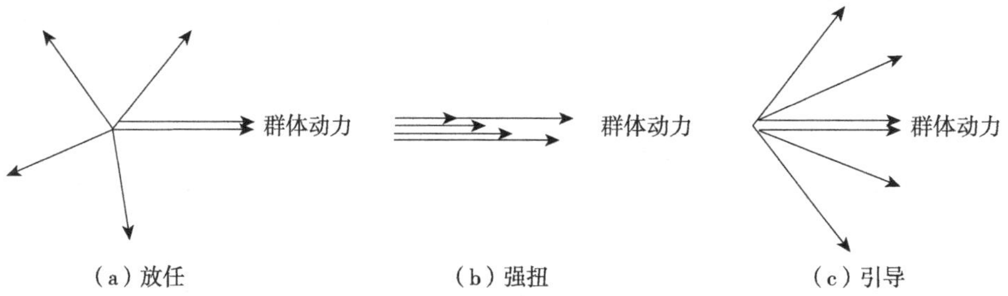

图 5-7　群体动力的三种模式

群体动力理论主要论述群体中各种力量对个体的作用和影响，勒温及其后继者通过实验，对群体动力进行了深入研究。

1. *群体领导方式动力*

群体的领导方式不同，表现为专制型、民主型、自由放任型，这三种领导方式下成员的行为表现也不同。勒温认为在专制型群体中，成员的行为表现为攻击性言行、引人注目的出风头行为、使用“我”而不是“我们”的语言频率、推卸责任、做给领导看的行为、对群体活动缺乏满足感；在民主型群体中成员的行为表现则相反，而且同一个成员一旦从专制型群体调入民主型群体，其行为就会立即产生变化。

2. *群体组织形式动力*

勒温及其追随者发现，在欧洲战场上，被德国俘虏的美国士兵的反抗情绪和逃跑率都很高；而在朝鲜战场被中国俘虏的美国士兵的反抗情绪和逃跑率都很低。心理学家沙因于1956 年对此进行研究，认为这种行为反差是由群体组织形式造成的。在中国俘虏营，看守人员与战俘的伙食、医疗条件平等，战俘经常被调动而组成新的战俘群，中方有意识地让被俘士兵管理被俘军官，战俘被提审后不再回原来的战俘群。在纳粹德国的战俘营中，组织管理方法与中国的恰好相反，因此导致了战俘行为的不同。这一现象在管理领域也具有借鉴意义。

3. *群体结构性质动力*

威尔逊等将 36 名大学生分成两组进行实验，甲组成员是注重安全需要而自尊需要较低的学生，乙组则是注重自尊需要而安全需要较低的学生。结果表明，甲组在平等型群体中的生产率低，而在层次型群体中的生产率高；乙组生产率的高低则正好相反。可见，成员

行为取决于个人需要类型和群体领导方式如何搭配。

4. 群体公约动力

勒温在20世纪40年代曾就公约改变人们行为态度的有效性进行过一系列实验，如怎样改变美国家庭主妇不喜欢用动物内脏做菜的习惯。实验结果表明，群体的公约规则对其成员的行为有规范作用，而且公约规则比一般性的宣传说服更能改变群体成员的行为。

5. 群体多数动力

社会心理学家阿希（S. E. Asch）在20世纪50年代通过多次实验证明，对于用来做实验的问题，如群体中只有一个成员故意给出错误答案，就会造成群体压力，被试者接受错误答案的比率为13.6%；若有3个成员故意答错，被试者接受错误的比率就上升为31.8%。由此可见，群体中多数人的行为表现对群体成员的行为有引领作用。

二、群体从众

群体成员的行为通常具有跟随群体的倾向。当一个人发觉自己的行为和意见与群体多数人不一致时，一般会感到心理紧张，产生一种心理压力，这就是群体压力。这种压力促使人与群体主流的行为和意见趋于一致。人在群体中的这种要求与多数人一致的现象，被称为从众（conformity）。

（一）从众产生的原因

1. 源于马斯洛提出的人的安全需要

在群体中，标新立异或与众不同往往会使一般人担心由于背离群体的主流做法而丧失安全感，从而感到孤立、不安和不和谐。反之，当人与群体保持一致时，就会有一种安全和舒服感。群体压力与正式的权威命令不同，它不一定是强制地影响个体的行为，而是多数人的意向在影响着个人的行为反应，个体因而在心理上往往难以违抗。因此，群体压力对人行为的影响，有时并不一定亚于权威命令。

2. 源于个体其他方面的实际需要

一定程度上，一个人在工作或生活中所需要的大量信息，都是从别人那里得到的，离开了他人，个人几乎难以活动，这样就使人逐渐形成不自觉地依赖他人的心理，从而导致从众。还有，人要在工作和生活上有所成就，必须依赖于他人的努力和群体的力量。总之，个人生活在群体之中，任何一个群体、组织或整个社会都是一个合作系统。这就意味着，在一个群体中，个体在某些时间和场合都可能会做出某种程度的让步，不愿意犯众怒，甚至会委曲求全。

（二）从众的表现形式

事实上，从众有表面的和内心的两个层面。表面的行为可表现为从众或不从众，而内心的反应却有容纳与拒绝之分。对同一个人来说，内、外两个层面的反应，并不一定都是协调一致的，它有以下四种情况。

（1）表面从众，内心也接受。这是“口服心服”，是群体与个体之间最理想的关系。当组织的目标与员工的期待一致时，即为这种状态。

（2）表面服从，内心却拒绝。这是一种权宜的从众或假从众，即“口服心不服”。

（3）表面不服从，内心却接受。这是“心服口不服”。领导内心同情、支持员工辛苦了一周后应休假一天，但上级领导不批准。这时，该领导不敢公开表示从众，内心却认为员工的要求是合理的。

（4）表面不从众，内心也拒绝。这是“心口皆不服”行为。例如，一个革新家，面对一个故步自封、不求改革的群体，便可能采取这种态度。

（三）影响个体从众的因素

1. 个体特征

个体的从众行为倾向性在很大程度上取决于个体的特征，具体包括：智力和能力的高低（一般智力低者易于从众），情绪的稳定性（焦虑且情绪不稳定者易于从众），自信心高低（缺乏自信心者易于从众），自尊心强弱（自尊心弱的人易于从众），社会赞誉需要高低（社会赞誉需要高的人容易从众），对人际关系的敏感性（看重人际关系的人易于从众），态度与价值观（对社会评价和舆论敏感、重视道德与权威、墨守成规者易于从众），对他人的依赖性（对他人依赖者易于接受别人的暗示而放弃己见），等等。

2. 群体特征

个体从众行为也取决于群体特征。群体特征具体包括：群体的作用（一个能够满足个体愿望和需要的群体，易使个体产生从众行为），群体的组成（当群体内多数成员的地位、能力、经验高于个体时，个体容易产生从众行为），群体的气氛（当群体不容忍个人主见，总是对从众的人有利时，个体易于产生从众行为），群体的凝聚力（当群体的凝聚力很高时，容易使个体从众）。

3. 其他情境因素

个体的从众行为还取决于其他情境因素，如问题的性质（如果群体针对的问题本身复杂且模糊、没有标准，则个体易于从众），个体对群体的依赖度（当个体非常依赖群体来达到其需要和目标时，个体就会考虑群体的意见和需要），外界对群体的支持度（当整个组织对该群体非常认同与支持时，个体也容易产生从众行为），等等。

（四）从众的作用

从众行为的作用也有两面性。一是从众行为的积极作用。从众行为的实质是通过群体来影响和改变个人的观念与行为。为此，无论先进或落后的群体都会影响到其成员的个人行为。例如，一个刚进工厂而原来表现不好的青年，领导有意识地安排他到一个先进生产小组中去工作，那么这个后进青年有可能逐步改变其原来不好的行为。二是从众行为的消极作用。从众行为的消极作用表现为以下两个方面：①束缚成员创造力的发挥。从众行为倾向于“舆论一致”，这种压力容易制约成员的独创性。因为一个人如果不敢冲破“舆论一致”的束缚而深受其控制，就会“人云亦云”，扼制创造力的发挥。②掩盖表面一致情况下强行通过或仓促做出的结论的不正确性。在做决策或决定时，千万不要被这种“表面一致”迷惑，要细心观察，采取谨慎的态度。在决策过程中，要善于听取和分析反面的意见，提高运用反面意见的能力。因为任何一个决策，只有经过反复的争论，对正、反两种意见做过全面的分析，才有可能做出比较正确的判断。

综上，个体在群体中从众行为的倾向性是个体与群体力量相对比的结果。当个体的力量能抵抗群体压力时，个体会按自己的真实意见行动；当个体的力量不足以抵抗群体压力时，则会表现出从众行为。

三、社会促进与社会懈怠

（一）社会促进

在他人在场的情况下，个人的绩效表现会不同吗？他人在场分为两种情况：第一种情况是其他人与你一起做一件事；第二种情况是其他人只是你的观众。有时候在他人面前个体的绩效会上升，另一些时候则会下降。所谓社会促进（social facilitation），就是指他人在场或者与他人一起工作所带来的工作效率和绩效的提升。与社会促进相对的是社会抑制（social inhibition），它是指他人在场或者与他人一起活动所带来的工作效率和绩效的降低。也有学者认为社会促进作用本身就包括了社会促进和社会抑制两个方面。

1969 年，查荣克（R. Zajonc）利用蟑螂的试验也证实了观众对个体的影响。一只蟑螂被关在箱子中做试验，箱子里就如迷宫一样，充满许多透明的玻璃走道，蟑螂被丢到里面执行类似走迷宫的测试。研究者在跑道透明玻璃外放满了其他蟑螂，然后用强光照射。试验的目的是观察有其他蟑螂看的时候，被测试的蟑螂通过迷宫的速度。试验表明，当迷宫非常简单时，若有其他蟑螂做观众，被测试的蟑螂通过迷宫的速度比自己单独通过时要快。但是，当迷宫非常复杂时，被测试的蟑螂通过迷宫的速度比自己单独通过时要慢。

为什么人在群体情境中会产生社会促进呢？弗里德曼（J. L. Freedman）提出了内驱力理论的解释。内驱力通常被认为是机体内部的一种紧张状态，这种紧张会唤起个体比较强的兴奋状态，激发人们的竞争和被评价意识。弗里德曼认为，人在社会化过程中，已经学会将社会情境当做竞争情境看待。因此，当他人在场或与他人一起活动时，个体的行为变成了由高度自我意识支配的自我表现过程，个体希望获得积极的社会评价，在这种情况下个体就更容易表现出高绩效。这就是社会促进作用的原理。

但是，如果个体的内驱力过强，被评价的意识过强，就有可能激发起个体过高的焦虑水平，使个体正常的思维活动受到干扰，绩效水平下降，这就出现了社会抑制作用。有学者曾经做过一个试验，让大学生在两种不同条件下学习无意义的音节表：一种是让他们单独学，另一种是在有几个旁观者的情况下进行学习。当面临观众时，被试者平均需要 11.27 次试验才能学会，而当被试者单独学习时，只要 9.85 次试验就能学会，在有“观众”条件下被试者出现错误的平均数比单独状态下要多得多。此外，社会促进也与人的个性心理特征有关。有的人个性特点比较内向、拘谨，在他人面前表现得不自在，行为效果下降，越是面对困难的工作任务时越是这样。

一般而言，当个体面临的工作任务比较简单或者他对这项工作非常熟练时，群体背景通常会提升他的工作表现。而当个体面临复杂的任务或者个体对这项任务不熟悉时，群体背景通常会降低他的工作表现。

（二）社会懈怠

社会促进是普遍存在的，其前提是他们的个人努力很容易被观察或者得到评估，引起了个人的唤醒状态。但是，有时候个人的努力常常无法得到区分。例如，一个人在演唱会之后拍手鼓掌，但没有人能区分出这个人到底拍得有多响，或者一个人在行进乐队中演奏一种乐器，其演奏的声音与其他乐器的声音混在一起了。社会心理学家拉塔纳（Bibb Latane）、威廉姆斯（Kipling Williams）和哈金斯（Stephen Harkins）进行了研究，指出有他人在场且自己的表现无法得到评估时，人们倾向于在简单任务上表现得更糟而在复杂任务上表现得更好，并将这种现象称为社会懈怠（social loafing）。

在一项电脑迷宫实验中，研究者安排一名参加者解答电脑屏幕上显示的简单或复杂的迷宫，安排另一名参加者在同一个房间的另一台电脑上解答相同的迷宫问题。研究者给出两种指示：一种是研究者分别评价每个参加者完成任务的情况（施加评价压力）；另一种是电脑将会把两名参加者的得分加以平均，因此没有人会知道每个人的表现如何（减少评价压力）。结果与预测的情况是一致的，当分数进行平均时，参加者变得更加放松，而这种放松提高了解决复杂迷宫的效率，所用时间更短，但缺乏评价压力却使他们在简单迷宫中的表现更差。

对于社会懈怠的负面作用，一个解释就是群体责任的扩散。因为在一个群体工作任务中，是以群体的整体工作绩效为评价标准的，个人努力和群体绩效之间的关系不被衡量，在这种情况下，个人的努力程度就降低了。20 世纪 20 年代末，德国心理学家瑞格尔曼（Ringelmann）在拉绳实验中，比较了个人绩效和群体绩效。他原来认为，群体绩效会等于个人绩效的总和，也就是说，3 个人一起拉绳的拉力是 1 个人单独拉绳时的 3 倍，8 个人一起拉绳的拉力是 1 个人单独拉绳时的 8 倍。但是，研究结果没有证实他的期望。3 人群体产生的拉力只是1个人拉力的 2.5 倍，8 人群体产生的拉力还不到 1 个人拉力的 4 倍。

对于社会懈怠的正面作用，可以这样解释：在应对复杂任务时，社会懈怠使人们不再担心自己不佳的表现会得到不好的评价，心情变得放松，面对困难任务的畏缩心理减少，表现反而更好。

在预测他人的存在是否能促进个体的表现时，需要知道两件事情：一是个人努力是否能得到评估，二是面临的任务是简单还是复杂。这些研究结果对于如何组织团体具有很多借鉴意义。一方面，作为管理者，当要求员工完成一些相对简单的任务时，适度的评价压力也许并不是坏事；另一方面，如果要求员工完成一些相对困难、复杂的任务时，则需要降低他们的评价压力，可以考察群体的整体绩效，而不是评价个人的表现，这样绩效可能会更佳。社会促进与社会懈怠的关系如图 5-8 所示。

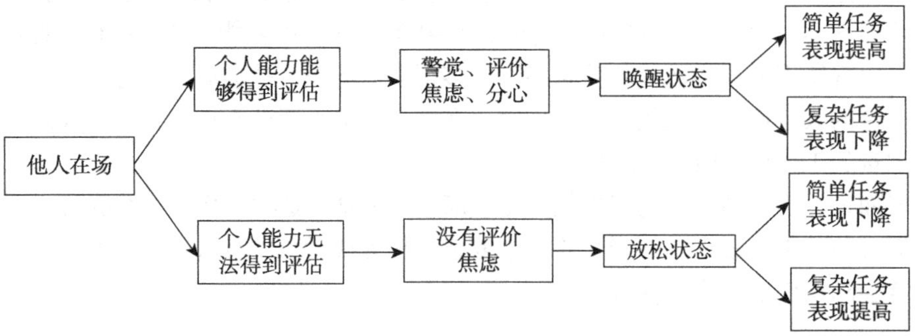

图 5-8 社会促进与社会懈怠

第五节　群体行为与工作绩效

群体是群体内部相互作用、相互依赖的个体组成的集合体。群体的相互作用是指人们在活动中所发生的语言与非语言的相互之间的信息沟通与接触，这种相互作用表现为一个人的活动受另一个人的活动的影响。群体行为直接影响到群体绩效的高低，而群体绩效包括一定的任务和目标的实现，以及群体成员情绪上的心情舒畅（比较满意）等。

一、群体士气

士气一词原用于军队，表示作战时的集体精神状态，由群体的工作精神和成员对组织的积极态度组成。群体士气对群体绩效水平的高低具有非常重要的影响。心理学家史密斯（G. R. Smith）认为士气是对某个群体或组织感到满足，乐意成为该群体的一员，并协助达成群体目标的态度。雷顿（A. H. Leighton）则认为，士气是一群人追求共同目标，持久地、首尾连贯地协力工作的群体能力。心理学家克瑞奇（D. Krech）等认为，一个士气高昂的群体，具有以下七种特征：①团结的群体来自内部的凝聚力，而非源自外部的压力。②群体内的成员没有分裂为互相敌对的小群体的倾向。③群体本身具有适应外部变化的能力，有处理内部冲突的能力。④成员与成员之间有强烈的认同感和归属感。⑤每个群体成员都能明确地掌握群体的目标。⑥成员对群体的目标及领导者抱肯定和支持的态度。⑦成员承认群体的存在价值，并具有维护此群体继续存在的意向。

高昂的群体士气，可以激发员工的生产热情，以保证群体或组织生产任务的完成。同时，高昂的群体士气可以使群体或组织获得广大公众的赞誉和支持。在一个企业中，要注意了解士气，了解员工对工作、对组织、对上级和同事、对工作环境的态度，这是企业进行有效管理的手段。

（一）群体士气的影响因素

（1）对组织目标的赞同。士气是群体中成员的群体意识，它代表一种个人成败与群体成就休戚相关的心理。这种心理在个人的目标与群体的目标协调一致时（即个人赞同组织目标时）才可能产生。这时，个体对组织有强烈的认同感，愿意为实现组织的目标而努力。

（2）合理的经济报酬。金钱不是人们所追求的唯一目标，但金钱可以满足个人的许多需求，有时它还代表一个人在组织中的成就和贡献。同工同酬，以工计酬，公平合理，就能提高员工的工作积极性；反之，不合理的薪资制度会引起不满而降低士气。

（3）对工作的满足感。对工作的满足感的增长有利于提高士气。例如，个人感到所从事的工作合乎他的兴趣、适合他的能力，工作对他而言就具有挑战性，可使他施展抱负。在这种情况下，士气必然会提高。因此，安排工作时要尽可能根据员工的智力、兴趣、受教育程度和特殊专长，施展其长处，以鼓舞士气。

（4）有优秀的管理人员。一个领导的管理作风对下级工作精神的影响极大。组织行为学的研究表明，凡是士气高的群体，其领导者都比较民主，乐于接受别人的意见，善于体谅员工的辛苦。

（5）同事间的关系和睦。一个士气高的群体，其成员间的凝聚力很强。很少发生彼此冲突、埋怨、敌对的现象。

（6）良好的意见沟通。领导与下级或下级与上级之间，如果沟通受阻，就可能引起员工的不满而影响士气。单向沟通只是上级命令下级，而没有给员工反映意见的机会，天长日久员工易产生抗拒心理，从而降低士气。增加员工参与决策或群体讨论的机会，创造双向沟通的条件，有利于提高员工的积极性。

（7）奖励方式得当。采取个体奖励制度，容易造成竞争式群体；如果采取群体奖励制度，以群体成绩计酬分享，则有利于提高全体成员的士气。

（8）良好的工作心理环境。在工作中心理挫折少、焦虑少，在充满自信、自尊的关系中工作，有利于提高员工的士气。

（二）群体士气与生产率

群体士气与生产率之间有非常密切的关系。一般来说，群体士气高，群体的行为强度就大。但研究表明，士气的高低与生产率之间并不存在正比例关系，员工士气只是提高生产率的必要条件之一，还不是充分条件。例如，提高员工的工作能力，保证充分的设备与原材料供应等都是很重要的条件。

戴维思（K. Davis）认为，员工士气与生产率的关系可以分为三种情况：高士气，低生产率；高士气，高生产率；低士气，高生产率（图 5-9）。

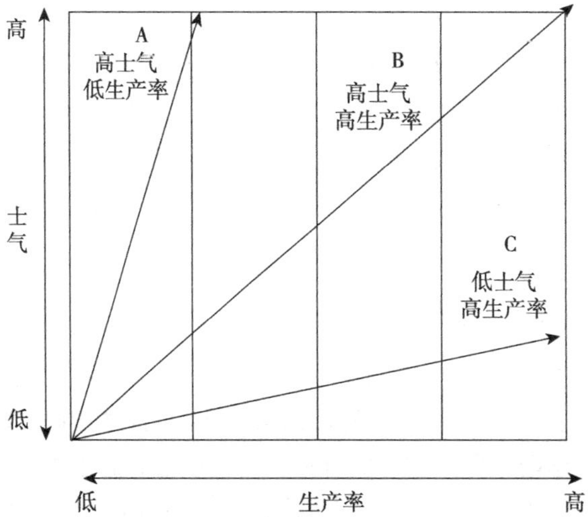

图 5-9 群体士气与生产率的关系

研究表明，用动作分析、时间分析等传统的科学管理方法指导作业程序，并以严格控制的方式管理员工时，可能会出现生产率高但士气低的状态。在此种条件下的高生产率也不可能维持太久，而员工的反感情绪会增加，最后仍将导致生产率的降低。

但是，如果员工只关心满足自己的心理需求，而不顾及与组织目标的关联，那么这种管理方式将导致低生产率、高士气的状态。在这种情况下，由于高士气群体的目标与组织的生产目标相抵触，所以很可能限制或阻碍生产。

如果企业组织要达到士气高、生产效率高的状态，那么必须使组织目标与员工需求趋向于协调一致，使士气高的群体接受组织的生产目标。在这种情况下，要靠非常能干的管理人员来使正式组织与非正式组织的利益相协调。

由此可见，高士气虽不一定能保证组织的高生产率。但是要提高组织的生产率，高士气却是必不可少的条件，因此管理者应当经常关心如何去提高士气。

二、群体凝聚力

群体凝聚力（group cohesiveness）是群体对成员的吸引力，它既包括群体对成员的吸引程度，又包括群体成员之间的相互吸引力。这种吸引力表现为成员在群体内的团结活动和拒绝离开群体的向心力。美国心理学家多伊奇（M. Dedutsch）曾提出过一个计算凝聚力的公式：群体凝聚力等于成员之间相互选择的数目与群体中可能相互选择的总数目之比。

凝聚力高的群体有以下特点：成员之间的信息交流畅通、频繁，气氛民主，关系和谐；成员有较强的归属感，成员参加群体活动的出席率较高；成员愿意更多地承担推动群体发展的责任和履行相关义务，关心群体，维护群体的权益；等等。

群体凝聚力与日常所说的群体团结性有类似之处，但也有区别。群体凝聚力主要是指群体内部的团结，而且可能出现排斥其他群体、与其他群体不团结的倾向。而一般所提倡的团结，往往既包括群体内部的团结，也包括与其他群体的团结和相互支持。

（一）群体凝聚力的影响因素

影响群体凝聚力的主要因素有群体的目标、群体目标的实现、成员之间的互相学习、共同的业余爱好、群体规模、群体与外部的关系、群体的地位和声望、群体内的信息沟通、群体的领导方式等。

（1）群体的目标。如果群体存在一个共同的目标，该目标的实现对所有成员的个人目标和切身利益都有利，那么成员之间的目标就是正相关的，这是形成高凝聚力的首要因素。

（2）群体目标的实现。当各成员经过共同的努力达到目标时会增强成员之间的感情、成员对群体的认同度，凝聚力会大大增强。实现的目标越具有挑战性，凝聚力就会越高。

（3）成员之间的互相学习。当群体中各成员都能从与其他成员共同工作中受益、学到更多、更新的知识时，成员之间的吸引力就强，凝聚力就会增加。

（4）共同的业余爱好。当一个群体中各成员都能从与其他成员的共同生活中得到更多的乐趣时（如有共同的爱好和兴趣），成员之间的吸引力就强，凝聚力就大。

（5）群体规模。群体规模越小，成员间彼此相互作用与交往的机会就越多，感情就越会加强，凝聚力就越大；反之，则不容易凝聚。通常，凝聚力大小与群体规模成反比。

（6）群体与外部的关系。一个与外界相对比较隔离的群体，凝聚力高；反之则低。另外，一个本来有一定凝聚力的群体在受到外来压力时，凝聚力会更强。

（7）群体的地位和声望。一个群体的声誉和知名度越高，凝聚力越强；反之就越弱。

（8）群体内的信息沟通。群体内信息畅通，沟通的机会越多，大家之间相互理解和支持，凝聚力就越高；反之就越低。

（9）群体的领导方式。如果领导是一个有个人魅力且尊重员工、愿意和员工沟通的领导，成员就会对领导有一种向心力，凝聚力就高。

（二）群体凝聚力与生产率

群体凝聚力高是否就一定能够带来高的生产率？相反，群体的凝聚力低是否说明其生产率一定低呢？通过理论上的不断研究和实践的证明，凝聚力的高低并不是影响生产率的唯一因素，群体凝聚力与生产率之间存在着复杂的关系。

1. 群体凝聚力和管理者的诱导对生产率的影响

社会心理学家沙赫特（Schachter）做了一个重要的试验，对理解和分析凝聚力与生产率关系具有启发意义。沙赫特在严格控制的条件下检验了群体凝聚力和对群体成员的诱导（即群体目标与组织目标的一致性）对生产率的影响，试验的自变量是凝聚力和诱导，因变量是生产率。除了设立对照组外，沙赫特还把试验组分为四种条件，即高凝聚力积极诱导、高凝聚力消极诱导、低凝聚力消极诱导和低凝聚力积极诱导。

凝聚力的高低由试验指导者用指导性语言来控制；诱导则是把积极和消极的字条给被试者，积极的诱导要求增加生产，消极的诱导要求限制生产。试验任务是制作棋盘。试验分两个阶段，前 16 分钟没有进行诱导，被试者只收到中性的字条；后 16 分钟每组都收到 6 次诱导的字条。试验结果如图 5-10 所示。

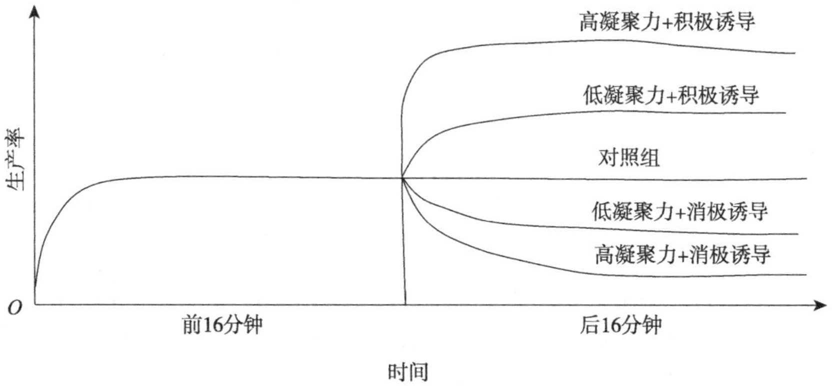

图 5-10　凝聚力、诱导与生产率

试验结果表明，不同的条件对生产率的影响是不同的。在试验第二阶段（后 16 分钟），两种诱导产生明显不同的效应，无论凝聚力的高低，积极诱导都提高了生产率，而且高凝聚力组生产率更高，而消极诱导明显降低了生产率，高凝聚力组的生产率更低。这个试验的结果还说明：在积极诱导条件下，高凝聚力比低凝聚力更能提高生产率。

2. 群体目标与组织目标的一致性对生产率的影响

研究与试验表明，群体目标与组织目标的一致性是影响生产率的一个重要因素。就群体目标与组织目标的一致程度而言，凝聚力与生产率的关系有四种不同的组合，它们对生产率产生不同影响。

（1）高一致性、高凝聚力，就是说群体目标与组织目标保持高度一致性，这时群体的凝聚力越高，生产率也越高。

（2）高一致性、低凝聚力，就是说群体的态度是支持组织目标，即使凝聚力很低，生产率也能提高。

（3）低一致性、高凝聚力，就是说群体的态度是不支持组织目标，这时群体的凝聚力越高，生产率越低。

（4）低一致性、低凝聚力，就是说群体目标与组织目标不一致，群体的凝聚力低，凝聚力与生产率的关系不明显。

综上所述，群体凝聚力越高，其成员就越遵守群体的规范和目标。因此，如果群体倾向于努力工作，争取高产，那么高凝聚力的群体的生产率就更高。但是，如果凝聚力很高，群体却倾向于限制更多的生产，甚至与其他群体闹摩擦，那么就只会大大降低生产率。此外，对群体的教育与引导也是影响生产率的关键环节，管理者不能只从加强成员之间的感情方面来提高凝聚力，更重要的是必须在提高群体凝聚力的同时，加强对群体成员的思想教育和指导，克服群体中可能出现的消极因素，这样才能使群体凝聚力成为促进生产率的动力，使群体向正确的方向发展。

三、群体决策

（一）群体决策的内涵

群体决策（group decision-making）是指对组织中的重大问题，在领导的主持下通过集体讨论做出最合理的决定的过程。在多数组织中，决策通过委员会、团队、任务小组或其他群体的形式完成，决策者经常在群体会议上为那些具有新颖和高度不确定性的非程序化决策寻求和协调解决方法，也导致决策者花费大量的时间和精力。因此，群体决策的利弊具有重要的现实意义。

1. 群体决策的优点

（1）获得更为完整的信息。个体决策的信息来源是有限的，而群体能够通过集思广益，获得比个体决策更加丰富的信息和知识。

（2）增强决策可接受性。人们通常认为群体做出来的决策比个人决策更具合理性，因而更愿意接受。尤其当群体成员既是决策者，又是执行者的时候，参与决策的过程会使成员更加支持决策的执行。

（3）产生更多的备选方案。群体中的知识、经验、创造力都更加丰富。群体决策可以运用“头脑风暴”等群体决策方法，从而产生更多的备选方案。

（4）提高决策的质量。群体中每个成员都有不同的特点和专长，有的人擅长数量分析，有的人具备实践经验，有的人谨慎、细心，等等。群体决策可以发挥成员各自的优势，扬长避短，使决策质量更高。

2. 群体决策的缺点

（1）耗费较多的时间。群体决策需要群体讨论，群体讨论需要花费很长的时间。而且，当群体成员的意见出现冲突时，为了化解争执、协调冲突，会费时费力。

（2）容易产生从众现象。人们在群体中往往要屈从于群体压力，有时不同的观点或少数派的观点会遭到抑制。群体成员宁愿采取从众行为，从而导致群体决策出现偏差。

（3）少数人控制。群体中的成员在角色和地位上存在差异，少数地位高的群体成员可能会取得控制、支配、驾驭群体中其他成员的机会，极大地影响最终的决策。如果这些有影响力的群体成员在决策上出现失误，那么群体决策就会出现问题。

（4）存在社会抑制作用。由于存在社会抑制作用，人们在群体中工作时，有时会降低努力程度，比单独工作效率更低。

（5）责任不清晰。群体成员对决策结果共同承担责任，但对于谁对最后的结果负责却不清楚，就会出现大家都负责，却找不到谁负责的窘境。

个体决策与群体决策孰优孰劣呢？这取决于衡量决策效果的标准。就准确性而言，群体决策更好。但就决策效率而言，个体决策优势更大。如果从创造性来说，群体决策比个体决策更有效。如果是考虑最终方案的可接受性，群体决策更好。群体决策与个体决策的比较如表 5-2 所示。

表 5-2 群体决策与个体决策的比较

决策主体 对比项目	个体	群体
速度	快	慢
正确性	较差	较好
创造性	较大，适于工作结构不明确、需要创新的工作	较小，适于任务结构明确、有固定程序的工作
风险性	视个人气质、经历不同而不同	视群体成员（特别是领导）冒险倾向性不同而不同

（二）群体思维与群体转移

在群体决策中，常常有两种现象值得注意：一种是群体思维（groupthink），另一种是群体转移（groupshift）。

1. 群体思维

群体思维也称小团体意识，是由群体成员追求一致性的期望导致的。其主要成因是群体的凝聚力、领导行为、群体自身与外界的隔离、时间压力和无清晰的决策流程等。经常有这样的情景，在会议、课堂上或者非正式群体中，某人很想说出自己的看法，但是最终还是放弃了。原因之一可能是害羞，但也可能是这个人已经成为群体思维的受害者。这种现象一般发生在群体成员都追求群体意见一致性的情况下。群体寻求一致性的规范，使群体无力采取行动来客观地评估备选方案，使不落俗套的、少数人的和不受欢迎的观点难以充分地表达出来。这些现象说明，群体压力的作用将对个体的心智效率、对事实的认识以及道德判断形成障碍。

群体思维的症状主要有四个特征：①群体成员使任何反对他们所提假设的意见非法化；②群体成员对那些不时质疑群体共同观点的人施加压力，使其支持大多数人的观点；③那些持有怀疑或不同看法的人，往往通过保持沉默，甚至降低自己看法的重要性，来尽力避免与群体观点的不一致；④群体往往将成员的沉默解释为对大多数观点的支持。以上这些症状导致在进行群体决策时存在很多局限性。群体思维将导致下面的情况出现：对问题的评估不完整；信息搜集不充分，处理信息时存在选择上的偏见；观点的发展有局限、对观点的评估不完整、不能正确评估所持观点的风险以及不能重新正确评价起初被否决的观点。

管理者在领导一个群体进行决策时，如果想尽量减轻群体思维的影响，应重视以下五个因素。

（1）强凝聚力群体比松散群体进行的辩论更多，并且能产生更多的信息。因此，凝聚力是一种财富，但是凝聚力提倡意见一致，管理者在与一个凝聚力型群体共事时，应当提高警惕。

（2）管理者应努力追求一种开放型的领导风格。这包括鼓励成员积极参与，避免在会议刚开始时阐述某人的观点，鼓励所有成员发表各自观点并且强调最终做出好决策的重要性。

（3）管理者们应避免群体与外界信息隔绝。因为隔离的群体易于失去客观性，鼠目寸光。

（4）管理者不要过于看重时间限制。当群体制定决策时，如果群体成员感到时间压力难以忍受，他们将投机取巧，那么必然会导致达成错误或者肤浅的共识。

（5）管理者应该鼓励使用系统的决策流程，遵从理性化决策过程，以促进建设性批评意见的形成，全面分析所有可能的最终决策。

2. 群体转移

群体转移也称群体决策的冒险倾向迁移。群体的规范或压力导致群体的决策走向极端，变得更保守或更危险。事实证明，群体决策和群体内部成员个人决策之间存在差异。在有些情况下，群体决策比个体决策更保守，更多情况下，群体决策更倾向于冒险。在群体讨论中，往往会出现这种现象，即群体讨论会使群体成员的观点朝着更极端的方向转移，这个方向是在讨论之前他们就已经偏离的方向。因此，保守的会更保守，冒险的会更冒险。群体决策会议进一步夸张群体的最初观点。

事实上，群体转移可以被看做群体思维的一种特殊形式，群体的决策结果反映了在群体讨论过程中形成的占主导地位的决策规范。群体决策时变得更保守还是更冒险，取决于在群体讨论之前占主导地位的群体规范。对于为什么会出现冒险转移现象，人们有多种解释。例如，有些人认为，群体决策使群体成员之间变得更加熟悉，随着他们之间更加融洽地相处，他们会变得更加勇敢和大胆。不过，最有道理的一种说法是，群体使责任分散化。群体决策使任何一个人不用单独承担最后的决策后果。因为即使决策失误，也没有一个成员能够承担全部责任，因此群体决策会更冒险。另外，大多数群体成员的偏好以及对冒险价值的评价等也是影响群体转移的重要因素。

（三）群体决策方法

群体决策的最常见形式，发生在面对面的互动群体中。但互动群体会对群体成员个人形成压力，迫使他们达成从众的意见。头脑风暴法（brainstorming）、德尔菲法（Delphi method）、名义群体法（nominal group technique）、电子会议法（electronic meeting）是一些能够减少传统互动群体固有问题的有效群体决策方法。

1. 头脑风暴法

头脑风暴旨在克服互动群体中会抑制创造力的从众压力，鼓励成员提出各种备选方案，不允许对这些创意提出批评。在典型的头脑风暴法中，6~12 人围坐在一张桌子旁，群体领导清楚明了地把问题解释清楚，让每个人都了解。然后在既定的时间内，大家畅所欲言，尽可能地想出各种各样的解决问题的方案。在这段时间里，任何人都不得对发言者加以评论。无论是对于受到别人启发的观点还是稀奇古怪的观点，都不许任何人评论。所有观点都记录在案，直到最后允许成员来分析这些建议和方案。但头脑风暴法只是创造性产生观念的一个过程，事实上，接下来的两种方法更容易达成最后方案。

2. 德尔菲法

德尔菲法是 20 世纪 40 年代美国兰德公司研究员赫尔默（O. Helm）和达尔奇（N. Dalke）设计的一种意见测验法。这是一种专家集体判断、预测的方法。在操作中，并不将专家们集合在一起面对面地发表意见，而是与群体成员进行匿名的通信联系，其实施过程是：建立特别小组作为主持机构，选定作为征询意见对象的专家名单，经过几轮的意见征询后，拟出征询的问题，然后将征询的问题书面送交各专家，让他们对所要预测的问题进行推测，发表书面意见。这些意见被集中到主持机构，主持机构进行归纳和分析，去伪存真。然后第二轮再送去一些征询调查表，要求他们进一步澄清自己的观点并说明自己的意见，或者将其他专家的意见（但不透露姓名）通知给这些专家，让他们重新考虑自己的意见。每个专家在调查和征询过程中的任何时候都可以更改、修正自己原先的意见，不过修正时要说明修改的理由。这样反复多次，逐步集中，最后得出最终的结果，做出决策。这可以使每个人独立地、自由地进行思考，做出判断。达尔奇报告说，这个方法可以比面对面的群体决策做出更好的决策方案，是当前预测决策中用得较多的一种方法。

3. *名义群体法*

与德尔菲法不同，名义群体法要求参加的人员是面对面的、互相认识的，并且彼此进行交谈，像传统会议召开一样，群体成员都出席。群体成员首先进行个体决策，但对群体成员的讨论或人际沟通加以限制，具体方法如下。

在给出需要决策的问题和告知工作方法以后，群体成员聚在一起，但在进行讨论之前，每个群体成员写下自己对解决这个问题的看法和观点，一般 7~10 人，依次围坐，然后按下列步骤进行。

（1）5~10 分钟以后，每个群体成员都要向群体中其他人阐明自己的一种观点，依次进行。每次表达一种观点，直到所表达的观点都被记录下来，通常使用记录纸或记录板。在所有的观点都记录下来后，记录员依次将每人的意见在大记事板上公布，但这时不进行任何讨论。

（2）群体开始讨论每个成员的观点，并进一步澄清和评价这些观点，表明支持还是不支持。

（3）每个成员按照大家对意见的投票情况，独自安静地对这些观点进行排序，再予以集中统计，排在第一位的意见就被认为是决策意见。

这个方法的一个优点是有助于防止决策过程被能说会道但是没有真知灼见者操纵，防止自信心较低而表达能力不强的人的好主意不能得到发挥。其允许成员正式地聚集在一起，但是又不像互动群体那样限制个体的思维。

4. *电子会议法*

最新的一种群体决策方法是名义群体法与复杂的计算机技术的结合，称为电子会议法。只要技术条件具备，采用这种方法就非常简单。50 人左右围坐在马蹄形的桌子旁，前面除了一台计算机终端以外，一无所有。问题通过大屏幕呈现给与会者，与会者把自己的意见输入计算机终端屏幕即可，个人的意见和投票都显示在会议室中的投影屏幕上。电子会议的主要优势是匿名、可靠、迅速。与会者可以采取匿名的形式，把自己想表达的任何想法表达出来。与会者一旦把自己的想法输入键盘，所有的人都可以在屏幕上看到。与会者可以坦率地表现自己的真实态度，而不用担心受到惩罚。而且这种方法决策迅速，因为没有闲聊、讨论不会离开主题，大家在同一时间可以充分地相互交谈，而且不会打扰别人。

本章小结

群体是指为了实现某个特定的目标，由两个或更多的相互影响、相互作用、相互依赖的个体组成的集合体。组织中的群体多种多样，根据不同标准可将群体划分为正式群体和非正式群体，假设群体和实际群体，小群体和大群体，命令型、任务型、利益型和友谊型群体等。群体不是静止的，而是不断发展和变化的，关于群体形成理论，比较广泛且具有代表性的理论包括群体形成理论平衡理论、四阶段模型、五阶段模型和间断–平衡模型等。

作为管理者，需要了解群体角色、群体规范、群体地位、群体规模及群体结构等相关属性及其对群体成员心理和行为的影响。群体中各种力量对个体的作用和影响是群体动力理论的研究内容，群体成员的行为通常具有跟随群体的倾向，当受到群体压力影响时，群体成员会产生从众行为。群体对个体行为的影响，还表现为社会促进作用和社会懈怠作用。

群体士气是最为重要的群体行为之一，高昂的士气虽不一定能保证组织的高生产效率，但是要提高组织的生产效率，它却是必不可少的条件。群体凝聚力是群体对成员的吸引力，它既包括群体对成员的吸引程度，又包括群体成员之间的相互吸引力。一般而言，凝聚力高的群体比凝聚力低的群体更为有效率。群体决策的最常见形式，发生在面对面的互动群体中。但互动群体会对群体成员个人形成压力，迫使他们达成从众的意见。头脑风暴法、德尔菲法、名义群体法、电子会议法是一些能够减少传统互动群体固有问题的有效方法。

➢复习思考题

1. 群体的类型有哪些？
2. 什么是角色、规范、地位、规模和群体结构？
3. 为什么会产生从众行为？
4. 群体士气、群体凝聚力分别对工作绩效有何影响？
5. 群体决策方法有哪些？回忆一下你最近参加的一些决策群体的决策过程，什么样的决策方式比较有效？

拓展阅读

5.6∶1——赞扬与批评的黄金比例①

如何才能更好地提升团队业绩？在团队做得好的时候，给出积极反馈，在他们出岔子的时候，给出建设性意见？

新的研究显示，这是两难的棘手问题。人们或许凭直觉就能感到这两者都很重要，但真正的问题在于如何把握二者的“尺度”？

学者艾米丽·希菲（Emily Heaphy）和咨询顾问马尔西亚·洛萨达（Marcial Losada）对此进行了研究。他们监测了一家大型信息处理企业中 60 个战略业务单元的团队领导力效率，主要考察的是财务业绩、客户满意度，以及对团队成员的 360 度反馈评价。

希菲和洛萨达发现，参与者彼此间积极评论与消极评论的比例，如类似“我同意这一点”或“这真是一个绝妙的想法”的正面评价，与“我不同意你的观点”或“这种想法不

① 译者为熊静茹，校对为陈晨，编辑为徐明。

值一提”这种负面评价的比值，将对团队表现产生重大影响。

结果显示，业绩最佳的团队积极评论与消极评论的平均比例是5.6：1，即约6条积极评论比1条消极评论；居于中间的团队比例为1.9：1，积极评论约是消极评论的两倍；而表现最差的团队的平均比例是0.36：1，也就是说，几乎每出现一条积极评论都会伴随着3条消极评论。

这样看来，少量的消极反馈明显很重要，而且是不可或缺的一部分。为什么呢？

第一，消极评论很容易引起注意，如同在人耳边的重重一击。

第二，消极反馈能够防止陷入自满或集体迷思。

第三，杰克·曾格（Jack Zenger）的研究显示，消极反馈能帮助领导战胜严重的弱点。注意，是“严重”弱点。

杰克·曾格为领导提供360度反馈。杰克·曾格研究了数据库中约5万名领导，结果发现，收到消极评论最多的领导无疑也是进步最大的领导。合计数据还显示，在领导力效率上得分最低的领导中，有3/4的人在努力改进，他们第二年的得分平均上升了33百分点。也就是说，这些人能够从23分的位置（满分100分，23分属最差群组的中等水平）上升到56分（约是整个群体的中游）。

杰克·曾格一直极力倡导领导要充分发挥自身优势，所以当杰克·曾格得出这一结论时，有些同事皱起了眉头：怎么能把最差和进步最大两个看似完全相左的方面调和在一起？答案很简单：收到最消极反馈的领导，他们拥有的进步空间也最大。如果是得分在90分以上的领导，想取得如此之大的进步要困难得多。

消极评论能带来益处，但很明显，随之而来的代价也十分巨大，否则消极评论带来的业绩提升空间会更大。当走向悬崖而浑然不觉时，消极反馈就变得非常重要，提醒人们悬崖勒马，当机立断，改变路径。不过，即使是最善意的批评都可能损伤关系，伤害对方的自信心与主动性。消极反馈能改变行为，但它肯定无法激励人们最大限度地发挥出自身优势。

只有积极的反馈才能激励人们坚持做自己擅长的工作，并在工作中投入更多精力、决心和创造力。或许这就是为什么我们会发现，对数据库中绝大多数没有明显弱点的领导而言，积极的反馈能激励他们继续进步。事实上，就数据库中起步高于平均水平（但仍低于80分）的领导而言，积极反馈在他们身上的作用机制，与消极反馈对较差领导群体所产生的作用相似。外界对他们长期的关注，使其中62%的人的领导力效率提升了整整43.6百分点（从55分到79分）。这部分领导的绝对收益并不像最差领导那样大，因为他们本身起步就高了很多。但是，将平庸领导变成好领导，给组织带来的收益却要大得多，这将他们引向了成为卓越领导之路，而卓越领导是所有机构都梦寐以求的。

有趣的是，杰克·曾格发现希菲和洛萨达的研究与另一项研究遥相呼应，那就是约翰·戈特曼（John Gottman）对夫妻离婚或维持婚姻的可能性分析，其中最主要的决定因素是夫妻间积极评论和消极评论出现的比例。该研究得出的最优比例与希菲、洛萨达的研究结果非常相似，为5条积极评论对1条消极评论。而在离婚夫妇中，该比例是0.77：1，即3条积极评论对4条消极评论。

显然，在工作与生活中，积极和消极的反馈，都有其适宜的时间和地点。若存在需要被制止的举动，或某人走上了歧途，此时就是使用消极反馈的恰当时机。当然，反对意见在领导小组讨论中也有用武之地，尤其是在争论中的一方过于强势导致其他声音难以传达的时候。但即使在上述情况下，也一定要确保反对的观点是理性、客观、冷静的，千万不要以“建设性意见”的名义进行人身攻击。

因此，杰克·曾格建议，在领导小组会议上，所有领导都注意同事们做出的积极评论和消极评论的比例问题，并且以身作则，从自己开始，努力改变，以求接近赞扬与批评的黄金比例——5.6：1。

注：作者杰克·曾格（Jack Zenger）是Zenger/Folkman咨询公司CEO、约瑟夫·福克曼（Joseph Folkman）是该公司总裁

资料来源：Zenger和Folkman（2013）

案例分析

菜单中的群体决策

两个人一起去吃饭，一个是富人，一个是穷人，实行AA制。他们会点什么样的菜？是贵些的还是便宜些的呢？这是群体决策问题，对于一件需要决策的事项，如果参与决策的人有高度同质性，那么群体决策就相当于个人决策。但现实中，群体决策的挑战就在于参与决策的个体常常是异质的，因此决策过程中会产生群体动力学问题——参与者之间存在的相互影响作用关系，它决定了决策的过程与结果，这也是群体决策的本质。在穷人和富人共同点菜这个决策活动中，情景不同，两个人之间相互的动力学过程也就不同。

第一种情景：两人并不了解对方的财富状况，都认为对方与自己是同阶层的。富人可能会主张点自己喜欢的、比较贵的菜，而穷人的心情就比较复杂了。他至少有两种可能的选择：第一，赞同富人的观点，点贵一些的、也许自己并不喜欢的菜，希望由此掩盖自身的贫困，这样做大多是作为社会人，从自己的社会角色出发来考虑的；第二，点便宜些的菜，并声称自己喜欢这些菜，这样做大多是作为家庭成员，从自己的经济能力出发来考虑的。

第二种情景：如果两人了解对方的经济状况，决策过程则又不同。穷人在点菜时，可能会主张选择大家都喜欢的菜，价钱在承受能力范围内即可。富人的心情可能会复杂一些，他的意见更多取决于自己的心理状态——有同情心时，会顾及朋友的脸面而表示顺从；如果有报复心，就会故意为难对方；如果以自我为中心，就会我行我素。

资料来源：刘洪（2011）

思考题：

在以上两种情景中，群体决策的结果取决于什么？如果三人或更多的人一起去吃饭，点菜时情况又如何呢？

第六章

群体动力行为

你可以拿走我的企业，但拿不走我的团队。只要我的团队在，我就能再创立一家更加辉煌的企业。

——杰克·韦尔奇

※ 学习目标

1. 了解团队的含义、特征、类型及构成要素。
2. 理解团队效能的含义、影响因素以及高效团队是如何塑造的。
3. 了解冲突的含义、特征及类型，理解冲突产生的根源。
4. 理解并掌握冲突过程以及冲突处理方法。
5. 了解沟通的含义及特征，理解冲突过程、类型以及沟通的阻碍和影响因素。
6. 了解人际关系的含义及影响因素，理解人际关系理论。

导入案例

向 上 之 风

每年的 9 月至 11 月，加拿大境内的大雁都要成群结队地往南飞行，到美国东海岸过冬，第二年的春天再飞回原地繁殖。在长达万里的航程中，它们要遭遇猎人的枪口，受到狂风暴雨、电闪雷鸣甚至寒流与缺水的威胁，但每一年它们都能成功往返。

雁群排成“V”字形时会比孤雁单飞节省 71%的飞行能量。每只大雁在振翅高飞的同时，也在为后面的队友提供“向上之风”，这种省力的飞行模式让每只大雁都能最大限度地节省能量。我们可以如大雁一般向着共同的目标前进，彼此相互依存，分享团队的力量。当某只雁偏离队伍时，它会立刻发现单独飞行的辛苦及阻力，之后便会立即飞回团队，善用前面伙伴提供的“向上之风”。

资料来源：李霞（2012）

在纷繁的社会生活中，个体的行为是无法预知的，但是当个体数量达到一定程度时，群体的行为反而表现得有章可循。团队是一种为了实现某一目标而由相互协作的个体所组成的正式群体。冲突则是一种广泛的社会现象，它存在于人类社会活动的各个层面、各个领域和所有的行为主体之中，并以各种形形色色的形式存在。有效的沟通是合作的基础，也是消除组织冲突与矛盾的手段。本章重点介绍团队与团队管理、冲突与冲突管理、沟通与人际关系管理。

第一节 团队与团队管理

20 世纪 80 年代以来，世界上的一些大公司，如丰田、沃尔沃、通用食品等，纷纷将“团队（team）”引入其生产过程。进入 21 世纪，随着市场竞争的日益激烈，现代企业更加强调发挥团队精神，建立群体共识，快速响应顾客需求，提升工作效率。在现代企业管理中，团队管理同样具有十分重要的地位和作用。团队精神是企业真正的核心竞争力所在，是企业的灵魂，缺乏“团队精神”的群体不过是乌合之众，如同一盘散沙一般没有任何凝聚力。

一、团队含义

（一）团队的基本概念

西方学者从不同角度对团队进行定义，具有代表性的有以下几种。罗宾斯认为，团队是指一种为了实现某一目标而由相互协作的个体所组成的正式群体。这一定义突出了团队与群体的不同，所有的团队都是群体，但只有正式群体才能是团队。刘易斯（Lewis）认为，团队是由一群认同并致力于去达成共同结果而努力的组织。刘易斯的定义强调了三个重点，即共同目标、工作相处愉快和高品质的结果。沙勒斯（Salas）等认为，一个团队是由两个以上具有不同背景及特色的人所组成的，他们被赋予特定的角色与功能，并表现出不同的功能，在有限的期间内紧密地在一起互动，相互依存，机动式地完成共同目标或具有特别价值的任务。沙勒斯等的定义，除了再度提到共同目标外，还提到了团队队员的相互依存性。盖兹贝克（Katzenbach）和史密斯（Smith）认为，团队是由少数具有技能互补的人所组成的，他们认同一个共同目标和一个能使他们彼此担负责任的程序。夏克（Shonk）则从协调和共同目标的观点，将团队定义为，两个以上的个人一起协调他们的活动来完成共同的目标。夏克强调，共同的目标和协调的活动使这群人成为团队。

综上所述，团队是一群为数不多的、具有相互补充技能的人组成的一个群体，他们相互承诺，具有明确的团队目标且共同承担团队责任。

（二）团队的构成条件

（1）团队规模有限制。一般来说，人员规模应当为 2~25 人，8~12 人为最佳。限制人员规模的目的是确保所有成员之间都能够充分了解并且互相影响；同时这也保证了团队结构的简单化和组织目标的纯正——团队人员规模大的话就不可避免地会出现分化，出现等级，最后出现“目标替代”，使团队的目标被上层精英的个人目标所替代。

（2）团队成员具有不同的技能、知识或经验，每个队员都能对这个团队做出不同的贡献。队员能了解彼此的角色、特长及重要性，他们在团队中分工合作，分享信息，交换信息，并相互接纳，能够认识到每个成员缺一不可，少了任何一个成员，团队的目标将无法顺利实现。

（3）团队成员共同承担团队成败的责任。对于团队成员的责任分担可以从两个层面加以分析：第一个层面是，团队成员在平常的团队运作过程中或团队会议中共同分摊团队的工作，如团队的领导角色（team leadership）或团队的各项任务指派。第二个层面是针对团队的最后成果而言的。团队的存在都有其特定任务，能否达成此任务便有成败责任归属问题，而团队的特色之一，即在于顺利完成团队的目标时，全体团队将分享此成果，共同接受组织的激励与奖励。同样的，当团体无法顺利完成特定任务时，全体团队成员将共同承担失败的责任，而非单独由团队的领导者或管理者来承担。

（4）团队的建立以完成团队的共同目标为主要任务。当人们为了共同的目标而在一起工作时，信任和承诺会随之而来。因此，拥有强烈集体使命感的团队必将作为一个集体，为了团队的业绩表现共同承担责任。这种集体责任感常常可以产生丰厚的组织集体成果作为激励，组织的工作成果又反馈和强化了这种集体责任感。从另一角度看，单纯为了改进工作、交流、组织效率而组建的群体很难成为高效率的团队。只有在设定了适当的目标以及实现目标的方式之后，或者在团队成员一起共同承担责任之后，才有可能建成一支高效的团队。

团队集结了各种不同技能、专业知识和经验的人员，一起为组织解决问题，团队在组织中的功能优于个人。因此，我们可以这样理解团队：一小群具有不同技能的人相互依存地工作在一起。这群人认同某一共同目标，为了达成这一目标，他们扮演好自己的角色，贡献自己的能力，彼此分工合作，沟通协调，为完成目标而齐心努力，并为此目标的实现与否共同承担责任。

（三）团队的构成要素

团队是一个共同体，这个共同体合理利用每一个成员的知识和技能协同工作、解决问题，达到共同目标。其构成要素可以总结为5P。

（1）目标（purpose）。团队有一个共同的既定目标为团队成员导航，如果没有这个共同目标，这个团队就没有存在的价值。

（2）人（people）。人是构成团队最核心的力量，三个及以上的人就可以构成一个团队。

（3）团队定位（place）。团队定位包含两层意思：团队自身的定位，即团队在企业中处于什么位置，由谁选择和决定团队的成员，团队最终应对谁负责，团队采取什么方式激励下属；团队个体的定位，即作为成员在团队中扮演什么角色，是制订计划还是具体实施或评估等。

（4）权限（power）。团队当中领导人的权力大小与团队的发展阶段有关。一般而言，团队越成熟，团队的领导者所拥有的权力相应就越小，在团队发展的初期阶段领导权是相对比较集中的。

（5）计划（plan）。计划有两层含义：一是目标最终的实现需要一系列具体的行动方案，可以把计划理解成目标的具体工作程序；二是提前按计划进行可以保证团队目标的顺利进行。只有在计划的指导下团队才会一步一步地接近目标，从而最终实现目标。

二、团队类型

根据团队成员的来源、团队成员拥有自主权的大小以及团队存在的目的的不同，可以将团队分为以下五种类型。

（一）解决问题型团队

解决问题型团队（problem-solving team）主要关注他们责任范围内的特殊问题，提出解决问题的方案。团队成员一般来自同一个部门，他们每周用几个小时的时间聚会，讨论如何提高产品质量、生产效率和改善工作环境。在这种团队里，成员就如何改进工作程序和工作方法相互交换看法或提供建议。但是，这些团队几乎没有权力根据这些建议单方面采取行动。

20 世纪 80 年代以来，应用最广的一种解决问题型团队是质量圈（quality circle），它由 8~10 个职责相同的员工和主管组成，成员定期聚会，一起讨论工作中面临的质量问题，调查问题的原因，提出解决问题的建议，并在授权范围内采取有效行动。

（二）自我管理型团队

自我管理型团队（self-managed team）是一种真正独立自主的团队，其不仅探讨解决问题的方法，而且亲自执行解决方案，并对工作承担全部责任。自我管理型团队一般由每天必须一起工作以生产一种产品或提供一种完整服务的人员组成，通常包含 10~16 人。他们承担团队成立以前自己上司所承担的一些责任，主要包括控制工作节奏、决定工作任务的分配、安排工作休息、设立关键目标、编制预算等。彻底的自我管理型团队甚至可以挑选自己的成员，并让成员相互进行绩效评估。这样，主管人员的重要性就下降了，甚至可以被取消。

自我管理型团队可以减少管理层次，形成扁平式的组织机构。其对于员工的益处在于，相对于传统的管理团队，自我管理型团队有更高的成长满意度、社会满意度和信任感，能够提高工作效率并极大地改善产品和服务质量。这种类型的团队在通用汽车公司、百事可乐、惠普公司得到了很好的应用。但是，与传统的组织形式相比，自我管理型团队的缺勤率和流动率却偏高。

被授权的自我管理型团队并不总是适用于任何情况或任何组织，其对于组织而言利弊并存。在考虑采用被授权的自我管理型团队时，必须注意以下一些问题：①组织是否致力于使所有的管理系统与被授权的自我管理型团队保持一致，包括领导选举、团队奖励和信息自由获取。②是否清晰设定了组织的目标和对团队的期望绩效。③为了获取更好的绩效，团队是否有权获得所需的资源。④各个团队成员执行的任务是否相互依存（即这些任务的完成在很大程度上需要相互协调和沟通）。⑤成员是否足够成熟，是否能有效地进行同事间的评估、选举和规章制定、冲突管理以及其他的行政工作。⑥成员的能力是否达到可以承担更多责任的水平，如果不能，增加培训是否能使他们达到所需的能力水平。

（三）多功能型团队

多功能型团队（multi-functional team）由来自同一等级、不同工作领域、具有不同工作技能的员工组成，目的是通过识别和解决跨部门、跨领域和多功能的问题来完成特定的任务。多功能型团队能使组织内（甚至组织之间）不同领域员工之间交换信息，激发出新的观点，解决组织面临的问题，协调复杂的项目。但是，在其形成的早期阶段往往要消耗大量的时间，因为团队成员需要学会处理复杂多样的工作任务。在成员之间，尤其是在那些背景不同、经历和观点不同的成员之间，建立起信任并能真正地合作也需要一定时间。

20 世纪 60 年代，IBM 就已经开始采用多功能型团队，将不同部门的员工组织到一起形成任务攻坚队。到了 20 世纪 80 年代末，多功能型团队得到了广泛的应用，当时几乎所有的汽车制造公司都采用了这一类型的团队来完成复杂的项目。

（四）虚拟型团队

虚拟型团队（virtual team）是指在不同地域空间的个人通过信息技术进行合作的团队组织形式。与以上三种团队类型不同的是，虚拟型团队不需要团队成员之间密切地面对面接触来工作，团队成员可以跨时间、跨地区甚至跨组织地工作。

虚拟型团队的核心是人、目标和联系，这和其他团队有相似之处，但是虚拟型团队最显著的特征是以一系列信息技术为纽带来联系成员和实施任务。在虚拟型团队中经常运用到的三大类信息技术是桌面视听会议系统、合作软件系统和网络系统。飞速发展的信息技术为虚拟型团队的良好运行奠定了基础。

虚拟型团队的核心要素是虚拟型团队中的信任问题。高信任的虚拟型团队融合得更容易、组织自己的工作更迅速、自我管理更有效，信任是虚拟型团队完成复杂任务的组织行为润滑剂。

（五）知识型团队

知识经济时代引发了人类社会形态的巨大变革，由来自不同知识领域的人组成团队进行工作越来越普遍，知识型团队（knowledge worker team）的概念应运而生。根据美国知识型团队管理专家斯威比（K. Sveiby）的定义，知识型团队是指运用高智力资本从事创新型工作的群体。而目前的学术界对知识型团队并没有明确的定义。但是综合目前的研究成果，知识型团队是团队概念的延伸，主要特征表现为：承担超常规创新性复杂任务，成员拥有独特的专业技术，团队知识需要进行共享、整合和重组。团队项目的高风险和高回报、高层次需求成为主导需求，团队的收益具有延后性等特征。

三、团队效能

（一）团队效能的含义

团队效能有狭义和广义之分。狭义而言，团队效能是指团队绩效（team perfo-rmance）。广义而言，团队效能是指团队产出（team outcomes）或者效能产出（effectiveness outcomes）。在广义的界定团队效能的操作定义中，麦克哥拉斯（McGrath）指出，团队产出是指一个或多个团队成员认为有价值的团队活动的结果和副产品，通常包括团队绩效（质量和数量）

以及成员的情感反应（如满意度和承诺等），这种两维划分的方式在后来的研究中得到了广泛的应用。科恩（Cohen）和贝利（Bailey）也认同团队效能包含组织背景下的各种产出变量。不过他们认为，团队效能应包括三大维度，即团队绩效、团队成员态度与团队成员行为。其中“团队成员行为”这个维度的衡量主要包括缺勤、离职和安全性。近年来，学者们对团队效能的界定大多采用传统的两维或者三维的划分方法。纳德勒（Nadler）等认为团队效能是团队最终活动的结果，可以从三个方面来评价：①生产结果，是指团队生产的产品必须符合或超过组织所规定的质量、产量标准；②成员满意感，是指团队活动的结果带来成员之间良好的关系，成员具有满意感，并有利于他们之间长期的合作和发展；③继续合作的能力，是指团队在完成任务后，成员之间的人际关系得到进一步的加强，有利于成员继续一起工作。哈克曼（Hackman）认为，团队效能是指团队实现预定目标的实际结果，主要包括三个方面：①团队产出的产品达到的绩效标准，如个人绩效、团队绩效；②团队发展的一种提高团队成员共同工作能力的过程，如承诺、内聚力等；③团队成员在团队中的经历是否令人满意，如成员满意感。埃里克（Eric）和肯尼斯（Kennech）认为团队效能包括团队绩效和可行性。绩效用组织内部或外部的人员在收到团队的产品、服务和信息后对团队工作的可接受性程度进行衡量；可行性是指工作活动会对团队成员的满意感产生的影响和对团队作为整体工作单元的前景的影响的说明。

综上所述，团队效能是指一个团队完成团队目标、满足成员的需要和维持自身存在的程度。此定义下团队效能具有三层含义：首先，大部分团队的存在和运转都是为了实现某些组织目标；其次，团队效能依赖于团队成员的满意度和个体需要和目标的实现；最后，团队效能还表现在团队本身的生存能力上。简言之，团队效能是指团队成员围绕团队目标而努力实现的一种理想结果。

（二）团队效能的影响因素

团队效能的发挥受到很多因素的影响，既有团队所处的组织环境的影响，又有团队自身内部因素的影响。

1. 团队沟通

团队沟通是团队内部成员之间共享信息，共同解决问题，做出有效决策的互动过程。沟通的目的是使团队成员对团队目标、任务和问题有共同的了解，以实现目标一致、思想一致和精神团结。在对传统团队的研究中发现，互动性的沟通是团队工作的必然行动，团队的效能在很大程度上受到沟通质量的影响。此外，团队的决策来源于团队成员间的人际沟通和信息沟通。团队成员之间人际沟通越顺利，越有利于培养成员之间的信任感，越有利于产生高效合作；团队成员之间的信息交流越顺畅，团队决策的有效性越高，团队效能也就越高。

2. 团队气氛

团队气氛是团队成员对团队目标、团队运作、团队结构等具体情景的认知或心理体验。当团队成员对团队目标、团队运作、团队结构等有充分的认知，明确知道团队的发展与个人发展的关系密切，整个团队的凝聚力就会比较强，团队成员间互帮互助，容易形成一种信任的氛围，这样的团队氛围将有利于团队效能的提高；与此相反，如果成员对团队的目标、团队如何运作、团队的结构等不了解，对团队没有形成一种认同感和归属感，将难以形成一种互信互助的氛围，团队成员间的心理距离会较大，相互间的联系会不足，这样的团队氛围将不利于团队效能的提高，长此以往甚至会降低团队效能。

3. 目标认同

团队绩效的目标可以有很多形式，如数量、质量、速度、准确性等。研究证实，与缺乏团队目标（或难以定义的目标）相比，具体的团队目标可以提高团队的绩效。通常，团队绩效目标与个体绩效目标同时存在。当团队目标与个体目标发生冲突时，就会导致团队机能失调。但是，即使团队目标与个体目标一致，两个不同水平绩效目标同时存在时所产生的效果比任一目标类型单独存在时要好。特别是个体目标和群体目标同时存在时所产生的绩效，并不比群体目标单独存在时所产生的绩效低。

4. 团队特征

（1）团队异质性。团队效能受团队成员异质性影响的程度究竟有多大？这是一个复杂的问题。堪皮恩（Campion）等研究发现了团队成员背景的异质性及其特长与团队效能不相关或成负相关的关系。而马格尤卡（Magjuka）和鲍德温（Baldwin）通过调查研究同样的一些问题发现，团队规模越大、团队成员的异质性越大以及获得信息的途径越畅通，与团队效能的关系就越明确。杰克逊（Jackson）等通过评论并总结有关多样性（指群体内的异质性）与团队效能之间的关系，认为团队构成的异质性与团队的创造力和决策的有效性有关系，并把异质性定义为个性、性别、态度、背景或经验因素的混合物。坎特（Kanter）研究表明，异质性的组织更有可能获得成功，来自不同背景的员工更能在一起工作并向其组织目标靠近，组织的绩效也越高。总的来说，群体成员背景的异质性与团队效能呈正相关关系，并且在创造性和智力性任务中，团队成员的异质性对团队绩效也有影响。

（2）成员熟悉度。团队成员之间的熟悉度对团队效能是有影响的。有关这一问题的早期研究（主要是对飞机座舱机组的研究）认为，由相互熟悉的人们组成的团队总体上来说要比由相互不熟悉的人们组成的团队更能有效地合作；也有学者通过调查相互间熟悉度不同的煤矿工人在 15 个月中的劳动生产率（每班产煤吨数）、工作表现和产煤环境，发现较低的熟悉度与较低的劳动生产率相关。建立时间较长的团队，团队成员间的熟悉度较高，在一定程度上有效性更高；而刚建立的团队，团队成员间的熟悉度较低，团队成员的不同背景来源和相互间的不断沟通磨合会使团队更具活力。

（3）团队规模。团队规模对团队效能的影响成倒“U”形，即团队规模过大或过小都会降低团队效能。当团队规模变大时，成员间的心理距离增大，在规模较大的团队中，成员的满意感较低，参与度也较低，相互间的协作少于小型团队；当团队规模变小时，虽然团队成员间的关系较亲密，满意感和参与感都较高，但团队的执行力相对较弱；团队只有在一个适中的规模，才能取得最大的团队效能。研究表明：①成员总数为奇数的群体比成员总数为偶数的群体更好，因为团队成员总数为奇数时，可以降低投票时发生僵局的可能性；②5~7 人组成的团队在执行任务时，会比更大或更小的一些群体都更有效。

5. 团队领导行为

团队领导属于这个团队，是团队中的一员，并从团队内部对团队施加影响。团队领导负责为团队提供指导，为团队制定长远目标，在适当的时候代表团队处理与组织内其他部门的关系。团队领导对团队工作的有效性的影响与组织中领导的作用机制相似。有学者对成功团队的研究发现，领导命令有助于团队成员形成相似、正确的心智模型，进而通过团队沟通过程影响团队的有效性。与组织中变革型领导相似，团队领导通过培养团队自我管理能力、授予自我领导权力、采用分布式或轮换式领导形式，缓解团队冲突，处理团队运作障碍，提高团队凝聚力，进而影响团队的有效性。

6. 组织支持

团队作为组织的基本结构单位，与组织有广泛的联系，组织支持也会对团队效能产生影响。组织支持可以分为组织对个人、组织对团队、团队对个人的支持，这三类支持对团队的效能都有不同程度的影响，而其中组织对团队的支持与团队效能之间的关系最为密切。组织对团队的支持，有利于提高团队成员的积极性，使团队得以顺利开展工作，提高团队的效能。

四、高效团队

团队虽然是一种行之有效的群体运作方式，但是其形式本身并不能自动保证高效率的运作，况且在实际运营中还会碰到很多的困难和问题，所以团队组建成功并不意味着高绩效的产生。团队要想真正发挥作用，达到组织的愿望，就必须塑造高效团队（high-performance team）。

（一）高效团队的特征

高效团队的特征如下：①具有清晰目标；②具备实现理想目标所必需的技术和能力；③成员间相互信任；④成员对团队表现出高度的忠诚和承诺；⑤自由畅通的信息沟通；⑥充分的谈判技能；⑦恰当的领导；⑧内部支持和外部支持。

（二）高效团队的塑造

高效团队的塑造，必须解决团队管理中存在的问题，不断调整和完善，使团队成熟起来。高效团队的塑造，需要从以下几个方面着手。

1. 明确的目标

制定具体的、可以衡量的、现实可行的绩效目标，在工作过程中将共同目标转化为具体的工作要求，如将销售商的退货率减少 50%，将毕业班的数学成绩由 60 分提高到 95 分。确定明确的具体工作目标，让具体工作目标与整体目标建立联系，可以让团队凝结成一个强有力的整体，其原因有以下三点：一是具体的团队业绩目标能够以一种不同于企业整体任务和个人工作目标的方式来定义工作产出，简单的每次例行公事般的集会决策不可能长久维持团队的优秀业绩；二是具体的团队业绩目标能够增进团队内部明晰的沟通和建设性的碰撞；三是具体目标的可行性能帮助团队专注于如何获得结果。

2. 适度的规模

为了使团队成员之间能够相互充分了解并且互相发生影响，保证团队结构的简单化和组织目标的纯正，应当严格控制团队成员的数目，一般不要超过 12 人。适当的团队规模，容易形成较强的团队凝聚力、忠诚感和相互信赖感。

3. 适宜的团队结构

从团队层级的角度来看，团队可以分为团队领导和普通团队成员。团队应选择合适的领导和结构来协调团队成员的不同意见并解决团队中的日常问题。例如，如何安排工作日程，如何解决内部冲突，如何分配具体的工作任务使之与团队成员的个人能力相匹配，如何做出和修改决策，以及如何获取外部资源，等等。

在挑选普通团队成员时，首先要考虑成员的能力、性格、角色的合理搭配，实现个人能力的优化组合，达到团队系统功用最大化。一个团队一般需要三种不同技能类型的人：具有技术专长的成员；具有发现问题、解决问题和决策技能的成员；善于聆听、反馈、拥有解决冲突及调和人际关系技能的成员。其次，要考察成员个人的价值观是否与团队相同，以减少和避免录用后"搭便车"行为的出现。再次，要求团队成员有良好的个人教育培训背景、技术能力以及与人沟通的能力。最后，要对不合格的人员设立灵敏的检测和淘汰机制，并准备充足的合格人员"蓄水池"，以保证人员的可获得性。

4. 合理的激励机制

团队应建立平等、明晰的评价标准，让每位团队成员的贡献都可以衡量，每位成员都可以清楚地看到谁做了什么，而且都对自己的行为负责。尽管团队中有一定余地兼容不同工作风格的员工，但也要制定统一的业绩标准（工作的效率和品质是所有成员都应当遵守的基本标准），以防止"鞭打快牛"的不公平现象，避免团队内由此引发的冲突。

要改变传统的以个人导向为基础的绩效评估与奖酬体系，除根据个人贡献进行评估和奖励外，还应当以群体为基础进行绩效评估和利润分享，鼓励合作而不是鼓励某一个优秀的个人。除了基本的个人薪酬系统之外，还可以设定一种以团队完成任务为前提的个人奖金。此外，给员工的晋升、加薪及其他各种激励，都以他们在团队合作中的表现为衡量标准。

第二节　冲突与冲突管理

在一个组织中，冲突是一种客观存在的、不可避免的、正常的社会现象，是组织行为的一个部分。冲突意味着相应的个体或群体之间的利益不一致以及一系列的冲突问题和事件。一方面，冲突可能降低组织的效率；另一方面，适度的冲突也可能激发组织的创造性。

一、冲突内涵

（一）冲突的含义

冲突（conflict）的定义很多。例如，托马斯（Thomas）将冲突定义为一个过程，它开始于一方感知到另一方对其关心的事物有或将要有消极影响时。罗宾斯将冲突定义为感知意识（知觉）、对立、稀缺和封锁，进而认为冲突是一种潜在的或公开的确定性行为。他把冲突定义为一种过程，在这个过程中，一方努力去抵消另一方的封锁行为，因为另一方的封锁行为将妨碍他达到目标或损害他的利益。

这些定义都认为冲突是一种知觉。如果人们没有意识到冲突，则常常会认为没有冲突。因此，我们可以把冲突定义为当一方感觉对方对自己关心的事情产生或将要产生不利影响时随之产生的一个过程。尽管不同领域的学者对冲突的内涵的理解各不相同，但冲突概念存在如下共同点：①冲突是否存在不仅是一个客观性问题，也是一个主观的知觉问题。客观存在的冲突必须经过人们的感知及其内心的体验，如果没有人意识到冲突，那么一般就认为没有冲突存在。②冲突产生的必要条件是，存在某种形式的对立或不相容以及相互作用。③冲突的主体可以是组织、群体或个人，冲突的客体可以是利益、权力、资源、目标、方法、意见、价值观、感情、程序、信息、关系等。④冲突是一个过程，它是从人与人、人与群体、人与组织、群体与群体、组织与组织之间的相互关系和相互作用过程中发展而来的。

（二）冲突的特征

1. 客观性

冲突的客观性是指冲突客观存在于现实社会中，是不可避免的一种组织现象。任何组织都存在冲突，只是冲突程度和性质有所区别。冲突的产生通常是由组织系统的复杂性导致的：①个体和群体相互依存在人际社会系统范围内，他们相互依存的性质和范围经常处于限定和重新限定的动态过程之中，不可避免会导致冲突。②大多数组织要求群体间的紧密合作，当众多的群体致力于多项任务时，发生冲突实际上是经常的事情。③个体和群体经常处于不断变革的外部环境，而这正如切斯特·巴纳德指出的，以协商、强制、冲突为特征的各种社会模式是“在变化着的环境中自由意志观念所固有的”。④组织中成员之间和群体之间在工作目标上的差异、文化上的不协调、沟通上的障碍等都可能引发冲突。⑤组织在进行资源配置、权责安排、人员调配等方面也经常发生冲突。

冲突的客观性表明冲突是不可避免的，因此冲突管理就必须通过了解冲突的原因以及恰当处理来使冲突成为推动组织发生积极改变的力量。

2. 主观性

冲突的主观性是指冲突归根结底都是人与人之间的冲突，人们产生冲突的原因和处理冲突的方式不可避免要受其主观认知的影响，具体表现为：①组织中人与人的情况各不相同，在需要、动机、目标、价值、性格、气质上存在各种差异，有差异就可能产生分歧，当这种分歧发展到一定程度时，就可能导致冲突。②人都是有感情的，而人们的不同情感倾向会使人际关系出现亲疏、好恶的差异，从而可能最终形成冲突。此外，人们的情感可能使本来较单纯的工作冲突变得情绪化和非理性化，致使冲突加剧。③由于组织中的人们处在不同的部门和岗位上，其认知角度、立场观点、归因分析、价值取向、行为方式等都可能出现较大差异，进而可能导致冲突。

总之，冲突是人的冲突，冲突的解决也离不开人。因此，冲突一定会带有人的主观因素，要做到完全客观地处理冲突是不可能的。在进行冲突管理时，我们应充分考虑到人的主观因素的影响。

3. 程度性

冲突具有程度高低的差异，这就是冲突的程度性。现代冲突观认为，冲突的程度性与达成组织目标的功效和能力存在着对应的相关关系。

根据伊万塞维奇（Ivansevich）和马特逊（Matteson）所做的分析，冲突水平有高、中、低三种典型情景。低度冲突情景下，组织的状态是一团和气，对环境变化反应迟钝，极少创新，整个组织停滞不前，所以这种低冲突是破坏性的，组织绩效较差；适度冲突情景下，组织内有思想交锋，不断创新，有自我批评能力，对环境变化能迅速调整和适应，能保持旺盛的生命力，这是最佳的冲突状态，组织绩效较好；高度冲突情景下，组织内受到许多干扰，互相不合作，冲突剧烈，分崩离析，很难协调，一片混乱，这种高度冲突状态与低度冲突一样是破坏性的，组织绩效较差。

4. 二重性

传统的观点认为，冲突既然意味着分歧和对抗，就必然对组织和群体造成破坏，影响组织目标的实现，极端的情况还会威胁组织的生存，因此所有的冲突都是破坏性的。这种观点提供了一种简单的方法来对待冲突，即必须避免和减少冲突。现代观点则认为，有些冲突对组织是属于破坏性的，也有一些是建设性的，冲突具有二重性。适当的冲突能使组织保持旺盛的生命力，鼓励批评和不断创新。因此，一个组织既要限制破坏性的冲突，也要促进建设性的冲突。

二、冲突类型

人们看待冲突的视角不同，对冲突的分类也不同，常见的冲突分类如下。

（一）根据冲突对组织影响的不同分类

（1）建设性冲突。建设性冲突又称功能正常的冲突，是指对组织有积极影响的冲突。建设性冲突能促使人们清楚地表达自己的观点和立场，从而带来更好的澄清和理解，有利于强化组织的价值观和信念。建设性冲突最重要的贡献之一是使人们在冲突的过程中为解决问题而创新性地寻找解决方案，从而提高创造力。建设性冲突最为常见的是目标冲突和程序冲突。

（2）破坏性冲突。破坏性冲突又称功能失调的冲突，是指对组织有消极影响的冲突。破坏性冲突常表现为刻板影响、高估自己的群体、低估他人的群体、观点的曲解等。关系冲突是一种常见的破坏性冲突。这种冲突一般将焦点集中在人而不是事情上，常常导致摩擦、个人仇恨、情感伤害等，影响组织内的交流，从而破坏组织技能。破坏性冲突会阻碍组织达到目标，降低组织的创造力、生产力、士气、工作满意度，并增加组织成员的焦虑、缺勤率和离职率等。

（二）根据冲突内容分类

（1）工作冲突。当个体和部门之间在工作上相互依赖或密切相关而出现职责分歧和工作矛盾时，就可能产生工作冲突。

（2）目标冲突。当员工、部门和组织所希望获得的终极状态互不相容时，就会产生目标冲突。

（3）利益冲突。组织和部门在分配资源、奖酬和福利时可能出现分配不公平或人们认为不公平的情况，这时极易产生利益冲突。此外，当组织资源有限而不能同时兼顾所有员工或部门时，也容易形成冲突。

（4）权力冲突。当组织出现机构调整、职位空缺或权责不明时，就可能产生权力冲突。

（5）认知冲突。当个体的认知（建议、意见和想法等）与他人或组织的认知产生矛盾时，会产生认知冲突。

（6）情感冲突。当个体在情感或情绪上无法与他人或组织相一致时，会产生情感冲突，情感冲突一定有其能够产生此种冲突的背景事件，有时找到了背景事件并能够很好地解决，就能缓解情感冲突。

（三）根据冲突影响范围不同分类

（1）个体内部冲突，通常发生在个体内部，而且通常牵涉一些目标、认知或情感形式的冲突。往往在个体的行为将导致互不相容的结果时会出现这种冲突。个体内部冲突常导致内部的紧张和挫折。

（2）个体与个体冲突，即人际冲突，发生于两个人或多个人对问题、目标或行动产生不同的认识、态度、立场时。

（3）个体与群体冲突，可以是实质性的，也可以是情绪性的。

（4）群体与群体冲突，即群际冲突，是两个或多个群体间可感知的价值观、目标或需要的差异。每个群体的成员都分享各自的群体价值观、目标或需要，而这些又与其他群体的有所不同。群体间的冲突可能在组织的级别水平之间、工作班次之间或非正式群体之间出现。

三、冲突产生的根源

冲突根源又被认为是冲突产生的原因。美国行为科学家杜布林（Dubrin）认为，冲突的产生有 8 个方面的原因，即人的个性、对有限资源的争夺、价值观和利益的冲突、角色的冲突、追逐权力、职责规定不清、组织的变动、组织风气不佳。而庞迪（Pondy）认为，在任何一个组织内部都可能发生三种类型的冲突：当组织成员相互之间争夺稀缺资源时，双方之间会发生“讨价还价模式”的冲突；当上级企图控制下级的行为时，特别是当上级的命令与下级的职责无关程度高时，会发生“官僚模式”的冲突；当组织内部的不同部门之间无法协同和合作时，会发生“系统模式”的冲突。

一般来说，冲突的根源主要包括以下几种。

（1）资源有限性。社会资源是有限的，但人们的需求是无限的，因此人与人之间的利益冲突无法避免。一个组织同样如此。即使是最成功的公司也会发现它们想要获得的东西是有限的。基于这样的现实，组织中的个体和群体必须为他们的资源需要而力争。一般来说，资源越稀少，就越容易或越有可能引发冲突。

（2）工作相互依赖性。在一个组织中，有太多的工作是相互依赖的，包括部门与部门之间、个人与个人之间。正是两个主体之间这种相互依赖性充当了冲突的催化剂，如果一方的行动妨碍或干扰了另一方的目标实现，冲突就会发生。但依赖性并不直接引起冲突，它只是引起组织冲突的必要条件，而不是充分条件。

（3）工作职责差异性。在一个组织中，各部门、各岗位的工作职责是不同的。工作的差异性导致工作目标的差异性。组织中每个部门都有自己的目标，在资源不足的情况下，各部门都会为本部门争取资源，以确保自己目标的完成，从而产生冲突。在资源充足的情况下，各部门也会因工作目标的差异性而发生冲突。通常所说的本位主义就是因工作职责、工作目标的差异而产生的。

（4）沟通问题。在一个组织中，由于工作的相互依赖性和差异性，需要在个体之间、群体之间进行有效的沟通。但组织成员经常缺乏沟通，彼此会产生误会，当误会积累到一定程度时，就会导致冲突。此外，组织中各部门拥有不对称的信息，每个部门又往往根据自己拥有的信息进行沟通，这也会导致冲突。再者，各部门自己开发的难懂的技术术语及

“我们与他们”的口头禅也会引发冲突。

（5）知觉差异。由于组织成员的工作经历、社会阅历和受教育程度不同，不同的人对事物的看法和观点也不同，不同的知觉容易导致冲突。

（6）组织环境变化。在一个组织中，当发生组织机构重组、工程再造、技术引进或改造、人员精简、企业兼并等组织环境变化时，组织成员会产生一种不安全感和紧张感。一些管理者可能失去原有的位子或被安排到其他新岗位，组织成员可能要承担比以前更多或更复杂的工作，加重工作负荷。在这种情况下，冲突往往更容易产生。

（7）权力和职责不清。在一个组织中，如果工作职责不明、分工不清，管理者凭借权力随意分配工作或任务，导致各部门或个体工作或任务的不合理、不公平，就会引发冲突的产生。此外，如果管理结构不合理、管理者权限不清，也会加剧工作或任务分配的不合理和不公平，推动组织冲突的发生。

（8）组织成员个性差异。在组织中，成员个性各异，具有不同的需求、动机和价值观等。例如，在职业选择上，年轻人倾向于工作的流动性，而年长者倾向于工作的稳定性；在报酬需要方面，年轻人比较看重实际能得到的现金，而年长者则比较看重福利报酬。个性的多样化和异质性也可能导致冲突的发生。

（9）竞争。竞争不一定产生冲突，但是如果竞争双方在同一环境下相互干扰或妨碍，则必然引发冲突。随着市场竞争的日趋激烈，企业组织之间的相互干扰必然日益增多，冲突就可能相应增多。

冲突的原因并不是有严格区别的，而是相互融合、交织在一起的。一种原因可能同时导致两个或者所有冲突同时发生。从某种程度上讲，一种原因不可能只导致一种冲突。

四、冲突管理

（一）冲突过程

冲突的过程理论是冲突理论研究的核心部分。美国学者庞迪曾提出过五阶段模式，他认为冲突主要经历潜伏的冲突、知觉的冲突、感觉的冲突、显现的冲突和冲突结果五个阶段。在现在的组织行为学理论中应用最为广泛的还是罗宾斯提出的冲突过程理论，他将冲突的过程分为五个阶段，分别是潜在的对立或失调、认知和人格化、行为意向、行为和结果，具体如图 6-1 所示。

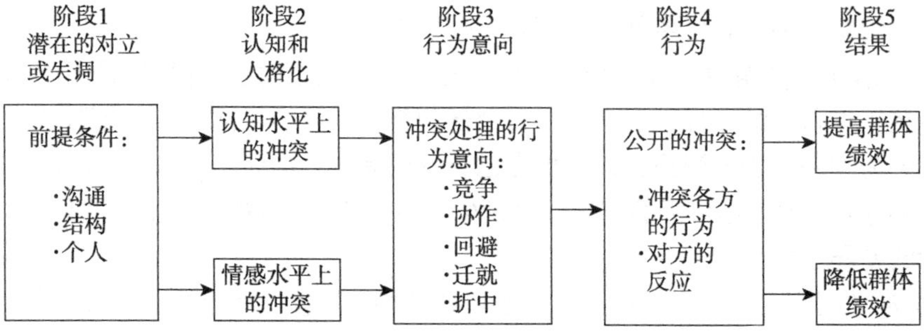

图 6-1　冲突过程

1. 潜在的对立或失调

冲突过程的第一步表明了可能产生冲突机会的条件。这些条件并不一定直接导致冲突，但它们是冲突产生的必要条件。罗宾斯将这些条件概括为沟通、结构和个人。

（1）沟通。研究表明，词汇含义的差异、行话、信息交流的不够充分，以及沟通通道中的噪声这些因素构成了沟通障碍，并成为冲突的潜在条件。具体而言，培训差异、选择性知觉、缺乏有关他人的必要信息等，会导致语义理解方面的困难。当沟通过少和过多时都会增加冲突的潜在可能性。显然，当沟通达到一定程度时，沟通效果最佳，继续增加沟通，沟通则会过度，从而增加冲突产生的潜在可能性。另外，沟通通道也影响冲突的产生。人与人之间传递信息时会进行过滤，来自正式的或已有的通道中的沟通偏差都会增加冲突产生的潜在可能性。

（2）结构。结构概念包括这样一组变量，即群体规模、群体成员分配任务的具体化程度、管理范围的清晰度、员工与目标之间的匹配性、领导风格以及薪酬体系和群体间相互依赖的程度。研究表明，群体规模和任务的具体化程度可以成为激发冲突的动力。群体规模越大，任务越专门化，则越可能出现冲突。此外，人们发现任职时间和冲突负相关。当群体成员都十分年轻，并且群体的离职率又很高时，出现冲突的可能性最大。职责划分越模糊，出现冲突的潜在可能性就越大。管理范围的模糊会加剧不同群体为掌握资源和领域而产生的冲突。不同群体的目标差异也是产生冲突的主要原因。当一个成员的所得是以另一个成员的损失为代价时，这种薪酬体系也会导致冲突。最后，如果一个群体依赖另一个群体，或者这种依赖关系允许一方的获益来源于另一方的受损，那么也可能导致冲突。

（3）个人。最重要的个人因素包括个人的价值系统和个性。有证据表明，具有特定的个性特质的人，如具有较高权威、武断和缺乏自尊的人将导致冲突。另外，在研究社会冲突中最重要和最容易被忽略的变量，是价值观。也就是说，人们因对许多重要的问题，如自由、幸福、勤奋工作、自尊、诚实、服从和平等的价值观的不同而产生冲突。

2. 认知和人格化

当第一阶段的潜在对立存在时，并不一定进入冲突的第二阶段，因为两个人之间存在意见上的不一致并不代表这种意见上的不一致会使人们产生紧张或焦虑，也不一定影响到人们的感情。当一方投入感情，亲身感受到焦虑、紧张、挫折或敌对时，冲突就产生了。

3. 行为意向

行为意向通常是处理冲突行为的开始，一旦冲突公开，冲突双方将采取措施解决冲突。解决冲突的行动或许可以在第二阶段开始。但在大多数情况下，竞争、协作、回避、迁就、折中等缓和冲突的方法并非被用来阻止冲突，而是被用来研究冲突。

（1）竞争。竞争是指一个人在冲突中寻求自我利益的满足，而不考虑它们的影响。在正式的群体或组织中，这些输赢的斗争经常运用到正式的权威，双方利用各自的权力去赢得胜利。

（2）协作。协作是指冲突双方均希望满足两方利益，并寻求相互受益的结果。在协作中，双方的意图是坦率接受差异并找到解决问题的办法，而不是迁就不同的观点。参与者考虑所有的方案，各种观点的异同将是焦点，各种依据将被充分讨论。因为寻求解决办法是各方的当务之急，协作通常被认为是获得双赢的办法。

（3）回避。回避是指一个人可能意识到了冲突的存在，但希望逃避或抑制它。当冲突双方都认识到事实上的差距时，双方都各自为界，采取漠不关心的态度希望避免公开表示异议就是回避。

（4）迁就。一方为了抚慰另一方，可能会愿意把另一方的利益置于自身利益之上。换句话说，迁就是指为了维持相互关系，一方愿意做出自我牺牲。当夫妻双方有矛盾时，通常是一方优先考虑另一方的利益而迁就另一方。

（5）折中。当冲突双方都放弃某些东西而共同分享利益时，会带来折中的结果。在折中时，没有明显的赢家或输者。他们愿意共同面对冲突问题，并接受一种双方都达不到彻底满足的解决办法。因而，折中的明显特征是双方都倾向于放弃一些东西。在工会和管理层谈判时，双方必须妥协以达成劳动合同。

4. 行为

当一个人采取行动去阻止别人达到目标或损害他人的利益时，就处在冲突过程的第四阶段。这种行动必须是有企图的和为他人所知的。在这时，冲突公开化。公开的冲突都处于一个连续体上，从连续体下端的微妙、间接、节制，发展到连续体顶端的直接、粗暴、不可控制的斗争。学生在课堂上针对教师所讲的内容提出问题等是这个过程的最低端位置的例子。如果冲突上升到连续体的最顶端则会具有极大的破坏性。罢工、骚乱和战争显然都处于这一过程的最顶端位置。

5. 结果

冲突双方之间的行为—反应相互作用，导致了最后结果。这些结果可能是功能正常的，即冲突提高了群体的工作绩效；也可能是功能失调的，即冲突降低了群体的工作绩效。

（二）冲突处理方法

1. 员工冲突处理的一般方法

（1）协商法。当冲突双方势均力敌，并且冲突理由合理时，适合采用此种方法。具体做法是，管理者分别了解冲突双方的意见、观点和理由，然后组织一次三方会谈，让冲突双方充分地了解对方的想法，通过有效沟通，最终达成一致。

（2）仲裁法。当冲突双方敌视情况严重，并且冲突的一方明显地不合情理时，应采用上级仲裁法，这时由上级直接进行仲裁比较合适。

（3）拖延法。当双方之间的冲突不严重，主要是基于认识的冲突，对工作没有太大影响时，采用拖延法效果较好。随着时间的推移和环境的变化，冲突可能会自然地消失。

（4）和平法。对于员工之间价值观或宗教信仰的冲突，采用此种方法较为合适。冲突双方求同存异，学会承认和接受对方的价值观和信仰，共同发展。

（5）转移法。当员工自身产生冲突时，采取转移目标法更为有效。例如，让员工将注意力集中在某个兴趣点上而淡忘不愉快的事情。

（6）教育法。当员工因为一些不切实际的想法产生自身冲突时，管理者可以帮助员工认清其自身现实情况，教育员工用正确的方法来看待问题、认识问题，从而帮助员工缓解冲突。

2. 群体冲突处理的一般方法

（1）职权法。职权法是指管理者运用职权控制来解决群体冲突的方法。典型的例子是，当各部门争夺公司有限的资源时，往往由总经理做最后决定，进行资源的分配。

（2）隔离法。隔离法是指通过分开冲突群体双方而由各自上级来协调处理冲突的方法。垂直管理体系实际上就是隔离法的具体应用。当一个部门需要与其他部门合作时，该部门通常不是直接去向该部门提出申请，而是向自己的直接上级汇报，由自己的上级与对方的上级进行协调，由对方的上级对该部门进行安排。这种隔离的方式减少了部门之间的冲突。但它不适合现代企业快速反应的需要，并且缺少团队的主动协作精神。

（3）缓冲法。该方法是采取一定有效措施来缓和群体双方的冲突的方法，具体可分为以物品资源储备做群体争夺的缓冲、以联络员的协调做群体间沟通不畅的缓冲、以专门的调解部门做群体之间冲突的缓冲三种形式。

3. 激发冲突的技术

（1）运用沟通。利用模棱两可或具有威胁性的信息可以提高冲突水平。

（2）引进外人。在组织中补充一些在背景、价值观、态度和管理风格方面均与当前组织成员不同的个体。

（3）重新建构组织。调整工作群体，改变规章制度，提高相互依赖性，以及其他类似的结构变革以打破现状。

（4）任命一名吹毛求疵的管理者或任命一名批评家。这种人总是有意与组织中大多数人的观点不一致。

第三节 沟通与人际关系

只要存在组织和群体就存在沟通，没有沟通和交往的群体和组织是不可想象的。换言之，沟通是组织和群体存在的基本特征与条件。沟通也是管理者首要的职能，是管理者的一项重要工作。通过沟通，人与人之间才能发生相互联系，形成一定的人际关系。沟通与人际关系对于提高群体的士气、工作效率，对组织决策与目标的达成以及绩效的提高，对个体身心健康、事业成败等诸方面的影响都是不可忽视的，因此沟通和人际关系是组织行为学研究的一个重要课题。

一、沟通概述

（一）沟通的含义及特征

1. 沟通的含义

沟通的定义很多，如《大英百科全书》认为：“沟通是用任何方法，彼此交换信息，即是指一个人与另一个人之间以视觉、符号、电话、电报、收音机、电视或其他工具为媒介，从事交换信息的方法。”《韦氏大辞典》认为：“沟通是文字、文句或消息之交流，思想或意见之交换。”罗宾斯认为：“沟通是意义的传递和理解。”西蒙（Simon）认为：“沟通可被视为任何一种程序，借此程序，组织成员向其他成员传递决策前提的过程。”综合而言，沟通可以被定义为，人们在互动过程中通过某种途径或方式将一定的信息从发送者传递给接受者，并获取理解的过程。

沟通包括个体与个体之间、个体与群体之间、群体与群体之间的沟通。没有沟通，群体就不可能存在。只有通过不断的信息传递和交换，才能获得对感知对象的整体认识，才能就完成的目标达成一致的意见和看法，才能形成共同遵循的行为规范等。

2. 沟通的特征

（1）沟通具有广泛性。在组织内部存在着部门之间或个人之间的广泛沟通，在组织内部存在着企业与客户及相关企业之间或利益相关者之间的广泛沟通。

（2）沟通的重要性。组织管理需要五大资源，即人、财、物、信息、时间。信息资源已经日益显示出其巨大作用，若离开了信息要素的支持，组织管理就无法正常进行下去，而信息传递的一个重要渠道就是沟通。有效的沟通一方面能够增加信息量，另一方面会降低信息的搜寻成本，从而为组织的管理提供强大的支撑。

（3）沟通必须是沟通双方可理解的。例如，如果一个人用一门美洲土著语言来讲话，很多人会不知道他在讲什么，这就不能成为沟通。

（二）沟通过程

沟通是一个复杂的信息传递过程。沟通必须具备三个因素，即信息发送者、信息接受者、所传递的内容。要达到有效沟通的目的，要求满足三个条件：发送者发出的信息应完整、准确；接受者能接受到完整信息并能够正确理解；接受者愿意以恰当的形式按传递过来的信息采取行动。

一般来说，沟通过程由发送者开始，发送者首先将要传递的思想进行编码，即发送者对需要传递的信息内容进行描述，或体现为信息接受者能够接受和理解的信息实体过程，其次通过传递信息的媒介（通道）发给接受者。接受者在接受信息之前，必须先将其翻译成可以理解的形式，即解码。发送者进行编码和接受者进行解码都要受到个人的知识、经验、文化背景等的影响，沟通的最后一个环节是反馈，是指接受者把信息返回给发送者，并对信息是否被理解进行检查，以纠正可能发生的某些偏差。整个过程受到噪声的影响，噪声就是那些对信息的传送、接受或反馈造成干扰的因素，它会影响沟通的有效性。图 6-2 描述了沟通过程，它由 8 个要素组成，即发送者、信息、编码、渠道、解码、接受者、反馈及噪声。

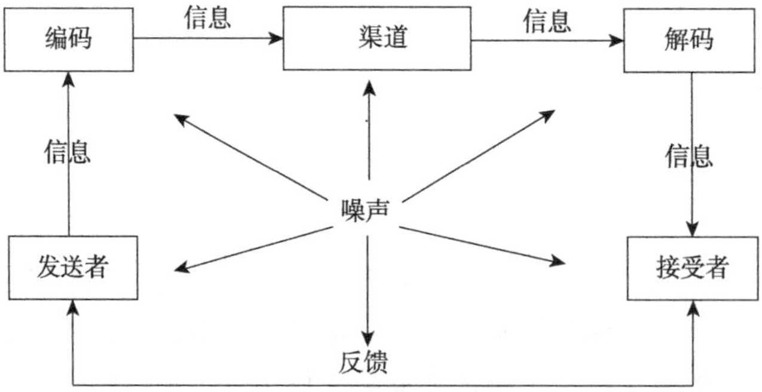

图 6-2　沟通过程

沟通过程的每一个要素都十分重要，只要一个要素出现问题，沟通信息的效果就不会达到。现实中沟通要素的质量不高、沟通工具的运用不当、沟通方式的选择不当、沟通渠道和网络的不当常常会影响效果。

（三）沟通的类型

1. 按沟通的组织系统分类

（1）正式沟通。正式沟通一般是指在组织系统内，依据组织明文规定的原则和渠道进行信息传递与交流。这种沟通要通过正式的组织程序，沟通的媒介物和线路都经过了事先安排，因而被认为是正式的。例如，组织内部的文件传达，定期或不定期的会议制度，上级指示按系统逐级下达或下级的情况逐级上报等。

（2）非正式沟通。非正式沟通是指在正式渠道之外进行信息的传递与交流。这种沟通的媒介物和线路无须事先安排，具有很强的随意性和自发性，沟通途径繁多且无定型，如同事之间任意交谈，家人之间任意聊天等。

2. 按沟通的流动方向分类

（1）纵向信息沟通。纵向沟通即垂直沟通，是指沿着组织的指挥链在上下级之间进行的信息沟通。它可以区分为自上而下的沟通和自下而上的沟通两种形式。自上而下的沟通也称下行沟通，是指组织内部同一系统内的较高层次人员向较低层次人员的沟通，一般以命令方式传达上级组织或其上级所决定的政策、计划、规定之类的信息，有时颁发某些资料供下层使用等，它是传统组织中最主要的沟通流向。自下而上的沟通也称上行沟通，是指组织内部同一系统内较低层次人员向较高层次人员的沟通，如请示、书面或口头汇报等。

（2）横向信息沟通。横向沟通是指组织内部同一层次人员之间的沟通，所以也称平行沟通或水平沟通。这种沟通主要是为了促成不同系统（部门、单位）之间的协调配合和相互了解。

（3）斜向信息沟通。斜向沟通是指组织内部既不同系统又不同层次的人员之间的沟通。它对组织中的其他沟通渠道会起到一定的补充作用。其优点是能增加相互理解，缩短沟通线路和信息传递时间，但也容易在部门之间造成矛盾。

3. 按沟通的方法分类

按沟通的方法可以将沟通分为口头沟通、书面沟通、非语言沟通和电子媒介沟通等。口头沟通是借助口头语言进行的沟通。书面沟通是指利用语言文字进行的沟通。非语言沟通则是通过面部表情、语气声调及身体姿态等来加强或否认语言沟通的效果。电子媒介沟通是借助现代电子通信技术手段，如传真机、电子邮件、手提电脑等进行沟通。上述各种沟通方式的比较如表 6-1 所示。

表 6-1　四种沟通方式的比较

沟通方式	举例	优点	缺点
口头沟通	交谈、讲座、讨论会、电话	传递反馈快、信息量大、弹性大、亲切、双向	不易保存，事后难查证，传递层次越多则信息失真越严重
书面沟通	报告、备忘录、信函、文件、内部期刊、布告等	正规、准确、权威、持久、有形、可核实、易于远距离传递、易于储存	效率低，费用较高，缺乏反馈，保密性差
非语言沟通	声、光信号，体态，语调	内涵丰富、隐含含义灵活、信息意义十分明确	传递距离有限，界限含糊，只可意会不可言传
电子媒介沟通	传真、电子邮件、电子会议	快速传递、容量大、距离远，可同时传递到多人	单向传递，电子邮件可交流但看不到表情，不能满足人们归属的需要

4. 按沟通是否有反馈分类

（1）单向沟通。单向沟通是指没有反馈的信息传递，沟通中信息的发送者与接受者的地位不变，一方只发送信息，另一方只接受信息。单向沟通比较适合的情况包括：问题较简单，但时间较紧；下属易于接受的方案；下属没有了解问题的足够信息（在此情况下，反馈不仅无助于澄清事实反而易混淆视听）；发送者缺乏处理负反馈的能力，容易感情用事。

（2）双向沟通。双向沟通是指有反馈的信息传递，沟通中信息的发送者与接受者的地位不断变化。双向沟通比较适合的情况包括：时间比较充裕，但问题比较棘手；下属对解决方案的接受程度至关重要；下属对解决问题能提供有价值的信息和建议；发送者习惯于双向沟通，并且具有建设性的处理负反馈的能力。

5. 按沟通渠道形成的网络分类

沟通网络是指信息流动的通道，莱维特最早通过实验提出了五种不同的沟通网络，具体如图 6-3 所示。

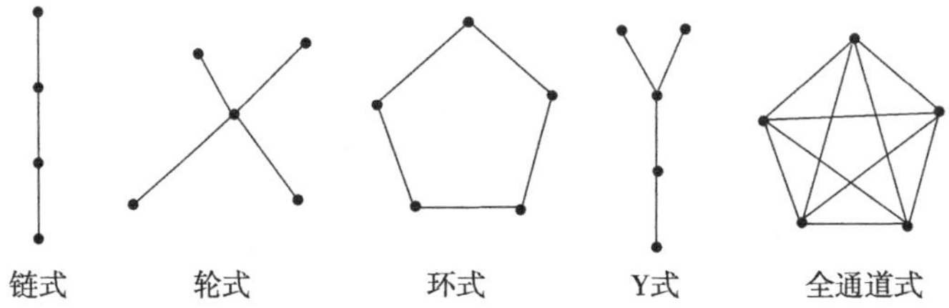

图 6-3　五种沟通网络形态

（1）链式沟通。链式沟通是一个平行网络，其中处于两端的人只能与内侧的一个成员联系，居中的人则可分别与两人沟通信息。在一个组织系统中，它相当于一个纵向沟通网络，代表组织的各级层次自上而下传递信息，在这个网络中，信息层层传递、筛选，容易失真，每个人接收的信息差异很大，平均满意程度也有较大差距。此外，这种网络还表示组织中主管人员与下级部属之间存在若干管理者，属于控制型结构。

（2）轮式沟通。轮式沟通也属于控制型沟通网络形态，其中只有一个成员是各种信息的汇集点与传递中心。在组织中，这种网络大致相当于一个主管领导直接管理几个部门的权威控制系统。此网络集中化程度高，解决问题的速度快，领导人员的预测程度也很高，但沟通的渠道少，组织成员的满意程度低，士气可能低落。轮式网络是加强组织控制、争时间抢速度的一个有效方式。如果组织接受紧急攻关任务，又要求进行严密控制，则可采用这种网络。

（3）环式沟通。环式沟通形态可以看成是链式形态的一个封闭式控制结构，表示组织各部门或成员之间依次联络和沟通，其中每一个都可同时与两侧的部门或个人沟通信息。在此网络中，组织的集中化程度和领导者的预测程度都较低，信息流动的通道不多，组织成员具有比较一致的满意度，组织的士气高昂。如果在组织中需要创造出一种高昂的士气来实现组织目标，环式沟通形态不失为一种行之有效的方式。

（4）Y 式沟通。Y 式沟通是一个纵向沟通网络，其中只有一个部门或成员处于沟通的中心，成为沟通媒介。在组织中，这一网络形态相当于从参谋、咨询机构到组织领导，再到下级管理人员或一般成员之间的纵向关系。这种网络集中化程度高，解决问题速度快，组织中领导人员预测程度较高。除中心人员外，组织成员的平均满意程度较低。此网络形态适用于管理人员工作任务十分繁重，需要有人选择信息、提供决策依据以节省时间而不用对组织实行有效控制的情况，但易导致信息曲解或失真，影响组织成员的士气，阻碍组织提高工作效率。

（5）全通道式沟通。全通道式沟通也称星式沟通，是开放式的网络形态，其中每个成员之间都有一定联系，彼此了解。此网络中组织的集中化程度及主管领导的预测程度均很低。由于沟通渠道很多，组织成员的平均满意程度高且差异小，所以士气高昂，合作气氛浓厚，这对解决问题、增强组织合作精神、提高士气均有很大影响。但是，这种网络的沟通形态渠道太多，易造成混乱且又费时，会影响工作效率。

上述五种沟通形态和网络，各有其优缺点。作为一名管理者，在管理实践中要进行有效的人际沟通，就需要发挥其优点，避免其不足，使组织的管理工作水平不断提高。表 6-2 对五种沟通网络形态进行了比较。

表 6-2　五种沟通网络形态比较

沟通形态评价标准	链式沟通	轮式沟通	环式沟通	Y 式沟通	全通道式沟通
集中性	适中	高	低	较高	很低
速度	适中	快（简单任务） 慢（复杂任务）	慢	快	快
正确性	高	高（简单任务） 低（复杂任务）	低	较高	适中
领导能力	适中	很高	低	高	很低
全体成员满足	适中	低	高	较低	很高
示例	命令链锁	主管对工作进行部署	工作任务小组	领导任务繁重	非正式沟通（私密消息）

二、沟通的障碍及其影响因素

（一）沟通的障碍

沟通过程中的障碍往往会降低沟通效果，使之达不到预期，严重时甚至可能使沟通过程中断。因此，认识、规避、排除沟通障碍十分重要。一般来讲，沟通障碍存在于沟通的信息发送者、信息传递渠道和信息接受者三个要素中。

1. 信息发送者的障碍

（1）表达障碍，是指因信息发送者表达能力不足而产生的障碍。语言是信息的载体，准确地选择语言是实现沟通目标的必要前提。准确的语言选择不仅包括选用最恰当的词句，使用正确的语法，而且包括采用书面沟通形式时清晰的字迹和简明的图表。由此可见，影响信息传递者表达能力的因素，除了自身的语言文字水平之外，还有工作责任心等非文字方面的因素。所以，信息传递者若要消除表达障碍，必须努力提高自己的语言表达能力。同时，在发送信息时，应具有高度的责任心。

（2）语义障碍，主要是指对语义的不同理解所引起的障碍。对于信息发送者来说，不能仅从自己的角度来选择用语，来理解事情；更重要的是要从信息接受者的立场来考虑用语，这样才能保证发送的信息能够被完全正确地理解。

（3）传递形式障碍，是指传递形式不协调产生的障碍。信息发送者在发送信息时，形式要适当，如语言符号和肢体语言应保持一致。例如，领导在批评下级的错误时，态度不严肃，就可能使下级难以认识到错误的严重性。正式、重大的事件信息用很平常的方式传递，就可能使人怀疑信息的真实性。所以，在沟通中，信息沟通的形式应同沟通的信息内容相一致，消除因内容和形式不一致而产生的障碍。

（4）社会环境与知识局限产生的障碍。如果信息发送者与信息接受者之间有共同的经验区，就比较容易实现沟通信息的目标。如果双方缺乏共同的经验区，沟通就会遇到障碍。例如，同一领域的科学家们大量地运用专业术语、数学公式、各种符号进行沟通，既简便又实用。但如果他们用这种方式同缺乏相应知识和经验的外行沟通，肯定会失败。

2. 信息传递渠道中的障碍

（1）信息传递手段的障碍。现代信息沟通中越来越多的新兴信息传递手段的应用大大提高了沟通效率。同时，一旦这些手段发生故障就会影响沟通。例如，开大会时，广播的物理噪声过大，就会影响报告的效果。因此，在信息沟通中，要尽可能地选择保证高效率的沟通工具。

（2）传递层次的障碍。信息在传递过程中，同其他的物体运动一样，会发生损耗。在信息传递中，信息损耗现象被称为信息过滤。一个信息自发送者发出，到达接受者时经过的环节越多，过滤现象就会越严重，使到达最终接受者那里的信息大打折扣，或者被歪曲、曲解、篡改。所以，在沟通过程中，沟通的层次应当尽可能地减少，以防止信息被过多地过滤。

3. 信息接受者的障碍

（1）对信息过滤。信息接受者在接收到信息之后，有时会按照自己的要求，对信息进行过滤，选取其感兴趣的信息，滤掉不感兴趣的信息。

（2）理解能力的障碍。这同发送者发送能力的障碍是一样的。如果是一个发送者面对一个信息接受者，这种障碍可以通过发送者与接受者的共同努力来消除。但如果是一个发送者面对多个接受者，其中一些接受者对信息不能理解、存在障碍，这时就主要靠接受者自己提高理解能力来消除障碍了。

（3）信息过量障碍。前面已经知道，接受者在收到过多的信息时，必然会有一部分信息被忽略，信息发送者要对这一点予以重视。同样，对信息接受者来说，也要重视这一点。一个人在信息化的社会中，所接收到的信息必然是十分多的，信息接受者不能整天埋在信息堆里，而应有重点地接受重要的信息。

（二）影响有效沟通的因素

有效沟通，简单地说就是传递和交流信息的可靠性和准确性高，它表明了组织对内外噪声的抵抗能力。在沟通过程中，由于存在外界干扰以及其他原因，信息往往被丢失或曲解，使信息的传递不能发挥正常的作用。因此，组织的有效沟通存在一定的影响因素。

1. 个人因素

个人因素主要包括两大类，一是有选择地接受，二是沟通技巧的差异。

所谓有选择地接受，是指人们拒绝或片面地接受与他们的期望不相一致的信息。研究表明，人们往往听或看他们感情上有所准备的东西，或他们想听或想看到的东西，甚至只愿意接受中听的信息而拒绝不中听的信息。由于对复杂的事物可以从各种角度去观察，人们所选择的角度强烈地影响他们认识问题的能力和方法。

除了人们接受能力有差异外，许多人运用沟通的技巧也有所不同，这在一定程度上也影响着沟通的有效性。有的人擅长口头表达，有的人擅长文字描述。这些问题都会妨碍有效的沟通。

2. 人际因素

人际因素主要包括沟通双方的相互信任、信息来源的可靠度以及发送者与接受者之间的相似程度三个方面。

沟通是发送者与接受者之间“给”与“受”的过程。信息传递不是单方面的事情，而是双方面的事情，因此沟通双方的诚意和相互信任至关重要。上下级间的猜疑只会增加抵触情绪，减少坦率交谈的机会，也就不可能进行有效的沟通。

信息来源的可靠度由下列四个因素决定，即诚实、能力、热情、客观。有时，信息来源可能并不同时具有这四个因素，但只要信息接受者认为发送者具有即可。可以说，信息来源的可靠度实际上是由接受者主观决定的。就个人而言，员工对上级是否满意在很大程度上取决于他对上级可靠度的评价。就团体而言，可靠度较大的工作单位或部门比较能公开地、准确地和经常性地进行沟通，它们的工作成就也相应地较为出色。

沟通的准确度与沟通双方间的相似程度有着直接的关系。沟通双方特征（如性别、年龄、智力、种族、社会地位、兴趣、价值观、能力等）的相似性，影响了沟通的难易程度和坦率性。沟通一方如果认为对方与自己很相近，那么他将比较容易接受对方的意见，并且达成共识。相反，如果沟通一方视对方为异己，那么信息的传递将很难进行下去。

3. 结构因素

结构因素主要包括地位差别、信息传递链、团体规模和空间约束四个方面。

研究表明，地位的高低对沟通的方向和频率有很大的影响。地位悬殊越大，信息越趋向于从地位高的地方流向地位低的地方。事实很清楚地表明，地位是沟通中的一个重要障碍。

一般来说，信息通过的等级越多，则它到达目的地的时间也越长，信息失真率越大。这种信息连续地从一个等级到另一个等级所发生的变化，被称为信息传递链现象。一项研究表明，企业董事会的决定通过五个等级后，信息损失平均达 80%。其中，副总裁这一级的保真率为 63%，部门主管为 56%，工厂经理为 40%，第一线工长为 30%，职工为 20%，具体如图 6-4 所示。

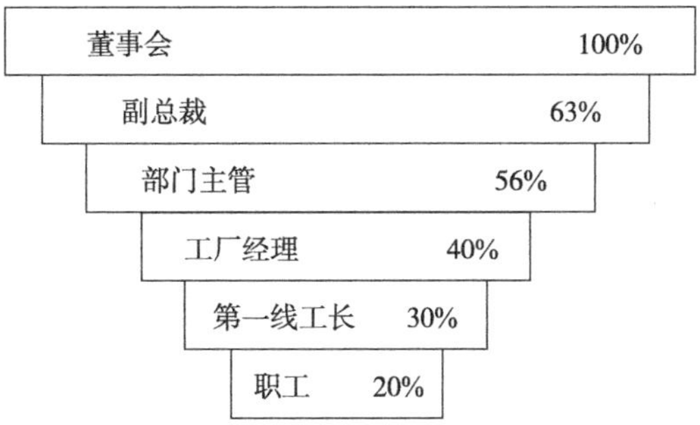

图 6-4　信息传递链图

当工作团体规模较大时，人与人之间的沟通也相应变得较为困难。这是由于沟通渠道的增长大大超过人数的增长。

企业中的工作，常常要求工人只能在某一特定的地点进行操作。这种空间约束的影响，在工人独自在某位置工作或在数台机器之间往返运动时尤为突出，空间约束不仅不利于工人间的交往，而且限制了他们的沟通。一般来说，两人之间的距离越短，他们交往的频率也越高。

4. 技术因素

技术因素主要包括语言、非语言暗示，以及媒介的有效性和信息过量。大多数沟通的准确性依赖于沟通者赋予字和词的含义。由于语言只是个符号系统，本身并没有任何意思，它仅仅是我们描述和表达个人观点的符号或标签。一个人表述的内容常常是由他独特的经历、个人需要、社会背景等决定的。因此，语言和文字极少对发送者和接受者双方都具有相同的含义，更不用说许许多多的不同的接受者。语言的不准确性不仅仅表现在对符号的不同理解，它还能激发各种各样的感情，这些感情可能又会更进一步歪曲信息的含义。同样的字词对不同的团体来说，会导致完全不同的感情和不同的含义。另外，组织管理者常常面临着“信息过量”的问题。管理人员只能利用他们所获得信息的万分之一到百分之一进行决策。信息过量不仅使经理人员没有时间去处理信息，而且使他们难于向同事提供有效的必要信息，沟通也随之变得困难重重。

三、人际关系概述

（一）人际关系的含义

组织是由人组成的，组织中个体与个体之间存在相互依赖、相互作用、相互促进的关系，是人际关系发展的基础。广义上，人际关系（interpersonal relationships）是指人与人之间的关系，包括社会中所有人与人之间的关系，以及人与人之间关系的一切方面；狭义上，人际关系是人与人之间通过交往与相互作用而形成的直接的心理关系或心理距离。人与人之间的心理关系，反映了个人或群体寻求社会交往的需要，每个人都希望得到别人的支持、帮助和信赖，因而人们都有人际关系的需要。

构成人际关系的要素主要包括以下三个方面：①主体。主体是指有认识和交往能力的人。②客体。客体是主体的交往对象。若只有主体而无客体，则不能构成人际关系。③情境。情境主要是指时间、地点、气氛、环境等要素。

主体与客体总是在一定的时间、地点、气氛、环境下发生人际关系的。主体、客体、情境是构成人际关系的三个要素，缺一不可，而且这三个要素是变动的，因而人际关系的结构是动态的。

（二）影响人际关系的因素

1. 接近性因素

人们之间的空间距离越近，彼此接触和沟通的机会越多，越容易彼此吸引，并逐渐形成相互依赖、相互关心、关系密切的人际关系。正如俗语所说，“远亲不如近邻”。同一个办公室、同一个班组的工人，以及同一栋楼房生活的人，更容易认识和了解彼此。

2. 相似性因素

在个人特征方面，双方的年龄、性别、社会背景、态度、价值观等社会心理特征也是影响人际关系的重要因素。共同的理想、信仰、兴趣爱好，或有相同的经历和遭遇、对事物的态度等也是形成人际关系的重要内容。所谓的“志同道合”，就是相似性原理在人际关系上的一种反映。

3. 互补性因素

在某些情况下，当交往双方的需求、性格、气质、期望正好互补时，也会促使人们彼此互相吸引并形成良好的人际关系。在生活中我们不乏看到，性格温和的人往往喜欢和性格刚毅、直率的人相处，独立性较强的人往往喜好和依赖性强的人做朋友。研究还表明，互补因素增进人际关系往往发生在感情深厚的异性朋友和夫妻之间。

4. 个人因素

在人际交往中，个人的性格特征和能力特长、人格魅力也会影响到人际关系。在群体中，性格开朗、活泼、心胸开阔、富有同情心、能够体谅他人的人，更容易受到群体其他成员的欢迎。而一个人能力或特长突出，人格魅力和修养水平与众不同，也容易引起他人注意，使人产生钦佩、欣赏之情，吸引他人接近并与之交往。

5. 工作情境因素

在一个组织中，领导者的领导风格，以及成员的工作情境因素也会对人际关系产生导向作用。领导者平易近人，关心员工，善于倾听下属的意见，愿意与员工交流，会在组织内部建立起一个互相信任、平等互助的工作情境，这种工作情境下成员的人际关系往往比较融洽。

6. 社会文化因素

社会文化因素是影响人际交往的客观、外在的因素。人们的生活方式、价值观念、社会风气、道德观念等都会影响到人们的人际交往准则。社会经济发展，文化繁荣，人们生活富足，社会风气好，则人们易发展良好的人际关系；反之，如果社会贫富差距大，社会不安定，人心不稳，道德观念淡漠，则人际关系容易恶化。

四、人际关系理论

（一）梅奥的经典人际关系理论

经典人际关系理论是在霍桑实验的基础上产生的。在美国国家研究委员会和西方电器公司的支持下，梅奥与其同事于 1924~1932 年在霍桑工厂进行了一项研究实验活动。在活动的基础上，以梅奥为首的人际关系论者获得了一系列不同于泰勒主义者的有关组织和管理的洞见。

（1）人是“社会人”。人并非单纯追求物质和金钱，人还有友情、安全感和归属感等方面的社会心理需求，“我们所有的人的安全和稳定的感觉总是从成为一个团体的成员的保证中得来的”。

（2）提高工人的士气和满足他们的社会欲望是提高生产效率的关键。霍桑实验发现，生产效率的高低不单受工作环境、方法等物质因素的影响，而且取决于人们的满足程度和工作士气。

（3）组织中存在着“非正式群体”。人际关系论者发现并证实了在现代工业的权威结构中（正式组织）存在着身份组合（非正式组织）。正式组织遵循的是效率逻辑，而非正式组织遵循的是感情逻辑。梅奥认为，在决定生产效率的因素中，效率逻辑的因素远不如感情逻辑的因素重要，在影响职工行为的所有人的因素中，最有力的因素来自工人的参与。后来，罗特利斯伯格在《管理与工人》一书中根据西方电气公司研究中所收集的例证，描述并以材料证实了非正式组织惊人的成熟，它的权力不仅控制着工人的行为，而且控制着那些本身认为自己就是在实行控制的管理者与监督者的行为。

（4）采用新型的领导方法。在霍桑实验中，梅奥寻求一种以“社会人”为基础的新型领导方法：组织好集体工作，维护团体的完整；采取措施提高士气，促进协作；使组织的每个成员能与领导真诚持久地合作，让成员参与组织的管理工作；允许下级向上级提意见，尊重下级的意见与建议，给职工表达情感、不满和争论的机会；克服组织反常状态、群氓状态，防止组织的解体；等等。

（二）舒茨的人际关系三维理论

社会心理学家舒茨（W. Schutz）于 1958 年提出人际关系三维理论。舒茨认为，每一个个体在人际互动过程中都有三种基本的需要，即相容需要、支配需要和情感需要。这三种基本的人际需要决定了个体在人际交往中所采取的行为。

（1）相容需要。这是希望与别人保持交往、相认和归属的需要，由这种需要产生的人际关系行为有交往、沟通、归属和参与等，与此相反的人际关系行为有孤独、沉默、疏远和拒绝等。

（2）支配需要。这是希望控制、领导和支配他人并维持合作关系的需要。由这种需要产生的人际关系行为有权力、支配、领导等，与此相反的人际关系有抵制、敌视、反抗等。

（3）情感需要。这是希望在情感上同他人建立相互关系的需要。由这种需要产生的人际关系行为有亲切、同情、依赖、互助等；与此相反的人际关系行为有憎恨、冷漠、厌恶、攻击等。

根据不同的需要内容和交往类型，可形成六种基本的人际交往倾向，具体见表 6-3。

表 6-3　六种基本的人际交往倾向

类型 / 需要	主动型	被动型
相容需要	主动和他人交往	期待别人来交往
支配需要	支配他人	愿受他人支配
情感需要	对别人表示亲善	希望得到别人亲善

资料来源：袁凌（2003）

舒茨的人际关系三维理论在解释群体形成与群体分解中提出群体整合原则，即群体形成的过程开始是包容，而后是控制，最后是情感，这种循环不断发生。群体分解的原则是反其序，先是感情不和，继而难以包容，最后失控，导致群体分解。

（三）霍曼斯的人际交换理论

社会学家霍曼斯（G. Homans）采用经济学的概念来解释人的社会行为，提出了社会交换理论，他认为人和动物都有寻求奖赏、快乐并尽量少付出代价的倾向，在社会互动过程中，人的社会行为实际上就是一种商品交换。人们所付出的行为肯定是为了获得某种收获，或者逃避某种惩罚，希望能够以最小的代价来获得最大的收益。人的行为服从社会交换规律，如果某一特定行为获得的奖赏越多，个体就越会表现这种行为，而某一行为付出的代价很大而获得的收益不大，个体就不会继续从事这种行为。这就是社会交换。

霍曼斯指出，社会交换不仅是物质的交换，而且包括赞许、荣誉、地位、声望等非物质的交换，以及心理财富的交换。个体在进行社会交换时，付出的是代价，得到的是报偿，利润就是报偿与代价的差值。一个人在社会交往中，如果给予别人的多，他就会试图从双方的交往中多得到回报，以达到平衡。如果他付出了很多，但得到的却很少，他就会产生不公平感，就会终止这种社会交往。相反，如果一个人在社会交往中，总是付出的少，得到的却多，他就会希望这种社会交往继续保持，但同时也会产生内疚感。只有当个体感到自己的付出与收益达到平衡时，或者自己在与他人进行社会交往时，自己的报偿与代价之比相对于对方的报偿与代价之比是同等的时候，个体才会产生满意感，并希望双方的社会交往继续保持下去。

（四）约哈里窗户理论

约哈里窗户（Johari window）是由美国心理学家约瑟夫·勒夫（Joseph Luft）和哈里·英格拉姆（Harry Ingram）在20世纪50年代提出的一种交往模型。

约瑟夫和哈里认为，人们之间的交往成败与否，人际关系能否健康发展，在很大程度上取决于其各自的“自我表露”程度。对每个人来说，都存在着开放区、盲区、隐藏区和未知区四个区域，具体如图6-5所示。

	自己了解	自己不了解
他人了解	开放区	盲区
他人不了解	隐藏区	未知区

图6-5　约哈里窗户

（1）开放区。开放区是每个人的“公开”或“认识”的区域。这一部分包含了自己和别人都知道的信息，如个人的身高、肤色、婚姻等。这部分信息沟通顺畅、无障碍，个人可以较好地与他人分享这些信息。

（2）盲区。盲区是别人了解，而自己却不了解的区域，通常由那些其他人了解，而自己却没有意识到的有关自己的信息组成。例如，其他人认为你是冷淡的和自以为是的，而你自己却以为自己是坦率的和友好的；也许别人认为你的服饰和修饰习惯与工作环境不适宜，而你自己却并无察觉；等等。

（3）隐藏区。隐藏区的信息是自己知道而别人不知道的信息。这一区域由所有那些私人感情、需要和只愿意自己知道的以往经历与个人隐私组成。

（4）未知区。未知区由那些自己和他人都不了解的有关自己的信息组成。因为自己或其他任何人永远不能完全了解自己，故未知区永远不会消失。未知区可以代表这样一些事物，如未被认识的才能、未发掘出来的智慧等。

约哈里窗户的四个方格是相互联系的。各方格的大小随着自我表露的程度和人际关系的状态不断变化。根据约哈里窗户，要想提高沟通的有效性，就要从两方面进行努力。一方面是增加自我暴露的程度，缩小隐藏区，扩大外放区，让对方更多了解自己，诚实坦率地与对方分享信息，有研究表明，自我揭示能促进对方更为友善。另一方面，提高他人对自己的反馈程度，缩小盲区，扩大开放区。

（五）中国人际关系理论

儒家文化通过对奴隶社会的人际关系进行重新评价，对原有的道德伦理范畴加以损益，形成了具有中国特色的人际关系的基本理论框架。到汉朝时期，随着汉武帝采纳董仲舒“罢黜百家，独尊儒术”的建议，把孔孟学说定为官方意识形态，中国基本上确立了以儒家思想为主导的统一的汉民族文化。由此，儒家人际关系理论所规定的人际关系原则、规范也成为中国漫长封建社会里人际关系的主要指导原则和规范。同时其也对当今现实的人际关系和人际交往产生着不可忽视的影响。想要了解中国人的交往规范，必要求助于儒家学说，因为它是以调整和规范人与人之间的交往为指归的，从一定意义上说，它就是中国古代的人际交往关系理论。

儒家文化以调节人与人之间的关系为主要内容。学者们对儒家文化的研究基本都集中在“仁”“礼”“血缘”等方面。有学者提出儒家人际关系理论建立了以“仁”为核心，以“礼”为整合手段，以“和”为目的，以宗亲关系为出发点，以整体主义为处理人己、群我关系的基本原则的完整的人际关系思想体系，调整着人际关系网络。虽然也有学者提出了其他观点，但核心思想与儒家人际关系理论基本一致。孔子认为，作为一个正派的人，必须“主忠信”“敬事而信”“谨而信”“言而有信”。只有具备了“信”这种品德，才能为别人所接纳，“信则人任焉”。从以上分析可以看出，“信”是维系人际关系的基础。从当时人们生活的环境看，封建社会的信息闭塞，人们都生活在相对封闭的空间中，有的甚至世世代代都不会迁移。固定空间中的人与人之间的关系可以说是五缘交织。失去了诚信，会被孤立和排斥，就没有办法在这个空间中立足。所以，诚信是人际关系得以维系的基础所在。而忠恕之道可以归结到“仁”中，对于这一点，国内的学者基本达成了共识。

综上所述，儒家人际关系理论框架（图 6-6）是以“仁”为核心，以“信”为基础，以“礼”为整合手段，以“和”为目的，以宗亲关系为出发点，以群体主义为处理人际关系的基本原则。这个框架调整着中国人千百年来人际关系的方方面面，包含的意义十分广泛。

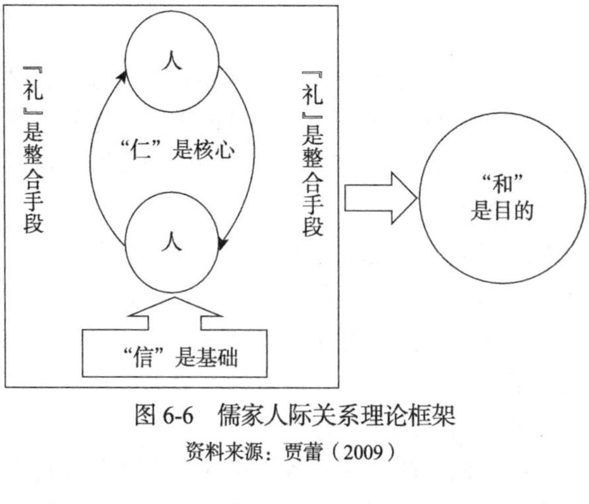

图 6-6　儒家人际关系理论框架

资料来源：贾蕾（2009）

本章小结

团队是一群为数不多的、具有相互补充技能的人组成的一个群体，他们相互承诺，具有明确的团队目标且共同承担团队责任。团队构成要素包括目标、人、团队定位、权限和计划。根据团队成员的来源、团队成员拥有自主权的大小以及团队存在的目的不同，可将团队分为解决问题型团队、自我管理型团队、多功能型团队、虚拟型团队和知识型团队五种类型。团队效能是指一个团队完成团队目标、满足成员的需要和维持自身存在的程度。高效团队一般有明确的目标、适度的规模、适宜的团队结构以及合理的激励机制。

冲突作为组织活动的基本内容和基本形式之一，影响和制约着组织和组织成员的行为倾向与行为方式。冲突具有客观性、主观性、程度性和二重性的特征。按照不同的标准，冲突具有不同类型。冲突产生的根源一般包括资源有限性、工作相互依赖性、工作职责差异性、沟通问题、知觉差异、组织环境变化、权力和职责不清、组织成员个性差异、竞争等。冲突的过程包括五个阶段，分别是潜在的对立或失调、认知和人格化、行为意向、行为和结果。冲突处理的方法包括员工冲突处理的一般方法、群体冲突处理的一般方法、激发冲突的技术等内容。

沟通和人际关系是组织行为学研究的一个重要课题。沟通是指个体与群体两类思维主体之间通过信息传递和交换各自的意见、观点、思想、情感与愿望，达到相互了解、相互认知，形成相互默契，从而完成群体或组织目标的过程。沟通过程由 8 个要素组成，即发送者、信息、编码、渠道、解码、接受者、反馈及噪声。沟通类型可按不同标准划分，常见的有按沟通的组织系统、按沟通的流动方向、按沟通的方法、按沟通是否有反馈、按沟通渠道形成的网络等划分。沟通过程中的障碍往往会降低沟通效果，严重时可能使沟通过程中断。一般来讲，沟通障碍存在于沟通的信息发送者、信息传递渠道和信息接受者三个要素。影响有效沟通的因素主要有个人因素、人际因素、结构因素和技术因素。

广义上，人际关系是指人与人之间的关系，包括社会中的所有的人与人之间的关系，以及人与人之间关系的一切方面；狭义上，人际关系是人与人之间通过交往与相互作用而形成的直接的心理关系或心理距离。影响人际关系的因素主要有接近性因素、相似性因素、互补性因素、个人因素、工作情境因素和社会文化因素。人际关系理论主要包括梅奥的经典人际关系理论、舒茨的人际关系三维理论、霍曼斯的人际交换理论、约哈里窗户理论以及中国人际关系理论。

➢复习思考题

1. 团队的构成要素有哪些？
2. 团队效能的影响因素有哪些？如何打造高绩效团队？
3. 冲突的根源是什么？如何处理冲突？
4. 何为有效沟通？影响有效沟通的因素有哪些？
5. 人际关系的影响因素有哪些？

拓展阅读

员工 VS 企业：因为不完美，所以在一起

人们极少承认自身的缺点和不足，通常只对信任的人吐露心声。

如果员工感到不再需要自我掩饰，而是坦承弱点并积极改进，组织生态能否改善？企

业能否建立一种文化，使员工解除防御，将错误和不足转化为进步契机？

Decurion和Bridgewater分别是一家影院公司和一家对冲基金公司，它们营造了强大氛围，使员工从错误中发现成长潜能，即使搞砸任务也能保持自信，并努力将自己的劣势当成“成长契机”，通过不断改进来提高业绩。

1. 做了什么

（1）提升境界。Bridgewater鼓励员工“提升境界”：不纠结也不回避，直面内心深处的情结，从而超越自身局限。普通组织会绕开员工的内心世界，因此无力找出问题根源。在Bridgewater，出现投资决策失误后，管理者会详尽分析相关数据、复盘决策过程，但并不止步于此，而是深究当事人的心理：“你的思维方式和心态出了什么问题，导致决策失误？”

Bridgewater员工约翰·伍迪（John Woody）曾在CEO雷伊·达里奥（Ray Dalio）的引导下直面“信任危机”［参见2013年哈佛商学院案例，作者为杰弗里·波尔策（Jeffrey Polzer）和海蒂·加德纳（Heidi Gardner）］。达里奥直言不讳地告诉伍迪，大家普遍觉得他不够可靠。伍迪的第一反应是愤怒反驳，但事后他没有自怨自怜或无所谓地接受，而是冷静下来反思对话过程，自我检讨：“我们崇尚理性和实事求是，但我上来就说‘你错了’，这太不理性。即使他说得不对，我也应该听完他的解释。”

经过持续反思和与多位同事沟通，伍迪认识到自己“为人处世的一些方式可以追溯到童年”，如拒绝他人监督、受质疑时易怒等。伍迪发现，他在别人眼中的形象与他想树立的形象相差甚远。

先前，包括入职前极度向往公司文化的员工在内，几乎所有人都对这种程度的坦诚无所适从。达里奥没有回避这个问题。在一封标题为“我每天都很失败”的邮件中，他要求全体员工回答一个问题：“你更在意已取得的成绩，还是成长速度？”把关注点从前者转移到后者，员工表现和公司业绩将显著提升。

（2）拒绝分裂。我们经常为自我保护而适度分裂自己，不在职场中表露“真实自我”：说一套，做一套；人前一套，背后一套；茶歇时说真话，开会时打官腔。这不仅是因为我们与他人缺乏沟通、默契不足，更是因为我们担心自己的利益受损。

为鼓励员工表露真实自我，提高业务讨论效率，Bridgewater和Decurion设计讨论流程，促使员工坦诚评价彼此的工作表现。上文描述了Bridgewater团队如何批判性地讨论领导者的工作思路。Decurion则组织“玻璃鱼缸式讨论”，当事人须坐在一圈同事中间接受质询。在我们旁听的一次讨论中，影院业务信息技术、市场和运营部门负责人要向同事说明，为什么新推出的客户忠诚度计划停滞不前。影院业务运营总裁怀疑三人间沟通效率不高，要求他们坦诚说出对彼此的感受。

“玻璃鱼缸式讨论”足够透明和开放，影院业务所有管理者都能旁听和参与，并有所收获。在一位高级经理的巧妙启发下，三位当事人终于敞开心扉，坦白彼此的隔阂和嫌隙，承认这阻碍他们分享信息、高效决策。他们还分析了自己误解他人的原因，最终在同事的见证下达成谅解。Decurion员工对这样的对话习以为常，他们不会担心自己地位不稳，而是借此共同反思和进步。

随着反复见证和参与坦诚对话，自由讨论利益冲突、同事的不足等敏感话题，人们感到主动坦承自己的弱点不再危险，而可能带来益处。主动成长型组织甚至可能创造全新的价值观，把以往员工观念中的“祸”，转化为“福”，缩小甚至消除员工真实自我和理想自我的差距。

（3）颠覆自我。主动成长型组织不仅接纳员工的不足，还为他们设置挑战，主动培养他们。Bridgewater 和 Decurion 都非常重视员工的岗位契合度，但他们的“契合”是指员工能力离岗位要求尚有一定距离。我们将这种挑战称为“建设性颠覆”。在工作中感到茫然无措会令部分自我被颠覆，克服困难、完善自我则是建设性的。在这两家公司，如果你表现得完美无缺，那么现在的岗位显然不适合你。如果只情愿干驾轻就熟的工作，你会被视为惧怕挑战，不符合公司风格。

Decurion 致力于帮助员工从日常工作中找到意义。例如，团队会议开始和结束时，员工有机会评价当前任务契合度及同事间默契度。管理者也会与团队分享自己的进步，如提高与某位同事的沟通质量而使合作更有成果，或克制自己充当救火队员的冲动，让团队自主完成任务。

Decurion 各级别员工都经常有机会与上司进行一对一“接触点”谈话，在公司业务框架内创造机会实现个人目标。例如，一位影院员工告诉我们，经理了解到她想将来离开公司成为专业布景师，破例安排她参与影院活动的现场布置，让她的个人兴趣和组织目标有效结合。

在 Decurion 这样不断对人员和岗位进行精确再匹配的组织，没有任何职位非某人莫属，这意味必须打破对资历和经验的惯性依赖。一位高管告诉我们：“拥有知识和经验的最终目的是将其分享给后来者，虽说根据经验，现实中我们很难达到这种境界。”尽管如此，如果不断设置挑战、带动员工持续进步，组织不仅能更有效执行当前战略，还会变得更灵活、更具韧性。

（4）全员参与。在 Bridgewater 和 Decurion，如果流程设计有缺陷，所有人都有责任指出问题。Decurion 各影院定期组织“诊断会议”，团队成员分析讨论前一轮放映情况。在我们旁听的会议中，一些年仅 17 岁的员工也和同事、经理一起互评，讨论如何改进设备操作方法、提升服务质量。这些年轻人刚入职时就学会读利润表，理解分店运营的各个方面（包括他们自己的表现）如何影响公司短期和长期盈利能力；他们能着眼于客户体验和组织财务健康，就食品售卖或 3D（three-dimensional，即三维）眼镜发放等细节提出改进建议。

每次推出新业务前，Decurion 都有专门团队花大把时间精心设计管理流程。公司相信制度决定人的行为，因此对组织设计（如办公室布置、会议频率、合理搭建项目团队等）精雕细琢。与精益六西格玛等传统管理工具不同，Decurion 和 Bridgewater 的流程改进不仅关注生产中的错误和异常，更关注员工的“内在错误和异常”，力图纠正员工错误的思维方式和对组织规则的误解。

（5）长期主义。外人听闻上述事迹的反应通常是：“真不敢相信他们会在员工管理上投入这么多精力！”言外之意是：“这是疯了！做这些能得到什么好处？”但 Decurion 和 Bridgewater 不仅是优秀员工的孵化器，也毫无争议地取得了商业成功。很明显，两家公司从人才管理中收获了巨大的好处。

简单说，这两家公司的时间观念与众不同。一般组织希望越快解决问题越好，未能找出导致问题产生的个人及人际关系方面的原因，从而令已经“高效解决”的矛盾换种形式重新爆发。Bridgewater 一位高级分析师总结道：“公司经常指出你的错误，但前提是相信你能够完善自我，并且告诉你，你的进步会让所有人受益。”

2. 应该如何做

充分暴露不足能促使员工进步，组织要为此提供足够的安全感。与很多高绩效组织一样，主动成长型组织职责清晰、高度透明，并为员工提供有力支持。但 Bridgewater 和 Decurion 有些做法达到极致，可能超乎很多组织的想象。

（1）职责清晰。Bridgewater 和 Decurion 都不是扁平化组织。这里层级分明，汇报线明确；如有必要，业务会关闭，员工会被炒。但高管绝不会因为职位高就能垄断言论；他们对下级的不同见解和善意提醒敞开大门，并为实现组织和个人目标不断完善自我。

普通员工遵守的制度同样适用于高管。Decurion 高管参加团队会议，分享工作中的困扰和失误；Bridgewater 高管和普通员工的绩效评估全部公开，并且明确指出需要提高的地方——如果某位领导者的评估报告没有写明缺点，说明他不适合这个岗位。

Bridgewater 的 CEO 达里奥明确要求员工，经过自主判断后，再接受他下达的指令。Decurion 总裁克里斯托弗·福曼（Christopher Forman）参与设计了一项为期 10 周的“自管理实践”课程。员工自愿参加，很多人上了好几次。主讲人包括福曼和其他高管，其中有房地产业务总裁。福曼告诉我们：“同事们觉得我没完全掌握课程内容，所以让我自己讲一次。这是典型的 Decurion 风格。最后我更深入理解了课程介绍的先进理念和做法，并能将其应用于业务。”

（2）高度透明。2008 年，Decurion 管理层决定裁掉 65%的总部员工。外部专家建议公司，为留住关键员工、防止士气受损，应尽可能晚公开消息。但公司第一时间宣布了裁员计划。

公司未对严峻现实作任何隐瞒，公开财务细节，说明被迫裁员的原因，并设置缓冲期，努力让每位员工实现平稳过渡。福曼解释说：“我们选择相信员工能冷静面对。”为什么没人辞职？“我们让员工相信，无论是否留下，所有人都为公司做出贡献，并有所收获”，福曼说，“我们给予信任，也收获了信任，员工相信这次裁员经历会让他们成长，对现在和将来的雇主更有价值”。

在 Bridgewater，只要不涉及专有客户信息，所有会议都会被记录；所有办公室都配备录像或录音设备。如果被领导评价时不在场，员工会收到提醒，拿到会议录音或录像。员工从不需要操心别人在背后说什么。

（3）“另类”支持。在 Decurion 和 Bridgewater，从新人到 CEO，每位员工都有专属“支持小组”，帮助自己在工作和生活中不断进步。普通组织当然也很重视团队建设，鼓励员工构建关系、增进信任、加强沟通；但员工间的“支持”通常仅限于排解压力。主动成长型组织的支持小组则帮助员工通过建设性颠覆自我获得进步。两家公司员工中不乏名声在外的业界领袖，但很多人自感“能力不足”、“进退维谷”、“如履薄冰”、“难以胜任”和“屡战屡败，前途渺茫”。如果支持小组只是帮员工减压、恢复平稳状态，会被视为没有尽责。

很多优秀企业无意成为主动成长型组织，也创造出凝聚人心的企业文化。在组织成员间培养深度关联感的方式不止一种。但主动成长型组织是一种特殊的共同体，让我们意识到自己的不完美，同时感到被集体接纳、被他人需要，并且发现周围同事无不如此。这一切激活了我们同情和欣赏他人的能力，赠予我们和谐的人际关系。

资料来源：Kegan 等（2014）

案例分析

团队比老婆难找

胡茂华怎么都没有想到，第一次创业会在短短一年的时间里就上演了大逆转。2014 年还是左手融资，右手开拓市场，2015 年年中他就和另外一名合伙人选择退出多备份团队，基本宣告创业失败。

多备份是他第一次创业，主营业务是云存储，面向的多是企业级客户。市场竞争对手有阿里云、百度云等。

客观而言，这是一次天时地利的创业起步。2014 年，深圳被视为“创业者的天堂”，投资人将热钱大把大把地捧着送出去，北京大大小小的公司高层也开启了频繁的深圳之旅。但凡是还能说得过去的项目，都不用担心拿不到钱。多备份在 2014 年最为得意的时候，也曾放出豪言：“不惧怕 BAT（Baidu，Alibaba，Tencent，即百度、阿里巴巴、腾讯）来抢自己的生意。”

创业之前，胡茂华有一份足够漂亮的工作履历。他在 2002 年加入腾讯，当时腾讯只有一百多人，胡茂华从负责服务器的运营和维护，一路做到技术总监的位置。在见证腾讯由一百多人变成上万人的庞然大物的同时，他的职业生涯却越走越窄，挑战性开始降低。

“腾讯像是一所大学，做技术的员工会觉着很封闭，想象不出来校园外的生活是什么样”，31 岁的他开始考虑要不要换个工作。

腾讯的从业经历让他进入了盛大旅游的视野。2009 年，胡茂华出任盛大旅游 CTO（chief technology officer，即首席技术官）。当时盛大旅游在所有互联网公司中现金流最为充沛，野心勃勃的陈天桥一方面对收购乐此不疲，另一方面也希望通过搭建盛大旅游这个平台，在旅游 O2O（online to offline，即线上到线下）领域试水。胡茂华很快发现难以适应，原因是腾讯和盛大旅游的文化差距太大。腾讯自由、开放，而盛大旅游则高度集权。“不同级别的员工，脖子上挂的工作证带子的颜色都是不一样的，保安会根据颜色决定是否需要敬礼。”

两年之后，盛大旅游衰落至难以为继，胡茂华再次离职。让他完成创业者身份转变的是多备份的创始人陈元强。2014 年年初，陈元强找到正在 1 号店担任副总裁的胡茂华，希望他能跟自己一起创业做多备份。两人是十多年的朋友和合作伙伴，即便是现在已经离开团队，胡茂华仍对当时陈元强给予自己的认可心怀感激。

当时公司获得 IDG 领投、极客帮跟投的千万元天使轮投资，胡茂华在加盟前希望公司的商业模式能进行调整。按照陈元强的想法，现实中的每一个用户都是公司的目标群体，个人每一次浏览过的网页，在网上留下的数据都有存储的必要性。如果有足够的用户意识到云存储的必要性，公司自然也就找到了可循环的商业模式，但是胡茂华认为公司要做 2B（to business，即对企业）的生意，而不是 2C（to customer，即对消费者）的生意。

他的判断有自己的理由，“从单独的用户身上赚钱是非常难的”。而如果能够将合作对象改为企业，一是大部分企业都可以承担这部分支出，二是可以为合作伙伴节约成本，省下公司在这方面的设备和人员投入。

在想法得到陈元强的认可后，胡茂华的创业生涯正式开始。为了下定决心，胡茂华还将已经从深圳迁往上海的家庭再次迁回深圳，破釜沉舟决定好好干一番事业。

在胡茂华加入团队之后，他成为公司的董事长和 CEO，创始人陈元强则是 CTO，但后者的股份要多于前者。单单就“公司听谁的”这个问题，两个人就曾发生很多争执，尤其是公司在面临选择的时候。对陈元强来说，要和其他人分享对公司的话语权似乎并不容易。

在认识到决策权这个问题之后，胡茂华和另外两个合伙人曾经开会讨论过，讨论的结果是“遇到问题采用民主投票的方式，如果意见不统一，就由 CEO 做决策，并对此负责”。但让胡茂华遗憾的是，口头上的协议一遇到实际问题就起不到丝毫的作用。

虽然公司决定主要为企业级客户提供服务，但是陈元强坚持之前积累的网站个人客户也要继续。胡茂华认为做个人客户属于“吃力不讨好”，如果公司不做这部分业务，可以将资源集中在企业级客户方面做深度合作。在个人客户是不是继续做的问题上，两个人继续僵持不下。

两人在性格上的冲突也逐渐显现。胡茂华的观点是做一件事情用尽全力做，但是没必要把命搭进去，失败了就失败了。但陈元强的心态则是一定要成功。

苦恼之余，胡茂华也会去跟同是创业者的朋友请教，在把难言之隐说出来之后，对方往往也会一拍大腿，“我们也有这样的难处啊”。

真正导致公司错失扩展和融资良机的导火索也是团队问题。因为一个项目，陈元强和下属在方案选择上意见无法统一，在外界并不知情的情况下，两个方案一直在并行推进。两个月后测试结束方案发布时，用户收到了软件的 A、B 两个版本。这时，其他股东和高层才知道两个月前的荒唐决定。在拖沓了四五个月之后，此事不了了之。

更让胡茂华束手无策的是，当时公司一共有三十多名员工，经过这么一折腾，上上下下都知道高层之间貌合神离，士气严重受挫。

事已至此，该走还是留？胡茂华一度很痛苦。他被孰对孰错的问题困扰了一个多月，最终决定离开。

资料来源：李亚婷和王雨渤（2015）

思考题：

1. 胡茂华创业失败的原因是什么？
2. 结合案例，谈谈如何处理团队冲突。

第七章

领导与领导力

领导者的责任，归纳起来，主要地是出主意、用干部两件事。

——毛泽东

※ 学习目标

1. 掌握领导的内涵及其领导本质。
2. 理解和掌握领导理论，了解领导理论研究的新发展。
3. 了解领导力的概念、特征。
4. 理解领导力理论，了解领导力训练。

导入案例

从管理者到领导者必须完成的7种质变

据《哈佛商业评论》报道，哈拉尔德（化名）是一位颇具潜力的职场高管，在欧洲一家知名化学公司拥有15年的工作经验。最初他不过是公司塑料部门一名产品经理助理，不久被调去香港，参与塑料部门新建亚洲业务中心。随着那里的销售业绩一路飙升，他很快被提拔为销售经理。3年后，他被调回欧洲，担任分管欧洲、中东及非洲市场的营销总监，管理一支80多人的专业团队。他的晋升之路并未止于此，之后，他升为公司聚乙烯部门的营销副总裁，负责多个产品线及相关服务，手下员工近200人。

如此多年的辉煌经历，最终将哈拉尔德带向了又一个职业高峰——出任集团塑料树脂子公司的“一把手”，管理公司遍及全球的3 000多名员工。公司精心安排，为他配备精兵强将去负责一块规模不大但蒸蒸日上的业务。公司希望他能借此机会超越销售与市场的思维，从复杂问题或危机中跳出来，依赖经验丰富的团队去驾驭整体、放眼全局，从而进入一个更高的领导层面。公司如此安排可谓用心良苦，但仅仅数月，这个新职位就让曾经一帆风顺的哈拉尔德备受煎熬。

哈拉尔德的故事具有典型意义。从一个部门主管（管理者）到公司领导（领导者），是职场中一次重要的职位升迁：开始跨部门管理多个业务版块，第一次负起盈亏责任，但这一转变过程令许多人饱受艰难和感到挫败。常言道，高处不胜寒，但“寒”从何来，“寒”在何处？为此，我们访问了四十余位高阶管理者，其中既包括潜力无限的管理人才与高级人力资源专家，也有首次成为领导者的人。一系列访谈和研究的成果显示：优秀的管理者要成为称职的领导者，必须在领导重心与核心技能方面做出一系列调整，必须经过重重风暴，涉过条条险滩，最终才能实现质变。我们把这一过程总结为“7 种质变”：从专才到通才、从分析者到整合者、从战术家到战略家、从泥瓦匠到建筑师、从被动者到主动者、从急先锋到外交家、从践行者到倡导者。

资料来源：沃特金斯（2014）

领导的重要性似乎已成众人皆知的常识。例如，俗话说“兵熊熊一个，将熊熊一窝”，“企业领导是企业发展的天花板”，它们无不表明人们非常认可领导在企业管理活动中具有重要作用。因此领导吸引了哲学、社会学、社会心理学、经济学和管理学等诸多领域众多的学者不断的分析、解释和论述，本章试图建立一个清晰、明确的整体图像，来说明在不同的组织和环境中到底什么是领导、领导起什么作用以及如何起作用等。本章系统介绍领导的概念及内涵、领导理论及领导力。

第一节　领导概述

组织行为研究表明，领导行为的有效性是影响员工绩效的重要因素之一，因为领导者肩负着组织领导的重任，其经营理念、心理素质、领导能力不仅影响其个人的工作效率，更对其部门乃至组织的行为和绩效产生影响。

一、领导的内涵

（一）领导的定义

在组织行为学领域，有关领导的定义没有统一的结论。作为日常用语，领导的含义就是率领、引导。但作为专业术语，领导有各种定义。据美国学者统计，目前关于领导的定义，全世界有 350 多种。

泰勒（Frederick W. Taylor）认为领导是影响人们自愿努力以达到群体目标所采取的行动。斯多基尔（Ralph Stodgill）认为领导是对组织内群体或个人施加影响的活动过程。孔茨（Harold Koontz）认为领导是促使其下属充满信心、满怀热情来完成任务的艺术。海曼（Hainann）和施考特（Gscott）认为领导是一种程序，使人们在选择及达成目标上，接受指挥导向及影响。凯利（Jee Kelly）认为领导是为了帮助团体达到一定的目标。戴维斯（Davis）认为领导是一种说服他人热心于某一目标的能力。阿诺德（Arnold）和菲尔德曼（Feldman）认为领导是一个影响过程，包括影响他人的一切活动。德鲁克认为有效的领导应能完成管理的职能，即计划、组织、指导和度量。杰克 · 韦尔奇（Jack Welch）认为领导是一种能将其想做的事设想成一种远见，并能使其他人理解、采纳这种远见，以推动这种远见成为成功的现实。罗宾斯的定义最简洁明了：领导就是影响一个群体实现目标的能力。

总的来说，领导的含义可从以下内容来理解。

（1）领导的实质在于激励和影响下属。领导过程为领导者向被领导者施加影响和进行激励，促使被领导者的思想和行为发生积极的变化，遵循组织规范，为实现组织目标而努力工作。

（2）领导是个动态过程，即把领导看做一种行为——领导者与被领导者之间的关系行为。这也是人类一种特殊的实践活动。

（3）领导行为的有效性受领导者、被领导者及环境三个因素制约，并随着这三个因素的变化而变化。也就是说，有效的领导是由领导者、被领导者和环境条件三者决定的，用公式表示为：领导有效性= $f(L,F,S)$。其中，L 为领导者；F 为被领导者；S 为环境。

（4）领导与领导者不同。在日常工作中，人们往往把领导当做领导者。例如，人们常说某某领导如何、有意见找领导等，似乎领导就是领导者。其实，从科学概念上来说，“领导”和“领导者”是有区别的。在英语中，“领导”和“领导者”是两个不同的词，前者为“Leadship”，后者为“Leader”；在含义上“领导”是一种行为过程，而“领导者”是指作为行为主体的人（个人或集团）。领导和领导者虽有区别，但又互相依存。领导行为必须以领导者的存在为前提，它是通过领导者的活动得以实现的，离开领导者，领导行为便不复存在；领导者对其下属施加影响，达到组织目标，必须通过领导行为实现。因此，既要研究领导者本身的种种因素，如智能、性格、作风等，也要研究领导行为的特点和有效性。

（二）领导的本质

1. 领导的特征

（1）领导是一种特殊的智力劳动。这种劳动要尽量发挥和调动他人的积极性，使他们把工作做好。

（2）领导是一种特殊的“投入产出”。领导本身是一种投入，它的产出却表现在他人的行为效率上。所以，领导工作的好坏并不反映在他自身，而是要从被领导者的成绩来鉴定。

（3）领导的本质是一种人与人的关系处理。领导是管理工作的一个重要职能，它与管理工作的其他职能（如计划、组织、控制等）的区别，主要体现在与人联系的特征上。领导实际上是一种人与人之间的关系。领导就是通过领导者协调人与人的关系，通过激发每个人的积极性和创造性，使人力资源得到充分发挥，以实现组织的目标。

（4）领导作用的“互惠效应”。在现实的领导工作中，一位领导者总会因其职位或人品而对其下属产生影响。一般人们容易注意到领导者对下属的领导，而往往忽视下属对领导者的影响。实际上影响是相互的，这就是领导作用的“互惠效应”。

2. 领导的功能

领导工作的功能概括起来有两方面，即组织功能和激励功能，领导就是领导者实现组织功能与激励功能的全过程。

（1）组织功能。为了实现组织目标，领导者必须科学地、合理地组织管理过程。根据组织内部和外部条件，以及需要与可能，制定出符合实际的目标并进行决策；为实现组织目标与决策，合理地组织和使用人、财、物；建立科学的、有效的管理系统。

（2）激励功能。领导者运用各种激励手段，把被领导者的潜力调动出来、发掘出来，激发他们为实现目标而共同努力。一个领导者能否激励下属，是衡量其领导水平的重要标准之一。激励功能主要表现在提高被领导者接受和执行组织目标的自觉性、激发被领导者实现组织目标的热情以及提高被领导者的行为效率三个方面。

二、领导与管理

许多管理学中所讲的“管理”实际上就是领导，管理几乎就是领导的同义语。而管理学创始人法约尔又把领导与管理严格地区分开来，认为领导是保证经营活动中技术、商业、财务、安全、会计、管理这六项职能得以贯彻的保证力量，而“管理”仅仅是这六项职能中的一种。领导与管理之间既有密不可分的联系，也存在明显的区别。

二者的共同之处在于：从行为上看，领导和管理都是一种在组织内部通过影响他人的协调活动，实现组织目标的过程。从权力的构成看，两者也都与组织层级的岗位设置有关。

二者的区别如下。

1. 管理和领导在组织中的职能不同

管理包括计划、组织、领导、控制等职能，领导只是管理职能的一部分。管理可以是针对人的，也可以是针对“物”的，如战略管理、财务管理、生产管理、信息管理等，而领导通常是面对人的，是对他人施加影响，使之致力于实现预期目标的活动过程。

2. 领导和管理在组织中的作用和责任不同

领导首要的责任是做正确的事情，方向必须正确。如果行动方向错了，则会南辕北辙，措施越有力，效率越高，偏离组织的目标就越远；而管理强调的是要正确地做事情。方向一旦确定，选择正确的途径和方法，用最小的投入获得最大产出，追求更高的效率，就是管理追求的目标。

3. 管理和领导在组织中工作的侧重点不同

领导重在影响和引导，管理重在协调和控制。科特（John P. Kotter）教授认为，领导和管理有许多相似之处，都涉及对需要做的事作决策，建立一个能完成某项计划的关系网，并尽力保证任务顺利完成。但两者之间还是存在明显差异的，领导主要处理变化的问题，领导者通过提出组织的远景来确立前进的方向，通过与他人交流这种远景，并激励其他人克服障碍达到这一目标。领导是相对变革而言的，领导之所以变得如此重要，部分原因在于，当今的社会竞争更加激烈，更加趋于变化不定。管理主要是处理复杂的问题，优秀的管理通过制订正式计划、设计规范的组织结构以及监督计划实施的结果而达到有序、一致的状态。如果缺乏良好的管理，复杂组织必然趋于一团糟，进而危及组织的生存。

由此可见，管理和领导虽然有许多相同之处，但随着组织的规模越来越大，面对的问题越来越复杂，管理与领导工作越来越分离了，管理工作也越来越职业化。管理者并不都是领导者，领导者也不一定是管理者。但科特认为，要达到组织的最佳效果，领导和管理同等重要，二者不可或缺。

三、领导者与管理者

组织的每一个层级都有管理者，管理者可以是领导者，但领导者不一定是管理者。一个人可能是领导者但不是管理者，也不一定具有管理的才能。非正式群体组织中最具影响力的人就是典型的例子：组织并没有赋予他们正式的管理职位和职权，他们也没有义务去负责组织的计划和组织工作，但他们却能引导、激励甚至命令自己的追随者。

管理者和领导者是有区别的。管理者是被正式授权来管理一个组织或部门的，管理者利用职权来解决问题、做出决策和实施行动，领导者则可能是在群体活动中自发形成的，他们的影响力与其在组织中的职位无关；管理者的对象是组织中的下属，领导者的对象则是群体中的追随者；管理者通过计划、组织、控制来提高效率，完成任务和达成目标，领导者通过指导、协调和激励使追随者自觉地朝着领导者所指引的方向前进（图7-1）；管理者更多地是在群众后面鞭策，而领导者更多地是在群众前面带领；管理者更多地关注于正确地做事，领导者则更多地关注于做正确的事。

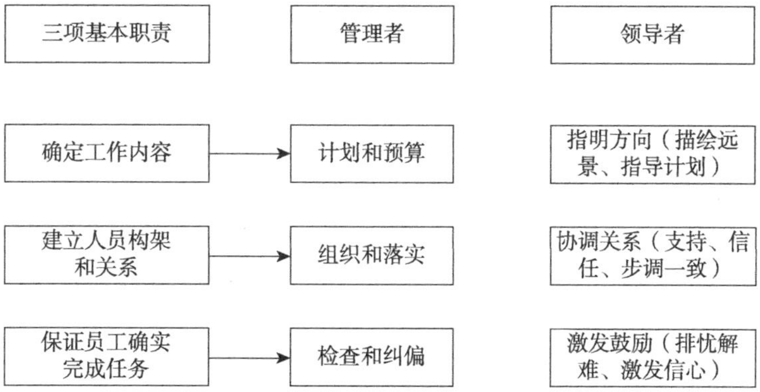

图 7-1　管理者和领导者的职责区别

资料来源：邢以群（2011）

由于领导者能够有效地激发和调动群体积极性、增强群体内聚力，并使追随者自觉地听从指挥，因此组织中的管理者应该成为领导者，以有效地提高管理的效率和效益。虽然管理者通过周密的计划、严密的组织、严格的控制也能取得一定的成效，但若管理者在他们的工作加上有效领导的成分，则收效会更大。

第二节　领导理论

领导理论是研究领导有效性的理论，是管理学理论研究的热点之一。西方管理学家和管理心理学家在对领导问题进行长期研究的过程中，通过归纳概括，逐步形成了以下三类领导理论，即领导特质理论、领导行为理论和领导权变理论（或称情境理论）。这三种类型的理论各从不同侧面对领导问题进行研究，在内容和观点上可以互补，在实践中可以相互借鉴。本节分别对这三类理论的代表性观点、研究结论以及存在的问题进行介绍。

一、领导特质理论

在第一次世界大战期间，为了补充军事指挥官，有人提出通过测试个性特征来选拔指挥官。个性测试结果为否定的结论（即不适合当指挥官）比较准确，结果为肯定的结论（即适合当指挥官）比较不准确。特质理论将研究焦点放在辨认领导者与非领导者的人格特质方面，在 20 世纪 20~30 年代得到发展。

特质理论侧重研究领导者的性格、品质方面的特征，将其作为描述和预测其领导成效的标准，它关心有效的领导者应该具有何种特质，通过研究，区分领导者与一般人的不同特点。

（一）传统领导特质理论

传统的领导特质理论认为，领导者的特性或品质是先天的，“天赋”是一个人能否充当领导者的根本因素，古希腊哲学家亚里士多德（Aristotle）就持这种观点。有人专门对著名领导人进行研究，发现领导人与一般人在外表、智慧、性格、意志等方面存在差别，试图得出领导者的特质主要是由先天性的因素造就的结论，即领导者必须具备某些天赋，这就是“伟人理论”。研究者们普遍认为优秀的领导者的确具备一些与普通人不同的特质，领导者的特质是天生的，他们具有影响群体成员的个性特点，如身材高大、强壮、有超人的智慧、有支配欲、外向、心理健康、对他人敏感等。

1869年，美国心理学家吉普（J. R. Gibb）提出，天才的领导者应该具备七种个性特点：外表英俊潇洒，有魅力；善言辞；智力过人；具有自信，心理健康；善于控制和支配他人；性格外向；灵活敏感。斯托格迪尔（R. M. Stogdill）则认为，领导者应具备16种先天特性：有良心；可靠；勇敢；责任心强；有胆略；力求革新与进步；直率；自律；有理想；良好的人际关系；风度优雅；胜任愉快；身体健康；智力过人；有组织能力；有判断力。

传统特质理论可以启发人们看到领导者确实有某些独特素质。但其缺陷也是明显的：一是强调素质的先天性，否定了后天环境的作用；二是有些因素互相矛盾。许多具有这样素质的人实际上并不是成功的领导者；而出色的领导人并非个个英俊潇洒、能言善辩。

20世纪40年代以后，先天特质理论基本被否定，人们发现领导者是可以后天培养的。美国西点军校前校长戴夫·帕尔玛（Dave R. Palmer）说过：“随便找个人给我，只要不是精神分裂症，我就可以把他培养成领导者。”西点军校和中国的黄埔军校，都培养出了大量优秀的军事指挥官，美国哈佛大学也培养出很多优秀的企业领导者。这些事实表明，领导者是可以后天培养的。

目前先天特质理论又开始复活，主要表现在性别上。例如，在现代社会的情景下，女性领导是否可以比男性做得更好？研究表明，现代企业管理有很多特点与女性的特点密切相关。在激励他人、增进沟通、提高工作质量和倾听方面，女性占优势；在进行战略规划和分析问题方面，女性和男性相当；在“将心比心”方面，女性比男性做得更好。《哈佛商业评论》曾列出美国最好的100家机构，其组织特性与传统女性特征高度一致，如关心个人、乐于奉献、关注家庭等，这些女性所代表的柔性成为其优势。

（二）现代领导特质理论

现代领导特质理论反对传统领导特质理论强调遗传、天赋的片面观点，认为领导者的个性特征和品质是在后天实践中形成的，并且可以通过培养和训练造就。

20世纪70年代以来，人们逐步认识到领导者的个性特征是在实践中形成的，可以根据现代企业的要求提出评价领导者素质的标准，并通过专门的方法训练、培养领导者的素质。美国心理学家吉色利（E. E. Chiselli）提出的领导者素质可分为能力、个人品质和激励三大类，其中能力包括管理能力、智力和创造力三个因子；个人品质包括自我监督、决策、成熟性、工作班子亲和力、男性的刚强和女性的温柔六个因子；激励包括职业成就需要、自我实现需要、行使权力需要、高度金钱奖励需要和工作安全需要五个因子。其中，保证领导有效性强有力的六个因子的顺序为管理能力、职业成就需要、智力、自我实现需要、自我监督和决策。作用较小的因子的等级顺序为工作安全需要、工作班子亲和力、创造力、高度金钱奖励需要、行使权力需要、成熟性、男性的刚强和女性的温柔。

美国管理协会调查发现，成功的管理人员一般具有以下20种能力：工作效率高；有主动进取精神，总想不断改进工作；逻辑思维能力强；富有创造精神；有很强的判断能力；有较强的自信心；能帮助别人提高工作能力；能以自己的行动影响别人；善于用权；善于激发别人的积极性；善于利用谈心做工作；热情关心别人；能使别人积极而又乐观地工作；能实行集体领导；能自我克制；能自行做出决策；能客观地听取各方面的意见；对自己有正确的估价，能以人之长补己之短；勤俭艰苦，具有灵活性；具有技术和管理方面的知识。

领导特质理论侧重于比较领导者与被领导者、高层领导者与基层领导者、成功的领导者与不成功的领导者之间的个体差异，试图确定成功的领导者具有什么样的人格特质，也就是确定具有什么样特性的人适合做领导者，进而在此基础上确定进行什么样的训练能够培养出胜任领导工作的人。但是，大量研究得出这样的结论：具备某些特质确实能提高领导者成功的可能性，但没有一种特质是成功的保证。为什么领导特质理论在解释领导行为方面并不成功？原因有四个：第一，它忽视了下属的需要；第二，它没有指明各种特质之间的相对重要性；第三，它没有对因和果进行区分（如到底是领导者的自信导致了成功，还是领导者的成功建立了自信？）；第四，它忽视了情境因素。这些方面的欠缺使研究者的注意力转向其他方向。

二、领导行为理论

20世纪40年代开始，领导特质理论不再处于主导地位。到20世纪60年代中期之前，有关领导的研究着重于对领导者偏爱的行为风格进行考察。领导行为理论主要研究领导人工作作风、方式对领导有效性的影响。

（一）领导风格理论

最早研究领导行为的是心理学家勒温和他的学生怀特（D. White）等，他们的研究是在爱荷华州立大学进行的。勒温等提出的领导风格理论研究领导风格的类型及其对员工的影响，以期寻求最佳的领导风格。该理论以职权运用方式为基本变量，把领导者在领导过程中表现出来的极端行为分为三种类型，即独裁式（autocratic）、参与式（participative）以及放任式（free-rein）。

独裁式的领导风格将权力定位于领导者个人手中，领导者只从工作和技术方面来考虑管理，认为权力来自他们所处的位置。独裁式领导相信“X”理论，强调“经济人”观点，认为人类的本性是天生懒惰、不可信赖的，必须加以鞭策；主张采用强制性方法，将奖励和惩罚作为对下级产生影响力的基础。群体活动是否成功，完全取决于独裁型领导者的能力。独裁型领导是结构的创建者、孤独的决策者。

参与式的领导风格将权力定位于群体，领导者与群体成员分享权力，从人际关系方面考虑管理，认为领导者的权力是由他领导的群体赋予的，被领导者受到激励后，会自我领导，并富有创造力。参与式领导以“Y 理论”为依据，采用民主协商、鼓励参与的方法，依靠良好的关系影响下属；以雇员为中心，关心员工，加强人际交往，与下属共享决策权。

放任式的领导作风，权力定位于员工手中，领导者采取无为而治的态度，一切活动方式都是由成员自己摸索。领导者只是从福利方面考虑管理，认为权力来自被领导者的信赖。对下属放任自流，既不约束，也不指导，是不干预的管理。

研究表明，这三种领导风格各有利弊，应该根据不同的环境条件进行选择。军队在独裁型领导下群体士气最高，民众受教育程度普遍较低时，独裁型领导容易取得成功；大学里高级知识分子多，放任式领导工作绩效高。在多数情况下参与式领导的风格效果比较好，员工比较喜欢。在实际工作中，这三种极端的领导风格并不常见。勒温等认为，大多数领导者采取的领导风格往往是处于两种极端类型之间的混合型。我国春秋战国时代的老子提出了“无为”理念，他主张最好的领导者应该是“无为”的，民众甚至不知道领导的存在，这才是领导者的最高境界。也就是说，他是主张放任式的领导风格。

罗伯特·坦南鲍姆（R. Tannenbaum）和沃伦·施密特（W. H. Schmidt）于 1958 年提出了领导行为连续带（continuum）理论。他们认为在两种极端的领导行为之间，存在着许多中间的领导行为，它们与极端领导行为一起构成领导行为的连续带，具体如图 7-2 所示。

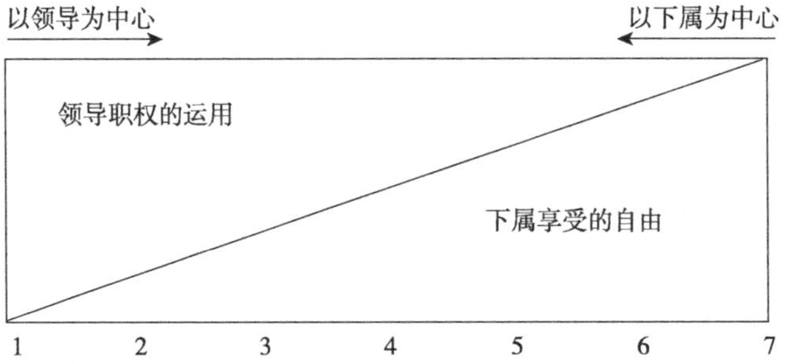

图 7-2　领导行为的连续带

图中 1 表示领导者做出决策并宣布实施；2 表示领导者推销（说服）决策；3 表示领导者做出决策，宣布前征求下属的意见；4 表示领导者提出决策草案，供讨论修改；5 表示领导者提出问题，征求意见后作决策；6 表示领导者界定问题范围，下属集体做出决策；7 表示领导者允许下属在上级规定的范围内自行决策

在图 7-2 中，从左至右，领导者职权的运用逐渐变弱，而下属享有的自由逐渐增强。偏向于独裁一端的领导者似乎较重视工作关系，并注意用权力去影响下属。而偏向于民主一端的领导者较重视群体关系，注意给下属一定的工作自由。

在独裁和放任的领导风格之间，坦南鲍姆和施密特划分出七种主要领导模式。

（1）领导者做出决策并宣布实施。在这种模式中，领导者确定一个问题，并考虑各种可供选择的方案，从中选择一种，然后向下属宣布执行，不给下属直接参与决策的机会。

（2）领导者推销（说服）决策。在这种模式中，同前一种模式一样，领导者承担确认问题和做出决策的责任。但他不是简单地宣布实施这个决策，而是认识到下属中可能会存在反对意见，于是试图通过阐明这个决策可能给下属带来的利益来说服下属接受这个决策，消除下属的反对。

（3）领导者做出决策，宣布前征求下属的意见。在这种模式中，领导者提出了一个决策，并希望下属接受这个决策，他向下属提出一个有关自己计划的详细说明，并允许下属提出问题。这样，下属就能更好地理解领导者的计划和意图，领导者和下属能够共同讨论决策的意义和作用。

（4）领导者提出决策草案，供讨论修改。在这种模式中，下属可以对决策发挥某些影响。但确认和分析问题的主动权仍在领导者手中，领导者先对问题进行思考，提出一个暂时的可修改的计划，并把这个暂定的计划交给有关人员征求意见。

（5）领导者提出问题，征求意见后作决策。在以上几种模式中，领导者在征求下属意见之前就提出了自己的解决方案，而在这个模式中，下属有机会在决策做出以前就提出自己的建议。领导者的主动作用体现在确定问题上，下属的作用在于提出各种解决的方案。最后，领导者从自己和下属所提的解决方案中选择一种他认为的最好的解决方案。

（6）领导者界定问题范围，下属集体做出决策。在这种模式中，领导者已经将决策权交给了下属群体。领导者的工作是弄清所要解决的问题，并对下属提出作决策的条件和要求，下属按照领导者界定的问题范围进行决策。

（7）领导者允许下属在上级规定的范围内自行决策。这种模式显示了极度的团体自由，如果领导者参加了决策的过程，他应力图使自己与团队中的其他人员处于平等的地位，并事先声明遵守团体所做出的任何决策。

坦南鲍姆和施密特认为，独裁式的领导和放任式的领导只是两个极端，在这两者之间存在着各式各样的领导行为，根据领导把权力授予下属的大小程度不同，形成了一系列不同风格的领导方式，从专制到放任之间构成了连续带。

（二）二维领导模式理论

1. 俄亥俄州立大学的研究

1945 年，美国俄亥俄州立大学的教授斯托格迪尔和沙特尔首先收集了 1 000 多种领导行为特征，其次在调查研究的基础上把领导行为归纳为“重结构”（initiating structure）和“体贴人”（consideration）两类。“重结构”类领导强调以工作为中心，为此只重视组织设计、职权关系、工作效率，对下属严密监督控制，忽视员工本身的问题。“体贴人”类领导，强调以人为中心，强调建立领导者与员工之间的互相尊重、互相信任的关系，倾听下级意见和关心下级。调查结果证明，领导行为是两类行为的组合，分为四种情况，可用四分图来表示，即领导行为四分图（图 7-3）。

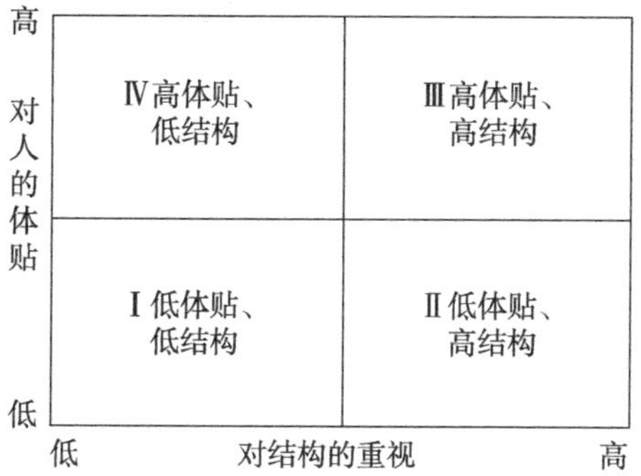

图 7-3 领导行为四分图

低结构、低体贴的领导者对组织、对人都不关心，一般来说，这种领导方式的效果较差；低体贴、高结构的领导者，最关心工作任务，从事例行事务的员工比较容易抱怨和离职，工作满意度较低；高体贴、低结构的领导者关心领导者与下属之间的合作，重视互相信任和互相尊重的气氛，但工作绩效较差；高结构、高体贴的领导者对工作、对人都关心，一般来说，这种领导方式的效果较好。

2. 密歇根大学的研究

继俄亥俄州立大学之后，密歇根大学的管理和心理学家们也提出了领导行为的两个维度：以员工为中心（employee centered）和以生产为中心（production centered）。前者重视人与人之间的关系，重视员工的需要，并承认成员的个体差异。后者重视生产任务，重视工作的技术，主要关心的是完成生产任务，组织内的成员则被视为完成任务的工具。他们认为，以员工为中心和以生产为中心是完全对立的，一个领导者只能取其一。以员工为中心的领导者倾向于较高程度的集体生产和给员工较大的满足，而以生产为中心的领导者则倾向于较低程度的集体生产和给员工较少的满足，具体分类如图 7-4 所示。

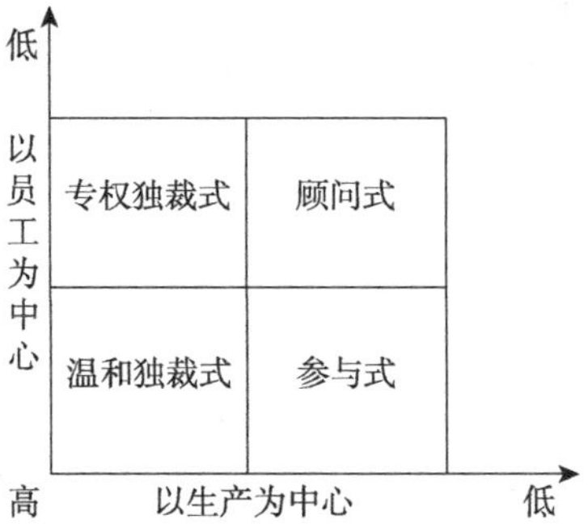

图 7-4　四种领导类型

3. 得克萨斯州立大学的研究

在领导行为四分图理论的基础上，得克萨斯州立大学的行为科学家、心理学教授罗伯特·布莱克（Robert R. Blake）和简·莫顿（Jane S. Mouton）在俄亥俄州立大学和密歇根大学研究的基础上，于 1964 年出版了《管理方格》一书，在这本书里提出了领导方格理论，这是一种分析领导行为的两维方法。横坐标表示领导者对人的关心程度，纵坐标表示领导者对工作的关心程度。在坐标图上由 1 到 9 划分为 9 个格，作为标尺。整个方格共 81 个小方格。每个小方格表示“对工作的关心”和“对人的关心”这两个基本因素相结合的一种领导类型，并分别在图的四个角和正中位置确定五种典型类型，具体如图 7-5 所示。

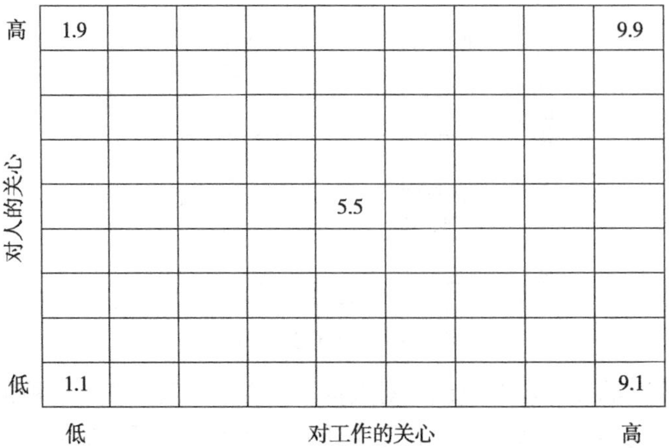

图 7-5　管理方格

根据方格图可以将领导行为风格分为五种典型类型。

（1）1.1 贫乏的领导者，对业绩和对人关心都少。实际上，他们已放弃自己的职责，只想保住自己的地位。

（2）1.9 俱乐部式领导者，对业绩关心少，对人关心多，他们努力营造一种人人得以放松，感受友谊与快乐的环境，但对协同努力以实现企业的生产目标并不热心。

（3）5.5 小市民式领导者，既不偏重于关心生产，也不偏重于关心人，风格中庸，不设置过高的目标，能够得到一定的士气和适当的产量，但不是卓越的。

（4）9.1 专制式领导者，对业绩关心多，对人关心少，作风专制，他们眼中没有鲜活的个人，只有需要完成生产任务的员工，他们唯一关注的只有业绩指标。

（5）9.9 理想式领导者，对生产和对人都很关心，对工作和对人都很投入，在管理过程中把企业的生产需要同个人的需要紧密结合起来，既能带来生产力和利润的提高，又能使员工得到事业的成就与满足。

除了那些典型类型外，还可以找出一些组合。例如，5.1 方格表示准工作中心型管理，比较关心生产，不大关心人；1.5 方格表示准人中心型管理，比较关心人，不大关心工作；9.5 方格表示以工作为中心的准理想型管理，重点抓工作，也比较关心人；5.9 方格表示以人为中心的准理想型管理，重点在于关心人，也比较关心工作。

三、领导权变理论

领导特质和领导行为理论都是从领导者个人特点着眼研究领导的有效性，而实际上领导的有效性还与被领导者的特点、环境因素有关，领导行为是领导者、被领导者和环境因素的函数，这就是领导权变理论（或称情境理论）研究的问题。

（一）费德勒模型

费德勒模型（Fielder contingency model）是由弗雷德·费德勒（Fred Fiedler）建立的权变理论，它将领导的人格和多变的情境结合起来。该理论认为领导者的效能取决于领导人格和情境的匹配，某些领导者在某些情境或组织中是有效能的，而在另一些情境或组织中则没有效能。费德勒认为，领导情境包括三个方面，即领导者-成员关系、任务结构和职位权力。

（1）领导者-成员关系是指组织内部是否形成了和谐的气氛，领导者赢得成员信任、服从和忠诚的程度大小，即领导者与追随者关系的质量。如果领导者与成员有良好的关系，或者领导者被喜欢、尊重和信任，与不友好的关系相比，领导者将拥有更大的权力和影响力。

（2）任务结构是指组织承担任务的建构程度。高度结构化的、有详细说明或计划的任务和作业，比那些模糊的、缺乏组织性的任务能给予领导者更多的影响力。

（3）职位权力是指领导者拥有的奖励或惩罚成员权力的大小，也就是领导者影响追随者的能力。如果领导者拥有充分的奖励、提拔、惩戒、雇用或解雇等权力，则认为领导者具有强的职位权力，反之则是弱的。

将以上三方面因素相组合，得到八种不同的情境（表 7-1）。拥有良好的领导者-成员关系、明确的任务和强领导权的情境被认为最有利，拥有恶劣的领导者-成员关系、不明确的任务与弱领导权的情境被认为最不利，介于两者之间的情境被认为一般有利。

表 7-1　费德勒模型

领导者–成员关系	好	好	好	好	差	差	差	差
任务结构	明确	明确	不明确	不明确	明确	明确	不明确	不明确
职位权力	强	弱	强	弱	强	弱	强	弱
环境类型	Ⅰ	Ⅱ	Ⅲ	Ⅳ	Ⅴ	Ⅵ	Ⅶ	Ⅷ
领导目标	高			不明确			低	
低 LPC 领导	人际关系			不明确			任务	
高 LPC 领导	任务			不明确			人际关系	
最有效方式	低 LPC			高 LPC			低 LPC	

注：LPC（least preferred co-worker）即最不喜欢的合作者

为了判断领导风格，费德勒建立了最难共事者测度法，这种方法是由领导者对“最不喜欢的合作者”（LPC）进行打分，获得高 LPC 分数的领导者被认为乐意与同事形成友好的人际关系，他们是关系取向型；反之，获得低 LPC 分数的领导者则被认为是任务取向型，具体如表 7-2 所示。

表 7-2　费德勒的 LPC 量表（单位：分）

答题说明：请想出一位你最难相处的同事，而不是你最不喜欢的同事，按照下列内容给出适当的得分。

令人愉快的	8	7	6	5	4	3	2	1	令人不愉快的	______
友好的	8	7	6	5	4	3	2	1	不友好的	______
拒绝的	1	2	3	4	5	6	7	8	接受的	______
紧张的	1	2	3	4	5	6	7	8	放松的	______
疏远的	1	2	3	4	5	6	7	8	接近的	______
冷漠的	1	2	3	4	5	6	7	8	温暖的	______
支持的	8	7	6	5	4	3	2	1	敌对的	______
厌烦的	1	2	3	4	5	6	7	8	有趣的	______
争论的	1	2	3	4	5	6	7	8	幽默的	______
忧闷的	1	2	3	4	5	6	7	8	欢乐的	______
开放的	8	7	6	5	4	3	2	1	防御的	______
背后说坏话的	1	2	3	4	5	6	7	8	忠诚的	______
不值得信任的	1	2	3	4	5	6	7	8	值得信任的	______
考虑他人的	8	7	6	5	4	3	2	1	不考虑他人的	______
粗俗的	1	2	3	4	5	6	7	8	高尚的	______
合作的	8	7	6	5	4	3	2	1	不合作的	______
虚假的	1	2	3	4	5	6	7	8	诚实的	______
友善的	8	7	6	5	4	3	2	1	恶意的	______
总分										

答案参考：答题完毕后，请把得分相加，即为受试者的 LPC 得分。LPC 得分最低是 18 分，最高是 144 分。18~58 分是低 LPC，属于任务取向型；64~144 分是高 LPC，属于关系取向型；中间部分是混合型

费德勒权变理论认为，特定的领导风格只有在特定的情境下才有效。如表 7-1 所示，低 LPC（任务取向型）的领导在最为有利的情境（领导–成员关系好、任务结构明确、职位权力较高）和最为不利的情景（领导–成员关系差、任务结构不明确、职位权力较低）下有效，而高 LPC（关系取向型）领导在一般有利的情境下有效。

权变理论把领导风格与领导情境结合起来分析，由此可以得出适合特定情境的领导风格和适合特定领导风格的情境；还可以分析为了实现有效领导，如何在领导风格与情境之间做出调整。当出现领导与情境不匹配时，费德勒认为改变一个领导者所处的环境，比改变他的领导行为更容易一些，唯一可行的方案就是通过“工作工程”改变情境。

例如，费德勒认为，如果关系取向型的领导者遇到非常不利的情境，管理者应该花更多的时间与下属在一起以改善领导–成员关系、制定规则和程序以增加任务的结构化。为此，费德勒还开发了一些广泛使用的领导培训项目，帮助主管领导评估情境的有利性和改变情境以实现最佳匹配。

费德勒模型将领导学研究转向情境分析，并且注重考虑组织背景及其在有效领导中的角色，激发了其他权变理论的形成。但是费德勒关于领导行为不变的假设是不现实的，而且研究结果的不一致引发了学者对 LPC 有效性的激烈争论。

（二）赫塞和布兰查德的领导生命周期理论

领导生命周期理论（situational leadership theory）由俄亥俄州立大学心理学家科曼（Karman）首先提出，后由赫塞（Paul Hersey）和布兰查德（Kenneth Blanchard）予以发展。科曼在分析俄亥俄州立大学管理四分图的领导行为模式时加入了“被领导者的成熟程度”维度。他认为，“高工作、高关系”的领导并不经常有效，“低工作、低关系”的领导也并不一定经常无效，两者都要视下属的成熟程度而定。而且他还发现工作行为、关系行为与成熟度之间是一种曲线（非直线）关系。在此基础上，赫塞和布兰查德设计出了生命周期理论模式曲线图（图 7-6）。他们认为，领导方式的选择取决于工作中被领导群体的成熟度，领导者要根据被领导群体工作成熟度的变化来调整和改变领导方式，以达到较好的管理绩效水平。领导的进程如同生命周期一样，逐步发展、变化，求得领导方式的权变统一，创造了三度空间领导效率模型，于是被称为领导生命周期理论。

领导生命周期理论把领导的行为方式按照关系行为和任务行为这两个维度划分为四大类型，构成图 7-6 中的四个象限，图 7-6 下方是群体或个人的工作成熟度（即追随者的准备程度），如图 7-6 中曲线即为领导行为选择的运行轨迹。根据图 7-6，可以分析四个象限领导类型的特点。

象限 1（S_1）：指令型领导。此象限被领导群体或个人的工作成熟度较低，需要领导给予较多的工作指导，适宜的领导方式是以工作为导向。

象限 2（S_2）：推销式领导。此象限被领导群体或个人在某些方面表现出较高的工作成熟度，适宜的领导方式是工作导向和人际关系并重。

象限 3（S_3）：参与式领导。此象限被领导群体或个人已经表现出相当的工作成熟度，适宜的领导方式是较高的人际关系导向和较低的工作导向。

象限 4（S_4）：授权式领导。此象限被领导群体或个人的工作成熟度已发展到高层次水平，逐步把两种导向行为都降低到适度的水平是有效的领导方式。

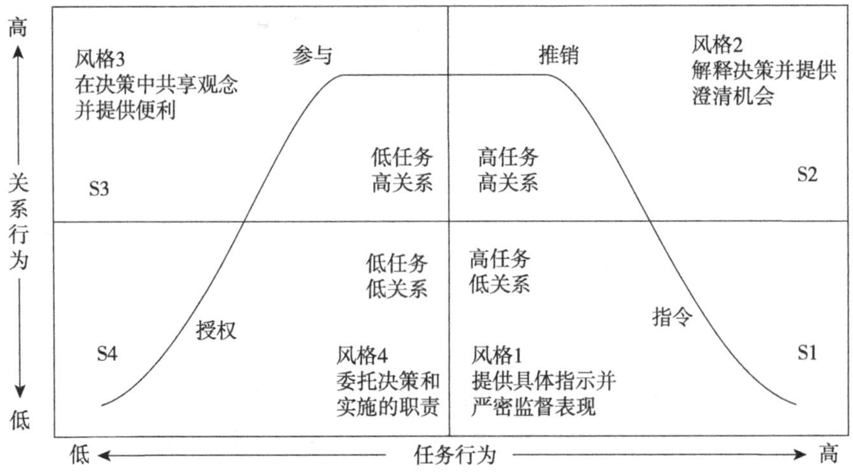

追随者的准备程度

高	中		低
准备水平4	准备水平3	准备水平2	准备水平1
有能力 愿意 有信心	有能力 不愿意 缺乏信心	无能力 愿意 有信心	无能力 不愿意 缺乏信心

图 7-6　领导生命周期理论模式曲线图

由此可见，随着被领导者从不成熟到比较成熟、中等成熟、高度成熟的过程，领导者随之调整、变换适宜的领导方式。图 7-6 所示模型通过四个领导现象的领导风格曲线，表示出与被领导者准备水平相适应的领导风格。

（三）路径-目标理论

路径-目标理论（path-goal theory）是罗伯特·豪斯（Robert J. House）和马丁·伊文斯（Martin Evans）基于激励的期望理论开发的一种权变领导模型。该理论试图揭示领导者行为对下属动机、绩效和满意度的影响。路径-目标理论同样关注情境和领导行为，但是与费德勒模型不同，它认为领导者可以适应不同的情境。

豪斯认为，最富有成效的领导方式是领导者采取种种步骤去设计一种环境，使群体成员潜在或明显地受到动机的激励，并能对其做出有效的响应。在此过程中，领导者应帮助下属实现他们的目标，并为其提供必要的指导和支持。豪斯通过实验，确定了以下四种领导行为风格：①指导型。采用这种类型的领导者让下属明确地知道领导者对他们的期望，给予下属完成任务的具体指示并安排工作时间，并且要求团队成员服从标准化的条例和绩效标准，下属不参与决策。②支持型。领导者对下属十分友善，并表现出对下属需求、状态以及福利的关怀。③参与型。领导者会与下属共同磋商，并在决策之前充分考虑下属的建议。④成就导向型。领导者会为下属设置有挑战性的目标，期望下属实现自己的最佳水平，并对下属能够履行责任、努力工作和完成挑战性的目标具有高度的信心。

对于这四种领导方式，豪斯认为领导者的行为应该是弹性、灵活的，领导者要采用哪一种领导方式，取决于情境或权变因素，同一领导者可以根据不同的情境表现出不同的领导风格。

路径–目标理论提出了两类情境变量。一类是下属控制范围之外的工作环境特征，包括工作性质、任务结构、正式权力组织和非正式权力组织特点，以及工作群体等。例如，对于结构化的任务，指导型领导就不是那么必要和有效的。如果员工得到了大量的社会支持，那么支持型领导也不是特别需要的。

另一类是下属特征，如受教育程度、经验、对成就的需要、感知能力、愿意承担责任的程度及对独立的需求程度等。研究结果表明，认为自己能力较高的员工通常不喜欢指导型领导（他们认为自己知道如何工作），而认为自己能力较弱的员工则偏好指导型领导（需要他人告诉自己如何工作）。路径–目标理论模型如图 7-7 所示。

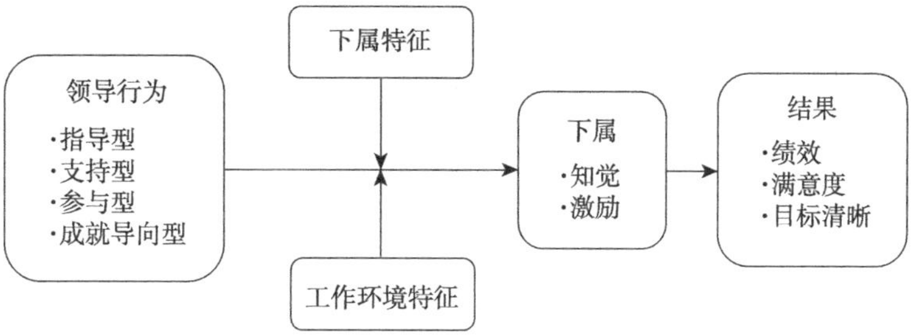

图 7-7 路径–目标理论模型

路径–目标理论是一个通用的理解领导行为和情境因素对下属态度与行为影响的理论。如果领导者的行为能够与下属特征以及特定的工作环境紧密结合，领导者将能够成功对下属施加最大影响。路径–目标理论并不能提供确切的解决方案，但是如同工作动机中的期望理论，它将有助于更好地解释复杂的领导过程。

（四）决策树领导理论

决策树领导理论（leader-participation model）最早是由维克多·弗罗姆（Victor Vroom）和菲利普·耶顿（Phillip Yetton）于 1973 年提出的，而后弗罗姆和亚瑟·加戈（Arthur Jago）对其进行进一步修正与扩展，最后弗罗姆提出了一个提炼的模型。该理论仍然试图确定与给定情境相契合的领导风格，但是重点关注领导行为与决策中下属参与之间的关系。

决策树领导理论假定，下属在决策过程中被鼓励参与的程度取决于情境的特性。领导者对问题（或者决策）的各种特性进行评估之后，再决定适当的员工参与程度。领导者应对以下 7 种情境进行评估，通过高（H）或低（L）或不（—）确定水平：①决策重要性；②沟通重要性；③领导经验；④承诺程度；⑤群体支持；⑥群体经验；⑦团队能力。

此外，制定决策所需时间总量也决定下属参与程度。如果领导者必须在最短时间内做出决策，那么下属的参与程度会降低，如果时间并不紧张，那么领导者更倾向于帮助和指导下属，以提高他们的决策技能和工作绩效。

表 7-3 和表 7-4 展示了两种决策树。问题属性（情境要素）在决策树的顶部展开。决策者从左侧开始评估第一个问题属性（决策重要性），对这一问题的回答决定着通向下一个决策树节点的路径，在那里再对下一个属性（沟通重要性）进行评估……这一过程持续下去，直至到达最后一个节点。通过这种方法，领导者可以为情境找出一个有效的决策风格。

表 7-3　弗罗姆时间驱动型决策树

<table>
<tr><th>项目</th><th>决策
重要性</th><th>沟通
重要性</th><th>领导
经验</th><th>承诺
程度</th><th>群体
支持</th><th>群体
经验</th><th>团队
能力</th><th>领导风格</th></tr>
<tr><td rowspan="22">问题属性</td><td rowspan="18">H</td><td rowspan="13">H</td><td rowspan="5">H</td><td>H</td><td>—</td><td>—</td><td>—</td><td>决定</td></tr>
<tr><td rowspan="4">L</td><td rowspan="3">H</td><td rowspan="2">H</td><td>H</td><td>授权</td></tr>
<tr><td>L</td><td rowspan="3">咨询（群体）</td></tr>
<tr><td>L</td><td>—</td></tr>
<tr><td>L</td><td>—</td><td>—</td></tr>
<tr><td rowspan="8">L</td><td rowspan="4">H</td><td rowspan="3">H</td><td rowspan="2">H</td><td>H</td><td>推动</td></tr>
<tr><td>L</td><td rowspan="3">咨询（逐个）</td></tr>
<tr><td>L</td><td>—</td></tr>
<tr><td>L</td><td>—</td><td>—</td></tr>
<tr><td rowspan="4">L</td><td rowspan="3">H</td><td rowspan="2">H</td><td>H</td><td>推动</td></tr>
<tr><td>L</td><td rowspan="3">咨询（群体）</td></tr>
<tr><td>L</td><td>—</td></tr>
<tr><td>L</td><td>—</td><td>—</td></tr>
<tr><td rowspan="5">L</td><td>H</td><td>—</td><td>—</td><td>—</td><td>—</td><td>决定</td></tr>
<tr><td rowspan="4">L</td><td rowspan="4">—</td><td rowspan="3">H</td><td rowspan="2">H</td><td>H</td><td>推动</td></tr>
<tr><td>L</td><td rowspan="3">咨询（逐个）</td></tr>
<tr><td>L</td><td>—</td></tr>
<tr><td>L</td><td>—</td><td>—</td></tr>
<tr><td rowspan="4">L</td><td rowspan="3">H</td><td rowspan="3">—</td><td>H</td><td>—</td><td>—</td><td>—</td><td>决定</td></tr>
<tr><td rowspan="2">L</td><td rowspan="2">—</td><td rowspan="2">—</td><td>H</td><td>授权</td></tr>
<tr><td>L</td><td>推动</td></tr>
<tr><td>L</td><td>—</td><td>—</td><td>—</td><td>—</td><td>—</td><td>决定</td></tr>
</table>

资料来源：格里芬等（2010）

表 7-4　弗罗姆下属发展驱动型决策树

<table>
<tr><th>项目</th><th>决策
重要性</th><th>沟通
重要性</th><th>领导
经验</th><th>承诺
程度</th><th>群体
支持</th><th>群体
经验</th><th>团队
能力</th><th>领导风格</th></tr>
<tr><td rowspan="12">问题
属性</td><td rowspan="12">H</td><td rowspan="8">H</td><td rowspan="8">—</td><td rowspan="4">H</td><td rowspan="3">H</td><td rowspan="2">H</td><td>H</td><td>决定</td></tr>
<tr><td>L</td><td>推动</td></tr>
<tr><td>L</td><td>—</td><td rowspan="2">咨询（群体）</td></tr>
<tr><td>L</td><td>—</td><td>—</td></tr>
<tr><td rowspan="4">L</td><td rowspan="3">H</td><td rowspan="2">H</td><td>H</td><td>授权</td></tr>
<tr><td>L</td><td rowspan="2">推动</td></tr>
<tr><td>L</td><td>—</td></tr>
<tr><td>L</td><td>—</td><td>—</td><td>咨询（群体）</td></tr>
<tr><td rowspan="4">L</td><td rowspan="4">—</td><td rowspan="4">—</td><td rowspan="3">H</td><td rowspan="2">H</td><td>H</td><td>授权</td></tr>
<tr><td>L</td><td>推动</td></tr>
<tr><td>L</td><td>—</td><td rowspan="2">咨询（群体）</td></tr>
<tr><td>L</td><td>—</td><td>—</td></tr>
</table>

续表

项目	决策重要性	沟通重要性	领导经验	承诺程度	群体支持	群体经验	团队能力	领导风格
问题属性	L	H	—	H	—	—	—	决定
				L	—	—	—	授权
		L	—	—	—	—	—	决定

资料来源：格里芬等（2010）

决策树末端不同的领导风格代表给定情境下领导者应当采用的下属参与水平。这五种领导风格如下：①决定。充分利用已掌握的信息，领导者自己解决问题或制定决策。②授权。领导者让下属自己定义问题，收集信息后，自己解决问题。在决策中，领导者仅提供必要的信息，而不提出或评价可能的方案。③咨询（逐个）。逐个与群体成员讨论问题，征询他们的意见和建议，决策可能反映也可能不反映他们的意见。④咨询（群体）。与群体成员集体讨论问题，征询他们的意见和建议，决策可能反映也可能不反映他们的意见。⑤推动。与下属集体讨论问题，共同提出并评价各种方案，推动群体成员在讨论中做出决策，达成一致意见。

弗罗姆的决策树理论是一种相当具体而又复杂的领导理论。为了克服这些困难，弗罗姆开发出了专业的专家系统软件来帮助领导者快速和准确地评估情境，然后做出适当的员工参与水平的决策。

四、领导理论的新发展

（一）领导–成员交换理论

领导–成员交换理论（leader-member exchange theory）是由乔治·格里恩（George Graen）提出的。该理论认为，由于时间压力，领导者与下属中的少部分人建立了特殊关系，这些下属成为圈内人。一般来说，领导倾向于将个人特点（如年龄、性别、态度）与自己相似、有能力、性格外向的下属选为圈内人。他们受到信任，得到领导更多的关照，也更可能享有特权，得到的绩效评估等级更高，离职率更低，对领导更满意。而其他下属则成为圈外人，他们占用领导的时间较少，获得满意的奖励机会也较少。该理论认为，在领导者与某个下属进行相互作用的初期，领导者就暗自将其划入圈内或圈外，并且这种关系是相对固定不变的。

（二）领导替代模型

科尔（Kerr）和杰迈尔（Jermier）创立的领导替代模型（substitutes for leadership）认为，在有些情景下，领导过程可能对下属不产生影响，或者被其他因素替代。使领导过程失去作用的变量被称做“中和”因素。例如，下属对领导者提供的报酬漠不关心会使领导者运用报酬影响下属的方法失效；领导与下属之间的物理空间距离远，容易导致下属没有太多的机会接受领导的指令与命令；领导本身缺乏权力会使下属减少对领导的依赖；组织的政策、严格的规章制度会使下属按工作准则办事而不求助于领导。科尔等还发现，许多“替代”因素将使领导变得可有可无。例如，如果员工的能力强、经验丰富、知识面广，则根本不需要领导告诉他们如何工作；如果工作任务明确、工作内容有趣并具有挑战性，领导的指导与鼓励便成了画蛇添足；如果工作团队凝聚力强、组织结构明晰（如标准化、正规化水平高），则领导可能会成为多余人员。

（三）交易型与变革型领导理论

交易型领导理论（transactional leadership theory）的基本假设是领导者与下属间的关系是以一系列的交换和隐含的契约为基础。该领导理论是指当下属完成特定的任务后，便给予承诺的奖赏，整个过程就像领导者与追随者之间的一项交易活动。其主要特征是：①领导者通过明确角色和任务要求，指导和激励下属向着既定的目标活动，领导者向员工阐述绩效的标准，意味着领导者希望从员工那里得到什么，如满足了领导的要求，员工也将得到相应的回报；②以组织管理的权威性和合法性为基础，完全依赖组织的奖惩影响员工绩效；③强调工作标准、任务的分派以及任务导向目标，倾向于重视任务的完成和员工的遵从。

变革型领导理论（transformational leadership theory）认为领导是一种领导者向员工灌输思想和道德价值观，并激励员工的过程。变革型领导除了引导下属员工完成各项工作之外，常以领导者的个人魅力，通过对下属的激励和关怀来改变员工的工作态度、信念和价值观，使他们为了组织的利益而超越自身利益，从而更加投入工作中。变革型领导的前提是领导者必须明确组织的发展前景和目标，下属必须接受领导者的可信性。其主要特征是：①超越了交换的诱因，通过对员工的开发和智力激励，鼓励员工为群体目标、任务以及发展前景超越自身利益，实现预期的绩效目标；②集中关注较为长期的目标，强调以发展的眼光，鼓励员工发挥创新能力，并改变和调整整个组织系统，为实现预期目标创造良好的氛围；③引导员工为了他人发展、为了自身发展承担更多的责任。

（四）E-领导

E-商业（E-business）是指通过信息媒介进行买卖和办公（前台和后台），以此为导向或动力的现代商业。全球商业变化的动力经由 20 世纪 70 年代的石油禁运和贸易不平衡，80 年代的敌意收购、裁员和私有化，90 年代的流程再造和 ERP（enterprise resource planning，即企业资源计划）变革，到了 21 世纪的 E-商业。作为推进变革的领导，必须适应这种变化。与 E-商业相适应的领导方式称为 E-领导（E-leadership）。E-领导面临的问题包括：如何利用知识管理策略和信息技术，快速和有效地将新的信息注入组织？如何带领跨功能团队将远景付诸实践？如何创建快速和高效的组织？如何领导新型员工（如知识型员工、在家工作的员工）及多元化员工？如何留住人才？如何克服组织变革的阻力？

奇思乐（Kissler）总结了 E-领导应该具备的某些特征：①乐于面对复杂性、模糊性和不确定性。②为实现目标，愿意无私奉献。③强烈反思，包括自己的失败。④隐藏对懈怠和官僚的过分憎恶。⑤非常好奇和终身学习。⑥经常大胆而又理性地冒险。⑦因心中价值和不可动摇的信念而信心百倍。⑧能够培养和留住人才。⑨善于建立和领导组织外围的人际网络。

第三节 领导力

组织行为学大师、全球领导力大师，美国领导力研究中心（Center for Leadership

Studies，CLS）创始人赫塞（Panl Hersey）指出，任何人都可以使用领导力，只要成功地影响了他人的行为，就是在使用领导力。领导力是重要的核心竞争力，在很大程度上决定着组织目标的实现程度。而领导力与领导之间又有天然不可分割的联系，本节重点探讨领导力的核心概念、领导力模型以及如何开发领导力等问题。

一、领导力概述

领导力在英文中对应的是“leadership”，“leadership”和“leader”即“领导力”与“领导”之间存在着天然密不可分的联系。但长期以来，人们对领导力的内涵或本质的认识却见仁见智、莫衷一是。美国学者弗莱施曼（Fleishman）等曾指出，在过去的 50 年里，大约发展形成了 65 种不同的体系，这些体系都试图对“领导力”这一概念做出解释。通过对以往领导力理论的研究和梳理，主要可以将其归为三种观点。第一种观点是“领导力是领导的能力”，即认为领导力是领导主体的一种能力，这种能力是领导者先天与后天学习形成的个人素质与能力。第二种观点认为“领导力本质上是一种胜任力”，领导力即是领导胜任力的简称。第三种观点认为“领导力实质上仍然是一种影响力”。

中国科学院“科技领导力研究”课题组对领导力进行了描述和界定。他们认为：①领导力与领导密切相关，领导力是领导形成、发展并服务于领导过程的能力的总称；②领导力不同于领导，领导是指一个过程或一种行为，而领导力是指实现领导这个过程或胜任这种行为的能力；③领导力不仅仅是指领导者的能力，领导力逻辑上也包含被领导者的能力，从某种意义上讲，领导力是领导者的吸引力和影响力与被领导者的选择力和反作用力互动形成的合力；④领导力是最重要的组织资源和核心竞争力之一，领导力在很大程度上决定着组织目标能否实现以及组织目标实现的程度。于是，他们将领导力界定为领导者在特定的情境中吸引和影响被领导者与利益相关者并持续实现群体或组织目标的能力。

二、领导力模型

（一）领导力形成模型

美国领导学家查泊曼（Chapman）和奥尼尔（O’Neil）在总结前人尤其是领导特质理论对领导力构成要件的研究成果的基础上，在《发现，然后培育你的领导力》一书中提出了一个经典的领导力形成模型。该理论模型包括六个要素，即充满理想色彩的使命感、果断而正确的决策、共享报酬、高效沟通、足够影响他人的能力和积极的态度。查泊曼和奥尼尔特别指出，领导力深深扎根于其赖以生存的土壤——被赋予力量的被领导者，领导者的力量来源于被领导者而非他们的上级。他们还提出了领导力公式，领导力是前五个要素的和与第六个要素的乘积，具体如图 7-8 所示。

领导力= {充满理想色彩的使命感
果断而正确的决策
共享报酬
高效沟通
足够影响他人的能力} × 积极的态度

图 7-8　领导力形成模型

（二）领导力五力模型

中国科学院“科技领导力研究”课题组在对国内外领导、领导力等相关理论和文献进行研究后发现，虽然绝大多数领导学学者都认同领导力，并认为领导力是由各种领导能力或领导知识构成的，但他们对领导力构成要素的认识存在很大分歧，分歧主要是由于选择观察问题的侧面或所选择的研究方法不同，从而导致研究结论或成果不够全面和系统。为此，他们根据领导力概念谱系构建了领导力五力模型。

课题组基于领导过程分析认为，领导者要想实现领导目标，必须具备五个方面的领导能力：①对应于群体或组织目标的目标和战略制定能力（前瞻力）；②对应于或来源于被领导者的能力，包括吸引被领导者的能力（感召力）及影响被领导者和情境的能力（影响力）；③对应于群体或组织目标实现过程的能力，主要包括正确而果断决策的能力（决断力）和控制目标实现过程的能力（控制力）。这五种关键的领导能力就构成了领导力五力模型（图 7-9）。

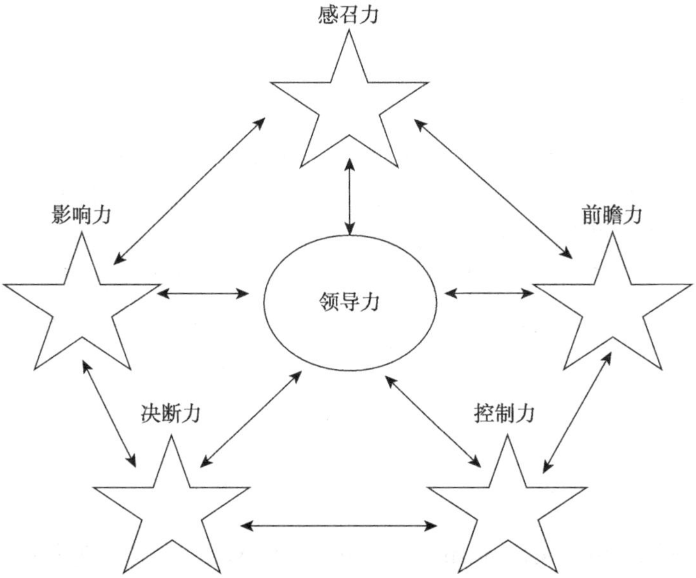

图 7-9　领导力五力模型

这五种关键的领导能力并非处于同一层面，感召力是最本色的领导能力，处于顶层；影响力和前瞻力是感召力的延伸，是处于中间层面的领导能力；而决断力与控制力又是影响力和前瞻力的延伸，是处于实施层面的领导能力。这五种领导能力及它们之间的关系共同构成领导力体系。课题组进一步认为，这五种领导能力具有不同的特征或表现，领导者可以根据它们的特征和表现来培育这五种领导能力。五种领导能力的具体表现如表 7-5 所示。

表 7-5　五种领导能力的具体表现

领导力类型	具体表现
领导感召力	（1）具有坚定的信念和崇高的理想 （2）具有高尚的人格和高度的自信 （3）具有代表一个群体、组织、民族、国家或全人类的伦理价值观和臻于完善的修养 （4）具有超越常人的大智慧和丰富曲折的阅历 （5）不满足于现状、乐于挑战、对所从事的事业充满激情

续表

领导力类型	具体表现
领导影响力	（1）领导者对被领导者需求和动机的洞察与把握 （2）领导者与被领导者之间建立的各种正式与非正式的关系 （3）领导者平衡各种利益相关者特别是被领导者利益的行为与结果 （4）领导者与被领导者进行沟通的方式、行为与效果 （5）领导者拥有的各种能够有效影响被领导者的权力
领导前瞻力	（1）领导者和领导团队的领导理念 （2）组织利益相关者的期望 （3）组织的核心能力 （4）组织所在行业的发展规律 （5）组织所处的宏观环境的发展趋势
领导决断力	（1）掌握和善于利用各种决策理论、决策方法和决策工具 （2）具备快速和准确评价决策收益的能力 （3）具备预见、评估、防范和化解风险的意识与能力 （4）具有实现目标所需要的必不可少的资源 （5）具备把握和利用最佳决策及其实施时机的能力
领导控制力	（1）确立组织的价值观并使组织的所有成员接受这些价值观 （2）制定规章制度等规范并通过法定力量保证组织成员遵守这些规范 （3）任命和合理使用能够贯彻领导意图的干部来实现组织的分层控制 （4）建立强大的信息力量以求了解和驾驭局势 （5）控制和有效解决各种现实的和潜在的冲突以控制战略实施过程

领导力五力模型是领导者领导能力的高度抽象，准确地说，领导力五力模型是对作为领导学研究对象的一般领导者的领导能力的概括。在现实的领导实践中，只有杰出的领导者才能够在全部五种领导能力方面都达到极高的水准，真正实现领导者的全面发展。

三、领导力开发

美国领导力研究专家柯林斯（Collins）及杜布林（Dubrin）曾指出，领导者一部分是天生的，但是大部分人是后天培养的。领导力作为一组能被观察和衡量的知识、技能和态度，可以从教育、培训和相关经历中得到。而且，要想使企业在多变的市场环境中长盛不衰、势头不减，就必须要有优秀的领导者，领导者要想完成企业赋予他的任务，就必须具有优秀的领导力，杰出的领导力造就和保持企业成功，决定企业的生存与发展，因此必须对领导力进行有效的开发，以下是目前领导力开发的几种方式。

（一）基于自我领导的领导力开发

在中国的管理思想中有许多有关基于自我领导的领导力开发思想，其中比较典型的是儒家的“修身”思想，强调的是“内圣而外王”，孔子提出“修己以安人”和“修己以安百姓”的论点。“内圣”的过程即“修己”的过程。《大学》也提出了“修身齐家治国平天下”的重要命题。国外学者曼斯（Manz）自 1983 年在自我管理理论的基础上首次提出自我领导的概念之后，自我领导被广泛应用于管理领域的各个方面，包括组织变革、全面质量管理、绩效评价、创业管理、非营利组织管理、差异化管理、目标管理等方面。

作为领导他人的领导者，首先要能够自我领导，只有这样才能更好地领导别人。因此，自我素质提升是自我领导力开发的首要环节。在使用自我领导的方式提升自我领导力时，主要通过自我素质管理和自我控制管理两个环节提升领导力。

1. 自我素质管理

要进行有效的自我素质管理，就应该首先找出具有自我领导的人员，这样才能进行有针对性的自我领导力开发。基于曼斯和希姆斯（Sims）的工作研究成果，学者们开展了一系列与自我领导相关的实证研究。目前，自我领导实证研究常用的测量量表主要有三种，即科克斯（Cox）的测量量表、安德森（Anderson）和普鲁士（Prussia）的测量量表以及霍顿（Houghton）和尼克（Neck）在修正前两种量表的基础上编制的测量量表。可以根据实际情况选择合适的测量量表进行测量，在进行有效的自我领导力测量后，根据测量的结果进行学习、反思和观察，从而找到自我素质提升的方向和途径，使自我素质有效提升。

2. 自我控制管理

自我控制的目的是通过自主调节、控制自身行为，来匹配个人价值和社会期望，领导者在具备自我素质的基础上，通过自我设定目标、自我提示目标，针对环境的变化调整目标，对自己在完成目标的过程中进行自我激励、评价和奖惩，促使目标能够顺利实现。一般来说，自我控制的方式通常表现为矫正型自控、改良型自控和成长型自控三种，其中，矫正型自控是由于环境的刺激和诱导，领导者通过减少暴露于这种环境的刺激，从而实现矫正自身行为的目的；改良型自控是领导者在已经意识到的不良行为的基础上，通过有意识地拒绝诱惑或者指向延迟满足的情境实现自我行为的控制；成长型自控是指领导者为了实现自身在经历中的个性、观念和能力的发展与完善，以及主动促进身心健康和谐等，通过自我目标、自我激励等途径实现自我控制，从而实现领导力提升的目的。

（二）基于培训的领导力开发

基于培训的领导力开发，主要通过对领导进行培训的方式完成，而领导力开发的效果主要取决于领导力培训的内容和方法。对于领导力培训的内容，不同的学者有不同的观点，但归纳和总结起来主要包括领导观念培养、领导能力培训和领导知识培训三个方面。

（1）领导观念培养。领导观念包括价值观、理想、意愿、象征等内容，领导观念是领导活动的灵魂，是引导、指挥、调动一切领导活动要素的最为重要的力量。国外学者贝克（don Beck）和考文（C. Cowan）认为领导的新范式思维具有如下特点：思维开放，绝不僵化保守；求同存异，以发展的眼光看待问题；统观全局，认清事物之间的联系；献身人类，服务于全球的富强和发展；吐故纳新，积极接受新思想；对症下药，具体问题具体解决。这些领导的观念可通过课堂讲授、案例分析、行为比较等方法向被培养者传递或灌输，教师传授的领导观念只有内化为被培养者自己的领导观念时，才能够产生作用。领导观念的传授往往不是直接以课程的方式进行的，而多采用明示与渗透相结合的方式进行，其中通过各种机会与场合进行领导观念的渗透是领导观念教育的重要而有效的方式。

（2）领导能力培训。领导的任务和活动能够有效完成离不开高超的领导能力，因此对领导能力的培训是领导力培训的主要内容，目前许多领导力培训都是围绕领导所需的各种能力展开的。虽然目前不同的学者对领导者应该具备哪些领导能力的观点各有不同，但是如何提高领导能力却是领导者、研究者与教育培训者共同关心的问题。领导能力必须经过多次操作、反复练习与实践锻炼才能具备，在实际的领导能力培训中常通过情景模拟、实地考察、实战演练、挂职锻炼等方式培养领导能力。著名领导培训专家杰伊·康格（Jay A.

Conger）认为，可以通过组织学员登山、拓展训练等方式提升领导者的素质和理论思维，通过制定战略远景规划、与人们沟通等实战方式培训领导的技能。

（3）领导知识培训。国内外学者认为，知识结构包括三角形、宝塔形、衣架形、飞机形、“T”形、“H”形、“X”形、“兀”形等类型。对于领导者而言，拥有“T”形、“兀”形、飞机形知识结构是比较理想的，因为领导活动复杂多变，需要多种知识的参与和支持。在领导活动所需要的知识方面，可以通过日常的学习获得广博的背景知识，通过专业的学习和培训获得专业知识，通过课堂讲授、案例分析、情景模拟等培训方式获得领导管理知识。当然，领导管理知识的学习与其他专业知识的学习一样，也是一个循序渐进的过程，需要不断地积累和融会贯通。

应该注意的是，领导知识培训要与领导观念培养、领导能力培训之间建立密切的联系，要与领导活动实践之间建构良好的转化通道，让知识增智慧，化知识为力量，转智慧为德性。只有将知识转化成智慧，将智慧转化成德性，方能真正提升领导者的领导力。

（三）基于360度评价的领导力开发

领导者所具备的领导力大小是可以通过评价来衡量的，经过评价可知被评价的领导者所欠缺的领导力，从而可以为领导力开发和提升指明方向。因此，领导力评价可以帮助和提升领导力。当前，学术界和实务界提出的评估方法主要有关键事件法、面谈法、观察法、自我评价法、评价中心法、360度评价法等，在这些评价方法中应用比较广泛的是360度评价法。

1. 基于360度评价的领导力开发操作步骤

在使用360度评价方法进行领导力开发时，常用的操作步骤如下：①根据组织的战略、文化等因素，分析并找出领导者所需的领导能力；②根据组织所需的领导能力，开发出能够测评该领导能力的问卷；③组织实施相关人员进行测评，并收集、整理、分析测评问卷；④将测评结果反馈给被测评人员，找出领导力缺失的方面，并有针对性地制订领导力提升计划或方案；⑤定期对提升领导力的计划或方案进行跟踪和调整，以最大化地提升领导力。

2. 360度领导力评价的注意事项

（1）测评问卷的编写。问卷形成前进行综合考虑，根据评价对象与评价目的，用最明确的语言形成360度领导力评价问卷，统一对问卷的理解，尽量采用可观察到的行为、结果类描述，杜绝思维类问题。同时，对问题的评分标准要进行统一，以减少评价的误差。问卷形成后进行小范围测试，根据测试结果与访谈，修改和调整问卷中的不恰当描述。

（2）评价人员的选择和培训。评价人员选择要根据评价的需要尽可能地从多角度选择对领导力有认识的人员。在评价前需要对各评价人员进行培训，包括360度领导力评价的意义与用途、各评价内容的明确含义和分数的得出方法，推动各位评价者用“职业的态度”“共同的语言”“相同的标准”去评价被测评人。

（3）测评结束后，要将测评结果及时反馈给被测评人，被测评人要根据测评的结果建立领导力提升的计划和目标，组织要帮助、跟踪计划的完成。

（4）为了使360度的评价报告更加有效，可以对被评价人使用智力测试、EQ（emotional quotient，即情商）测试、无领导小组讨论、公文筐测试等人才测评的相关方法，将测试结果与360度评价的结果进行综合考虑后得出评价报告。

（四）基于继任计划的领导力开发

继任研究最早关注的是总经理、CEO 的继任，随着研究的深入和企业发展的成熟，继任计划（succession planning）的对象由组织的最高层向下延伸，不仅包括高层管理人员，也包括中层管理人员甚至非管理的关键岗位人员。企业的基业常青不仅取决于总经理、CEO 的培养和选拔，更重要的是建立从低到高各层级不间断的接班人培养机制，源源不断地为企业提供人才。学者欧威尔斯特利特（Overstreet）等认为，成功的接班人计划包括五个要素，即高层领导的支持、科学的人才鉴定标准、有效的选拔体系、公开的接班人管理制度以及成功的培养方式。而继任计划的实施通常是组织通过确定、评价关键岗位的高潜能内部人才，对其系统开发和培养，以便为企业未来的组织战略和管理发展提供人力资本方面的储备和保障。继任计划不是简单地确定继任者并实现继任者与在位者的权力交接，而是一个系统化的过程，关注的是组织的延续和继任人员的开发，目的是建立管理人才继任者培养流程化和标准化的制度。

基于领导继任计划的领导力开发一般需要经过以下几个步骤。

（1）合理划分领导力发展通道层级。企业需要根据自己的情况进行领导力通道层级的设计，也就是要找到可以区分本企业领导力要求差异的层级，从而为领导者向不同的层级发展提供有效支持和指导。按照中国企业的特点，其可分为基层管理、中层管理、高层管理三个层次，如果企业规模比较大，可以在这三个层次的基础上增加管理层次，最终可以构建出适合企业的领导层级通道模型。同时为领导层级通道模型的各层级搭建相应的储备人才池，即可形成领导梯队。

（2）为每个层级的储备人才池设计领导力潜质标准和胜任标准。领导层级通道模型不仅合理划分了层级，构建了清晰的人才池，还能够帮助理解在不同的层级上对领导者的不同领导力要求。一般情况下，每个人才池设置两个标准，一个是入池标准，即判断是否可以进入储备人才池的潜质标准；另一个是出池标准，即判断是否已经具备该层领导力的胜任标准。通过潜质标准结合相应的评估工具判断入池人员，并在一系列培养发展计划之后结合出池标准经评估工具判断其是否胜任该层级/岗位的领导力标准。通过人才池的模式，企业可以很好地盘点每个领导梯队的领导潜质人才，并根据池内人才进行有重点的跟踪和培养。

（3）预测各层级之间领导力转型的适应挑战。人力资源顾问、培训师马勒（Walt Mahler）认为："每一个组织内部都有其特定的一系列领导力十字路口，每两个层级对领导力的标准各不相同，在领导层级转换时会面临不同的适应挑战。"因此，必须根据各层级的领导力标准预测在各领导层级转换期间，领导者可能会遇到的情况，并且要为新上任领导者提供相应的辅导和支持，帮助他们快速适应新的岗位。

（4）人才盘点，选定人员。企业要根据各领导层级的潜质标准进行人才盘点，选出能够培养的领导人才。

（5）分析差距、找到目标、实施领导力提升。通过测评工具分析出选定的领导人才与各领导层级的领导力标准之间的差距，合理选择领导力提升的项目，制订相应的计划，实施领导力提升。

（6）领导力效果评价。按照领导力培养和提升的计划，对阶段性的提升项目进行评价，如果发现在提升项目或其他方面有不适宜的情况，应立即进行调整和修改培养计划。

本章小结

在组织行为学领域，有关领导的定义没有统一的结论。但总的来说，大多数观点认为领导的实质在于激励和影响下属，领导是个动态过程，领导行为的有效性受领导者、被领导者及环境三个因素制约，领导与领导者不同。管理和领导虽然有许多相同之处，但随着组织的规模越来越大，面对的问题越来越复杂，管理与领导工作越来越分离，管理工作也越来越职业化。管理者并不都是领导者，领导者也不一定是管理者。

最具代表性的领导理论包括以下三种：领导特质理论侧重研究领导者的性格、品质方面的特征，作为描述和预测其领导成效的标准，它关心有效的领导者应该具有何种特质；领导行为理论从领导者的风格和领导者的作用入手，把领导者的行为划分为不同类型，如领导风格理论、二维领导模式理论；领导权变理论又包括费德勒模型、领导生命周期理论、路径–目标理论、决策树领导理论。近年来，又产生一些新的领导理论，如领导–成员交换理论、领导替代模型、交易型与变革型领导理论、E-领导等。

领导力是领导者在特定的情境中吸引和影响被领导者与利益相关者并持续实现群体或组织目标的能力。领导力模型主要包括领导力形成模型、领导力五力模型等。领导力的开发方式包括基于自我领导的领导力开发、基于培训的领导力开发、基于360度评价的领导力开发和基于继任计划的领导力开发等。

➢复习思考题

1. 简述领导与管理、领导者与管理者的联系和区别。
2. 简述领导理论及其发展。
3. 简述领导力的含义与特征。
4. 简述领导力模型的内容。
5. 简述如何开发领导力。

扩展阅读

用未来领导力应对未来挑战

2014年，合益集团（Hay Group）“全球最佳领导力培养公司”（Best Companies for Leadership，BCL）的研究进入第9年。自2005年起，合益集团开始研究全球各个国家企业的“最佳领导力培养”，如今这个研究已成为全球规模最大的基于领导力的研究项目，也是最有影响力的评选之一。过去9年的“最佳领导力培养公司”的研究，见证了世界各地领先企业是如何选拔并培养自己的优秀人才成为卓越领导者的。在2014年，合益集团的“最佳领导力培养公司”研究又有哪些新的发现呢？

基于来自全球115个国家、2 100家企业、18 000名企业管理者的调研数据，在2014年的研究中，我们发现，面临波动的全球经济形势，任何类型的公司都需要储备强大的领导力，以应对公司平稳度过经济动荡期的挑战。

1. 全球领先企业领导力培养特质

在2014年的研究中，排名前20名的领先企业包括来自零售消费品、科技、工业与制造业等多个不同领域的企业，其中宝洁公司和通用电气又一次占据了前两名的位置。这些领先企业在培养领导力方面具备许多相似之处。

第一，最佳领导力培养公司会更好地定位当今和未来的人才。其中包括：公司能够创建激发员工最大潜能的工作氛围、积极地管理关键岗位的候选人；每个岗位的员工均有发展和提升领导力的机会，以及拥有足够数量的合格的内部候选人随时准备就任不同层级的领导岗位；等等。其中，是否有足够数量的合格候选人颇为关键，研究发现，在排名前20位的领先企业中，有14家在这方面做得很好，比例高达70%；而其他参与研究的企业，此项比例只有44%。

第二，最佳领导力培养公司会采取更加积极的、系统化及结构化的方法来开发员工的领导力。例如，员工会拥有明确适合其发展的职业规划，公司会给重要岗位的候选人建立职业发展规划，并出于对员工个人发展的目的，进行晋升或调动，当员工获得晋升或调动时，他们很清楚如何与自己的职业发展规划联系起来。

第三，最佳领导力培养公司刻意培养多元化领导者。例如，这些公司会为女性员工提供专属的领导力培养计划，这点非常重要。随着社会不断进步，女性自我意识不断强化，在职场的角色和作用也越来越重要。在这一点上，50%的领先企业已经做到，其他企业中这个比例仅有13%。另外，全球最佳领导力培养公司还注重领导力培养的多样性；同时，积极招募不同文化背景的员工，并根据公司未来发展的需要采用不同的领导力培养方式。

第四，最佳领导力培养公司积极管理顶尖人才储备。事实上，无论是领先企业，还是其他企业都在积极储备“顶尖人才”，这是企业常青的必要保证。合益集团的长期研究表明，最佳领导力培养公司通过关注企业人才培养的短期以及长期目标来确保企业持续运营。在高质量的人才储备方面，基于战略层面关注员工潜质被认为是最有效的人才管理方式。80%的雇主发现高潜质员工的生产率是普通员工的1.5倍。

第五，最佳领导力培养公司持续关注在全球化环境中进行领导力培养。这些公司一致认为，对于未来领导者而言，全球化视野是一个关键的岗位要求，这不仅体现在执行能力方面，还表现在对跨文化沟通和管理方面所展示的才能；领导者需要具有较强的文化敏感度且能够与不同团队一起高效地工作；企业会提供相应的支持和培训以帮助员工更好地进行跨区域协作；当涉及与公司外部的合作时，企业将为员工提供相应的支持和培训。

2. 中国企业更善于激发员工忠诚度

在2014年“最佳领导力培养公司”的研究中，中国地区成为主要参与者之一。有437家中国组织机构、包括2 945位中国的企事业个人参与了这次评选活动，其中高级管理层占9%，中级主管占34%，男性与女性的参与比例分别为54%和46%。作为一个繁荣的新兴经济体，中国市场充斥着各种机遇，这让中国众多企业在发展时追求做大、做强，因而在领导力培养方面它们也加大了投入。与全球其他国家相比，中国企业的领导者在特定领域存在较大优势，如中国企业的领导者具有较强的文化敏感度，而且能够高效地与不同文化背景的团队一起工作，在这一点上，他们的平均得分比亚洲平均水平高出 10.3%，比全球平均水平高出10.8%。

此外，中国企业领导者更善于激发员工对他及组织的忠诚度，这一点已经有目共睹。一些优秀的中国企业，特别是一些互联网公司，如阿里巴巴、腾讯等善于通过提高公司的社会责任感来激发员工的责任心。这些中国企业更善于创建能够激发员工最大潜能的工作氛围，在这一点上它们比亚洲平均水平和全球平均水平分别高出0.7%和0.9%。

再者，中国企业更擅长规划清晰的职业发展路径，积极管理自己的人才储备，企业里较高或较重要的领导岗位通常由内部员工晋升而来，而人们在获得晋升或被调动时，也能够很清楚地将此与自己的职业发展规划联系起来。

中国企业还有一个胜于其他国家企业的方面,即为员工提供更全面的培训和发展机会,新员工可以得到他们职位所需工作能力的相关培训，这一点比全球领先企业的平均值高出7%，同时中国公司也更鼓励员工学习专业以外的知识。

3. 中国企业不善于投资未来领导者

中国企业在领导力培养方面体现优势的同时，也明显表现出不足。目前，阻止中国企业领导力培养最大的问题可能是：第一，中国企业在识别担任未来领导者的高潜力员工方面，不是特别有效。在此方面，中国企业的平均得分比亚洲平均水平低10%，比全球平均水平低6%；第二，中国企业在培养未来领导力方面的投资不够高，比亚洲和全球的平均水平分别低 13%和 8%，换言之，虽然中国企业领导力发展项目培训费用逐年增加，但对未来领导力培养的投入明显不足；第三，中国企业在跨企业、跨边界合作方面提供的支持和培训不够，这在未来将会影响中国企业的管理者领导更多样化的全球团队，不利于企业走向国际化。

4. 未来领导力发展趋势

研究发现，未来10~15 年，全球将迎来不可避免的革新，由此可能产生六大趋势：① 全球化二代，即“老牌经济体”向亚洲高速发展的市场（特别是中国）转移。②环境危机。重要的自然资源变得越发紧缺，气候由于人类活动也变得更具威胁性，领导者要从根本上重新考虑公司的运营策略。③个性化和价值的多元化，即新兴市场持续增长的财富会在世界更多地方驱动观念的个性化进程，这要求企业对雇员的多元化发展更加敏锐。④数码时代。尤其在面对年轻一代的“数码原住民”时，领导者必须真实、真诚地面对公众。⑤人口结构的变化。领导者需要应对劳动力年龄层次持续分化混杂的现实。⑥科技合流。即纳米技术和生物技术的进步将从各方面改变我们的生活。

未来 15 年，全球 90 后的一代人将逐渐成为各个企业的中流砥柱。因此，对现在的企业而言，甄别并发掘这一代人的特质与潜质，为企业未来的接班打好基础，显得尤为迫切。

资料来源：盛蕻希（2015），内容有删减

案例分析

快公司的领导力战略

摆在国内某领先互联网企业董事长面前的,有这样一道难题——这家创立于2004 年的公司在 2009 年后迎来爆发式增长。2010~2012 年，公司业务及人员规模均增长了 10 倍。随之而来的是，公司短期内增加了大量的管理人员，这些人员的背景、资历、管理理念、文化认同、能力水平等都呈现出巨大差异，难以迅速捏合以形成有效的合力。特别的，年轻的管理层也欠缺在思考和制定战略方面的能力。

这位董事长的行事风格以果敢、有魄力著称，他迅速做出决定，在短短几个月之内，在公司副总裁之上，增加了一个 CXO（chief X officer，即首席惊喜官）层级。新招聘的 6 位 CXO 是来自不同行业的一流跨国公司或国内顶级企业的高管。

多位高管在短期内的密集空降，给公司带来了极大的影响和冲击。对于职权的重新划分、利益格局的重新分配，每一位外来高管都带有强烈的个人特征和迥异的管理风格。不同风格之间的每一次剧烈碰撞，都会给公司带来不小的动荡。2012 年 6 月，公司两名副总裁相继离职。不久，CTO 也离职。

但这家公司在2012年继续保持着高速增长，发起并执行了几次成功的市场战役，取得了120%的年度增长率，并顺利迈入“百亿美元俱乐部”门槛。空降的高管们很快进入角色，并在企业的战略运营、市场运作、技术规划、人力资源等核心职能方面，迅速帮助这家公司建立起一流的管理体系。这也正是董事长大举引进外部高管的最主要目的。一年过去了，应该说这个管理目的已初步达成。

最近几年，许多高速成长企业颠覆了我们对“高增长”的定义。过去，企业如果每年能有30%的增长，就已然是了不起的成就。但在今天以创新科技驱动的新经济时代，年度300%的增长已逐渐被人们所习惯。

然后，这类公司存在一个共同的难题，那就是如何管理和驾驭好恍如一夜间就长成了巨人的企业？最大的挑战在于，管理人员的管理能力发展，很难做到与企业规模发展速度同步，因为管理能力的培养，需要一个从学习到实践的过程积累。领导人选从何而来？手段无外乎两种。一是加快内部人才的培养和提拔速度；二是从外部市场中寻找合适的人才，迅速空降。

在十几年前，中国出现了一批具有标杆意义的本土优秀企业。这些企业在搭建核心领导团队的时候，无一例外选择了以内部培养为主的做法。通过这种方式选拔和培养出来的领导，在延续企业的成功、坚持企业过往的核心成功要素方面会表现出色。不过，当今的情况却有所不同。这种不同主要体现在企业发展的驱动性因素发生了非常大的变化。如前辈企业那样自主培养领导层是行不通的，只能走外部引进人才之路。但公司大举引入外来高管并一举成功的做法，似乎与传统管理理论产生了根本性的矛盾。毕竟市场上空降高管的存活率偏低是一个长期存在的问题，这对于正着手加大引入外来高管但又犹豫不决的CEO们，无疑是一个两难的选择。

资料来源：邱晓昀（2013），内容有删减

思考题：

1. 对于那些正在经历高速增长的企业，如何解决领导力从何而来的问题？
2. 如何提高空降高管的存活率？

第八章

权力与政治

我的长期职业目标是当CEO，所以为实现我的梦想，我就一定不能让运转中的“风车”发生倾斜。如果我抱怨这个体制，我就会被这个体制拿下。

——杰克·韦尔奇

※ 学习目标

1. 掌握权力的含义。
2. 理解权力的关键和本质。
3. 了解权力的各种来源，掌握权力的五种基本类型。
4. 掌握组织政治行为的含义。
5. 掌握组织政治行为的影响因素及其策略类型。
6. 理解如何管理组织政治行为。

导入案例

聪明的经理

产品开发部经理李林经过调查预测某新产品A的市场前景很好，因此建议公司生产该产品，但分管领导秦辰却不这么认为，不同意公司对产品A投产。李经理想说服秦总，但他清楚地意识到自己并没有足够的理由，而且秦总也根本没有给他发表意见的机会，但市场机会稍纵即逝，他必须尽快采取措施说服秦总。于是，经过慎重的思考，他这样做：

第一天，李经理请备受秦总敬重的一位老员工将两份有利于产品A的市场调研报告递送给秦总，并告诉秦总他发现产品的市场前景很好，所以才推荐给秦总了解。

第二天，李经理请公司最大的一个客户代表给秦总打电话，电话中随便提起他们听说产品A将很快被投产的消息，并且表示他很高兴看到产品开发部有如此敏锐的市场洞察力。

第三天，李经理请两名工业工程师在等候会议开始时就站在离秦总约一米远的地方谈论对产品A有利的试验结果。

第四天，李经理召开研讨会与秦总探讨新产品开发的问题，对于参会人员，他只邀请了秦总比较喜欢或者尊敬的人以及支持开发产品A的人参加。

第五天，李经理去见秦总，问他是否愿意开发产品A，结果秦总同意了。

该案例中，李经理拥有哪些权力？表现出了哪些政治行为？又运用了哪些政治技能？如果你是李经理，面临同样的问题时，你会采取何种方法解决呢？

资料来源：冯明（2013）

权力是领导者对他人施加合法影响力的重要基础，也是提高领导有效性的重要手段，因此其对组织生存与发展具有至关重要的作用。拥有权力的领导者意味着具有调动资源或指挥他人的资格，同时自身享有更大的自由度或裁量权，因此才成为众人膜拜和追求的目标。组织中的权力分配或使用往往具有非对称性特征，从而使整个组织始终处于权力博弈的政治行为之中，组织政治博弈的过程和结果往往决定着组织运行的效率和成败。本章将重点介绍权力及其本质、组织政治行为及其管理等内容。

第一节　权力概述

权力作为一种影响他人行为的能力，具有独特的性质，在社会生活中具有极其重要的地位和作用。长久以来，人们总会把权力与政府、政治，甚至一些权术和阴谋联系在一起，很少会认识到它与企业之间也具有密切的联系。随着科学的发展，越来越多的学者们意识到权力在组织运作、组织目标实现以及组织绩效提高等方面所具有的重要作用。

一、权力的含义

伯特兰·罗素（Bertrand A. W. Russell）曾说过："社会科学中最基本的理念就是权力，其地位就好像'力'在自然科学中的地位一样。"实际上，"力"是整个宇宙间最常见的现象之一，我们无时无刻不在承受并施加着力。自从人类社会有了等级观念和意识，权力就作为社会生活和组织运转的核心而普遍存在着。

权力一词最早出现在政治和法律领域，其英文为"power"，该词的来源可追溯到拉丁语的动词"potters"，译为"能够"，暗示着一种指挥或支配力量。权力不仅是多领域研究中一个复杂、抽象的概念，更是一种极其重要的社会现象，是法学、政治学、管理学和经济学等学科中一个经久不衰的研究主题，自20世纪50年代起，组织行为学就开始对权力进行广泛的研究。

国外学者在不同领域从不同视角出发，形成了关于权力的不同观点或学说，得到广泛认同的权力学说有能力说、资源说、关系说、因果说、决策说、结果说、集体说、信息交换说、控制说等。本书简单地介绍能力说、资源说和关系说。

（一）权力的能力说

美国著名社会学家布劳（Peter M. Blau）认为，权力体现了不管他人反抗与否都把自己的意思强加给其他人的能力。基于需求和能力的观点，瓦格纳（Wagner）和斯旺森（Swanson）强调了个人对他人产生控制行为的能力，提出权力是对他人的行为实施影响的需求和能力，由此掀起了权力“能力说”的浪潮，之后很多学者都通过能力的视角对权力进行界定和研究。美国学者戴伊（Dorothy Day）指出，权力不过是担任某种职务的人在做决定时所具有的能力或潜力。苏联学者布尔拉茨基（Федор Бурлацкий）和加尔金（Галкин）认为，权力是在社会生活中把自己的意志强加给别人的实际能力，并指出政治权力是权力最重要的表现形式之一，是某阶级、群体以及反映它们的利益的个人，通过政策和法规推行自己意志的实际能力。美国著名国际政治学家罗伯特·基欧汉（Robert Keohane）和小约瑟夫·奈（Joseph S. Nye Jr.）认为，权力可以被视为一种能力，即某行为体促使其他行为体做其原本不会去做的事情（其代价为前者可以接受）。权力也可以视为对结果进行控制的能力。罗宾斯从能力说的角度出发，将权力定义为个人或组织 A 用以影响另一个人或组织 B 的能力，这种影响使 B 能够做在其他情况下不可能做的事情。

（二）权力的资源说

英国政治家、哲学家托马斯·霍布斯（Thomas Hobbes）较早从资源的角度界定了权力的概念，他认为当行动者拥有对其对象产生作用所需的“条件”时就拥有权力，而这里的“条件”其实也就是“资源”的狭义解释。美国著名社会学家塔尔科特·帕森斯（Talcott Parsons）从结构功能出发，强调权力类似于经济资源，是一种能够用来交换、积累、分配和积聚，可以通过不同的方式使其增值的可无限扩张的资源，他认为权力来源于结构–功能模式，是社会位置及其占据者的属性，个人通过其在组织中的地位而获得权力。英国社会学家安东尼·吉登斯（Anthony Giddens）认为，权力以资源为媒介，存在于各种社会关系跨越时空所形成的储存配置性和权威性资源的容器中，对资源的占有状况是决定不同行为者位置分布以及动员或驱使其他行为者实现自身意愿的能力大小的关键，他强调权力是资源分配不对称所带来的结果。通过该概念可以看出，权力“资源说”的前提是对资源的获取或控制的能力，因此，社会心理学家达彻尔·凯尔特纳（Dacher Keltner）等通过对权力的“能力说”和“资源说”的整合，认为权力是个人或组织通过提供或撤销资源或实施处罚来控制和影响他人的意图或行为的能力。

（三）权力的关系说

美国著名思想家拉尔夫·沃尔多·爱默生（Ralph Waldo Emerson）强调权力是社会关系的一种特征，体现人们之间的不对等关系。德国著名社会学家马克斯·韦伯（Max Weber）对权力的定义得到了广泛的认同，他认为权力是某种社会关系中一个行动者处于不顾反对而贯彻自己的意志的地位的概率，即认为权力是把自己的意志强加给他人行为的可能性。美国学者西奥多·A. 哥伦比斯（T. A. Couloumbis）和杰姆斯·H. 沃尔夫（J. H. Wolfe）也以关系为视角来定义权力，并指出将权力视为冲突的意志之间的关系，有利于对权力进行最好的理解。法国著名哲学家、后现代思想大师米歇尔·福柯（Michel Foucault）认为，权力总是存在于人际关系之中，是弥散于人类社会之中的，是不可能被任何人独占的，他把权力看做各种力量关系的、多形态的、流动性的场，将权力视为一种无主体的、非中心化的、互相交错的网络关系。综上所述，权力的“关系说”也在一定程度上涵盖了作为“能力”或“资源”的权力双方和多方之间的关系问题。

虽然国内外就权力并未形成一个公认的概念，但他们对权力的内涵和本质的理解基本上是一致的，即完整的权力界定至少应该包括以下四项条件：①权力具有非对称性，本质上是一种影响力；②权力具有支配性，组织赋予其强制力；③权力具有情境性，即权力的大小和效力受环境的影响；④权力的表现具有多样性，即表现出复杂多变的组织行为。

根据以上四项条件，本书将权力界定为：权力是个人或群体在特定情境下，对他人或其他群体施加的某种支配性影响力。

二、权力的关键

权力最重要的方面表现为它是关于依赖性（dependency）的函数。B 对 A 的依赖性越强，则在他们的关系中 A 的权力就越大。反过来，依赖感的建立基础是：B 感知到总共有多少备选方案，以及由 A 控制的备选方案的重要性。只有当一个人控制了另一个人期望拥有的资源时，他才拥有对另一个人的权力（图 8-1）。

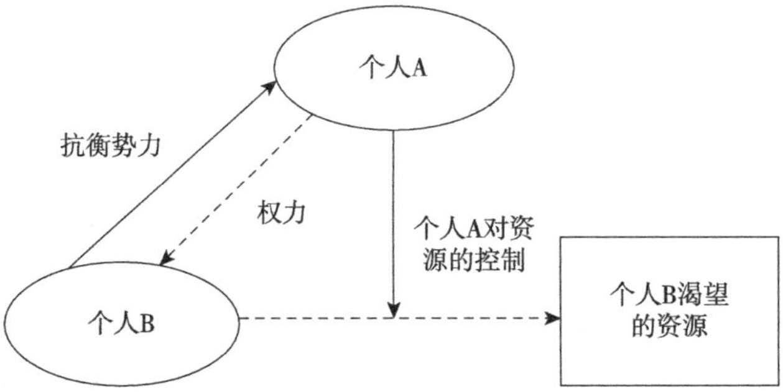

图 8-1 权力的依赖性

（一）依赖性的基本假设

依赖性是权力产生的基础和关键，权力关系产生于相互依赖。爱默生最早提出的权力相互依赖理论（power-dependence theory）是关于权力的一个经典研究。该理论认为，A 对 B 的权力大小等于 B 对 A 的依赖程度的大小，即 B 对 A 越依赖，则 A 对 B 的控制力越大，A 对 B 拥有的权力就越大。此外，A 与 B 之间的依赖关系在一定程度上是基于 B 对自己其他选择机会的判断及对选择机会的重视程度。假如 B 与 A 之间不存在任何的依赖关系，或 B 有其他的意愿或选择，那么 B 就可以不受 A 的控制或影响，A 也就没有对 B 的权力。

也就是说，当一个人拥有其他人都需要的资源，并且只控制在他一人手中时，其他人都依赖于此人，这样，他对其他人就拥有了极大的权力。依赖与其他可替代习性的资源成反比关系，如果某种资源充足，那么对它的拥有并不能增加一个人的权力；如果一个人能控制信息、尊严或其他别人渴望的东西并形成垄断，则别人就会依赖于此人。反过来说，一个人越是扩充手中的特权，别人手中的权力就越小。这可以解释大多数组织要开发多个供应商而不是只与一家厂商保持业务关系这一现象。还可以解释很多人渴望在经济上保持独立的原因，因为这样可以减少其他人对自己的控制。

（二）依赖性的影响因素

通过依赖性的基本假设可以看出，只有当A控制了B所需的资源，并且这种资源对B是重要的、稀缺的、不可替代的时，B对A的依赖才会产生，而且B对A的依赖程度也会随着资源的重要性、稀缺性、不可替代性程度的变化而变化。

（1）重要性。依赖性产生的基础是控制了别人所需要的、渴望得到的资源，如果没有人想得到一个人所掌握的资源，就没有人会对此人产生依赖感。因此，要想产生依赖性，一个人所控制的资源必须是别人认为重要的资源。例如，组织总是力图避免不确定性事件的发生，所以那些可以减少组织不确定性的个人或群体，通常会被认为控制了重要的资源。例如，在英特尔要依靠工程师来保证其产品的质量，因此工程师就是英特尔公司里举足轻重的群体；而对于宝洁公司来说，市场是竞争的重中之重，所以市场开发人员就显得重要些。以上例子说明，依赖的侧重点在不同组织中是有所不同的，它会随着不同的组织情景的变化而变化。

（2）稀缺性。如果某种资源是充足的，那么对它的拥有不会增加一个人的权力。"物以稀为贵"，个体或组织拥有的或控制的资源越稀缺，就越会被依赖，也就拥有越大的权力。这也在一定程度上解释了劳动力市场中不同职业求职者所面临的普遍现象，对于人员供给低于市场需求的职业，求职者更容易处于主动选择的地位，在工资和福利待遇方面提出要求；对于人员供给高于市场需求的职业，求职者则缺乏这些权力。同时，它还有助于我们理解一些违背逻辑的行为的原因，如员工故弄玄虚以增加其工作的不确定性和神秘性、企业加强对核心技术的保密措施、提高行业的进入壁垒等。

（3）不可替代性。当一种资源越是没有替代品时，拥有或控制该资源越会获得更大的利益，即由它带来的权力越大，这也是经济活动中避免或控制垄断的原因。组织中的个人或部门拥有的技术越独特且不可替代，组织对它的依赖程度就会越高，则它们对组织的权力也就越大，对组织的决策就越有影响力；而当存在可替代的资源时，依赖性就会减弱，即依赖性与可以选择可替代性资源的机会呈反向的关系。

三、权力的本质

为了进一步理解权力的本质，需要对比几个比较接近的概念，包括领导、影响力、权利及权威。

（1）权力与领导。权力是促成领导者达成目标的手段。权力与领导的主要区别在于目标的相容性。首先，权力不要求构成权力关系的双方有一致的目标，只需要存在依赖性；而领导则需要领导者与被领导者双方的目标具有相当的一致性；其次，权力与领导强调的影响方向不同，领导强调的是向下属施加影响，平行的或上行的影响则较少，而权力则不然；最后，权力与领导的研究重点不同，关于领导的研究多集中在领导方式、领导风格的讨论上，而权力的研究范围则更加广泛，主要集中在权力的获得及赢得个人或群体服从的权术方面。

（2）权力和影响力。权力和影响力也是比较相近的两个概念，但是又有着很大的不同。权力是拥有特殊资源的个人、团队或者组织影响其他人、团队或组织的能力，而影响力则包含了影响他人态度、信念、行为的能力，涉及所有企图改变他人态度、行为的行为。从定义上看，这两个概念都是指影响别人的能力，但两者最大的区别在于影响力的覆盖范围更广，权力关系的产生依赖于对他人所需资源的掌控，而影响力则不需要。

（3）权力与权利。权利与权力有关但不同于权力，只有支配者能够利用行为支配力实现利益时，权力才和权利发生联系。同时，具有权利不一定具有权力。例如，每个人都有言论自由的权利，但却没有支配他人言论行为的权力。

（4）权力与权威。权力与权威的主要区别在于被支配者是否自愿服从。权威是一种自愿服从的关系而权力则不关心被支配者的感受。按照韦伯的定义，权力是指“某一种社会关系内，一个人不顾反对意见，去强制执行自己的意愿，也不顾这种意愿会带来怎样的后果”。由这一定义可见，权力是一种强制服从的关系。

因此，权力通常是指一种影响他人行为的力量，或是一种让某事或某行为以自己想要发生的方式发生的力量，其实质上是对他人行为的控制，体现着权力拥有者的利益和意志。任何一个权力拥有者要实现自己的利益和意志都必然施行各种权力来达到目的。权力可以用来影响他人，使他人根据劝告、建议或命令行事。具有权力的人根据需要来改变他人的行为，而避免改变自己的行为。权力并非某类人所独有，每个人在不同情况下都有某种程度的控制他人和避免受控制的能力。一个组织的领导者显然很有权力，领导者要对被领导者施加影响，就必须运用权力，要求下属去贯彻和执行相关决策，以保证组织目标的实现和任务的完成。

人们在现实组织中的行为，无论是经济性激励行为，还是社会性互动、参与和沟通行为，都表现为一种在非对称权力关系中博弈的政治行为。研究组织中的权力现象，包括决策权、领导权、索取权、控制权、分配权、选择权、自主权、职权、集权、分权、授权，以及权威、权术、权谋等，是现实地、深刻地理解和透析组织行为特征和规律的关键环节。正如约翰·科特（John P. Kotter）在谈到权力对现代复杂组织的重要性时所明确指出的：“掌握沟通、参与和激励等观念固然重要，但是如果不把它们与权力、影响力及领导策略联系起来，也就很难抓住关键问题。”

第二节　权力的来源

权力是组织的主导，是一切组织行为的基础，其来源、结构和方式对组织运行的效率和成败具有决定性的影响。权力让领导者可以依据一定的标准分配资源，而被领导者只能是接受结果；可以根据意志或需要指派工作，而被领导者只能服从安排；甚至可以变更标准或程序，使领导者获得更多的资源或逃脱惩罚；等等。此外，权力还是一定身份的象征，成为个人成功的标签。权力的魔力之大，让人趋之若鹜或沉湎其中，甚至让人铤而走险、不择手段地攫取。那么权力到底来自何处呢？

权力的基础，即形成一个人或群体非对称性支配性影响力的支撑点，可以有多种来源，从而构成不同的权力类型。不同的学者研究角度和目的不同，对权力来源的分类也有差别，如有两分法、三分法、五分法、多分法等。

一、权力基础的两分法

法国著名管理学家法约尔首次把权力明确地划分为职位权力（position power）和个人

权力（personal power）。这种划分权力的方法也是被广泛采用的观点。他在《工业管理与一般管理》中说："在一个领导人身上，人们应把属于职能规定的权力，和由自己的智慧、博学、经验、精神道德、指挥才能、所做的工作等决定的个人权力区分开来。作为一个出色的领导人，个人权力是职位权力的必要补充。"由此可见，职位权力与个人权力有显著的区别，当然其来源也就不一样。

（一）职位权力

职位权力是组织赋予的，由职位、地位和资历组成的，通过"职务"和"地位"体现的法定权力，具有一定的强制性和不可抗拒性。

对于职位权力，主要有三种来源：一是相关法规或公司章程赋予该职位的权力，其目前获得了广泛的认同；二是上级赋予下级的职权，其在那些组织不太健全、权力体系不够规范的组织中往往获得广泛的认同；三是下级委托上级之权，即下级自愿把支配自己的权力交给上级，接受上级的领导。

一般而言，在组织制度健全、权力体系明晰的规范组织中，往往支持职位权力来自相关法规或公司章程；而组织制度缺失、权力体系混乱的不规范组织则支持职位权力来自上级赋予或下级委托。

（二）个人权力

个人权力主要是指由于个人的品质、作风、知识、能力、业绩以及行为榜样等非职位因素而形成的对他人或组织的权力。个人权力主要靠自身的威信和以身作则的行为来影响他人，并以内部驱动力的形式产生作用，促使接受者自觉地追随、归顺和服从。个人权力不会随职位的得失而存亡，也不会随职位的高低而消长。

个人权力可以分为六类：第一类是领导者的资历，如年龄、辈分等；第二类是领导者的经验，即领导者掌握着某些技能或诀窍，而其他人没有；第三类是领导者的知识，科特认为"知识是权力的重要来源"；第四类是领导者的品性，即领导者的能力、气质、性格、价值观、态度、意志等；第五类是领导者的财富，即领导者拥有较其他人更多的财产，从而取得大家的信任；第六类是领导者的世袭，即领导者的权力来自其杰出上辈的赋予。

一般而言，能力缺失的领导者更多地强调其权力来源于资历、财富或世袭，而能力较强的领导者更多地是依靠其经验、知识或品性获得个人权力。

正式领导者和非正式领导者的区别也同职位权力和个人权力有关。正式领导者至少拥有职位权力，而非正式领导者则拥有一定程度的个人权力。正如一个人可能既是正式领导者也是非正式领导者一样，他也可能同时拥有职位权力和个人权力，事实上，这样的人通常能够对他人的行为产生最大的影响力。图 8-2 描述了个人权力和职位权力如何相互影响决定领导者在特定环境下的总体权力。

二、权力基础的三分法

（一）马克斯·韦伯的三分权力

在资本主义社会之前，由于生产力的落后和认知能力的局限，统治阶级基于强化统治的需要，往往都大力宣扬"君权神授"思想，认为统治阶级的权力来自"上天"或"神明"。

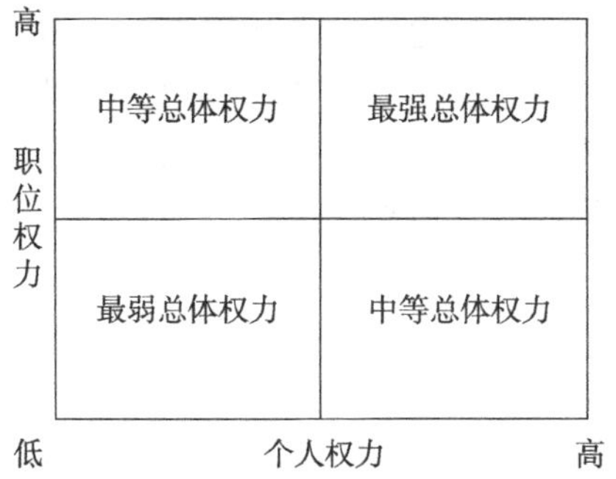

图 8-2 职位权力和个人权力

即使在 20 世纪初资本主义社会和工商业都有一定发展的情况下，马克斯·韦伯在《社会和经济组织理论》一书中仍然把三种权力中的两种归为“神授”，这两种权力是传统型权力（traditional authority）和个人魅力型权力（charisma authority），而第三种是法理型权力（legal authority）。

（1）传统型权力。传统型权力以对传统习惯的信仰与尊重为基础，是历史沿袭下来的惯例、习俗规定的权力，具有神圣不可侵犯的权力地位。在传统组织中，人们需要对传统型权力绝对服从，即对拥有这种神圣不可侵犯的正统地位的个人绝对服从，如对皇权、族权的崇拜，其中族长制是传统型权力比较典型的表现形式。

（2）个人魅力型权力。个人魅力型权力是以对具有模范品德或某种天赋的个人的迷信、热爱和崇拜为基础，使人们自愿地服从或顺从，而不是基于某些强制性的力量。个人对宗教先知、军事和政治领袖的崇拜等都是个人魅力型权力的重要表现形式。

（3）法理型权力。法理型权力是以社会公认的法律规定为基础的，归属于某种制度的权力，主要表现在对职位或地位权力、合法规章制度或客观秩序的服从。

当然，韦伯的认知已经开始逐渐摆脱“君权神授”思想。他指出，任何组织者都必须以某种形式的权力为基础，否则都不能达到自己的目标，认为传统型权力以传统习惯形成因而组织效率较差，而个人魅力型权力过于带感情色彩并且是非理性的，只有法理型权力才是理性的又是有效率的，它提供了慎重的公正，因此适宜作为行政组织体系的基础，是保证组织健康发展的最好权力形式。

（二）托夫勒的三分权力

世界著名未来学家阿尔文·托夫勒（Alvin Toffler）将权力定义为一种利用暴力、财富或知识使别人按照自己的需要和愿望行事的能力或力量。他认为虽然权力的来源有很多种，但暴力、金钱和知识的确是权力最重要的凭借，每种因素在权力游戏中都有不同的形式。例如，有时暴力不必真正诉诸行动就能产生力量，通常恐吓就会带来预期的效果，甚至连法律本身都隐含有暴力胁迫的成分。

对权力的传统假设，总把重点放在“量”上，但这种分析方法漏掉了一个重要的观念，即权力的品质。因此，托夫勒从大历史以及社会变革力量转移的宏观层面，将权力基础或来源归结为暴力（肌肉）、财富（金钱）和知识（头脑）三种类型，并对三者做了本质区分。

第一，暴力形式的低质权力（low-quality power）。

暴力是最有直接效果的力量，而且暴力时时隐藏在法令规章甚至是政策之中，所以每个政府都需要依赖军队或警察等专政工具来执行它们的政策，强化其意志，目的是保持社会系统的稳定运行，让正常的商业合约都有约束力，减少犯罪，降低社会中的暴戾之气。也就是说，只有依靠这种隐藏性的暴力才能保障人民的生活免于暴力的威胁。

然而，一般的暴力有一些重要的缺陷，即它的反作用力相当大。暴力增加了人们遭受的风险，受暴力之害的人或幸存者一遇到机会，就会进行反击。另外，单纯的暴力或武力还存在弱点，主要在于缺乏弹性，只能用来惩罚，所以只能算是一种低品质的权力。

第二，财富形式的中等质量的权力（medium-quality power）。

这是一种既温和又灵活的权力形式，它不是仅仅进行威胁或施加惩罚，而且能给予等级分明的奖赏——以现金或实物支付报酬。既可以对其积极地加以利用，也可以对其消极地加以利用，因此它比暴力要灵活得多，能产生中等质量的权力。

第三，知识形式的高质权力（high-quanlity power）。

知识形式的权力是弗朗西姆·培根（Francis Bacon）“知识就是力量”的命题的发展和深化。高质量的权力不是仅仅产生影响，不是仅仅能为所欲为，指使别人做我们想做的事情，更关键的是它还意味着效率——利用最少的力量实现目标。知识运用得当的结果是让对方乐于接受我们的行动计划，甚至让对方自己去创造我们所想的行动计划。

因此，三种权力中最有效的还是知识，它可以用来惩罚、奖赏、说服甚至是转变，如知识可以把敌人转变成盟友。特别是有了适当的知识，可以防止不愉快的局面发生，从而避免浪费武力或财富。知识还可以使财富和武力增加，它可以用来扩大可利用的财富或武力，也可以用来减少为了实现某一目的而需要的财富或武力。总之，知识能提高效率。

托夫勒认为，就如同日本神话中天照大神的三件圣物（即宝剑、宝石、宝镜）及其代表帝国力量的象征意义一样，暴力或武力、金钱或财富、知识或信息是任何权力赖以形成的三种基本力量，无论个人或集团在其私人关系中怎么组合、使用多么复杂多样的权力工具，但其归根结底都可以归并为这样三个“终极杠杆”。

三、权力基础的五分法

美国社会学家约翰·弗伦奇（John French）和伯特伦·瑞文（Bertram Raven）在《社会权力的基础》一书中，将权力的来源划分为五种类型，即强制性权力（coercive power）、奖励性权力（reward power）、合法性权力（legitimate power）、专家性权力（expert power）和参照性权力（referent power），这也是组织行为学界普遍认可和应用的权力分类方法。

（一）强制性权力

强制性权力即惩罚的权力，是建立在惧怕惩罚而被迫服从的人际关系基础上的权力。该种权力主要源于个体认为如果自己不服从就会受到惩罚的意识，因此个体产生服从行为主要是为了避免遭受掌权者所控制的惩罚。具有强制性权力的人有能力对另一个人施加惩罚或对其造成不良后果，或者至少可以通过恐吓对方让其相信自己可以给予惩罚或造成不良结果。

追随者可能出于恐惧而服从，经理可能因为下属表现不好而停止其职位的晋升或对其进行批评等，这些行动及其造成的恐惧感就是强制性权力。但是，一个人要具有强制性权力并不一定要有相应的职权。例如，雇员担心如果不顺从合作伙伴的意愿就会遭到抵制，也是强制性权力作用的结果，虽然此时合作伙伴并没有任何正式职权。当然，对人的身体造成伤害或使用武力手段控制人等直接威胁人身安全的方式，似乎也是强制性权力使用的一种方式。在权力的各种来源中，强制性权力是常常遭人非议的，并且也最难控制。大多数人对权力的负面印象，在很大程度上就来源于这种权力形式。

（二）奖励性权力

与强制性权力相对应的就是奖励性权力，是指个人对服从自己的追随者给予奖励的权力，是以奖励能力为基础的权力。该权力源于能够拥有给别人奖酬的资源和能力，奖酬不仅包括正面的、有利的结果，还包括去除负面的、不利的结果。一个人依照别人的意愿和指示做某件事情是因为可以从中获得利益，因此如果有人愿意付出奖励，那么想要得到奖励的人必然会服从于他。这些奖励针对不同的人可以是不同的东西，在组织中，通常会是金钱、休假、升职、赞扬、有利的工作绩效评估、重要的信息等。

奖励性权力和强制性权力是一对相互对应的概念，如果一个人对他人施加精神或者身体上的压力，那么此人就拥有了对他人的强制性权力；如果一个人给他人某种积极的奖赏刺激或者帮助他人免除消极的影响，那么此人就拥有了对他人的奖励性权力。与强制性权力类似，不必非用物质的奖励方式对其施加影响，也可以是友好、接纳、赞赏和认同等。需要注意的是，接受方的知觉对于奖励性权力的使用是一个关键，如果管理者给下属提供自认为是奖励的事物，如晋升、加薪等，但下属并不看重这些奖励，那么管理者并没有真正拥有奖励性权力；反之，管理者并不认为在给予下属奖励的行为，如倾听下属的意见、认同下属的业绩等，但如果下属认为这是奖励，那么管理者就具有了奖励性权力。所以，由于每个人对奖励的追求程度不同，如何进行有效的奖励就取决于管理者对下属的理解程度。

（三）合法性权力

合法性权力又称法定性权力，是通过在组织中担当一定职位所得到的权力，主要取决于个人在组织中所拥有的头衔或地位，其大多是由组织明文规定授予的权力，代表了对组织资源控制和使用的正式权力，带有强制性和不可抗拒性。该权力既可以是强制性的也可以是奖励性的，它是任何组织中最常见、最通行的一种权力形式。

合法性权力与强制性权力和奖励性权力的不同之处在于，它不依赖于与其他人的关系，而是基于个人所拥有的位置或角色。该种权力有三个主要来源：第一，当前社会、组织或团队的价值观决定什么是合法的；第二，通过被普遍接受的社会结构来获得合法性权力；第三，合法性权力可以来自被指定为一个强有力的个人和团队的代表。

（四）专家性权力

专家性权力是以理性崇拜为基础的权力，是指因在某一特定专业领域中的专长（知识、技术和经验等）或具有被认可的能力、才干或知识而拥有的权利。一个组织的专业化分工程度越高，这种权力就越普遍、其强度就越显著。随着科学技术的发展，专家意见已成为极具影响力的因素。职业越来越专业化，组织越来越依赖“专家”的帮助来实现目标。例如，大多数人都会听取医生提出的一些诊疗意见，因为医生拥有专业技术；人们听从电脑专家、法律专家、税务会计等专家的意见，实质就是在受某种专家性权力的影响。

在组织中，专家性权力存在于许多细节之中，超越了职位和工作的界限。尽管强制性权力、奖励性权力和合法性权力与正式权威并不完全一致，但它们往往是相似的，而专家性权力与正式权力则联系很少。一个人即使在组织中掌握的正式权力较少也一样会有专家性权力，而且个人的专业技术越无法替代，其专家性权力就越大。例如，老板的助理承担了大量例行的和普通的活动，老板反而对这些活动的细节失去了掌握，需要依赖助理保证活动的顺利。

（五）参照性权力

参照性权力是建立在对个人特殊品质或人格魅力的尊重、信赖和情感认同的基础上的权力。也就是说，如果一个人有非常令人向往的东西，并且极具个人魅力，而另一个人非常钦佩并且认同他，那么他就拥有了参照性权力。该种权力源于对另一个人的钦佩，并有想要成为他的意愿。参照性权力通常属于那些具有令人钦佩的人格特征、个人魅力或享有声望的人，一般是政治领导人、明星或其他名人具有这种权力，这也解释了在商业炒作中，企业为什么会花重金邀请名人来做广告进行宣传。普通人虽然也可以向顾客推销某种产品，但公众却不会那么相信普通人。

在某些方面，与专家性权力类似，参照性权力也并不总是与正式权力相联系。例如，下属对上司的认同，往往是形成参照性权力的基础，这种认同包括了下属想效仿上司的愿望。一个年轻的管理者可能会模仿一位年长的、受人钦佩的、有经验的管理者，认为这样做有可能会获得同样的成就。

弗伦奇和瑞文的五分法的分类标志不是单一的，前两种权力描述的是权力接受主体所感受到的外在性压力和内在性驱动力，后两种权力强调的是权力掌控主体所拥有的理性权威和感性权威，而合法性权力则侧重从环境条件或组织情境外在合法性来追溯权力的来源。联系韦伯的权力三分法来看，弗伦奇和瑞文所谓“合法性权力”“专家性权力”与韦伯所说的“法理型权力”很接近，而“参照性权力”与韦伯的“传统型权力”和“个人魅力型权力”，特别是“个人魅力型权力”相类似。在托夫勒的权力三分法体系中，以暴力或武力为来源的权力显然是一种强制性权力，而以金钱或财富为来源的权力则大多是奖励性权力，当然由于分类不同，它们之间并不是严格对应的；以知识或信息为来源的权力很接近专家性权力，同时也有参照性权力的成分。按照法约尔对权力的划分，“强制性权力”、“奖励性权力”和“合法性权力”属于“职位权力”；而“专家性权力”和“参照性权力”则属于“个人权力”。

四、权力的行使

权力以何种方式得以实施，不仅仅是权力主体主观的决定，更是组织发展的要求和需要，否则无论多么强大的权力，终究也会因行使不当而丧失。

（一）权力行使的条件

权力行使的条件主要涉及权力的行使者、权力行使的对象及环境三个因素，这三者的互动决定了权力行使的结果。

权力的行使者可以说是三个因素互动过程中最主要的因素，在相当程度上可以决定权力行使的结果，权力行使者涉及两个方面：一是个体权力行使者，也称领导者个体。领导者的个人品质和能力对于权力的行使具有重要作用，品质低劣可能导致权力的不正当使用或滥用，而能力低下又会使权力无法发挥其应有的效用。二是集体的权力行使者，也称领导者集体。现代组织中的领导者通常是由一个领导者集体构成的，领导者个人权力的行使离不开领导集体成员间的相互支持和配合，因此领导者集体的构成能否使领导者在素质、能力等方面优势互补，也会对权力行使的结果产生影响。

在组织活动中，权力行使的对象，即权力行使的客体，通常被称为被领导者或群众。根据巴纳德的观点，权力必须被接受，否则权力产生不了任何影响。这一观点表明了被领导者在权力行使过程中的作用，因为领导者是通过下属的共同努力来完成组织目标的，因此在权力行使过程中必须考虑被领导者是否接受。

费佛（Fepho）从冲突论的角度指出了权力行使的三种必须条件。

（1）互相依赖。互相依赖为冲突和解决冲突的方式提供了一种机会。相互依赖产生于某种共同的活动，在这个活动中，个人或小组的活动会影响他人或其他小组的活动，相互依赖把组织成员的活动联结起来，对每一个人对他人做了什么和获得了什么都非常在意。反之，在没有相互依赖的地方，不存在冲突的基础，因而个人也就没有理由要对他人施加影响。

（2）稀缺资源。如果每个人都能得到足够的资源，那么冲突就会消失，也就不存在个人对他人施加影响的现象。反之，当资源非常稀缺时，就必须对资源的分配做出选择，因此资源越是稀缺，行使权力和施加影响以解决冲突的机会就会越多。

（3）异质目标。当组织成员都同意组织目标及达到这些目标的方法时，产生冲突和政治行为的可能性就会相对减少。然而，在组织中通常存在许多不同的目标以及对实现目标的不同看法，此时，行使权力和对他人施加影响的可能性就会增加。

可以把上述三个条件用图 8-3 的形式表示出来。

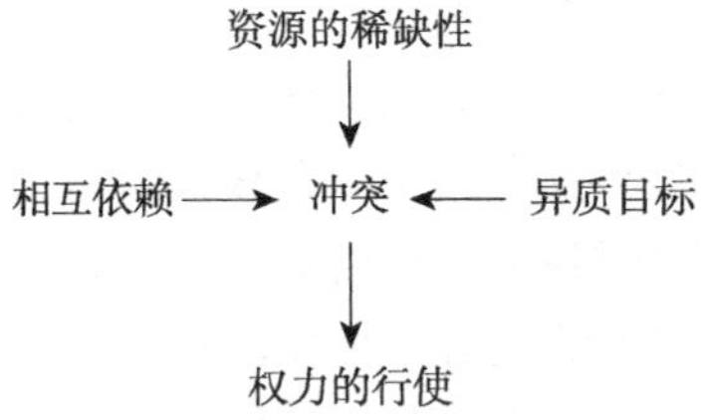

图 8-3　权力行使的条件

资料来源：竺乾威等（2002）

由以上三个条件导致的冲突是权力行使所必需的条件，但需要注意的是，权力的行使并不只是用来解决冲突的，如达成组织目标所需的合作和协调也需要权力的行使。

（二）权力关系的解析

作为一个优秀的领导者，在行使管理权力的过程中，应该尽可能从主要依靠职位权力压迫被领导者服从的领导方式向主要依靠个人权力说服被领导者认同和内化的领导方式转变，实现从领导管理向领导艺术的升华。美国社会心理学家赫伯特·科尔曼（Herbert Kelman）以弗伦奇和瑞文的五种权力为基础提出了一个完整的组织权力关系解析模型（图 8-4），深入地解构了领导者在行使领导权力时的组织权力关系，也解释了被领导者为什么会接受领导者的权力影响。在这个模型中，权力关系分为三种。

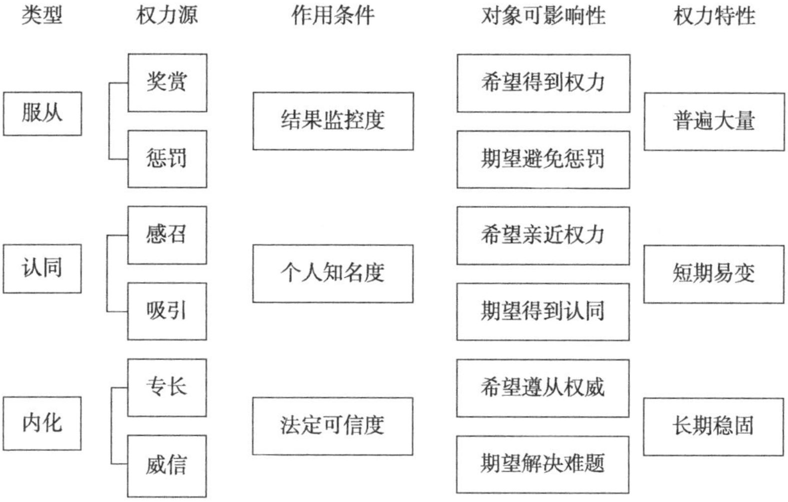

图 8-4　科尔曼组织权力关系解析模型

资料来源：李宝元等（2014）

第一种是服从（compliance）。服从是组织中大量而又普遍存在的纵向权力关系，其形成并发挥作用的情况如何取决于上司是否有能力对下属给予奖励和惩罚，也就是说他是否有办法控制下属获得结果，以及对下属行为进行监控。而对于被领导者而言，他们并不在意行为是否正确、适当或令人满意，而是希望从上司那里得到奖励。

第二种是认同（identification）。认同是基于权力拥有者的感召性影响而形成并发挥作用的，并且要求权力拥有者具有显著的个人吸引力。被领导者则希望通过认同来建立和维持与权力拥有者之间的一种令人满意的关系，他们依附权力拥有者，乐意接受其影响。这种权力关系具有短期时效性和情景易变性。

第三种是内化（internalization）。内化是一种基于一致性价值结构而形成并发挥作用的权力关系，它需要权力主体拥有足以解决问题的专业水平和法定可信度。在内化的过程中，被领导者接受权力拥有者的影响，是因为他认为权力拥有者要他表现的行为与自己的价值系统一致，他认可此种行为是因为行为本身就是一种内在的奖励，而不是权力拥有者因此种行为而奖励他，被领导者感兴趣的是行为的内容。这种权力关系具有最持久、最稳固和最有效的影响力。

（三）权力行使的原则

权力的行使会对组织成员的行为和组织活动的结果产生重要影响，要使权力的行使产生好的结果，在权力行使过程中需要坚持以下原则。

1. 守法原则

领导者的权力来自组织的授予，与权力相伴的是权限，即权力的行使是受限制的，权力只有在限制的范围内行使才是合法、有效的。守法原则要求在权力的行使中反对两种现象：①以权代法。这种现象经常在法制薄弱、欠缺的社会中出现，这种情况下的权力事实上已经失去了合法性基础；②滥用权力。权力滥用是权力行使时最常见的现象，它往往与特权、制约机制的缺乏联系在一起。

2. 谨慎原则

谨慎原则要求在权力的行使中坚持两个不要：①不要炫耀权力。炫耀权力会使下属感到反感，从而会减少或丧失权力的影响力。②不要玩弄权术。权术通常是指丧失原则、不讲信用，甚至是出卖良知的行为，它无视道德的存在。玩弄权术或许可能逞于一时，但最终会弄巧成拙。

3. 效用原则

权力的行使要达到目的，效用就是必须要考虑的问题。效用原则要求在权力行使时注意两点：①把握时机。例如，行使强制性权力的最好时机不一定在实际行使的过程中，往往是在行使之前，运用强制性权力前事先采取诱导、宣传教育或警告等手段，使下属形成对领导的敬畏感、崇敬感，可以促进人们的自觉行动以及预防越轨行为。②注意方法的运用。例如，在权力行使过程中，采取平等的方式比采取居高临下的方式效果好；强制性权力的行使既要坚决果断，又要小心谨慎；奖励性权力不能过多运用；等等。此外，在某种情况下，非职位权力的运用可能会取得比职位权力更好的效果。

4. 责任原则

权力通常是与责任相连的，权力的行使还应当遵循责任原则。拥有什么样的权力就应当承担什么样的责任，这通常被称为“权责相称”，拥有权力而不承担责任往往会导致轻率用权甚至滥用权力。责任原则要求我们在制度安排上事先做出设计，并在权力行使的过程中严格按照权责一致的原则执行。

（四）权力的运用

权力的运用是权力行使的关键，权力只有在运用中才能产生效果，运用是否得当直接关系到其所产生的效果的好坏，运用水平的高低也将直接影响组织的生存和发展。因此，应该清楚权力的运用可能会产生的各种反应，以便能为采取有效的权力运用方法提供依据。

1. 权力运用的反应

对于任何领导者来讲，要想进行有效的领导，就必须合理地使用权力，充分利用各种权力的影响力，实现预期的领导目的。美国学者尤克尔（Gary Yukl）为此提出了权力运用反应表（表 8-1）。他认为，根据环境的不同，任何一种权力基础的领导都可能会遇到三种反应——承诺（commitment）、服从（compliance）或抵抗（resistance）。

表 8-1 尤克尔的权力运用反应表

权力类型	结果的类型		
	承诺	服从	抵抗
强制性权力	可能很小	可能 如果表现为帮助性或非惩罚性	很可能 如果表现出敌意或操纵
奖励性权力	可能 如果运用方式隐晦并且个人化	很可能 如果运用方式机械和非个人化	可能 如果表现出操纵或令人不快的特点
合法性权力	可能 如果要求合理并且态度宜人	很可能 如果要求或命令是合法的	可能 如果要求令人不快或不适当

续表

权力类型	结果的类型		
	承诺	服从	抵抗
专家性权力	很可能 如果要求很强烈并且下属认同领导的目标	可能 如果要求强烈但下属对领导的目标缺乏兴趣	可能 如果领导的行为令人不愉快和恼怒，或下属反对领导的目标
参照性权力	很可能 如果下属认为这要求对领导很重要	可能 如果下属认同这一要求对领导不重要	可能 如果下属认为这一要求可能伤害领导

资料来源：格里芬等（2009）

第一种反应是承诺。承诺行为往往发生在下属认同并接受领导的命令或指挥的情况下，下属心甘情愿接受领导所分配的任务，这样的下属可能会因为领导对交代给自己的某一任务的重视而受到高度激励。例如，领导告诉下属，新软件如果迅速开发成功将会给组织带来很大益处，承诺的员工将会像领导一样努力工作完成项目，即使加班也不在乎。

第二种反应是服从。服从是指下属愿意接受领导的意愿，只要这样做不增加额外负担，即下属对正常的、合理的、显然属于正常工作范围内的要求做出服从反应，但是不会做出额外的或超出正常水平的工作。在这种状态下，下属会按时上下班，但不会加班，因为明天还是会做这些工作。下属对许多来自领导的例行要求会做出服从的反应。

第三种反应是抵抗。抵抗则是指下属不认同领导的主张或命令，拒绝或对抗领导的指示或安排的意愿。例如，假如一个不受欢迎的领导要求员工自愿参加公司资助的社区活动，员工会拒绝这一要求，这在很大程度上是因为讨厌这个领导，采取抵抗立场的员工甚至会有意忽略这一活动，希望领导做不成。

2. *权力运用方法*

所谓有效的权力运用，就是尽可能争取承诺或至少争取到服从，避免出现抵抗。例如，为了强化参照性权力，领导可以挑选背景与自己相似的员工，如通过聘用毕业于同一所大学的员工而建立参照性权力。表 8-2 给出了领导者如何成功运用各种权力的一些方法。

表 8-2　权力运用的方法

权力类型	运用方法
强制性权力	向下属明确奖惩规则、惩罚前发出警告、惩罚标准要一贯和统一、行动前要调查清楚、保持信誉、惩罚与错误相当、私下惩罚
奖励性权力	确认服从、注意要求的合理性和可行性、注意要求的合理和适当、提供下属希望的奖励、提供有根据的奖励
合法性权力	指令清晰，通过跟进保证理解正确、在提出要求时进行解释、通过适当的渠道行使权力、规范地使用权力、强制服从、关心下属担心的问题
专家性权力	提高专家形象、保持信誉、表现自信和决断、保持消息灵通、了解员工担心的问题、不伤害下属的自尊
参照性权力	公平对待下属、保护下属的兴趣、注意下属的需要和感受、选择与自己相近的下属、建立榜样行为

资料来源：格里芬等（2009）

（1）强制性权力的运用。强制性权力是最难行使的权力。由于强制性权力的行使可能会引起憎恨、破坏参照性权力，所以应当减少对其使用的次数。强制性权力最好的结果就是服从，而这还要求领导者以帮助和非惩罚性的姿态去行使这一权力，也即惩罚要温和、适当，使下属能从中吸取教训。在绝大多数情况下，抵抗是最有可能出现的结果，特别是当强制性权力进行敌意或操纵性应用时。

处理违反规则行为是领导者最常见的难题，事先向下属说明规则和惩罚可以避免无心的违反规则行为，纪律行动必须保持一贯和标准统一，说明惩罚是无偏见和完全基于违反行为的。另外，领导者必须保持自己的信誉，屡屡发出威胁而不诉诸行动的领导者会丧失下属的尊敬和权力。最后，不宜公开对下属进行惩罚，因为这样也会增加敌意，损害领导者的形象。

（2）奖励性权力的运用。奖励性权力在某种意义上是最容易使用的权力。确认服从只不过意味着领导者应当在给予奖励之前确认下属完成了工作，否则下属将无法在绩效和奖励之间建立联系。当然，给予奖励的要求必须是合理和可行的，如果要求是做不到的或是看上去不合适、不合理的，奖励就是没有意义的。此外，如果下属知道领导者承诺的奖励是做不到的或对自己是没有用处的，那么奖励也就对他们产生不了激励的效果。

（3）合法性权力的运用。运用合法性权力的领导者通常向下属提出正式的要求。如果下属很在意自己与领导的关系，领导者应特别注意有技巧地提出要求，当下属年龄较大且比领导经验更丰富时，这一点更为重要。要注意的是，领导者提出要求的态度应尽可能和善，同时也要表现出自信，为了说明要求是合法和适当的，领导者还需要对要求的理由做出解释，并选择适当的渠道进行沟通，以防下属由于不理解要求背后的原因而对该要求缺乏兴趣。规范地行使权力可以强化权力的存在和其在下属眼中的合法性，所以对合法权力的行使应当规范，否则领导者的权力将不复存在。

（4）专家性权力的运用。运用专家性权力时，领导者要委婉地提醒大家注意自己的教育、经验和成就，但切不可假装懂得自己并不懂的事情，一旦暴露，将迅速失去专家性的权力。自信和有决断表明了对形势的准确把握，在必要时能够承担责任。此外，领导者要注意不要炫耀自己的专业知识或表现出无所不知的样子，以免伤害下属的自尊心。

（5）参照性权力的运用。参照性权力和专家性权力类似，都与领导者自身的行为、修养和素质有关。具有优秀品质的领导者的参照性权力会很大，这些优秀品质包括诚实、正直、自信、自律、坚毅、刚强、宽容和专注等，因此领导者要想拥有参照性权力，就要加强这些品质的修炼，以建立榜样行为。此外，领导者对待下属要一视同仁，关心下属的需要和感受。

第三节　组织政治行为

在一个组织中，权力并非被管理者或领导者独有，每一个组织成员几乎都在某种程度上具有对他人实施支配性影响的权力。任何一个权力拥有者，为了实现个人利益或群体目标，会在日常工作中以各种策略和方法对他人或群体施行各种权力，由此而产生的行为就是所谓的组织政治行为。

一、组织政治行为的定义

英国学者安德鲁·海伍德（Andrew Haywood）把人们对政治的不同观点归纳为四类，

即作为政府艺术的政治、作为公共事务的政治、作为妥协和共识的政治、作为权力和资源分配的政治。其中，作为权力和资源分配的政治是所有政治概念中最为宽泛也最为激进的一种定义，这种定义不再将政治限定于特定的领域（如政府、国家等），而认为在所有社会活动和人类生存的每个角落都有政治在发挥作用。

在英文中，“政治”（politics）一词源于希腊语 politikos，其基本意思是：作为城邦公民，具有讲究实际的智慧，以及审慎、明智和具备交际手腕的变通策略；同时也有老奸巨猾、不讲道德、玩弄权术的负面含义。关于组织中政治行为（political behavior）的概念如何界定，在学术界仍是众说纷纭。目前，学者们对组织政治行为的研究主要有两种观点，可以概括为消极观和中立观。

（一）组织政治行为的消极观

由于组织政治行为经常跟“钩心斗角”、“尔虞我诈”、“阿谀奉迎”、“权力寻租”和“潜规则”等负面词汇联系在一起，很多学者在对组织政治行为进行定义时，往往只强调组织政治行为中非正式、潜在的、不合理甚至是不合法的一面。例如，罗宾斯认为组织政治行为是指那些在组织正式角色中并不要求的活动，但又影响或试图影响组织中利益分配的活动。此外，还有学者特别强调组织政治行为特指那些“试图通过某些策略行为对他人产生影响以达到个人目标”或“基于人们进一步强化个人私利而不顾他人利益”的行为；有的直接把组织政治行为等同于“潜规则”，即在正式制度之外或在明文规定背后存在的一种不成文但又获得广泛认可并起支配作用的规矩。因此，组织政治行为往往为人所不齿。

在对组织政治行为的理解中，很多人都会误认为这是一种绝对的损人利己或有害的行为，强调政治行为是一种自利性行为，行动主体信奉马基雅维利主义，它包括不被组织认可的活动，并强调将个人或团体利益置于组织利益之上。组织行为学家梅耶（Mayes）就认为组织政治行为是员工为达到不许可目标或用不许可手段达到许可目标的影响管理，结果可能导致组织机能障碍；社会学家法人（Farren）和皮特森（Petersen）也认为组织政治行为存在于非正式结构之中，不受组织准则和目标约束，其目的是为了自己或相关团体利益而影响组织内的利益分配；等等。

（二）组织政治行为的中立观

中立观认为不能直接将组织政治行为等同于组织中的“坏行为”、“个人性谋权行为”和“潜规则”等，应该辩证地看待组织政治行为。它是组织正常的决策过程，本身是中性的，对组织并非有不可避免的危害性。最早由菲里斯（Feriss）等提出组织政治行为是一种社会影响的过程，其行为是经过精心设计的以获得最大利益，而其后果可能与其他人的利益一致，也可能需要牺牲别人的利益以成就自己的利益。杰弗瑞·普菲弗（Jelfrey Pfeffer）将组织政治行为视为一种自然程序，被用来解决组织内部不同利益群体的分歧。组织行为学家曼迪森（Mandison）等对 30 个组织管理者进行了实证研究，研究结论显示，任何组织政治行为都有可能存在正面的影响，也有可能存在负面的影响。组织政治行为固然可能会因为其主体出于自利动机而实施利己主义行为，给组织带来破坏性影响，但仅此就将组织政治行为视为有害的是不全面的。

如果把组织政治行为作狭隘化理解，不利于全面、客观地认识和研究组织中的权力运用现象，包括政治决策、政治领导以及权力运作中的集权、授权和分权等一系列重大组织行为问题。管理学家亨利·明茨伯格（Henry Mintzberg）研究了政治行为的主要表现形式，总结出组织中常见的 13 种政治行为，具体如表 8-3 所示。

表 8-3　组织政治行为的 13 种类型

行为名称	主要参与者	内容和使用目的
叛乱	大型雇员群体（无需技能），有时是个别专业技术人员	自下而上，反抗合法权威
平息叛乱	高级管理者	自上而下，平息对合法权威的反抗
寻找靠山	任何下属、下级，通常是低层管理者、单个员工或年轻的技术人员	攀附、依靠高层管理者，依靠上级的权威建立权力基础
建立同盟	基层管理者、专家	与同事建立同盟关系，依靠同事建立权力基础
建立“独立王国”	基层管理者	笼络下级，依靠下级建立权力基础
抢占资源	基层管理者	从组织中争取尽可能多的资源，依靠资源建立权力基础
依仗专业技能	专家、技术工人	依靠真／假知识和技能建立权力基础
展示权威	在拥有权力的职位上的人	依靠向下属发号施令、展示权威（特别是通过科层制获得权威）建立权力基础
直线管理者与参谋人员	直线管理者与参谋人员、直线部门与职能部门	直线管理者熟悉日常管理，参谋人员期望操作流程优化、规范化，双方都希望击败对手以获得更大权力
不同竞争阵营的对垒	任何同盟或“独立王国”之间	更像是不同垒营之间的战争，常发生在利益冲突的不同部门之间（如市场部与销售部），双方都希望击败对手
战略候选人	基层管理者、专业人士和操作员、首席执行官	不同人员和群体找到特定的人代表自己的利益，通过支持这些人的观点影响组织决策和变革
散布谣言	基层雇员	一种短暂、简单的政治手段，如诋毁、造谣、揭短、中伤等
冲动和攻击	较高层管理者/职员，有时是专业人员	希望通过挑战权威、彻底改变组织战略、替换意识形态、铲除领导阶层来对组织进行变革

按照明茨伯格的归纳，组织政治行为如果利用得好就能对组织产生以下几个方面的正面意义：①组织政治行为作为一种相互影响系统，可以提供多元化的信息通道、晋升机会和展示空间，使组织中实力最强的卓越成员按照“社会达尔文主义”的方式行事，以确保其上升到组织的最高领导层，而将那些弱者或者不合适者从权威地位上移开；② 民主化的政治机制和过程可以确保重大决策得到多方面充分辩论，以避免独断权力的偏误及任何成员假公济私的腐败行为；③组织政治系统可以激发那些被合法权利系统所阻挠的创新活力，作为组织中一只“看不见的手”为组织变革活动提供必要的推动力，为人们实施变革铺平道路。

尽管学术界还没有形成统一的界定，但综合已有的研究成果可归纳出一些组织政治行为的共同见解。台湾学者陈序维就认为组织政治行为主要有以下三个特点：①组织政治行为是一种运用社会影响力的行为；②组织政治行为是一种用于促进和保护个人利益的行为；③组织政治行为中至少包括了两个团体，而且这两个团体明确或隐含地在许多方面具有分歧的利益。

因此，组织政治行为是组织规章制度中没有或难以明确规定的行为，是组织中的个体为了提升或保护自身利益，借助权力或其他资源对他人或团体施加影响的行为。

二、组织政治行为的影响因素

组织政治行为广泛存在于各类社会组织之中，可能给组织带来破坏性影响，也可能带来建设性影响，那么为什么会出现组织政治行为呢？普菲弗（Pfeffer）针对这个问题进行了深入的研究，他认为之所以产生组织政治行为，主要有四个方面的原因：①组织存在不确定性，如环境变数太多、组织目标不明确等；②组织存在巨大的利益，各部门之间的争夺更加激烈；③各横向部门存在利益冲突，它们之间存在利益消长关系；④各部门权力大致相当，如果某一部门占控制地位，则它就有权决定资源分配等。罗宾斯的研究则更为深入，他分别从个人因素和组织因素两个方面全面地分析了组织政治行为产生的原因，具体如图 8-5 所示。

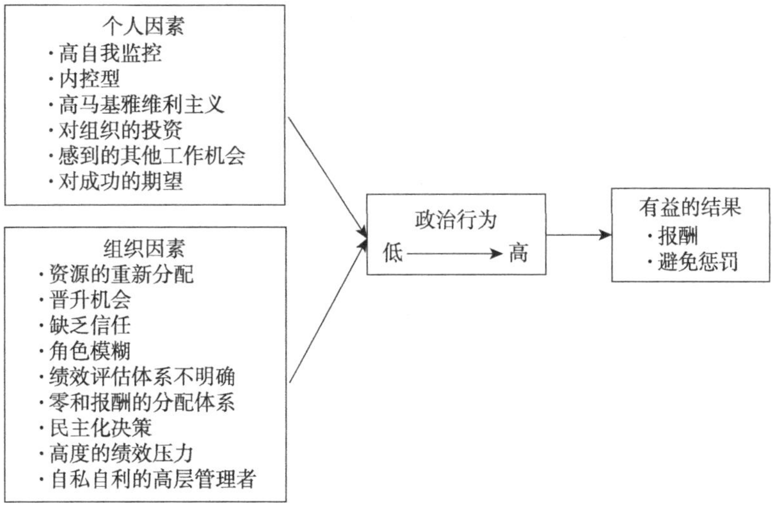

图 8-5 罗宾斯的组织政治行为影响因素图

资料来源：罗宾斯（2005）

（一）个人因素

组织政治行为产生的主体是组织中的个人，所以组织政治行为的产生因人而异，有些人习惯采用职务规定的正式途径，有些人则喜欢采用政治行为。就性格特征而言，有高自我监控、内控型性格及高度权力需求的人，这类人较易从事政治行为。此外，个人对于组织的投资、感觉到的其他可选择的余地以及对成功的期望都会影响其参与不正当政治活动的意愿。

与政治行为关联密切的个性品质一般有以下四种。

（1）对权力的需求。这是一种要影响和领导其他人，以及要控制当前环境的动机或基本愿望。对权力的需求有两种表现形式：一是个人权力，强调个人权力的领导者要求下属对自己忠诚，而不是对组织忠诚；二是制度权力，强调制度权力的领导者使其下属对组织理解和忠诚，有助于创造一种有效工作的良好风气和文化。

（2）马基雅维利主义。尼可罗·马基雅维利（Niccolò Machiavelli）是 15 世纪意大利著名的政治思想家，在西方政治思想史上占有很重要的地位，其主要理论是“政治无道德”的政治权术思想。后来，人们把那些为达到自己目的，缺乏对常规道德的关心，而不惜在人际关系中使用欺诈和机会主义手段，审视和摆布别人的人称为“马基雅维利主义者”。已有研究表明，在组织中马基雅维利主义与政治行为高度相关，高马基雅维利主义者善于从事组织政治活动。

（3）控制点。控制点是指个体相信自己能够控制对其产生影响的事件的程度。控制点分为内控点和外控点两种，高内控点的人相信事件的结果源于自己的行为，高外控点的人认为别人、命运或机遇决定着事件的结果。因此，内控点的人比外控点的人更可能表现出政治行为。

（4）自我监控。自我监控是指个体根据外部环境调整自己或行为的能力。高自我监控者善于在不同情境下表现不同行为，低自我监控者在所有情境下表现出相同的行为。所以，高自我监控者更可能表现出政治行为。

（二）组织因素

研究表明，当决策制定和执行过程具有高度的不确定性和复杂性，而个人和群体之间又为争夺稀缺资源展开激烈竞争时，组织成员采取政治行为的可能性较高；反之，在比较稳定而不太复杂的环境中，决策过程很透明，竞争行为很少，政治行为发生的可能性会较低，具体如图 8-6 所示。

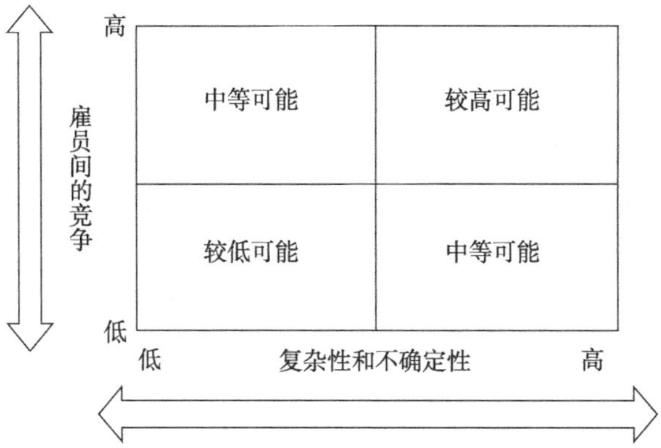

图 8-6 组织中政治行为的可能性

资料来源：陈国海（2010）

罗宾斯认为，组织中政治行为的出现取决于以下因素。

（1）资源重新分配的可能性。当组织要提高效率时，必须相应地减少资源，这必然会涉及组织资源的重新分配。由于担心原有资源的丧失，人们会采取政治行为来保护自己的既得利益。任何变革，特别是那些可能带来资源分配方式变化的改革，都可能引起冲突并增加政治行为。

（2）组织信任度。对一个组织来说，员工的信任度是慢慢培养和累积起来的，但摧毁员工对组织的信任却又会是一瞬间的事情，哪怕是在很小的一方面组织做得不公平、不到位，都会影响到自己在员工心目中的地位和信任感。组织中的政治行为发生的频率与组织信任度成反比，组织中的信任度越低，政治行为发生的频率越高，非法的政治行为相应地就越多；而高信任度可以抑制政治行为，特别是非法的政治行为。

（3）角色界定。如果组织对员工行为的范围、职权缺乏明确的界定，那么其对员工的政治行为的范围和功能就几乎没有什么限制。因为政治行为是指那些正式角色要求范围之外的行为，所以角色越模糊，一个人越容易卷入政治行为而不被觉察。

（4）绩效评估。组织在绩效评估中使用的主观标准越多且结果指标又比较单一，或者员工行为发生和绩效评估之间的时间拖得很长，那么员工参与政治行为且能蒙混过关的可能性就越大，而且员工越不容易对自己的政治行为承担责任。

（5）报酬分配体系。如果组织采取零和或非得即失的报酬分配体系，则员工就容易卷入政治化行为。零和报酬分配方式把分配量看做固定的数额，任何个人或群体的所得必然以另一个人或群体的所失为代价，其强调的是“非得即失”，这就使人们总是力图使自己显得劳苦功高而贬低他人的绩效，从而陷入政治行为中无法自拔。

（6）决策方式。民主化决策可以降低组织的专制程度。但是管理者为了谋取权力往往绞尽脑汁，付出高昂代价，因此他们自然不愿意与他人分享权力，实现民主化决策。所以，就会出现领导者利用团队、讨论大会和小组会议等来施展他们的政治手腕、玩弄权术的情况。

（7）高层管理者的影响。当员工看到高层管理人员致力于政治行为，特别是在这些人还获得了成功及一定回报后，组织中就会形成支持政治行为的氛围。这种不良影响有时可能是深远而持久的，甚至可能成为组织内部一个公开的潜规则，新成员加入组织后，在这种人人为己谋利的组织氛围的熏陶和感染下，很难还会坚持自己的初衷，会很容易被诱导去参与政治活动。

三、组织政治策略行为

（一）组织政治行为的策略类型

政治行为广泛存在于组织之中，为了更好地了解政治行为，必须厘清组织政治行为所运用的策略。莫尔德（Mulder）等在总结其他人调查资料的基础上提出了五种组织政治行为的策略类型，包括控制信息源、树立良好形象、寻求支持、谴责或打压他人、与更有权势的人结盟。

（1）控制信息源。在组织中，信息越重要，掌握信息的人就越少，拥有信息所具有的权力基础和影响力就会越大，因此控制信息源是组织政治行为中最常见的一种策略。对信息的操控包括截留对自己不利的信息、故意隐瞒、选择性披露信息、扭曲信息或到处散播诋毁他人的错误信息、控制组织沟通链等。

（2）树立良好形象。这一策略具体包括成功者的打扮，总是与组织中工作有成效的人打成一片，刻意显示自己成功和善良的一面等。运用这一策略的人常常会先考虑组织认同哪些行为，再去模仿这些行为，因而这些人又被称为“组织变色龙”，有学者则把与此相关的技巧称为“印象管理”。

（3）寻求支持。这一策略强调互利互惠，其前提是人与人之间必须相互信任和相互尊重。

（4）谴责或打压他人。当不好的事情发生时，寻求替罪羊是一种常用的伎俩。尤其是当组织业绩下降时，领导者往往通过归咎于下属，使自己免于被降职乃至解雇，尽管这类行为有违社会道德，但在组织中这种策略仍被普遍采用。

（5）与更有权势的人结盟。这一策略的具体方法包括寻求有权势的人和寻求联盟。联盟是弱势群体获得权力的有效途径之一，组织中的若干群体通过联合来达到共同目标的现象是存在的。

后来，罗宾斯又增加了防御性策略，包括回避行为、回避责罚和回避变化，具体内容见表 8-4。

表 8-4 防御性策略行为及其表现

策略类型	行为表现	主要内容
回避行为	过度顺从	最常见的回避行为，通过严格地遵从规章制度和先例，来解释和定义责任
	推卸责任	把某项任务或决策的执行责任转移给他人，把自己的责任降到最低
	装聋作哑	是策略上表现弱势的一种方式，通常是以疏忽大意或缺乏能力为借口来推辞或回避不愿意做的工作
	物化人格	把人当做数字或事物来对待，与问题保持距离，避免不得不考虑某个人的个人特性可能对他们产生的影响
	耽搁时间	通过延长完成工作需要的时间，让人觉得自己忙得脱不开身
	搪塞	本意不愿意去做，但又不好推脱，只好敷衍了事或口头答应，但实际做得很少或根本不做的一种应付的方法
回避责罚	减震缓冲	为了塑造自己有能力和考虑周全的形象，而积极从事的一种严谨记录的活动，是“不留后患”的一种友好说法
	辩解	通过减轻自己的主观责任来减少自己承受的责罚，辩解主体通常通过道歉表示悔过
	明哲保身	逃避可能反映出不利状况的情境，包括只承担那些成功概率高的工作，把具有风险的决策交由上级决定，定性的表达判断结果，在冲突下保持中立立场
	寻找替罪羊	这是一种传统的方法，即把对消极后果的责备推到不该受责备的外部因素上
	虚报信息	通过曲解、夸大、欺骗、选择性表达、故弄玄虚或使用模糊来操纵信息
回避变化	阻止变化	企图尝试阻止具有威胁性的变化出现
	自我保护	在变革过程中通过控制信息或其他资源来保护自己的个人利益

资料来源：冯明（2013）

防御性策略行为常常与对工作和工作环境的消极态度有关。在短期内，员工可能会发现这种防御性策略保护了他们的自我利益，但长此以往，他们就会感到厌烦。如果时常依赖于这种防御性行为，他们就会逐渐失去同伴、上司、员工和客户的支持与信任。

此外，还有学者认为组织中个体或团体常用的政治策略包括：以谦逊的姿态来听取劝告或接受建议；保持自身的灵活性，即从来不将自己局限于某一个职位或计划当中；有选择地沟通，即有意识地隐瞒信息或精心选择信息披露的时间；习惯做出踌躇满志、胸有成竹的样子；总以管理者的身份自居，与下属保持必要的距离；即使有妥协也是暂时的，在其内心以及在日后的行动中仍坚持己见。

（二）组织中的权术和联盟

1. 权术

权术即权力的战术，是将权力基础转化为具体行动的手段。权力拥有者在想要行使权力或对他人的行为施加影响时，几乎都会采用标准化的方式。有研究指出九种不同的有影响力的权术或影响策略：①合法性。依靠职权或强调请求与组织的政策和规则是一致的。②理性说服。提出逻辑论据或事实依据来证明请求合情合理，是理性的意见。③鼓舞式诉求。通过目标对象的价值观、需求、希望和渴望来引起情感认同。④商议。通过让他人参与对计划或变革的决策的手段激励对方，以获得更多的支持。⑤交换。通过奖励目标对象一定的利益或好处来交换接下来的请求。⑥个人式诉求。利用友谊或忠诚，以获得同意或认可。⑦逢迎。在提出请求之前，先吹捧、赞扬或使用友好的行为，并显出谦卑的一面，以获得认可。⑧施压。使用警告或威胁的手段，反复强调要求，以利于达到要求或目标。⑨联盟。寻找他人帮助说服目标对象，或获得组织中他人的支持以达到要求或目标。

除了权术本身的特点外，权术是否有效受到诸多因素的影响，如应用权术的技能、使用权术的先后顺序、组织文化等，而且针对不同的情境和影响对象，权术产生的效果也不同。

2. 联盟

联盟是较为常见的政治策略。联盟是个体在“团结就是力量”的逻辑的影响下，为了减少自身所受的威胁，壮大自身的势力或影响而与组织中“志同道合”的人联合起来组成一个小团体，或在组织内外形成一个支持性的网络，是获得或增加权力的重要策略。一般来说，联盟的形成会受到以下因素的影响。

（1）与组织的文化氛围有关。组织中的联盟往往追求规模的最大化，针对联盟目标寻求广泛的民意支持是关键，因此在注重合作、承诺以及鼓励参与决策的组织中较容易结成联盟，联盟的扩展也较容易达成共识；反之，在专制或等级森严的组织中很难形成联盟。

（2）与组织内部的依赖性关系有关。组织内部的依赖程度也是促进联盟形成的关键，如果组织中的工作任务和资源彼此依赖、相互交织，则组织中的联盟比较容易形成；反之，若组织内部依赖程度较低，各部门或成员能够自我独立，则联盟很难形成。

（3）与实际工作任务的特点有关。联盟的形成还会受到组织成员所从事的实际工作的影响，组织成员工作任务的常规性越强，联盟形成的可能性就越大，因为工作任务的常规性程度越高，组织成员之间的可替换性就越强，他们之间的依赖性就越强。为了建立这种依赖性，他们可以求助于联盟，这可以充分解释工会对员工，尤其是低技能员工具有吸引力的原因。

第四节 组织政治行为的管理

尽管组织政治行为经常指向个人利益，但它并不是总对组织有害。例如，调查表明，60%的企业经理认为，政治活动有利于事业发展。其他的好处还包括：鼓励不同观点互相辩论，有利于强者脱颖而出，有助于组织变革，等等。当然，组织政治行为更容易导致负面影响，如容易滋生腐败、浪费资源、降低士气、激化矛盾等。因此，应消除不良组织政治行为，使其有利于组织的健康发展。

一、政治行为的识别

在一个组织中，权力并非领导者所固有的，在不同的情况下，每一个组织成员都具有某种程度的影响、控制他人和避免受控制的能力。面对组织中的政治行为，组织成员需要根据自己的价值判断来识别这些政治行为发生的原因及结果，对组织中的政治行为保持足够的职业敏感性，同时，要恰当地运用权力并发挥权力的积极作用，进而避免自身遭受政治行为的消极影响。

（一）政治行为的类别

从组织管理绩效的角度来分析，可以将组织的政治行为分为建设性政治行为和破坏性政治行为两种。

1. 建设性政治行为

建设性政治行为是指组织成员运用自身的非职务性权力表现出的符合组织规范的个人行为，它的发生和结果对组织是有积极意义的。例如，有效的管理者能够站在组织的立场理解目标，运用自身的非职务性权力，协调成员在理解组织目标上的这种矛盾，处理组织资源配置的现实和潜在的冲突，这时的政治行为便发挥了它的积极作用。

这种政治行为是难以避免的，但是建设性的政治行为是组织成员为了实现组织的共同目标而采取的合理行动，因此组织没有必要对其予以控制。在更多的场合，当一个组织的政策或决策遭遇阻力时，领导者和管理者可以通过成员的非职务性权力的影响力，争取理解和支持，消除思想上的分歧或求同存异，从而达成组织成员行动上的协同。因此，可以将建设性的政治行为看做一种“有效的管理行为”。

2. 破坏性政治行为

破坏性政治行为是指组织成员运用自身非职务性的权力表现出的不符合组织规范的个人行为。例如，当个人对组织目标做出主观性理解并运用自身的力量去影响组织的决策目标、准则或过程时，组织政治行为的消极性和破坏性就产生了。

这种行为同样是难以避免的，但却不是组织所期望发生的。因为破坏性政治行为的出发点是个体为了满足个人的目的而采取的行动，通常的情况是，组织目标并非就是个人的目标，当组织目标与个人目标严重背离时，个人会动用自身的权力去影响组织目标的制定、执行和评价，因此破坏性政治行为往往与组织目标没有得到个人的理解和接受有关，它决定了组织成员不可能表现出应有的协作愿望。所以，组织应该对这种行为进行有效的控制。必须注意的是，建设性政治行为的水平过高时，也会向破坏性方向转化。

值得提出的是，相同的行为，可能被不同的观察者识别为政治的或非政治的行为，这完全依赖观察者个人的经验和参考群体而定。这是由于对政治行为的识别是个人对他人的行为做出的主观判断，这与个人的主观感知紧密相关。勒温也提出，人们的态度和行为主要取决于人们对现实的感知而非现实本身，从而揭示出了工作环境的感知属性。波特（Porter）、默里（Murray）等由此受到启发，认为不是真实的政治（或者政治行为）而是对工作场所政治性的感知，对组织结果的影响更为重要。因此，为了能够识别组织中的政治行为，很有必要对组织政治知觉（perception of organizational polities，POP）有所了解。

（二）组织政治知觉

1. 组织政治知觉的含义

组织政治行为虽然在管理学界已被广泛讨论，但是直到菲里斯（Ferris）等 1989 年的开创性研究，组织政治知觉问题才引起组织管理学界的注意和广泛的研究兴趣，而国内对这一领域的研究仍处于起步阶段。组织中的政治行为通常是高度隐秘和具有象征性的，并且会因为个人的主观知觉而有所不同。

组织政治知觉是指组织成员对其工作环境中政治行为的主观知觉，它可能真实地反映组织内客观的政治行为，也可能仅是错误的判断。因此，组织政治知觉与组织政治行为是两个密不可分的概念。对组织政治行为理解方面的分歧，也导致了对组织政治知觉概念理解方面的分歧。

菲里斯等认为组织政治知觉是个体对他人的政治活动产生的知觉。菲里斯等将组织政治知觉定义为：个人、群体以及组织各自致力于追求自我利益最大化的活动，而组织成员对于这些活动的认知评价与主观经验，即对工作环境中的行为和事件的认知评价和主观经验，构成了员工的组织政治知觉。还有的学者认为，组织政治知觉是由上级、同事和组织政策与实务等行为所引起的组织成员的认识。

维格达（Vigoda）认为组织政治知觉研究的重心不像组织政治行为的研究那样，企图去了解实际的政治行为运作的过程，而是借助对事实所显现的主观感受加以探讨，所以其更容易被定义、解释及运用于经验资料的测量。

菲里斯和杜蓬（Dulebohn）等综合了各家观点，认为组织政治知觉是组织员工对工作环境中自利行为发生程度的主观评估，其中包含了个体对这种自利行为的归因。

我国学者孙汉银将组织政治知觉定义为组织成员对其他成员所从事的政治行为的主观感觉。马超认为组织政治知觉就是指个体基于主观感受对组织内其他人自利行为意图的归因。

综上，组织政治知觉是指组织成员对组织内其他成员运用其本身具有的权力或资源所从事的各种自利且不被组织许可的行为的主观感知。它是组织成员对客观事实的主观整合，并不一定是事实本身。所以即使是相同的政治行为，不同的组织成员也会产生不同的组织政治知觉，它与组织成员个人价值和观念有密切的关系。

2. 组织政治知觉的维度

在组织政治知觉概念提出后，一批学者随即展开了概念维度、测量工具的探讨（表8-5）。这摆脱了之前组织政治研究测量难的困境，开启了组织政治知觉诱因、影响机制的实证研究时代。

表 8-5 组织政治知觉的维度

维度	研究者	概念结构
1	Nye 和 Witt	组织政治知觉单维结构
	Parker 等	
3	Ferris 等	上司的政治行为、同事的政治行为、组织具有政治性的政策和实践
	Kacmar 和 Ferris	一般性政治行为、保持沉默静待好处行为、具有政治性的薪酬和晋升
	Ferris 和 Kacmar	上司的政治行为、同事的政治行为、组织具有政治性的政策和实践
	Zhou 和 Ferris	主导群体、组织奖酬实践、同事的政治行为
	Kacmar 和 Carlson	一般性政治行为、同事及小团体的政治行为、薪酬和晋升
	马超	自利行为、薪酬与晋升、同事关系
5	Kacmar 和 Ferris	一般性政治行为、保持沉默静待好处行为、同事的政治行为、上司的政治行为、薪酬和晋升政策
	Fedor 等	优势个人或群体、薪酬实践、信息扭曲、印象管理以及薪酬及晋升政策不明确
6	Anderson	形象建立、截留信息、使用权力解决矛盾、抛出替罪羊、滥用信息、私下攻击
8	Kipnir	应用奖惩、断然要求、理性说服、利益交换、逢迎拍马、向上求援、截留信息、建立联盟

资料来源：彭婉丽（2013）；崔勋（2014）

目前在不同研究中所提及的组织政治知觉的维度数目集中在 3 个，但是不同研究中的 3 个维度有一定差异。总体来看，多个研究所涉及的维度不外乎如下 5 个。

（1）一般性政治行为（general political behavior）的政治知觉，是指对组织成员以服务自我的方式获得有价值产出的政治行为的知觉。

（2）保持沉默静待好处行为（go along to get ahead）的政治知觉，是指对组织成员避免参加活动，以获得有价值产出的政治行为的知觉。

（3）薪酬和晋升政策行为（pay and promotion policies）的政治知觉，是指对组织在薪酬和晋升实际运作上与制度不一致的政治知觉。

（4）上司的政治行为（supervisor behavior）的政治知觉，是指对于领导运用权力进行资源分配的领导行为过程中利己行为的政治知觉。

（5）同事及小团体的政治行为（coworker and clique behavior）的政治知觉，是指对同事之间或派系之间以获得最大自我利益为目的的利益交换行为的政治知觉。

3. 组织政治知觉模型

菲里斯、罗斯（Russ）和范特（Fandt）于 1989 年首次提出了一个组织政治知觉模型（图 8-7），该模型在此研究领域占主导地位，菲里斯基于其后 20 年的实证结果，又提出一个修正模型，对 1989 年的模型进行了调整和补充。其他学者也在此基础之上拓展了更多前因、结果、调节和中介变量，进一步丰富了组织政治知觉的产生、影响及作用机理的逻辑关系。

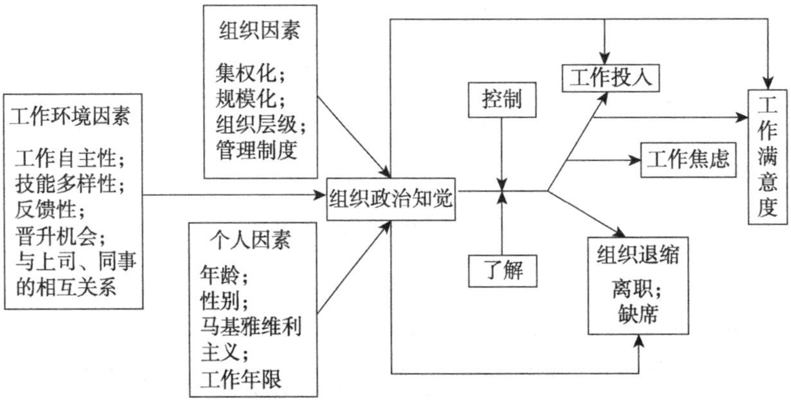

图 8-7 组织政治知觉模型

资料来源：孙汉银（2004）

此模型指出工作环境中个人知觉政治行为的前因、后果及影响结果的调节变量。首先，组织政治知觉的前因被区分为组织、工作环境以及个人的影响。根据该模型，组织的集权化、正式化程度、组织层级和管理制度会对雇员的政治知觉产生影响；雇员的工作自主性、技能多样性、反馈性、晋升机会的多少以及与上司和同事的相互关系都能够影响雇员的组织政治知觉；一些个人因素也是组织政治知觉的影响源，如雇员年龄、性别、工作年限、马基雅维利主义等。

菲里斯指出当个人在组织中知觉政治行为时，将有三种可能反应发生：①从组织中退缩，通过离职或缺席以避免涉入政治；②继续留在组织中，但转而更投入其工作，变得较不注意或忽略组织中政治行为的存在；③更投入组织政治中，以增加对组织了解及控制的程度，减少对组织决策的模糊性程度，以降低工作焦虑感并提高工作满足感。

在组织政治知觉概念被引入之后的20多年间，研究者围绕其产生、影响机制展开了大量的理论和实证研究。尽管研究成果逐渐丰硕，但是理论上的争议和不一致仍未完全消除。一些学者还开辟了新的研究方向，尝试对组织政治知觉的影响机理做更深入的探讨。例如，对跨文化的研究，主要包括不同文化情境下组织政治知觉的影响机制和跨文化比较，有学者开始尝试基于中立视角，探究在竞争性中介机制或双重调节机制下组织政治知觉的影响，还有学者将其视为一个情境变量，作为其他变量关系的调节或中介等中间机制展开研究，等等。

二、政治行为的道德规范

组织中的政治是权力在组织正式渠道之外的非正式行使方式，是在正式渠道无法实现其目的时采取的一种方式和手段，它虽然会有助于组织目标的达成，但也为不正当地使用政治手段留下了空间。由于正式的规章制度通常针对的是组织的一些正式权力安排，所以对于政治行为只能从道德层面进行规范，以防止不当的政治行为对组织造成损害。

（一）政治行为的道德判断

组织政治行为存在合法与非法的界线，而在合法的制度框架内，它还存在一个是否符合道德规范的问题。虽然伦理道德在性质上属于主观价值判断的范畴，但是我们可以在“客观”的层面上，提出一个从道德角度判断组织政治行为的模型，具体如图8-8所示。

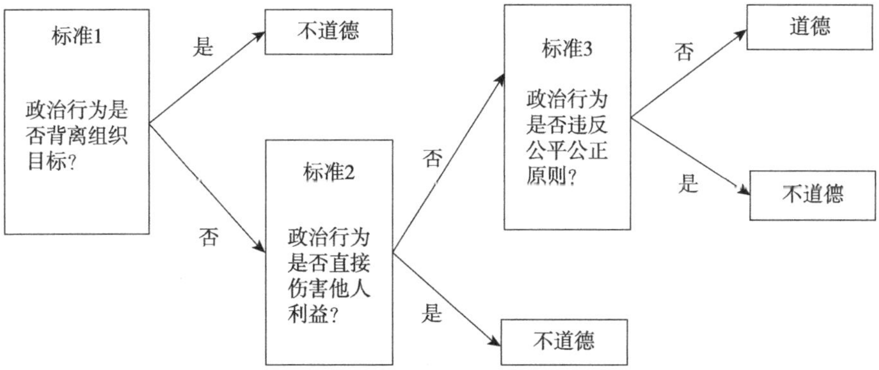

图8-8　组织政治行为道德的判断

资料来源：罗宾斯（2005）

一般认为有以下三条辨别的标准。

1. 政治行为是否背离组织目标

一种政治行为，如果其动机以组织目标为出发点，其结果也是利于组织目标实现的，则从组织行为管理角度来看，它就是合乎道德规范的。否则，就是不符合道德规范的。例如，一名专业技术人员自己没有获得参与新产品设计的机会，就向客户散播流言说新产品设计存在安全性能缺陷，以使该产品设计团队难堪，结果使公司新产品推广受阻、销售收入遭受重大损失，这种政治行为就是不道德的；反之，同样出于政治斗争考虑，如果在检验时偶然发现新产品设计确实存在某些安全隐患，而向有关上级领导打报告揭露问题，结果阻止了错误行为，使公司避免了巨大损失，则这种行为就是符合道德规范的。

2. 政治行为是否直接伤害他人利益

权力本来就是一种非对称性影响力，作为权力运用的政治行为也必然是针对他人的单项行动，在行使过程中很容易给对方造成伤害。组织中任何形式的政治行为都会涉及一定群体或某个个体的利益分配问题，也就存在侵犯或限制被影响者的个人权益行为，导致“每个人他所应得的”权益得不到有效的保障。而对于组织中的具体个体而言，他所要追求的就是在社会中获取“每个人他所应得的”利益，满足自己不同层次的需要，进而维护自己的权益。如果一种政治行为明显以“损人利己”为特征，为了达到自己的政治目的不惜对他人造谣中伤、歪曲事实真相或将他人作为“替罪羊”，那么这种做法就是不道德的。例如，为了全面掌握对方的动态，不惜拆看其私人信件、窃听个人私密谈话或雇用私人侦探监控他人日常活动等，这些都是违反道德规范的行为。

3. 政治行为是否违反公平公正原则

政治活动是否符合平等和正义的标准，是否属于典型的腐败行为，也是检验其是否符合道德规范的一个标准。一般而言，道德的行为就是有利于他人和社会的行为，其核心是公平公正的道德原则，公平意味着平等，公正意味着正义，同时这两者还要求组织成员的思想行为的出发点必须是公共理性而非个体理性。组织中存在的“亲亲相护”“拉帮结派”“溜须拍马”等政治行为就属于不道德的政治行为，因为它们违背了公平公正原则，通过不道德的政治行为夺取了本应是“给每个人他所应得”的利益。例如，一个部门主管在绩效评估和管理中，给自己喜欢的漂亮的女职员不切实际地打高分，而对具有突出绩效表现的但自己不喜欢的员工明显打低分，这显然是有违公平原则的。

此外，需要特别说明的是，没有监督和制衡的权力往往容易走向不道德和腐败，绝对的权力意味着绝对的腐败，而没有权力的人想犯错误、想腐败都没有机会。因此，一个组织中政治行为的道德规范性与权力的分配状况有很大关系，在权力分配存在严重失衡、缺乏权力有效制衡机制的情况下，组织政治行为很容易滑向负面的、非道德甚至是腐败的深渊。例如，有权力的人会把自谋私利说成是为了提高组织效力，巧言令色地把不公平说成是相当公平和公正的。

（二）政治行为的道德制约方法

虽然完全消除组织政治是不可能的，但管理者可以对其产生的不良影响予以控制，有学者给出了一些有效的方法（表 8-6）。

表 8-6　减少组织政治不良影响的方法

建议	情况描述
分清工作期望	政治行为受一些模凌两可情境的影响。在一定程度上，管理者通过一些方法可以将政治行为产生的可能性降到最小
公开沟通过程	当沟通过程公开化了，行为可以接受调查了，人们以牺牲组织目标为代价达到自己目标的做法就会非常困难。在整个系统处于有人监督之下时，要想“取走任何东西”就不那么容易了
做个好榜样	员工们会对高职管理者的行为进行模仿。因此，一个坦率而明智的经理往往鼓励大家行动一致
不要对游戏者的不道德行为坐视不管	应当立刻去正视试图将别人的工作成就归功于自己的员工。不这么做的经理也就传达了这样一条信息——此种行为是可接受的

资料来源：格林伯格和巴伦（2005）

毫无疑问，对政治行为的道德制约是重要的，因为组织中权力的滥用会带来伤害。从组织管理的角度来讲，政治行为应表现出积极的一面，对其消极面应该予以制约，因此有必要通过一些方法来提高组织道德，具体包括：

（1）上下整合。领导者首先应该在组织活动中提高其道德意识，道德不是自动产生的，而是通过从上到下的交流形成的。如果组织的上层能以身作则，则能起到上行下效的作用，也就是说领导者要在道德方面成为组织员工的表率。

（2）道德规范制度化。建立指出非道德行为的正式程序，因为规章制度的确立需要受到一些处理非道德行为的具体程序的支持。此外，确立一些上诉程序也是有必要的，因为有了这样的程序，员工就可以大胆地指出一些不道德的组织行为。

（3）重视职业道德。职位除了涉及员工的权利、责任、任务、行为角色等内容外，还应该包括道德的内容，即把道德规则融入组织所有职位中，使其制度化。这里的道德主要是指职业道德，它对于确定或修正个人道德是有一定作用的。

（4）形成健康的组织文化。人的机会主义倾向往往是导致一些不道德行为产生的原因，而这些机会主义的产生在很大程度上是与组织环境和文化联系在一起的。因此，组织应该形成一种健康向上的组织文化和道德氛围。

本章小结

权力是一个人或群体在特定情境下能对其他人或其他群体施加的某种支配性影响力，从本质上说是一种资源和财富，人们获得权力就是获得资源和财富，它体现着权力拥有者的利益和意志。依赖性是权力产生的基础和关键，权力关系产生于相互依赖。只有当A控制了B所需的资源，且这种资源对B是重要的、稀缺的、不可替代的，B对A的依赖才会产生，而且B对A越依赖，A对B的控制力越大，A对B拥有的权力就越大。关于权力来源的分类主要有两分法、三分法、五分法、多分法等。其中权力基础的五分法包括强制性权力、奖励性权力、合法性权力、专家性权力和参照性权力。

组织政治行为是组织规章制度中没有或难以明确规定的行为，是组织中的个体为了提升或保护自身利益，借助权力或其他资源对他人或团体施加影响的行为。影响政治行为的因素主要包括个人因素和组织因素。组织政治行为的策略类型有控制信息源、树立良好形象、寻求支持、谴责或打压他人、与更有权势的人结盟，还包括防御性策略。组织政治知觉是指组织成员对组织内其他成员运用其本身具有的权力或资源所从事的各种自利且不被组织许可的行为的主观感知，它是组织成员对客观事实的主观整合，并不一定是事实本身。组织政治行为虽然是不可避免的，但可以通过上下整合、道德规范制度化、重视职业道德、形成健康的组织文化等方法来对其进行道德制约。

➢复习思考题

1. 什么是权力？权力的来源有哪些？
2. 哪些因素导致了依赖性？并举出实际应用的例子。
3. 你认为在理论上应如何更加全面地认识和把握组织中的权力关系？
4. 什么是政治行为？影响政治行为的因素有哪些？

5. “政治活动本身并不必然是坏的，它不过是在组织内部使事情成功完成的一种手段。”你是否同意这一观点？并说出理由。

6. 如何处理权力、政治与道德之间的关系？

扩展阅读

马基雅维利主义

马基雅维利（Machiavelli，1469—1527）是意大利政治家和历史学家，以主张为达目的可以不择手段而著称于世，马基雅维利主义也因此成为权术和谋略的代名词。它通常分为高马基雅维利主义和低马基雅维利主义。高马基雅维利主义的个体重视实效，保持着情感的距离，相信结果能替手段辩护。低马基雅维利主义易受他人意见影响，阐述事实时缺乏说服力。高马基雅维利主义者比低马基雅维利主义者更愿意操纵别人，赢得利益更多，更难被别人说服，他们更多地是说服别人。但这些结果也受到情境因素的调节。

一般而言，将马基雅维利主义分为高、低两类，这两类个体在行为特征上存在的差异归纳总结如表 8-7 所示。

表 8-7 马基雅维利主义的行为特征

高马基雅维利主义	低马基雅维利主义
抵制社会影响	易受他人意见影响
隐藏个人罪恶	显露内心的罪恶
有争议立即改变态度	坚持己见
拒绝承认	立即坦诚承认
阐述事实时具有较高的说服力	阐述事实时缺乏说服力
怀疑他人的动机	在表面上接受他人的动机
情境分析	对情境进行了大量的假设
不接受互惠主义	接受互惠主义
对他人可能行为的判断持保留态度	相信他人应该以“确定”的方式行动
能够随情境改变策略	局限自己的行为
说别人喜欢听的话	说实话
对他人的信息很敏感	对他人的影响很敏感
如果他人不能报复则尽可能多地剥削	不愿意去剥削他人
绝不明显地操控别人	操控别人时往往很明显
不容易脆弱到恳求屈从、合作或改变态度	以社会所期望的方式去反应
偏爱变动的环境	寻求稳定的环境

马基雅维利认为，人类愚不可及，总有填不满的欲望、膨胀的野心；总是受利害关系的左右，趋利避害，自私自利。因此，利他主义和公道都是不存在的，人们偶尔行善只是一种伪装，是为了赢得名声和利益。人都是“忘恩负义、心怀二志、弄虚作假、伪装好人、见死不救和利欲熏心的”；即使最优秀的人也容易腐化、堕落，因为做恶事更有利于自己，讲假话更能取悦于别人。人民有屈从权力的天性，君主需要的是残酷，而不是爱。人应当在野兽中选择狮子和狐狸，像狮子那样残忍，像狐狸那样狡诈。君主不妨对行恶习以为常，不要因为残酷的行为受人指责而烦恼；“慈悲心是危险的，人类爱足以灭国”。马基雅维

利有句名言——“只要目的正确，可以不择手段”或“为了达到一个最高尚的目的，可以使用最卑鄙的手段”。

马基雅维利还指出：受人敬爱不如被人惧怕，“一个君主被人惧怕比起被人爱，更为安全些”。但有时又有必要让人民相信君主是“集美德于一身的人”，也就是说，统治者在公开场合应表现出爱民如子和仁慈宽厚的样子。惩罚人的事应让其他人去干，最后还可嫁祸于人，找替罪羊，以避免自己受到国民的谴责。奖赏别人的事应当亲自出面，以免让下属行私惠。给人恩惠要一点点地来，让他有盼望；给人打击要一下置其于死地，不让他有报复的可能。君主平常应当不露声色，对凡事装作懵懂无知，避免让下属了解自己，但对下属要了如指掌，随时操纵他，并且动用杀伐大权。马基雅维利认为，君主应当绝对地控制武器精良和素质优秀的军队，“任何人只要有他自己的装备精良的军队，就会发现无论时势如何骤转，他自己总是处于有利的地位”。还有，君主为了保持权力的自主性，绝不可相信任何人；不可对别人吐露真心，不可指望别人对自己诚实，更不可把命运系于别人身上。君主要经得起孤独的煎熬，“最危险莫过于意气相投的人”。所以，应当怀疑一切人，组织耳目对之暗中监视，网罗党羽排除异己，设置职权相互牵制。总之，为保住君主的地位，采取一切手段都是允许的。

测试

个人政治敏感性测验

说明：对下列问题做出最能反映你价值观和实际行为倾向性的回答。其中3为最肯定，0为否定。

1. 经常对别人的工作表示真诚的兴趣、能够耐心倾听同事倾诉个人甘苦。 3 2 1 0
2. 能够达观接受同事的忠告、建议和帮助。 3 2 1 0
3. 力所能及地帮助同事而不求立即回报。 3 2 1 0
4. 在待人处事方面，即使不是朋友，也不能变成敌人。 3 2 1 0
5. 能够跟不同部门、不同级别的同事建立亲密友善的人际关系。 3 2 1 0
6. 对于上司，表现贴心，而非知心，从不炫耀地表达自己对上司心意的判断。 3 2 1 0
7. 不论私底下或是在公开场合从不对上司表现出轻视、傲慢的态度。 3 2 1 0
8. 除非实在不得已，否则绝不超越上级向上报告工作情况。 3 2 1 0
9. 从不公开发表挑战公司信仰和核心价值观的言论。 3 2 1 0
10. 拒不接受不属于自己的功劳或奖赏。 3 2 1 0
11. 不随意向同事“真情告白”或“大吐苦水”。
12. 给人好处时能恰到好处，做到“不轻给、不乱给、不吝给”。 3 2 1 0
13. 能够当众自然而然地在肢体或口头上来拥抱对自己怀有敌意的人。 3 2 1 0
14. 懂得妥协和退让的好处，遇到挫败能够沉得住气，不求一时一事之利。 3 2 1 0
15. 在工作中能够以自己的实力得到老板或上司的认可和赏识。 3 2 1 0
16. 在日常工作中能够巧妙地回避那些挑剔难缠者的滋扰。 3 2 1 0
17. 平时特别在意自己的言谈举止是否留给他人好的印象。 3 2 1 0
18. 老板或上司交代的每件事都要办得妥帖利落。 3 2 1 0
19. 如果必要，在特定情境中可以适当做些“言不由衷”的承诺。 3 2 1 0
20. 讨论问题从来都是对事不对人，尽可能避免卷入人际间无谓的是非之争。 3 2 1 0

注：总分在 55 分以上的为最有政治敏感性，40～55 分为较高政治敏感性，20～40 分为一般政治敏感性，5～20 分为缺乏政治敏感性，5 分以下为最无政治敏感性。（测试结果仅供参考）

资料来源：李宝元等（2014）

案例分析

关于办公室政治的情景案例

案例 1：小郑休完产假上班了，她怀着一种忐忑不安的心情，怯生生地走进了办公室。往事不堪回首，两年前，她被猎头推荐进了这家集团公司的上海分公司，该公司先让她代理人力资源部经理职务，但没有发布正式任命文件。两周后，来了一位获得 MBA（master of business administration，即工商管理硕士）洋学位的新同事小张，公司让她与其分管部门内事务。3 个月后，总经理正式宣布任命小张为部门经理，这使小郑处在非常尴尬的位置上……她第一个念头就是辞职，但迫于维持房贷月供的生活压力只能暂时委曲求全，同时在外面联系单位寻求出路。出于自尊心，小郑在工作中处处与小张抵触，甚至不断发生争吵，最后演变成“没有硝烟的战争”；部门同事也都站在小张一边，连平日里要好的朋友都不敢与她说话，小郑感到非常孤立，情绪极度低落。眼看合同期限临近而自己又没找到合适的工作，她深知公司不会再与她续签合同，而怀孕是受法律保护的，于是她决定怀孕生孩子……现在产假结束了，成为母亲的小郑心态也发生了很大变化，原本想与小张修补关系、打破僵局，但是先前的积怨实在太深，她的态度不依不饶，同事依然不理不睬。想找公司总经理谈谈看能否调换部门，可总经理一直推脱说工作太忙没时间，就这样，还处于哺乳期不可以被解聘的小郑就一直被痛苦地“吊”在那里……

案例 2：小楚天生一张冷峻脸，同那些天生有着甜美笑容的女孩子形成强烈反差。办公室不过 5 个人，小楚的位置夹在一老一小之间。左边的小童刚从学校毕业，尖刻凌人，不过比小楚早进公司 3 个月，按照文凭论工资级别比小楚还低一等，却很自如地差使起小楚来。小楚虽有点气恼，但觉得与这个活泼、毫无心机的小孩子计较，显得很没有风度似的。右边老的人称严老师，从业务水平到人生修养都有些欠缺，年轻人喜欢的东西她都喜欢，年轻人犯的错误她无一漏过。但严老师能够在此地安安然然地生存到现在，总归有些看不见的“绝招”在支持她。她的办公桌平日里像单位里开茶话会时的布置，天天瓜子、花生、核桃仁轮番登场，很快成为午间休息时大家聚集的地方。就是这样一个“严老师”居然在老公之外有一个老外情人，这是小楚无意间替她接了个电话发现的。严老师去洗手间了，她的直线电话响了好长时间，小楚便帮她接了。拿起电话，还没来得及说“喂，你好”，一个中年老外的声音就迫不及待地喊起来：“Hi, baby! I miss you so much. Do you come tonight?”小楚一时手足无措。突然想起一个故事说起过，当一个男士误闯进女浴室后，最佳反应应是说一声：“噢，对不起，先生，走错了。”于是，小楚胡乱对着电话说：“什么？你说什么？打错了吧。”然后立马挂断了。小楚就是每天在这样一种办公室政治中艰难地挣扎着、努力地学习着。

资料来源：李宝元等（2014）

思考题：

1. 案例 1 中小郑被“吊挂”的尴尬状况是什么原因造成的？她在政治策略上有哪些欠妥当的做法？当你自己面临此种情况时，你觉得应该怎样妥善处理？

2. 案例 2 中小楚的办公室政治掺杂了哪些复杂因素？她有哪些值得我们学习的地方？请针对小楚的个性和个人情况给出一些改进措施。

3. 试对以上情景案例中的有关政治行为做出自己的道德伦理判断。

4. 你认为怎样可以避免办公室政治的影响？

第九章

组织结构与组织设计

为了使人们能为实现目标而有效地工作，就必须设计和维持一种职务结构，这就是组织管理职能的目的。

——哈罗德·孔茨

※ 学习目标

1. 理解组织的概念、类型及其相关理论。
2. 理解组织结构的概念及其影响因素。
3. 掌握组织结构的基本类型。
4. 了解新型的组织结构。
5. 理解组织设计的概念及其模式。
6. 掌握组织设计的任务和关键因素。

导入案例

小故事：划船队

有两个划船队——J 队和 M 队，要进行划船比赛。两队经过长时间的训练后进行了正式比赛，结果 M 队落后 J 队 1 000 米，输给了 J 队。M 队领导很不服气，决心总结教训，在第二年比赛时，一定要把第一名夺回来。M 队通过反复讨论和分析，发现 J 队是 8 个人划桨，1 个人掌舵；而 M 队是 8 个人掌舵，1 个人划桨。不过，M 队领导并没有看重这点区别，而是认为，他们的主要教训是 8 个人掌舵，没有中心，缺少层次，这是失败的主要原因。

于是，M 队重新组建了船队的领导班子。新班子结构如下：4 个掌舵经理，3 个区域掌舵经理，1 个划船员，还专设 1 个勤务员，为船队领导班子指挥工作服务，并具体观察、督促划船员的工作。这一年比赛的结果是 J 队领先 2 000 米。M 队领导班子感到脸上无光，讨论认为划船员表现太差，决定予以辞退；勤务员监督工作不力，应予处分，但考虑到他为领导班子指挥工作的服务做得较好，将功补过，其错误不予追究；领导班子成员每人发给一个红包，以奖励他们共同发现了划船员工作不力的问题。

那么，为什么M队会两次负于J队呢？究其原因，主要是因为J队建立了有效的组织来应对划船比赛，而这正是M队所缺失的。从以上案例可以看出组织的重要性。合理分工的有效组织，是员工发挥个人的才能、共创良好组织绩效的基础。

资料来源：http://wenku.baidu.com/view/e3a7aa67f5335a8102d2208c.html?from=search

组织行为学的研究离不开对组织的深入认识。明晰了什么是组织，才能更好地把握哪些行为属于组织中的行为；明晰了组织结构的影响因素和类型，才能更好地为不同的组织选择相适宜的组织形式；明晰了组织设计的过程，才能更有效率地进行组织建设。组织结构、组织设计这两者是相辅相成的。一方面，组织设计要以组织结构为依托。若把组织设计比喻成构建房屋，那组织结构就是房屋的框架，框架没有搭建好，再好的设计也无从实现。另一方面，组织结构的选择要依据组织设计理念，不同的设计理念会使组织选择不同的组织结构，因此本章重点介绍组织结构、组织设计的内容。

第一节 组织与组织理论

一、组织概述

（一）组织的概念

中国古代“组织”一词原是指丝麻织成布帛。《辽史·食货志上》有“饬国人树桑麻，习组织”之说。有关组织活动的论述则更为古老，如《孙子兵法·势篇》有“凡治众如治寡，分数是也”，“斗众如斗寡，形名是也”。这里“众”“寡”是指组织形式，“治”“斗”是指组织方法。

人类对组织进行有系统的研究是从20世纪初开始的。美国管理学教授杰克·邓肯（Jack Duncan）认为，组织是为了达到某一特定的共同目标，通过各部门和职务的分工合作以及不同等级的权利和责任的制度化，有计划地协调一群人的活动。这一界定代表了关于什么是组织的普遍看法。

一般认为，组织是两个以上的人在一起为实现某个共同目标而协同行动的集合体。它是以目的为导向的社会实体，具有特定结构化的活动系统。因此，组织由以下几大要素构成：①人（最基本要素）。组织由两个或两个以上的人组成，这些人为了共同的目标走到了一起。人是组织中唯一具有主观能动性的要素。②共同目标（前提要素）。组织拥有一个或多个目标，并且组织成员要认同组织的目标，目标是分层次的。③结构（载体要素）。组织结构由部门、岗位、职责、从属关系等构成。它使组织成员有了互相协调的条件，以保证人们可以进行沟通、互动并交流他们的工作。这也是组织分工协作的表现。④管理（维持要素）。为了实现目的，组织通常会制定一套计划、控制、组织和协调的流程。

（二）组织的分类

按照不同的标准，组织可以分为不同的类型。

1. 正式组织和非正式组织

正式组织是为了实现特定组织目标而建立的，它属于官方组织结构。正式组织具有组织存在的目的以及组织工作程序等一系列组织规则，同时组织内部存在正式分工，具有固定的信息传递渠道。军队、学校、政府机构、企业等都属于正式组织。

非正式组织是在组织成员中形成的非正式的社会关系。这种关系网络不是由法定的权力机构建立的，而是在人们彼此交往的联系中自发形成的。非正式组织可以存在于任何一个群体之中。其产生的直接原因包括暂时利益的一致、情趣爱好的一致、经历背景的相似、地理位置的一致、亲属关系等。例如，篮球协会、校友会、老乡会等都属于非正式组织。

2. 营利组织和非营利组织

按照是否以营利为目的，组织可以划分为营利组织和非营利组织。企业属于营利组织，而政府、学会、基金会属于非营利组织。

3. 政府组织和非政府组织

按照是否公有的性质，组织可以划分为政府组织和非政府组织。中央、省、市等政府机构属于政府组织，一些民间团体属于非政府组织。

4. 经济导向组织、政治导向组织、整合组织和模型维持组织

经济导向组织以经济生产为中心，运用资源扩大组织经济生产能力。这种组织除了生产产品之外，还提供劳务等。这种组织包括公司、工厂、银行、饭店等。

政治导向组织旨在实现某种政治目的，组织重点是权力的产生和分配。这种组织包括政党等。

整合组织的功能在于协调各种冲突，引导人群向某种固定的目标发展，以保持一定的社会秩序，法院等就属于这种组织。

模型维持组织的功能在于维持固定的社会形式，以确保社会的平衡发展，学校、社团、教会等就属于这种组织。

二、组织理论

从20世纪初开始，组织理论经历了古典组织理论、行为科学组织理论和现代组织理论三个发展阶段。

（一）古典组织理论的演进

古典组织理论盛行于20世纪前30年。它着重分析组织的结构和组织管理的一般原则，研究内容主要涉及组织的目标、分工、协调、权力关系、责任、组织效率、授权、管理幅度和层次、集权和分权等。这一时期组织理论的典型代表是科学管理理论、一般管理理论、行政组织理论。

1. 泰勒的科学管理理论

泰勒被誉为“科学管理之父”，1911年他在《科学管理原理》一书中提出了科学管理

理论。

科学管理理论的主要观点有：第一，要根据劳动分工的原理，单独设置职能管理机构。第二，实行职能管理制，即在职能管理机构内部的各项管理职能之间实行专业化和标准化的分工，使所有的职能人员只承担 1~2 项管理职能。第三，实行权利下放的“例外原则”，在上下级之间进行合理分工，上级把一般性的日常事务授权给下级管理人员去处理，只保留例外特殊管理事务的决策权和对下级工作的监督权。

2. 法约尔的一般管理理论

一般管理理论是现代经营管理之父——法约尔在他最重要的代表作《工业管理和一般管理》（1916 年）中阐述的管理理论。

一般管理理论的基本内容：一是提出了管理的五个基本职能，即计划、组织、指挥、协调和控制，并认为组织职能是一项非常重要的职能。二是改进了管理机构的组织形式，提出直线职能制。三是设计了一种为解决上下级之间跨越统一的指挥链而进行直接联系的组织形式，即“法约尔跳板”。四是提出了 14 条组织管理原则，即劳动分工、权利与责任、纪律、统一指挥、统一领导、个别利益服从整体利益、合理的报酬、集权化、等级制、建立秩序、公平、保持人员稳定、主动性、集体精神。

3. 韦伯的行政组织理论

韦伯是德国著名的思想家、社会学家，《社会和经济组织理论》是他的代表作之一，他提出了理想的行政组织体系理论，被称为“组织理论之父”。

行政组织理论的主要贡献如下：一是提出了理想的行政组织体系，即组织内的各种服务和岗位要按照职权等级来组织，形成一个逐级分层指挥系统，个人的责权要明文规定；对于组织成员的任用，通过正式考试或培训，是人员胜任职务的要求，而不是凭世袭地位或人事关系；组织内每人都必须严格遵守规章和纪律，没有例外。二是提出行政组织的基础是合法规定的权力。这些权力分为理性和法律的权利、传统式和个人崇拜式的权力。三是提出了行政组织体系的结构，认为组织结构应该分为三层。顶端是主要负责人，主要职能是决策；中间层是一般管理人员，主要职能是执行主要负责人做出的决策；底部是业务人员，主要职能是从事具体的业务工作。四是认为组织治理机制有三种基础：①理性基础，即组织建立在对权力和法规的信念之上，并通过相应的规则来组织活动；②传统基础，即组织建立在古老传统和统治身份的神圣信念之上；③魅力基础，即组织建立在具体的、非同寻常的个人及其统治方式之上。

（二）行为科学组织理论

20 世纪 30 年代后产生了以人际关系为研究重点的组织理论，后来该理论逐步发展成为行为科学组织理论。该理论突破了传统组织理论的静态研究方法，着重研究人和组织活动过程，如群体和个体行为，人和组织的关系、沟通、参与、激励、领导艺术，等等。这一时期的代表性组织理论有人际关系理论、组织系统理论。

1. 梅奥的人际关系理论

随着人的积极性对提高劳动生产率的影响和作用逐渐在生产实践中显现出来，并引起了许多企业管理学者和实业家的重视，20 世纪 20 年代美国哈佛大学心理学家梅奥（George E. Mayo）对其进行专门的、系统的研究，形成了一种较为完整的全新理论——人际关系理论。该理论认为：

（1）工人是“社会人”而不是“经济人”。工人不是被动的、孤立的个体，他们的行为并不单纯出自追求金钱的动机。

（2）组织中存在着非正式组织。正式组织以效率为行为准则，忽略工人的感情因素，因此容易引起冲突，影响企业生产率的提高和目标的实现。非正式组织以感情为行为准则，其作用在于维护成员的共同利益，使之免受内部个别成员的疏忽和外部人员的干涉所造成的损失。这些非正式组织有自己的核心人物和领袖，有大家共同遵循的观念、价值标准、行为准则和道德规范等。因此，管理者必须重视非正式组织的作用，注意在正式组织的效率逻辑与非正式组织的感情逻辑之间保持平衡，以便管理者与工人之间能够充分协作。

（3）提高工人满意度是提高劳动生产率的首要条件，高满意度来源于物质和精神两种需求的满足。该理论认为，在决定劳动生产率的诸因素中，位于首位的因素是工人的满意度，而生产条件、工资薪酬只居于第二位。工人的满意度越高，其士气就越高，从而也就使生产效率越高。

2. 巴纳德的组织系统理论

巴纳德（Chester I. Barnard）将社会学概念应用于分析经理人员的职能和工作过程，并把研究重点放在组织结构的逻辑分析上，提出了一套组织系统理论。该理论认为：

（1）组织是人与人之间相互作用的系统。既然是系统，那么组织与组织、人与人之间就存在相互协作，而协作就要求将个人、目标和信息三者有机联系起来。在组织内，主管人是最为重要的因素，只有依靠主管人的协调，才能维持一个“努力合作”的系统。

（2）组织存在要有三个基本条件。一是明确的目标。一个组织必须有明确的目标，而且目标必须为组织的成员所理解和接受，并随环境作适当的变更。对组织目标的理解，可以分为协作性理解和个人性理解。协作性理解是指组织成员站在组织利益立场上客观地理解组织目标。个人性理解是指组织成员站在个人利益立场上主观地理解组织目标。主管人的重要职能就是向组织成员灌输组织目标和统一对组织目标的理解。另外，必须区分组织目标与组织成员的个人目标。如何协调组织目标与个人目标的差异是主管者的另一重要任务。二是协作的意愿。协作意愿是指组织成员对组织目标做出贡献的意愿。一个人是否具有协作意愿依个人对贡献和诱因进行合理的比较而定。只有当诱因大于贡献时，个人才会有协作意愿。然而，对贡献和诱因及其净效果的度量都不是客观的，而是个人的主观判定，它随个人的价值观念不同而有很大变化。作为组织，要在条件许可的情况下，针对不同的人来增大诱因，给职工的需求以更大的满足，从而激发他们为组织作贡献的意愿。三是良好的沟通。组织的共同目标和个人的协作意愿只有通过意见交流将两者联系和统一起来才具有意义和效果。

（3）组织效力与组织效率原则。所谓组织效力，是指组织实现其目标的能力或实现其目标的程度。组织具有较高的效力是组织存在的必要前提。组织是否有效力是随组织环境及其适应环境的能力而定的。所谓组织效率，是指组织在实现其目标的过程中满足其成员个人目标的能力和程度。组织效率就是组织的生存能力。

（4）权威接受论。该理论认为，管理者的权威并不是来自上级的授予，而是来自由下而上的认可。管理者权威的大小和指挥权力的有无，取决于下级人员接受其命令的程度，单凭职权发号施令是不可取的，更重要的是要取得下级的同意、支持和合作。

（三）现代组织理论

管理实践推动组织理论继续向前发展，第二次世界大战以后的管理实践面临科技突飞猛进、市场日益加强的国际化趋势，物质和人力资源大量积累，并形成越来越复杂的组织模式和关系，前一时期的组织理论显然已力不从心，而用系统论的原理、方法、思想来分析组织的内部结构、管理活动与环境的关系，得出的结论独树一帜。这一时期的代表性组织理论有系统组织理论、系统权变组织理论、群体生态理论和资源依赖理论。

1. 系统组织理论

系统组织理论认为系统是一个开放的、具有整体性的社会技术系统，该理论的代表人物有霍曼斯（George C. Homans）、卡斯特（Fremont E. Kast）等。霍曼斯的社会系统模型认为，任何社会组织都处于物理的、文化的、技术的环境之中，这些环境决定着社会系统中人们的活动和发生的相互作用。卡斯特认为组织是一个人造的、开放的系统，它由各个子公司组成，各个子公司之间通过输出、输入的关系构成一个完整的系统，而且只有适应了环境的变化，组织才能生存下去。

2. 系统权变组织结构理论

权变学派强调组织变化无常的性质，认为组织结构本身并无优劣之分，只要与环境相适应的组织结构就是有效率的，不存在普遍适用的组织管理理论。这一理论是对古典组织理论和行为科学组织理论强调形式与规范模式等思想的彻底否定，与系统组织理论和权变学派相适应的组织结构理论即是系统权变组织结构理论。

3. 群体生态理论

群体生态理论也称自然选择模型，是由阿尔瑞契（H. E. Aldrich）等提出的。该理论把生物学的群体生态理论应用到组织理论分析当中，并认为组织在环境中生存与否和生物的适者生存的规律一样：环境依据组织结构的特点及其与环境的适应性来选择一些组织或淘汰一些组织。

4. 资源依赖理论

群体生态理论强调的是选择作用而弱化了组织行动者在决定组织命运中的作用。为此，普费弗（J. Pfeffer）和萨兰西克（G. R. Salancik）提出了资源依赖理论，该理论认为组织对外部资源有依赖性，并强调组织从环境中获取资源能力的重要性，其实质是把组织看做环境关系中的一个积极的参与者而不是被动的接受者。

上述三个发展阶段是组织理论自形成至今的历史演进过程。这个历史演进的过程是社会发展的结果，是管理实践的需要，也是社会化大生产和专业化分工的产物。虽然各个阶段研究的角度、方法、内容不尽相同，但研究的问题却大致相同。并且在这三个阶段中间有些过渡性或交叉性的派别，有些理论提出的较早而受人重视较晚，而有些理论虽被代替，但某些内容至今仍被人们所用。

第二节 组织结构

组织结构是企业借以实现目标的实体框架，是组织内部各种有机要素相互作用的联系方式。适宜的组织结构对达成组织目标，推动组织发展起至关重要的作用。不同的组织有不同的特点，加上内外环境的不断变化，不存在一个适合所有组织所有发展阶段的理想结构模式，不同组织在不同的发展阶段应依据面临的内外部环境设计相应的组织结构。

一、组织结构的定义

组织结构是指组织内关于职务及权力关系的一套形式化系统，它阐明了各项工作如何分配、谁向谁负责及内部协调的机制。

组织结构从纵向（等级关系）和横向（分工协作关系）两个维度使组织构成一个有机整体，反映组织成员之间的分工协作关系，并解决了组织的管理幅度、组织层次的划分、组织机构的设置、各单位之间的联系沟通方式等问题。每个组织的组织结构各有不同，组织成员在其中承担一定角色，负责一定工作。

二、组织结构的基本类型

西方学者威廉姆森（Oliver E. Williamson）根据钱德勒（Alfred D. Chandler Jr.）的考证将公司内部管理的组织结构分为 U 形（一元结构）、H 形（控股结构）和 M 形（多元结构）三种基本类型。

（一）U 形组织结构

U 形组织结构（united structure）产生于现代企业发展早期阶段，是现代企业最为基本的组织结构，其特点是管理层级的集中控制。U 形组织结构具体可分为以下三种形式。

1.“直线制”组织结构

“直线制”组织结构（line structure）的组织形式是沿着指挥链进行各种作业，每个人只向一个上级负责，必须绝对地服从这个上级的命令。直线结构是一种低复杂性、低正规化和职权高度集中的组织结构，不设立专门的职能部门。在直线结构下，组织的最高管理者通常是“全才”。它的结构如图 9-1 所示。

图 9-1 “直线制”组织结构

这种组织结构的优缺点及适用性如下。

优点：组织机构比较简单，指挥管理统一，权利和责任明确。

缺点：要求管理者通晓更多的专业管理知识，亲自处理事务。

适用性：适用于企业规模小、生产技术简单的企业。

2.“职能制”组织结构

“职能制”组织结构（functional structure）恰恰与“直线制”组织结构相反，组织设有相应的职能部门，这些职能机构在自己的业务范围内，都有权向下级下达命令。因此，“职能制”组织结构是按职能实行专业分工的管理办法来取代直线结构的全能式管理。此结构需要组织按职能实行专业化分工，设置若干职能机构，把相应的管理职责和权力交给职能机构，各职能机构在其业务范围内向下级单位下达命令和指示，直接指挥下级单位。下级既要服从上级主管人员的指挥，也要听从上级各职能部门的指挥。它的结构如图 9-2 所示。

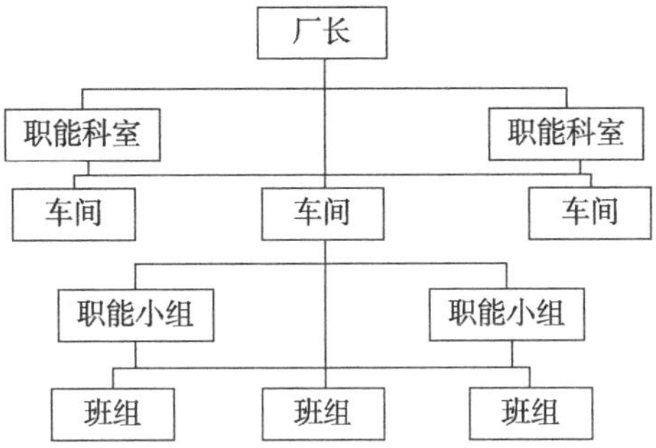

图 9-2 “职能制”组织结构

这种组织结构的优缺点及适用性如下。

优点：适应了社会化大生产分工合作的要求，提高了专业化管理水平，并且由于吸收了专业人员参加管理而减轻了直线领导人员的工作负担。

缺点：实行多头领导，违背了统一指挥的原则；不利于明确划分直线领导人员和职能机构的职责和权限；各职能机构往往都从本部门工作出发，不能相互配合，横向联系差，环境适应性差；受各职能部门狭窄的专业知识限制，难以培养出“多面手”式的管理通才。

适用性：适用于规模较小但技术管理却很复杂的组织。

3.“直线职能制”组织结构

“直线职能制”组织结构（line and function system）起源于 20 世纪初法约尔担任一家法国煤矿公司总经理时所建立的组织结构形式，又称法约尔模型。“直线职能制”组织结构是 U 形组织的最为理想的管理架构，它吸收了“直线制”组织结构和“职能制”组织结构的优点，克服了它们的缺点，因此被广泛采用。

该组织结构把管理机构和人员分为两类：一类是直线领导机构和人员，按命令统一原则对各级组织行使指挥权；另一类是职能机构和人员，按照专业化原则，从事组织的各项职能管理工作。前者在自己的职责范围内有一定的决定权和对所属下级的指挥权，并对自己部门的工作负全部责任。而后者不能对直接部门发号施令，只能进行业务指导。它的结构如图 9-3 所示。

这种组织结构的优缺点及适用性如下。

优点：既保证了组织管理体制的集中统一，又可以在各级行政负责人的领导下，充分发挥各专业管理机构的作用。

缺点：职能部门间的协作和配合性较差，职能部门的许多工作要向上层领导报告请示才能处理，在加重上层领导的工作负担的同时也造成了办事效率低。

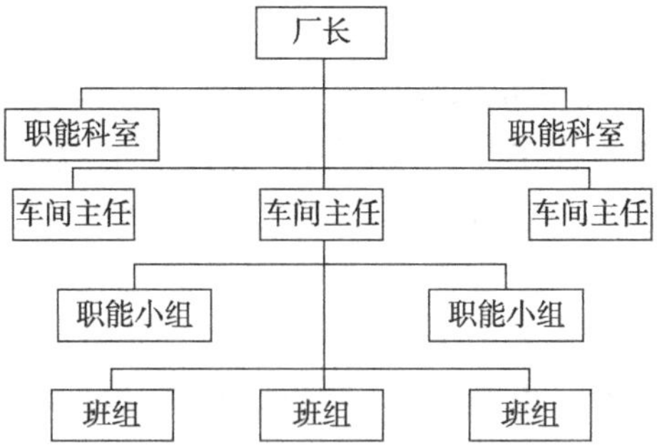

图 9-3 “直线职能制”组织结构

适用性：它是一种普遍适用的组织形式，我国大多数企业和一些非营利组织经常采用这种组织形式。

（二）H 形组织结构

H 形组织结构（holding company，H-form）即控股公司结构，严格来说它并不是一个组织的结构形态，而是集团公司的组织形式。H 形组织结构是一种多个法人实体集合而成的母子体制，母子之间主要靠股权纽带来连接。母公司持有子公司或分公司部分或全部股份，下属各子公司具有独立的法人资格，是相对独立的利润中心。它的结构如图 9-4 所示。

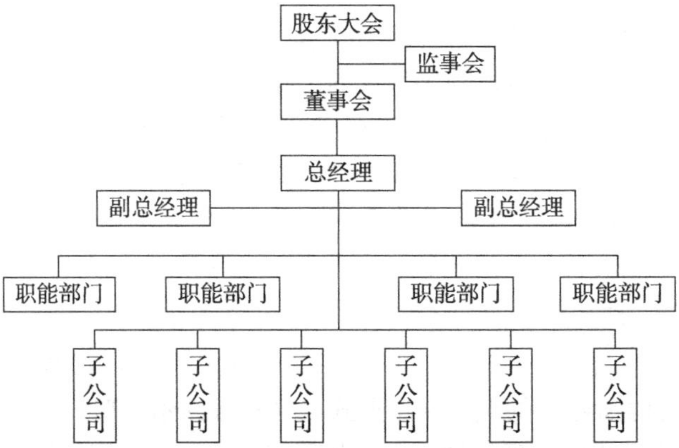

图 9-4 H 形组织结构

控股公司依据其所从事活动的内容，可分为纯粹控股公司（pure holding company）和混合控股公司（mixed holding company）。纯粹控股公司是指目的只是掌握子公司的股份，支配被控股子公司的重大决策和生产经营活动，而本身不直接从事生产经营活动的公司。混合控股公司是指既从事股权控制，又从事某种实际业务经营的公司。H 形结构中包含了 U 形结构，构成控股公司的子公司往往是 U 形结构。

这种组织结构的优缺点及适用性如下。

优点：让各子公司保持了较大的独立性；子公司可分布在完全不同的行业，而总公司则通过各种委员会和职能部门来协调和控制子公司的目标与行为。

缺点：各子公司往往独立性过强，缺乏必要的战略联系和协调，因此组织整体资源战略运用存在一定难度。

适用性：适用于大型控股企业。

（三）M 形组织结构

M 形组织结构（multidivisional structure）也称事业部制或多部门结构，有时也称产品部式结构或战略经营单位。这种结构可以针对单个产品、服务、产品组合、主要工程或项目、地理分布、商务或利润中心来组织事业部。M 形组织结构是 U 形与 H 形两种组织结构发展和演变的产物。它是一种分权与集权相结合、更强调整体效应的大型公司结构。

M 形组织结构可以按职能机构的设置层次和事业部取得职能部门支持性服务的方式，可划分为三种基本类型。

1. 产品事业部制组织结构

总公司设置研究与开发、设计、采购、销售等职能部门，事业部主要从事生产，总公司有关职能部门为其提供所需要的支持性服务。它的结构如图 9-5 所示。

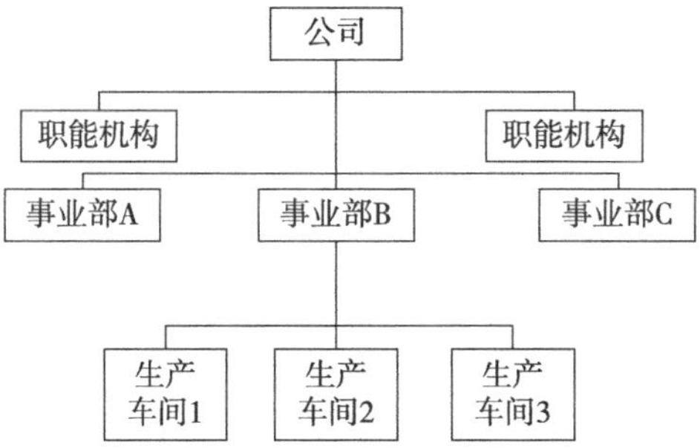

图 9-5　产品事业部制组织结构

该种组织结构的优缺点及适用性如下。

优点：有利于采用专业化设备，并能使个人的技术和专业化知识得到最大限度的发挥；每一个产品部都是一个利润中心，部门经理承担利润责任，这有利于总经理评价各部门的政绩；在同一产品部门内有关的职能活动协调比较容易，比完全采用职能部门管理更有弹性；容易适应企业扩展与业务多元化的要求。

缺点：需要更多的具有全面管理才能的人才，而这类人才往往不易得到；每一个产品分部都有一定的独立权力，高层管理人员有时会难以对其进行控制；对总部的各职能部门，如人事、财务等部门，产品分部往往不会善加利用，以至总部一些服务不能获得充分的利用。

适用性：适用于规模较大、产品种类较多、各种产品之间的工艺差别也较大的企业。

2. 多事业部制组织结构

总公司下设多个事业部，各个事业部都设立自己的职能部门，进行科研、设计、采购、销售等支持性服务。各个事业部生产自己设计的产品，自行采购和自行销售。它的结构如图 9-6 所示。

这种组织结构的优缺点及适用性如下。

优点：各事业部在经营范围内拥有较大自主权，可根据实际情况迅速做出反应；有利于高层领导摆脱日常管理事务，关注公司整体发展战略；有利于培养全面发展的高级管理人才；有利于把联合化和专业化结合起来；每个事业部都是一个利润中心，总公司可以从每个中心的盈亏获知其业绩。

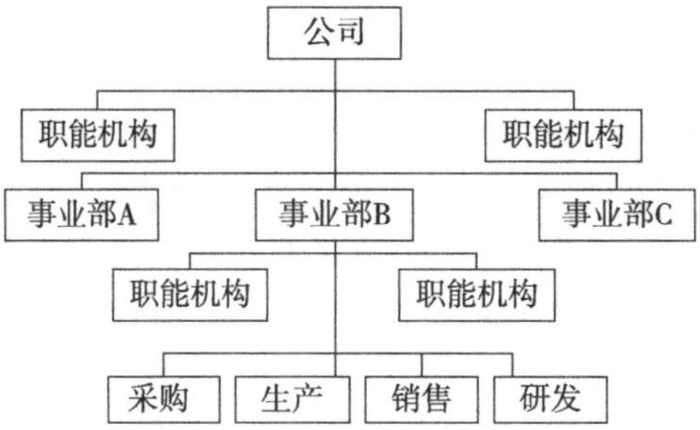

图 9-6　多事业部制组织结构

缺点：各事业部自主经营、独立核算，易只考虑自身利益，忽视整个企业的利益；公司与各事业部的职能机构重叠，用人较多，费用较大。

适用性：市场条件变化较快，要求适应性比较强的大型联合企业或跨国公司。

3. 矩阵制组织结构

前面提到的各种结构都存在一个共同的缺点，即横向沟通比较困难，缺乏弹性。为克服这些缺点，在企业中根据产品项目或某些专门任务成立跨部门的专门机构，这样形成的组织结构即为矩阵制组织结构。

矩阵制组织结构是将职能部门化和产品部门化两种形式相融合的一种管理形式，通过使用双重权威、信息以及报告关系和网络把职能设计与产品设计结合起来，同时实现纵向与横向联系。此结构因其形态如横、纵排列的矩形而得其名。在这种组织中，每个成员既要接受垂直部门的领导，又要在执行某项任务时接受项目负责人的指挥。它的结构如图 9-7 所示。

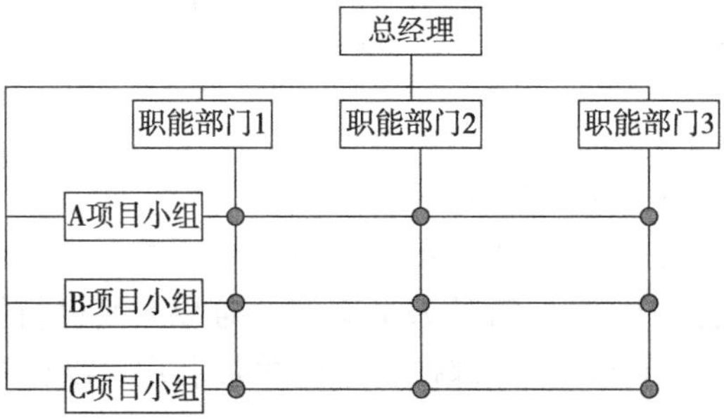

图 9-7　矩阵制组织结构

该种组织结构的优缺点及适用性如下。

优点：灵活性和适应性较强，有利于加强各职能部门之间的协作和配合，并且有利于开发新技术、新产品和激发组织成员的创造性。

缺点：组织结构稳定性较差，双重职权关系容易引起冲突，同时还可能导致项目经理过多、机构臃肿的弊端。

适用性：适用于一些重大攻关项目。可用来完成涉及面广的、临时性的、复杂的重大工程项目或管理改革任务。特别适用于以开发与实验为主的单位，如科学研究尤其是应用性研究单位等。

总之，在 M 形组织结构中，不管是产品事业部制组织结构，还是多事业部制组织结构，或是矩阵制组织结构，都是由三个互相关联的层次组成的。第一个层次是由董事会和经理班子组成的总部，是公司的最高决策层，这是M形公司的核心。它既不像H形结构那样从事子公司的直接管理，也不像U形结构那样基本上是一个空壳。它的主要职能如下：一是战略研究，向下游各公司输出战略与规划；二是交易协调，目的是最大限度地达到资源和战略的协同。第二个层次由职能部门和支持服务部门组成。其中，计划部门是公司战略研究的执行部门。财务部负责全公司的资金筹措、运用和税务安排，子公司财务只是一个相对独立的核算单位。第三个层次是围绕公司的主导或核心业务经营的互相依存又互相独立的子公司。子公司不是完整意义的利润中心，更不是投资中心，它本质上是一个在统一经营战略下承担某种产品或提供某种服务的生产或经营单位。子公司负责人是受总公司委托管理这部分资产或业务的代理人，更多的时候是直接由上级单位派驻下来，他直接对上级负责，而不是该公司自身利益的代表。

在现实生活中，组织结构往往并不是以一种纯粹的形式存在。在不同的环境条件下，在组织的不同层次上，甚至在同一层次上的不同业务活动中，组织结构通常根据各组织的特点混合使用。越是大型组织，越可能需要多种方式混合运用。例如，在TCL的组织结构中，其既按照M形组织结构的框架，将公司分为了终端产品营业本部、信息产品营业本部等几大事业部，又按照H形组织结构的框架，划分出了参控股公司的组织形式。TCL的组织结构如图9-8所示。

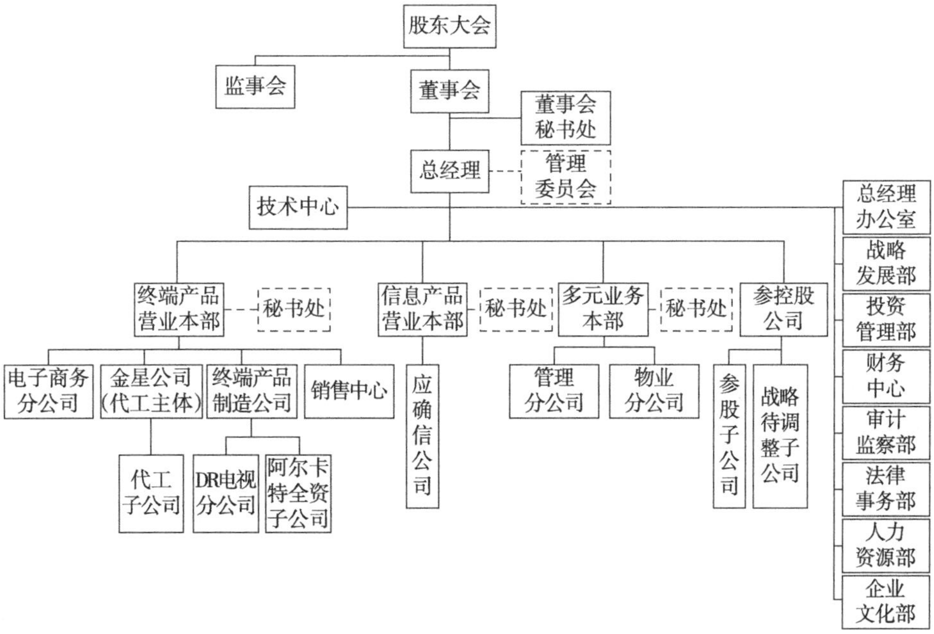

图9-8 TCL组织结构

三、新型组织结构

传统企业在20世纪80年代受到以下挑战：产品普遍过剩，进入买方市场，竞争日趋激烈。传统企业组织也暴露出协调不力、效率低下、官僚主义严重、缺乏创新精神的灵活性等问题；在兼并风潮中，一批跨国巨型企业产生，多层次管理架构的有效性受到质疑，金字塔式组织结构运行需要的巨额费用大于它为企业带来的效益；一些大企业虽然拥有雄厚的资金、技术和人才实力，在竞争中却常常输于名不见经传的小企业，世界级大企业的平均寿命不足30年，人们对大企业生存的合理性不断提出疑问；通信、交通等发展迅猛，地区之间的差距明显缩短，层层管理的级次阻塞企业信息流动，已日益成为企业的发展障碍，使企业丧失许多机会；以电子计算机为核心的信息技术得到空前发展，互联网络渗透到企业订货与库存管理、生产调度、质量控制、市场销售与客户管理、财务预算与会计管理等方面，企业与外部的联系方式、企业内部的业务流程都相应发生了深刻的变化。

由此出现了一系列具有创新性质的组织结构形式，包括团队组织、虚拟组织、无边界组织、学习型组织等。这些新型组织结构形式的一个共同特点是，通过企业的组织重构简化内部组织结构，尤其是正式组织结构，弱化等级制度，促进组织内部信息的交流、知识的分享和每位成员参与决策过程，使企业组织对外部环境的变化更敏感、更具灵活性和竞争实力。

（一）团队组织

团队一词在20世纪80年代被一些公司引入管理过程中，一直发展至今。团队是指一种为了某一目标而由相互协作的个体组成的正式群体。对于小公司来说，团队结构可以作为整个组织结构，提高企业的凝聚力。作为一个共同体，其成员努力的结果，能够使该组织目标较好达到，并且能使绩效水平远大于个体成员绩效的总和。而对于大企业来讲，团队结构主要作为职能结构的补充，提高企业的灵活性和员工的工作效率。

团队结构的主要特点是打破部门界限，并把决策权下放到工作团队员工手中，这种结构形式要求员工既是专才又是全才。在构建团队组织时，应从以下两个方面入手。

1. 构建团队的愿景和目标

共同愿景（shared vision）是一种描绘组织目的、使命和核心价值理念的，浓缩的未来发展“蓝图”，是一个组织最终希望实现的美好前景。例如，惠普公司的愿景是为人类的幸福和发展做出技术贡献。愿景的确定可使成员感到自己处在一个整体中，有共同的使命和目标感，是引导组织前进的一种重要力量。目标即个人与组织进行某种活动所从事的范畴或追求对象的具体标准。目标与愿景有紧密联系，愿景作为一种远见，比具体的目标要宽、要大、要高；成功团队会把他们共同的愿景转变为具体的、可以衡量的、现实可行的绩效目标。

2. 创立高绩效团队

首先，需要确定适度的工作团队规模。高绩效团队一般规模都比较小，太多的话，难以顺利沟通和开展工作，也难以形成凝聚力和相互信任感。成员控制在12人以内为宜。其次，合理的成员能力结构需要有三种不同技能类型的成员：一是具有技术专长的成员；二是具有解决问题能力和决策技能的成员；三是若干善于倾听、反馈、解决冲突及拥有处理人际关系技能的成员。最后，还需要确定正确的团队内部角色。要根据成员的人格特点、个人偏好和能力特长为成员分配适当的角色。

团队组织适合于组织中有些具有特定期限和工作绩效标准的重要任务，或者是独特、不常见的，需要跨职能界限的专门技能的任务。

（二）虚拟组织

虚拟组织（virtual organization）最早由美国学者戈德曼（Goldman）、内格尔（Nagel）

和普瑞斯（Preiss）三位教授提出。1991 年，美国国会和国防部委托理海大学（Lehigh University）艾科卡研究所进行一项旨在建立较长期的制造技术规划基础结构的课题研究。在艾科卡研究所提交的《21 世纪制造企业战略》的研究报告中，其创造性地提出了虚拟组织的构想。

虚拟组织是指两个或两个以上独立的实体，为迅速向市场提供产品和服务，在一定时间内结成动态联盟，从而以强大的结构成本优势和机动性，完成单个组织难以承担的市场功能，如产品开发、生产和销售等。

虚拟组织是一种规模较小，但可以发挥主要商业职能的核心组织，用结构理论术语来讲，虚拟组织决策集中化的程度很高，但部门化程度很低，或根本就不存在。它具有以下特征：①组织边界模糊。②高度的流动性和灵活性。③协作作业，在虚拟组织中，各成员按既定程序工作，相互进行协作而不是有顺序地工作。④虚拟组织共享各成员的核心能力。⑤高协作成本。虚拟组织通常面临不同组织文化、不同背景成员之间的冲突。另外，虚拟组织相对复杂的组织结构也常常会带来管理上的许多难题，并直接导致协作成本增加。伙伴的流动性和不稳定性进一步提高了虚拟组织内部有效协作的难度，使协作成本增加。⑥蕴涵高风险。如果市场风险仍然存在，其动态性可能导致组织本身核心技术的外泄和核心能力的丧失，信息不对称使道德风险难以避免，还可能带来一些经营上的失控。虚拟组织结构如图 9-9 所示。

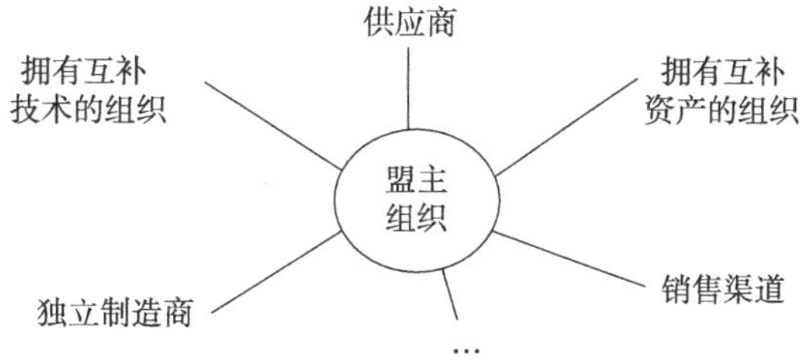

图 9-9　虚拟组织结构图

相互间的连线表示各种合约

虚拟结构是小型组织的一个可行性选择，它可以通过充分利用外部资源来实现低成本扩张经营。同时，对于那些需要相当大的灵活性以对市场的变化做出迅速反应的企业，如玩具、服装制造业，它也是大型企业在联结集团松散层单位时通常采用的组织结构形式。例如，海信集团就曾构建过一个虚拟组织，它的合作伙伴包括 IBM、惠普、飞利浦、夏普等。

（三）无边界组织

通用电气公司前总裁杰克·韦尔奇创造了“无边界组织”（boundaryless organization）这个词，用来描述他理想中通用电气公司的形象。无边界组织是指其横向的、纵向的或外部的边界不由某种预先设定的结构所限定或定义的这样一种组织设计。在今天的环境中要最有效地运营，就必须保持灵活性和非结构化。无边界组织力图取消指挥链，保持合适的管理跨度，以授权的团队取代部门。

无边界组织是在信息通信技术特别是计算机网络的支持下，通过以下一系列的调整建立的新的组织结构：①通过取消组织垂直界限而使组织扁平化；②通过设立多功能团队，围绕工作流程运作来消除因职能部门存在而形成的组织水平界限；③打破组织与客户之间的外在界限及地理障碍，实行全球化的经营战略以及公司间的战略联盟，建立客户与组织间的固定联系；④通过远程办公，模糊组织界限。

无边界组织并不表明企业不需要边界，而是表明企业不需要僵硬的边界，它使企业具有可渗透性和灵活性的边界，以柔性组织结构模式替代刚性模式，以可持续变化的结构代替原先那种相对固定的组织结构。伦敦商学院的管理发展学教授查尔斯·汉迪（Charles Handy）也有同样的观点。他提出，存在着一些通用的组织原则：组织必须是透明的；组织既要集中化，又要分散化，既是紧密的，又是松散的；组织必须既作长远计划，又保持灵活性；组织的工作人员一方面应具有自主性，另一方面更应具有集体主义精神。

（四）学习型组织

学习型组织（learning organization）是由美国学者彼得·圣吉（Peter M. Senge）在《第五项修炼》（*The Fifth Discipline*）一书中提出的管理观念。据统计，美国排名前25名的企业中，已有20家按照学习型组织的模式改造自己。世界排名前100名企业中，有40家据此进行改造。美国的杜邦、英特尔、苹果、联邦快递，加拿大的皇家石油等世界一流企业，纷纷对外宣布，立志建立学习型组织。

学习型组织是指通过培养弥漫于整个组织的学习气氛，充分发挥员工的创造性思维能力，而建立起来的一种有机的、高度柔性的、扁平的、能持续发展的组织。学习型组织不存在单一的模型，它是关于组织的概念和雇员作用的一种态度或理念，是以一种新的思维方式对组织进行的思考。在学习型组织中，每个人都要参与识别和解决问题，使组织能够进行不断的尝试，改善和提高它的能力。学习型组织的基本价值在于解决问题，与之相对的传统组织设计的着眼点是效率。

学习型组织应包括五大要素：①建立共同愿景。愿景可以凝聚公司上下的意志力，通过组织共识，大家努力的方向保持一致，个人也乐于奉献，为组织目标奋斗。②团队学习。团队智慧应大于个人智慧的平均值，以做出正确的组织决策，通过集体思考和分析，找出个人弱点，强化团队向心力。③改变心智模式。组织的障碍多来自个人的旧思维，如固执己见、本位主义，唯有通过团队学习以及标杆学习，才能改变心智模式，有所创新。④自我超越。自我超越包括：一是建立愿景；二是看清现状；三是实现愿景。从而个人与愿景之间产生“创造性的张力”，这正是自我超越的来源。⑤系统思考。通过资讯搜集，掌握事件的全貌，以避免只见树木不见森林，培养综观全局的思考能力，看清楚问题的本质，有助于清楚了解因果关系。

总之，新型组织结构形式的着眼点是简化结构，把组织的非核心管理职能逐步分离出去，集中力量增强核心能力和建立在核心能力之上的竞争优势。在决定组织竞争优势的诸多因素中，组织管理效率是最重要的一个因素。组织结构简化后，组织提高了整体协调能力，降低了管理成本，对外部环境的变化更加敏感，从而增强了竞争实力。然而，在这些创新型组织结构中，精简掉的不仅仅是多余的管理人员或职能部门，还包括组织中不经常出现、处于非核心地位的管理职能。

四、影响组织结构的因素

组织结构是多种多样的，每个组织需要综合考量，选择一个最合适组织实际情况的组织结构。那么，什么样的组织结构是合适的呢？这主要取决于以下四个方面的因素。

（一）战略与结构

组织结构应该促进组织目标的实现，而组织目标又是由组织战略决定的。因此，在进行组织结构选择时，应使战略和结构紧密结合，并且结构应该服从战略。艾尔弗雷德·钱德勒（Alfred Chandler）最早对战略和结构的关系做了研究。他研究了美国若干大公司长达50多年的发展历史，得出结论：公司战略的变化会导致组织结构的变化。他发现，这些组织通常起始于单一产品或产品线，只要求一种简单、松散的结构形式。然而，在组织成长后，它们的战略变得更有雄心，也更加复杂。为支持所选定的战略，结构就需要变革。

绝大多数现有的战略分析框架倾向于集中考察三个维度：一是创新，反映组织对有意义的、独到的创新的追求；二是成本最低，反映组织对严格控制成本的追求；三是模仿，反映组织通过仿效市场上的领先者，力求使风险最小化而盈利机会最大化。在这三个维度下，组织结构的选择倾向是不一样的。创新者需要具有灵活性且信息能自由流动的组织结构；成本最低者则努力通过严密的组织结构取得高效率、稳定性和严密的控制；模仿者同时使用这两种结构，一方面通过机械式结构保持紧密的控制和低成本，另一方面又借助有机式结构寻求新的创新方向。

（二）规模与结构

组织规模通常可以用三个参数衡量，这三个参数是组织员工数量、资产状况和组织经营的地域大小。对于规模小、管理工作量小、资产规模小的组织，为管理服务的组织结构也相应简单；对于大型组织而言，其会倾向于比小型组织具有更高程度的专门化、部门化和集权化，规则条例也更多。但是，这种关系并不是线性的。随着组织规模的扩大，规模对结构的影响力会越来越弱。例如，一个拥有2 000名左右员工的组织，已经是机械式的组织结构了，再增加500名员工不会对它产生多大的影响。相比之下，只有200人的组织，如果增加500名员工，就很可能使它变成一种更机械化的结构。

（三）技术与结构

组织结构还受到组织内的生产技术活动的影响。技术是指一个组织把投入转化为产出的方式。琼·伍德沃德（Joan Woodward）对英国南部的一些制造业企业进行了调研，发现在不同的技术水平下，最有效的组织结构是不一样的。例如，在单件生产的技术水平下，灵活易变的组织结构最有效；在大批量生产的技术水平下，稳定且严密的组织结构最有效；在连续生产的技术水平下，灵活的组织结构最有效。后来，又有研究者从技术的常规化程度出发，进行了总结。一般来说，技术越是常规化，结构越是显示出标准化的机械化特征；组织越是采用非常规化的技术，就越可能实行有机式结构。

（四）环境与结构

一个组织为什么会受到环境因素的影响？其原因在于环境的不确定性。一些组织面临相对稳定和简单的环境，另一些组织却面临动态和复杂的环境。

由于不确定性威胁着组织的绩效，管理者都试图减少这种不确定性。而组织结构的调适就是减少环境不确定性的一种措施。环境不确定性程度越大，越需要有机式设计所提供的灵活性。反之，在稳定、简单的环境中，机械式设计倾向会更有效。

第三节 组织设计

组织设计是一件相当复杂的事情。组织就像森林，其生存、发展和适应受到自身的生物特性和环境的限制。为了适应环境，组织必须不断演化，管理者必须进行并不断调整组织设计，以更好地实现组织目标。因此，组织设计的关键问题是“最优化”，即何种组织设计最能适应组织的约束和挑战。

一、组织设计的概念

组织设计就是把为实现组织目标而需完成的工作划分为性质不同的若干业务工作，然后将这些工作“组合”成若干部门，并不断确定各部门的职责与职权。总之，组织设计就是对组织内的层次、部门和职权进行合理的划分。

组织设计可能存在三种情况：一是新建的企业需要进行组织结构设计；二是原有组织结构出现较大的问题或企业的目标发生变化，原有组织结构需要进行重新评价和设计；三是组织结构需要进行局部的调整和完善。

二、组织设计的任务

组织设计的任务是提供组织结构系统图和编制职务说明书。首先，组织结构系统图的类型由组织的结构类型决定。其次，职务说明书要求明确说明该管理职务的工作内容、职责与权力，组织中该职务与其他职务之间的区别与联系，职务当事人所应具备的专业背景、知识结构、管理能力等基本条件。

为了提供上述两种组织设计的最终成果，组织设计者要完成以下三个步骤的工作。

（一）职务设计与分析

组织系统图是自上而下绘制的，我们在研究现有组织的改进时，也往往从自上而下地重新划分各个部门的职责入手。但是，设计一个全新的组织结构需要从最基层开始，也就是说，组织设计是自下而上的。

职务设计与分析是组织设计的最基础工作。职务设计是在目标活动逐步分解的基础上，设计和确定组织内从事具体管理工作所需的职务类别与数量，分析担任每个职务的人员应负的责任和应具备的素质。

（二）部门划分与设计

根据各个职务所从事的工作内容的性质以及职务间的相互关系，依照一定的原则，可以将各个职务组织成被称为“部门”的管理单位。组织活动的特点、环境和条件不同，划分部门所依据的标准也是不一样的。对于同一组织来说，在不同时期的背景中，划分部门的标准也可能会不断调整。

（三）结构的形成

职务设计与部门划分是根据工作要求进行的。在此基础上，还要根据组织内外能够获取的现有人力资源，对初步设计的部门和职务进行调整，并平衡各部门、各职务的工作量，以使组织机构合理。如果再次分析的结果证明初步设计是合理的，那么剩下的任务便是根据各自工作的性质和内容，规定各管理机构之间的职责、权限以及义务关系，使各管理部门和职务形成一个严密的网络。

三、组织设计的模式

组织设计的三个模式是管理理论和实践的重要内容，其重要性日益受到关注，它们从理论和实践上规范了组织结构设计的方法。

（一）机械模式

机械模式是传统设计原则的产物，它具有严格的结构层次和固定职责，强调高度的正规化，有正式的沟通渠道，决策常采用集权形式。20 世纪初，机械模式组织结构设计的目的是指导经理完成其工作任务。法约尔曾指出涉及管理职能的组织设计的机械模式所遵循的四个原则。

（1）专业化原则。专业化强调工作技术，而非工作行为，即通过科学管理（如制定工艺标准、作业流程、时间控制等），普及专业化劳动方法，规范劳动技术。

（2）统一指挥原则。根据这项原则，职务应当依据专长划分类别。工程师应与工程师归为一类、推销员与推销员归为一类、会计与会计归为一类，可见职务划分方法与职能划分方法一致。

（3）权限和责任原则。与基层管理者相比，由于指派给高层经理的职责被认为对组织的未来更重要，因此高层管理者被赋予很大权力，该管理层的工作较复杂、涉及人数较多、行动见效期较长且容易造成集权化。

（4）层级链原则。层级链是组织中垂直沟通的渠道。执行前三项原则的自然结果是形成从最大职权到最小职权的经理等级链，来自基层的所有沟通都必须通过命令链中每一个上级，来自高层的沟通也必须通过每个下级直达适当的层次。

在上述四方面原则的约束下，机械模式有助于实现生产和效率的高水平，其组织结构具有复杂性（强调劳动的专业化）、集权化（强调职权和责任）、职能性（强调将职能作为划分部门的基础）的特点。

（二）有机模式

有机模式是相对于机械模式而言，强调纵向和横向的合作，职责常常根据需要进行不断的调整，更多地依靠非正式渠道进行沟通，决策常采用分权形式。机械模式与有机模式之间最明显的差异是各自追求最大化的结果和有效性的标准不同。机械模式追求效率和产量最大化，有机模式追求满意、灵活性和发展最大化。因为有机模式鼓励人们发挥潜力，所以有机式组织对环境需求变化的适应性较强。组织管理者经常调动员工的积极性，强调个人成长与责任相匹配。决策制定、控制和目标设置过程是分散的，组织中的每个层次均参与其中，信息沟通遍及整个组织。组织结构保证了组织内部所有相互关系保持密切。有机模式组织设置具有以下特征：相对简单，不强调专业化，强调扩大职务范围；相对分权，强调授权；相对非正式化，强调将产品和顾客作为划分部门的基础。机械模式和有机模式各有利弊，哪种模式效果最佳取决于经营环境。

（三）矩阵模式

组织设计中一种流行设计方案是矩阵模式。矩阵模式力求充分利用职能部门划分和产品部门划分的优点，将两种部门的缺点降低到最小限度，并力求使职权、彼此间的影响、沟通三者交叉组合，达到平衡。矩阵模式的组织中容易出现员工的态度偏向职能经理或项目经理的问题，实践中这一问题必须得到正视和解决。

四、组织设计的关键要素

适当的组织结构可以清楚界定每个组织成员的权责角色，再加上适当的协调和控制，组织的工作效率将会提高，而组织的整体表现也会比较出色。相反，当组织结构与其管理需要之间出现脱节时，将导致决策延误、应变失误、成本高涨及士气低落等问题。因此，设计组织结构时，应充分考虑各方因素，其中以下六大因素是其关键。

（一）工作专门化

工作专门化也称劳动分工，是指组织中工作细分到具体工作岗位的程度。在专门化程度高的组织中，工作进行了细致的专业分工，通过部门化，每个部门或岗位负责具体、明确的一类工作。例如，“销售经理”工作的活动定义为，在一段时间内采用各种合适的方法进行产品推广、渠道建设等工作。专门化工作分工和标准化工作带来的高效率最早是由泰勒研究发现的，并被确定为组织设计的基本原则。

组织中的劳动分工主要是通过三种方式来进行的。

（1）工作被分解为不同的个人专业。大多数人从职业和专业角度来考虑专门化。因此，会计、工程师、教师、医生等各种专业领域人才存在于组织中和日常生活中。

（2）工作可被分解为不同的活动，这些活动是组织工作的自然程序所必需的。例如，制造厂通常将工作分解为制造和装配工作，个体被分配从事这些活动中的某一项工作。这种劳动分工的特殊表现形式被称为水平专门化。

（3）工作可在组织的纵向上进行分解。所有的组织都有权力层次，从最底层的监管者到最高层的管理者。首席执行官的工作和监管者的工作是不同的。

传统观点认为劳动分工是增加生产率的不尽源泉。因为劳动分工可有效利用员工技能；通过重复性的工作，提高了员工的技能；改变工作任务时间的减少提高了效率；专门化的培训可更有效率地使用专门化的设备。但是自从 20 世纪 80 年代以来，组织小型化已经成为新的趋势，劳动分工并非越细越好。这种趋势的一个明显效果就是管理工作的非专门化，特别是中层管理者的工作。例如，通用电气公司曾大大减少各个层次管理者的人数，结果就是管理者有更多的事情做，他们的工作专门化程度降低，但控制的跨度增加了，从而让组织的整体工作效率提升了。

（二）部门化

当一个组织专门化工作的数量增加达到一定程度时，一个管理者就不能有效地对工作进行协调。因此，为了创造可管理的工作，各自分离的工作必须组成模块。部门化恰好就完成了工作模块化的任务。

部门化也即活动分组，是指按照一定的方式将相关的工作和人员组织成易于管理的单位的过程，其具体方法如下。

（1）职能部门化。职能部门化是一种传统的、普遍的、最自然、最方便、最符合逻辑的组织形式，它是按履行的职能组合工作活动的。职能部门化的组织结构如图 9-10 所示。其优点是：可以带来专业化分工的好处；有利于维护最高行政指挥权威和组织的统一性。其缺点是：不利于高级管理人才的培养。

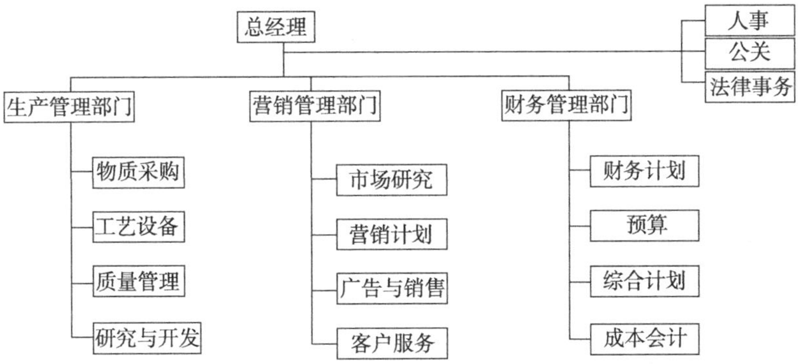

图 9-10　职能部门化的组织结构图

（2）产品部门化，即按不同的产品（服务）领域划分部门，把每一项主要产品（服务）领域的所有活动归一个部门管理。产品部门化的组织结构如图 9-11 所示。其优点是：有利于减少市场风险，提高效率，降低成本；有利于及时调整生产方向；容易区分和摊派各种产品的收益与成本；有利于促进组织的内部竞争。其缺点是：对产品部门经理的能力要求高；过分强调本单位利益；机构重叠；管理费用增加。

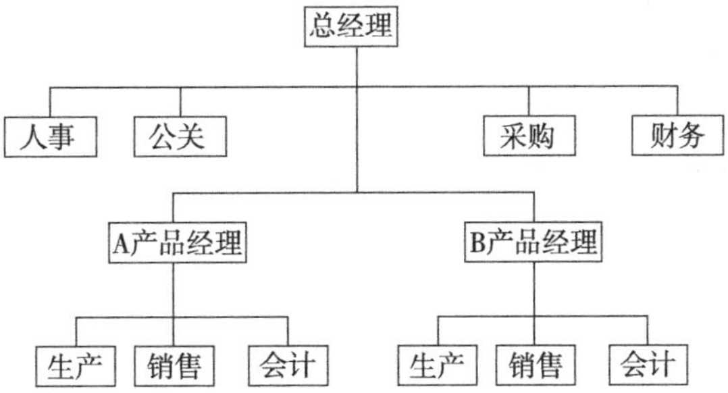

图 9-11　产品部门化的组织结构图

（3）顾客部门化，即按照特定的顾客类型来组合工作人员。每个部门所服务的顾客都有一类共同的问题和要求，需要各自的专家予以更好的解决。顾客部门化的组织结构如图9-12 所示。其优点是：可以满足目标顾客特殊而又广泛的需求。其缺点是：需要更多能妥善协调和处理与顾客关系的管理人员。

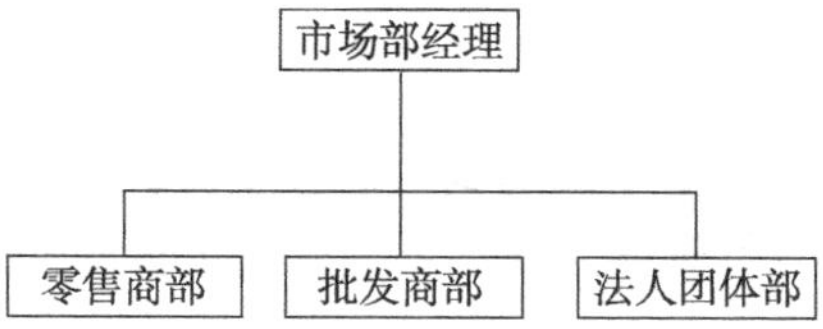

图 9-12　顾客部门化的组织结构图

（4）地区部门化，即按照地理区域进行部门的划分。如果一个组织的顾客遍布于广泛的地理区域，那么采取按地区划分部门的方式是最有意义的。地区部门化的组织结构如图9-13 所示。按地区划分管理部门的优缺点类似于产品部门化组织结构。

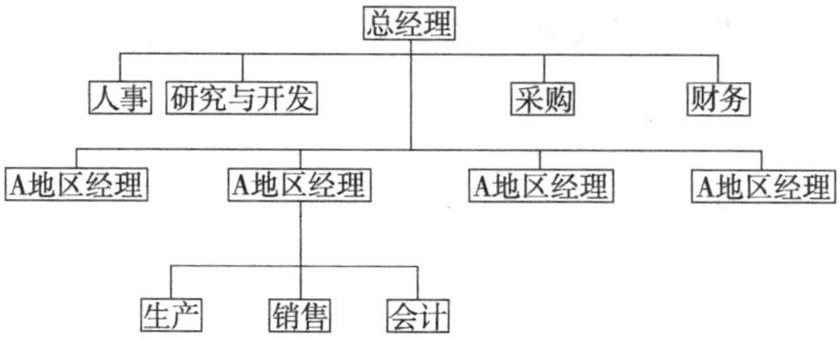

图 9-13　地区部门化的组织结构图

（5）过程部门化，即每个部门负责制造（或服务）过程的特定阶段。其优点是：能充分发挥集中的技术优势，易于协调管理；简化了培训，会产生较为明显的学习经验曲线效应。其缺点是：部门之间的紧密协作有可能得不到贯彻，会产生部门间的利益冲突；权责相对集中，不利于“多面手”式管理人才的培养。

而今，部门化也有了一些新趋势，如顾客部门化越来越受到高度重视；还有采用跨越传统部门界限的团队和任务（或项目）小组的方式，使原来僵硬的部门划分得到补充。

（三）管理幅度与管理层次

为部门化确定合适的基础就建立了组织在一起的工作类型，但是这还没有确定包括在一个具体群体中的工作数量，也就是管理幅度。管理幅度是指组织中上级主管能够直接有效地指挥和领导下属的数量。

有效管理幅度的影响因素包括工作能力、工作内容和性质、工作条件。

（1）工作能力。它不仅包括管理人员的工作能力，也包括下属人员的工作能力。管理者的工作能力强，意味着他能够有效地管理更多的下属；下属人员的工作能力强，意味着他的管理者无须过多地管理，他就能主动、有效地工作，因而同一管理者能够管理更多这样的员工。

（2）工作内容和性质，主要是指主管所处的管理层次、下属工作的相似性、工作的程序性或自由度等。

（3）工作条件，主要是指信息手段的配备情况、工作地点的接近性等管理层次。

所谓管理层次，就是在职权等级链上所设置的分级管理的级数。组织中的管理层次有多少，取决于组织的规模、活动内容的特点以及组织内的管理幅度。第一，组织规模越大，越易形成更多的管理层次；反之，越少。例如，大部分的组织中的层次可以粗略地分为高层、中层、基层三种层次。但规模较大的组织可能在高层之上还设立有发挥总体指导作用的最高领导层。而规模小的组织可能仅仅包括管理层和基层这两个层次。第二，组织活动内容越是复杂多变，组织越偏向于更多的管理层次；反之，越少。第三，当组织规模一定时，管理层次和管理幅度之间存在着一种反比例的关系。管理幅度越大，管理层次就越少；反之，管理幅度越小，管理层次就越多。相同规模下管理幅度和管理层次的对比如图 9-14 所示。

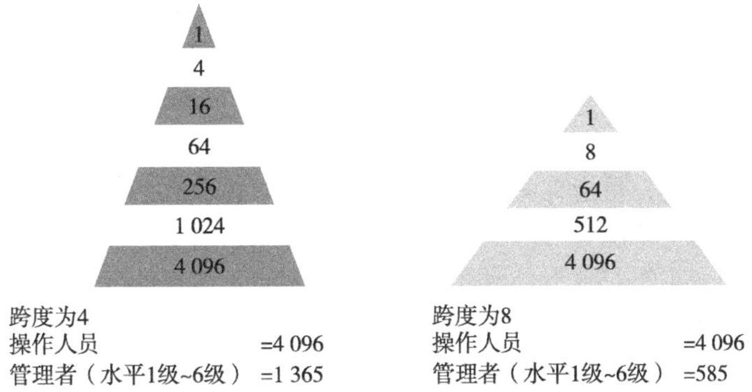

图 9-14 相同规模下管理幅度和管理层次的对比

首先，在高耸型组织中，窄幅度的监督控制可能使管理更为周密，但由于管理层次多，这种组织存在一些缺陷：一是加长了信息的传递渠道，使组织的垂直沟通更加复杂，影响信息传递的速度和组织活动的效率；二是使管理人员配备数量增多，从而造成管理成本增加；三是易造成对下属监督过严，妨碍下属的自主性。

其次，宽幅度的控制可以克服窄幅度管理的缺陷，但会降低管理的效能，使管理者对下属不能进行密切的监督和有效的控制。

（四）命令链与命令统一性

命令链是一种连续的权力链条，从组织的最高层延续到最低层。它明确无误地规定谁向谁汇报工作，以及在工作中负责命令监督哪些人。与此相关的一个概念是命令统一性，它意味着一个人应该对一个主管，并且只对一个主管负责。如果命令的统一性遭到破坏，下属就要应付多个主管的命令，容易导致冲突和混乱。

（五）集权和分权

集权是指组织中的决策权集中于一点的程度。与此相反，分权是指组织把决策权下放给最接近实际行动的管理者。如果组织的高层管理者不考虑或很少考虑基层人员的意见就决定组织的主要事宜，则这个组织的集权化程度较高；相反，基层人员参与程度越高，或他们能够自主地做出决策，组织的分权化程度就越高。

组织采用集权化的原因一般如下：①管理者必须得到授权决策的培训。②很多管理者习惯于自己作决策，抵制对下属下放权力。结果，他们的工作效率往往处于较低水平。③行政管理成本的发生。因为必须发展或改变会计和工作业绩系统，以向高层管理者提供有关他们的下属决策效果的信息。④可能最实际的集权原因是分权意味着功能的重复。每个自主单元必须完全自给自足才能够独立，但这就存在重复的高成本。一些组织发现分权的成本超过了因此所得到的利益。

组织采取分权的原因：一是组织分权能够使得管理者做出重要决策，获得技术或者在公司中得到提升，从而鼓励专业化管理者的发展；二是高程度的分权能够导致组织内出现竞争的氛围，激励管理者在这样的竞争环境中做出贡献；三是具有相对较大权力的管理者能够行使更多的自主性，因此能够满足他们参与问题解决的愿望。

那么，对于组织而言，集权好还是分权好？这需要根据组织的具体状况进行选择，其影响因素一般包括经营活动的性质和环境条件是否稳定、组织规模和空间大小、决策的重要性、管理者与员工的素质和领导风格。

（六）正规化

正规化又称规范化，是指有关工作的方法及程序具体化和条文化程度。在高度正规化的组织中，有明确的工作说明书；在繁杂的规章制度中，对工作有详尽的规定；在正规化程度较低的组织中，工作安排不是那么僵硬，员工对自己工作的处理权限比较高。

本章小结

组织是两个以上的人在一起为实现某个共同目标而协同行动的集合体。它是以目的为导向的社会实体，具有特定结构化的活动系统。按照不同的标准，组织可以分为不同的类型。从 20 世纪初开始，组织理论经历了古典组织理论、行为科学组织理论和现代组织理论三个发展阶段。

组织结构是指组织内关于职务及权力关系的一套形式化系统，它阐明了各项工作如何分配、谁向谁负责及内部协调的机制。西方学者威廉姆森根据钱德勒的考证将公司内部管理的组织结构分为 U 形（一元结构）、H 形（控股结构）和 M 形（多元结构）三种基本类型。U 形组织结构包括“直线制”组织结构、“职能制”组织结构、“直线职能制”组织结构三种形式；H 形组织结构即控股公司结构，严格来说它并不是一个组织的结构形态，而是集团公司的组织形式；M 形组织结构包括产品事业部制、多事业部制和矩阵制组织结构。近年来，又有了一些新的组织形式，如团队组织、虚拟组织、无边界组织和学习型组织。另外，组织结构在形成的过程中，会受到战略、规模、技术和环境等因素的影响。

组织设计就是把为实现组织目标而需完成的工作划分为性质不同的若干业务工作，然后将这些工作“组合”成若干部门，并不断确定各部门的职责与职权。组织设计的任务是提供组织结构系统图和编制职务说明书。为了提供上述两种组织设计的最终成果，组织设计者要完成以下工作：职务设计与分析、部门划分与设计、结构的形成。组织设计的三个模式是管理理论和实践的重要内容，这三大模式分别是机械模式、有机模式和矩阵模式。另外，在进行组织结构设计时，应充分考虑各方因素，其中工作专门化、部门化、管理幅度与管理层次、命令链与命令统一性、集权和分权、正规化这六大因素是其关键。

➢复习思考题

1. “有人就有组织”，你同意这句话吗？为什么？
2. 组织结构的基本类型有哪些？
3. 战略因素是如何影响组织结构的？
4. 组织设计的基本任务是什么？

5. 机械式组织设计模式与有机式组织设计模式最大的差异是什么?
6. 组织设计的关键因素有哪些?

扩展阅读

GE 的无边界组织

杰克·韦尔奇被誉为全球第一 CEO。从 1981 年入主美国通用电气公司(General Electric Company, GE)开始，在短短 20 年的时间里，韦尔奇使通用电气公司的市值达到了 4 500 亿美元，增长了 30 多倍，排名从世界第 10 位升到第 2 位。令韦尔奇获得巨大成功的关键就在于，他突破了科学管理的模式，创造了扁平的、“无边界”的管理模式。可以说，是无边界的管理模式再造了通用电气公司，无边界的思想渗透到通用电气公司管理的各个方面。

杰克·韦尔奇入主 GE 时，公司的状况并不差：总资产 250 亿美元，年利润 15 亿美元，拥有 40 万名雇员，财务状况是 3A 级的最高标准，它的产品和服务渗透到国民生产总值的方方面面。然而在杰克·韦尔奇看来，该公司却存在着诸多的问题：许多业务部门不具备行业优势，竞争力不强，家电业务正面临着日本等国企业的严重冲击。最为严重的是，通用电气公司机构臃肿，管理层级复杂，层次过多，灵活性低，僵化的官僚气息令他头痛。正是这种体制使员工习惯于以往的成就，循规蹈矩，看不到未来的危机，缺乏创新，从而很难有大的突破。这离他想象的通用电气公司应该是“迅速而灵活，能够在风口浪尖之上及时转向的公司”相差太远。

于是杰克·韦尔奇开始再造通用电气公司，提出了“无边界”的理念，希望这一理念能够把通用电气公司与其他世界性的大公司区别开来。他预想中的无边界公司是这样的：将各个职能部门之间的障碍全部消除，工程、生产、营销以及其他部门之间能够自由流通，完全透明；“国内”和“国外”的业务没有区别；把外部的围墙推倒，让供应商和用户成为一个单一过程的组成部分；推倒那些不易看见的种族和性别藩篱；把团队的位置放到个人前面。经过多年的硬件建设——重组、收购以及资产处理，“无边界”变成了通用电气公司社会结构的核心，该公司也形成了区别于其他公司的核心价值。正是在无边界管理理念的指导下，通用电气公司才不断创新，如推行“六西格玛”标准、全球化和电子商务等，在这些方面它无不走在其他公司的前面，始终保持充沛的活力，取得了惊人的成就。

资料来源：http://www.com/link?url=Di3bnNX3ESR90_NHjmuhg0t5RrHxNBZuScVKrvkqzG19a4YiZ8EB9WOBMALqhNw2MbWr3_Q4-_jqH2riqxlcwq

案例分析

D 公司的组织结构改革

一整天的公司高层例会结束后，D 公司 S 总经理不禁陷入沉思。

例会由 S 总经理主持、几位副总经理参加。原本 S 总经理就想商谈一下公司今后的发展方向问题，不过会上的意见争执却出乎他的预料。很明显，几位高层领导在对公司所面临的主要问题和下一步如何发展的认识上，存在着明显的分歧。6 年来，D 公司由初创时的几个人、1 500 万元资产、单一开发房地产的公司，发展到今天的 1 300 余人，5.8 亿元资产，以房地产业为主，集娱乐、餐饮、咨询、汽车维护、百货零售等业务于一体的多元化实业公司，已经成为当地乃至周边地区较有竞争实力和知名度的企业。

作为公司创业以来一直担任主帅的S总经理在成功的喜悦与憧憬中,更多了一层隐忧。在今天的高层例会上，他在发言时也是这么讲的：“公司成立已经6年了，在过去的几年里，经过全体员工的努力奋斗与拼搏，公司取得了很大的发展。现在回过头来看，过去的路子基本上是正确的。当然也应该承认，公司现在面临着许多新问题：一是企业规模较大，组织管理中管理信息沟通不及时，各部门协调不力；二是市场变化快，我们过去先入为主的优势已经逐渐消失，而且主业、副业市场竞争都渐趋激烈；三是我们原本的战略发展定位是多元化，在坚持主业的同时，积极向外扩张，寻找新的发展空间，应该如何坚持这一定位不清楚？”面对新的形势，就公司未来的走向和目前的主要问题，会上各位高层领导都谈了自己的想法。

管理科班出身、主管公司经营与发展的L副总经理在会上说：“公司的成绩只能说明过去，面对新的局面必须有新的思路。公司成长到今天，人员在膨胀，组织层级过多，部门数量增加，这就在组织管理上出现了阻隔。例如，总公司下设5个分公司，即综合娱乐中心（下有戏水、餐饮、健身、保龄球、滑冰等项目）、房地产开发公司、装修公司、汽车维修公司和物业管理公司。各部门都自成体系，公司管理层次过多，如总公司有3级，各分公司又各有3级以上管理层，最为突出的是娱乐中心的高、中、低管理层次竟达7级，而且专业管理机构存在重复设置现象。总公司有人力资源开发部，而下属公司也相应设置人力资源开发部，职能重叠，管理混乱。管理效率和人员效率低下，从根本上导致了管理成本加大，组织效率下降，这是任何一个公司的发展大忌。从组织管理理论的角度看，一个企业发展到1 000人左右，就应以制度管理代替‘人治’，我们公司可以说正是处于这一管理制度变革的关口。我们公司业务种类多、市场面广、跨行业的管理具有复杂性和业务多元化的特点，现有的直线职能制组织结构已不能适应公司的发展，所以进行组织变革是必然的，问题在于我们应该构建一种什么样的组织机构以适应企业发展的需要。”

坐在S总经理旁边的另一位是公司创立三元老之一的始终主管财务的大管家C副总经理，他考虑良久，非常有把握地说：“公司之所以有今天，靠的就是最早创业的几个人，他们不怕苦、不怕累、不怕丢了饭碗，有的是闯劲、拼劲。一句话，公司的这种敬业、拼搏精神是公司的立足之本。目前，我们公司的发展出现了一点问题，遇到了一些困难，这应该说是正常的，也是难免的。要走出困境，关键是要强化内部管理，特别是财务管理。现在公司的财务管理比较混乱，各个分部独立核算后，都有了自己的账户，总公司可控制的资金越来越少。如果要进一步发展，首先必须做到财务管理上的集权，该收的权力总公司一定要收上来，这样才有利于公司通盘考虑，共图发展。”

高层会议各领导的观点在公司的管理人员中间亦引起了争论，各部门和下属公司也有各自的打算：房地产开发部要求开展铝业装修，娱乐部想要租车间搞服装设计，物业管理部提出经营园林花卉的设想。甚至有人提出公司应介入制造业，成立自己的机电制造中心。

资料来源：曲建国（2009）

思考题：

1. 请讨论公司目前进行改革是否成熟。
2. 请根据以上信息，为该公司设计一套合适的组织机构，并画出相应的组织机构图。

第十章

组织变革与组织发展

未来成功的组织，将会是那些能够快速、有效、持续、有系统地进行变革的组织。

——罗伯特·雅各

※ 学习目标

1. 理解组织变革和组织发展的概念。
2. 了解组织变革的类型和动因。
3. 掌握组织变革阻力的来源及克服方法。
4. 掌握组织变革的基本模型。
5. 了解组织发展过程和组织发展技术。

导入案例

顺丰王卫：变革创造未来

作为顺丰速递（简称顺丰）的创始人，王卫创业多年从未接受过媒体的专访，但这并不影响他和顺丰正在编织的巨大罗网，他准备将“快递+电商+便利店+供应链”全部网罗其中。

1993年，当22岁的王卫在广东顺德创立顺丰，背着装满合同、信函、样品和报关资料的大包往返于顺德到香港的陆路通道时，他自己可能都没想到，这家公司如今已经突破了两百亿元的年销售额，成为可以与中国邮政EMS（express mail service，即特快专递服务）抗衡的民营快递巨头。

但这并不能令危机感很强的王卫满意，三个月没有创新和变革，就会让他有危机四伏的感觉。这么多年来，无论是顺丰还是王卫，始终都不敢停下脚步。因此，顺丰从成立开始到现在已经21年，年年都有变化，唯一不变的就是改变。例如，王卫敢于打破加盟制的模式，力推直营；又如，他从2009年就开始筹建自有货运航空公司，并在2009年成为首家用自己的飞机运包裹的快递公司。

在王卫看来，2013年不管是对于他个人还是对于整个顺丰来说，更是经历了非常大的变化。“在这短短一年的时间内，我们做了好几件过去20年顺丰从来没有尝试过的大事，其中最重要的就是推动战略转型。”王卫认为，自己淡出经营对公司的未来发展非常重要。“顺丰发展到今天，员工规模已经超过了20万人，如果没有这批优秀的管理人员，单靠我王卫，是没有办法驾驭整个公司的局面的，而要想推动转型，最关键的就是员工思维和整个公司文化层面的改变。”

这两年，王卫在公司内部谈“转型”的次数比以往多了不少，与过去相比，顺丰的版图中的确多了新业务。2012年6月，主打中高端食品的顺丰优选上线，标志着王卫大举向电商领域进军；2013年，公司又开始在全国各地布局网购服务社区店“嘿客”；而在公司内部，更是低调推出了电子商务、供应链等好几个事业部，并推出快递物流、电商物流、汽配物流、食品医药服务、金融保险服务、国际电商服务、顺丰优选等更多综合服务，为客户打造一站式的综合物流解决方案。

“我们设想的目标是：5年以后客户提起顺丰时，要用新的服务概念让其感受到顺丰不完全是做快递的，改口叫我们‘顺丰服务’而不是‘顺丰速运’”，王卫说，“接下来顺丰要打造出一个‘物流百货公司’的概念，客户有任何物流需求都可以过来找顺丰，这里能提供各种解决方案。“客户带着需求进来，顺丰要让客户满载而归，这是我们远期必须要达到的目标。”

资料来源：第一财经日报，http://www.yicai.com/news/2014/11/4040965.html，2014-11-17，内容有缩减

现代组织都是开放的社会技术系统，组织的运行是与多重环境发生动态的相互影响的过程。每个组织都有一个多层次、多因素、复杂多变的背景，组织想要维持和发展，必须不断调整与完善自身的结构和功能，提高在变化的背景下生存、维持和发展的灵活性和适应能力，即不断地对组织进行变革。组织变革（organizational change，OC）是组织管理的一项基本内容，是组织生存与发展的永恒主题。组织进行变革的最终目的是通过提高组织适应环境的能力和改变员工的行为模式，使组织得以长久地发展。

第一节 组织变革

现代组织处于不断发展、变化的社会环境之下，如果不能及时做出相应的调整，组织就会被社会淘汰，只有在变革中才能求得生存和发展。组织变革是组织体系的制度改变，在此过程中必然存在种种阻力，因此需要进行系统的安排与实施，以克服变革阻力，顺利实现变革。

一、组织变革概念

“变革”在英文中就是“变化”或“改变”，译作change。在中文里，变革的含义比变化要深刻得多，所有的变革都是一种变化，但它是一种系统的、制度化的、以价值观为引导的、影响较为深远的变化过程，而组织的变化并不必然带来组织的变革。迈克尔·哈默（Michael Hammer）和詹姆斯·钱皮（James A. Champy）在《企业再造》一书中将“3C”

力量，即顾客（customers）、竞争（competition）和变革（change），视为影响组织市场竞争力的三种最重要的力量，并且强调了变革的重要性，认为变革无处不在且持续不断，这已成为常态。一个组织变革的开展并不是终点，它会引起一系列的连锁反应，并可能引发更深远、范围更大的组织变革。

传统观点认为，组织变革是指运用行为科学和相关管理方法，对组织的权利结构、组织规模、沟通渠道、角色设定、组织与其他组织之间的关系，以及对组织成员的观念、态度和行为，成员之间的合作精神等进行有目的的、系统的调整和革新，以适应组织所处的内外环境、技术特征和组织任务等方面的变化，提高组织效能。

哈佛大学著名教授拉里·格雷纳（Larry E. Greiner）指出，组织变革伴随着企业成长的各个时期。组织变革与组织演变相互交替，进而促使组织发展。组织变革是任何组织不可避免的问题，能否顺利地引导组织变革是衡量管理工作有效性的重要指标。

组织变革是指组织主动地因条件变化而做出的相应调整，是组织为了实现发展的目标，根据内外环境的变化，对组织的现状进行改变和创新的过程。

组织变革面对的问题是组织的现实状态与目标状态之间的差距，组织原有的平衡和稳定状态不能适应环境变化及其自身发展的要求，需要通过变革来打破原有的状态，构建能够适应新形势、新需求的，具有足够革新性、适应性、持续性的新的组织平衡和稳定。所以，从实践的角度来说，组织变革是组织根据外部环境和内部因素的变化，有目的、有计划地改变组织活动的方式和形态，适时地改变本组织的内在结构、行为和技术等，促成某种新的平衡状态，从而适应客观发展的需要，更好地实现组织目标的组织活动过程。

通过以上对组织变革进行的界定，可以看出组织变革的目标主要包括以下三种。

（1）提高组织的环境适应能力。环境因素具有不可控性，组织要想在动荡的环境里生存并发展，就必须随变化的环境不断做出相应调整、改变自己的任务目标、组织结构、决策程序、人员配备、管理制度等，但是这种调整不是盲目地变化，而是在对环境变化做出正确判断的前提下，认真思考后主动进行的变革。只有这样，组织才能有效地把握各种机会，识别并应对各种威胁，使组织更具有环境适应性。

（2）改进组织成员的行为方式。组织成败的关键取决于组织成员的分工协作效率，所以组织变革要从组织中个体和群体的行为改进入手。由于组织成员是具有自主能动性的主体，因此进行变革，需要根据组织成员的实际状况，针对成员的能力和动力建立合适的组织系统。

（3）提高组织的工作绩效。通过组织变革提高组织的环境适应能力及改进组织成员的行为方式，只是组织变革的基础目标。在此基础上，促进组织的自我创新能力，提高组织运作效率和效益，使组织不断发展壮大，才是组织变革的最终目标。

二、组织变革的类型

组织变革依据不同的标准，可以划分为不同的类型。

（一）根据变革的程度和方式不同划分

1. 渐进式变革

渐进式变革是通过对组织进行小幅度的局部调整，力求通过一个渐进的过程，实现原有的组织模式向新的组织模式的转变。这种变革方式的特点是循序渐进，在系统分析组织结构优缺点的基础上，制订组织变革的操作方案，有步骤、有计划地加以实施，但波动次数多，变革持续的时间长。其优点是有规划、有准备，可以与人员培训、管理改进同步进行且阻力较小。因此，当组织变革的压力较小，可以选择合适的切入点逐步进行时，渐进式变革最具优势。

2. 激进式变革

激进式变革力求在短时间内，对企业组织进行大幅度的全面调整，以求彻底打破原有的组织模式并迅速建立与环境相适应的组织模式。这种变革方式的特点是雷厉风行、一次到位。激进式变革一般发生在比较极端的情况下，在组织面临严重困难或威胁时产生。这种变革方式的时间短，引发的冲突激烈，会导致组织的平稳性差，严重的时候会导致组织崩溃，所以一般轻易不用。只有在组织成员心理承受力较强，组织内外部条件允许的情况下，经过认真准备和周密计划才能发起这种变革。

对于这两种变革类型，企业在实践中应当加以综合利用。在企业内外部环境发生重大变化时，企业有必要采取激进式变革以适应环境的变化，但是激进式变革不宜过于频繁，否则会影响企业组织的稳定性，甚至导致组织的毁灭，因此在两次激进式变革之间，在更长的时间里，组织应当进行渐进式变革。

（二）根据变革的性质划分

1. 战略性变革

战略性变革是指组织对其长期发展战略或使命所做的变革。如果组织决定进行业务收缩，就必须考虑如何剥离非关联业务；如果组织决定进行战略扩张，就必须考虑购并的对象和方式以及组织文化重构等问题。

2. 结构性变革

结构性变革是指组织需要根据环境的变化适时对组织的结构进行变革，并重新在组织中进行权力和责任的分配，使组织变得更为柔性、灵活、易于合作。

3. 流程主导性变革

流程主导性变革是指组织紧密围绕其关键目标和核心能力，充分应用现代信息技术对业务流程进行重新构造。这种变革会使组织结构、组织文化、用户服务、质量、成本等各个方面产生重大的改变。

4. 以人为中心的变革

以人为中心的变革是指组织必须通过对员工的培训、教育等引导，使他们能够在观念、态度和行为方面与组织保持一致。组织中人的因素最为重要，组织如若不能改变人的观念和态度，组织变革就无从谈起。

（三）根据变革推动者所从事的活动划分

1. 结构变革

组织的结构并不是一成不变的，环境的变化要求组织结构也发生相应的变化。所以，变革推动者要对组织结构进行调整。变革推动者可以针对组织设计中的一个或多个关键因素加以改变，如合并部门职责、精简纵向层次、拓展管理幅度等，从而使组织结构更加扁平。

2. 技术变革

科学管理在动作和时间研究的基础上实施变革，以提高生产效率。现代社会最明显的技术变革就是计算机的普及，许多组织都有较复杂的管理信息系统，可以运行成千上万个商业软件包和网络系统，而网络系统又使计算机之间实现了相互沟通。

3. 物理环境变革

工作空间的布置不应是随意的。一般来说，当管理者要对空间结构、内部设计、设备安置及其他事项做出决策时，总会认真考虑工作需要、正常的交往需要和社会需要等因素。例如，采用开放式的办公设计，以方便员工之间交流以及工作场所的清洁，包括家具、装饰和配色等内部设计的改善等。虽然物理环境本身的改变并不能对组织或个人的绩效产生实质性的影响，但是员工和组织的行为可以因此得到增强。

4. 人员变革

变革推动者从事的最后一个领域是帮助组织成员更有效地工作。这类变革主要通过加强沟通、决策和问题解决过程来改变组织成员的态度与行为。

此外，组织变革的分类标准还有很多种。例如，根据计划和控制程度的不同可以分为主动性变革和被动性变革；根据变革范围的不同可以分为封闭的变革、有范围的变革和无限的变革。

三、组织变革的动因

企业和组织不是孤立存在的封闭性组织，它是与周围环境有着密切联系的开放性系统。任何组织变革都是有诱发原因的，要制定科学合理的组织变革策略，首先就需要对组织变革的基本动因进行分析。变革的动因是研究变革的起点，如果不能正确认识引发变革的原因，变革行为就很难开展。

（一）罗宾斯的变革力量分析

罗宾斯概括了激发变革的六种具体力量，如表 10-1 所示。

表 10-1 激发变革的六种具体力量

动力	例子
劳动力性质	文化方面更为多元化 专业人员的数目增加 许多新就业者技术水平不足
技术	电脑速度更快、价格更低 新型移动通信设备 人类基因编码的破译
经济冲击	网络公司股票的起落 欧元价值下跌 安达信公司倒闭
竞争	全球的竞争对手 收购与兼并 电子商务的成长

续表

动力	例子
社会趋势	受大学教育者增多 年轻人婚姻推迟，离婚率高 对城市生活的兴趣提高
世界政治	中东敌对升级 中国市场对外开放 “9·11”事件之后的反恐战争

资料来源：罗宾斯（2005）

（1）劳动力性质。劳动力多样化是一种推动组织变革的强大力量，在文化多元化的背景下，劳动力将更加多样化。因此，几乎所有的组织都必须调整自己去适应多元文化环境，对人力资源政策和实践也必须进行变革，以便能够吸引和留住多元化的劳动力。此外，许多公司不得不投入大量的财力用于培训，从而提高员工在阅读、算术、计算机及其他方面的技能。

（2）技术。技术的快速革新是引起组织变革的另一个因素，跟不上革新步伐的组织很快就会被抛在后面。技术的进步可以引起组织运营方式的变革。例如，现在所有的组织都已经普及了电脑，文件处理、传送和归档方式已经发生了根本的变化，移动电话也已成为人们的必需品，互联网技术改变了人们的工作方式，等等。技术创新引起的不仅仅是工作方式的变化，其在创新的过程中还促进了工作关系和组织结构的相关变化，如许多组织采用团队方法导致了更为扁平的结构、分散的决策制定和团队成员之间更开放的沟通。

（3）经济冲击。不断变化的经济对于组织来说一直是一个挑战，经济冲击在不断迫使组织进行变革。由于众多新网络公司的创立，成千上万的投资者一夜暴富，又一夜之间输得精光。欧元与其他主要世界货币相比下跌了30%。2001年年末安达信公司的倒闭，使经营者道德、管理控制、董事会成员的责任、收入的操作以及公司与审计员之间的利益冲突等备受企业经营者的关注。

（4）竞争。竞争对于组织成功来说总是很残酷的，在今天的全球经济中，竞争者可能近在咫尺，也可能远在大洋彼岸。激烈的竞争要求组织不但要防备传统竞争对手开发出的新产品及服务，还要顾及规模小但充满活力的新公司的创新产品。成功属于那些随着竞争变化能够迅速做出相应调整的组织，它们动作很快，能够及时开发出新产品并迅速将其投放到市场。这些组织非常灵活，它们也要求同等灵活和能快速响应的劳动力，以便适应急剧变化的环境。

（5）社会趋势。社会趋势不会静止不变，如顾客的偏好、双薪家庭的增多、婚姻的推迟、离婚率的增高、受教育者的增多以及城市化等都构成了影响组织变革的社会趋势。

（6）世界政治。近年来世界政治不断发生变化，我们看到了苏联的解体、南非与中国的对外开放、“9·11”事件的恐怖袭击，以及继之而来的反恐战争，它们使很多商业活动相应地发生了变化，如备援系统的建立、员工的安全感、员工的刻板印象及后恐怖袭击时期的焦虑感等。

（二）汤姆·彼得的变革要素分析

美国管理咨询专家汤姆·彼得（Tom Peter）把企业组织进行变革的原因归纳为“企业

变革的十大要素”。

（1）前所未有的不确定性。与20年前相比，今天的任何事情都变得不稳定和难以预测，绝大多数处于困境而无法解脱的公司恰恰是因为拒绝正视这一点才导致这样的境况。

（2）市场细分。今天的市场越来越细分化了，但是大型公司大规模生产的传统优势缺失。于是，在细分市场面前，它们面临着小公司的强劲挑战。

（3）时间。速度、灵活性、适应性已经成为竞争的主要手段，因为在计算机时代，任何决策结果都可以被迅速反馈。

（4）质量、设计与服务。在这个已经充分国际化的年代，质量、设计与服务的激烈竞争使企业必须“迷恋”于质量、设计与服务的不断进步，否则只能自食受顾客冷落的苦果。

（5）大公司行为。大公司往往机构臃肿，官僚作风盛行，懒于进取和变革。在朝气蓬勃、灵活机动的小公司面前，大公司的优势正在消失。除非未来能通过变革保持和发扬优势，否则它们将被市场淘汰。

（6）组织结构。等级制度已经成为过去，随着管理信息系统、计算机网络系统和专家系统的建立，即使没有传统的“完备管理阶层”，组织也可发挥正常的功能。

（7）规模经济作用的弱化。规模经济的老观念已经受到挑战，规模大固然对聚集资本和控制市场有利，但是未来的巨型企业将是由一群小企业聚集而成的企业集团。

（8）协作网络。如今，一家成功的公司不可能脱离其他公司，它必须依赖于其他企业的协作网络，相互协作的公司必须着眼于共同成功和共同获利。

（9）国际化。现今，任何企业的经营都是共通的而不是孤立的，由于信息可以在全球范围内充分传递，任何国家的市场都不仅仅是本国企业的市场，而同时也是其他国家公司的市场。

（10）工作内容丰富化。生产线上的工作是受到批评最多工作，在未来，必须给予操作工人更多的决策权和参与权。

（三）变革的内外因素分析

大部分研究者通过归纳总结，习惯把组织变革的动因归结为组织的外部环境和内部条件的变化。

1. 外部环境的变化

对组织管理和变革发生影响的外部环境变化主要包括以下几方面。

（1）社会经济环境的变化。社会经济不断发展，人民生活水平不断提高，使市场更为广阔，产品更新换代速度加快，加上工作自动化程度的提高等，均会迫使组织进行变革。社会经济环境还包括国家的经济政策、法规以及环境保护等。

（2）科学技术的发展。科学技术（如新发明、新产品、自动化、信息化等）的迅速发展及其在组织中的应用，使组织的结构、组织的运行要素等都发生了巨大变化。科学技术的进步带来了生产和管理的现代化，仪器设备代替了员工所承担的部分工作任务，还对组织成员的知识技能水平提出了更高的要求。这些变化在客观上都要求组织不断地进行变革。

（3）管理理论与实践的发展。管理的现代化、新的管理理论和管理实践，都要求组织变革过去的旧模式，对组织要素和组织运行过程的各个环节进行合理的协调与组织，从而对组织提出变革的要求。

（4）市场竞争加剧。全球化经济形成了新的伙伴关系、战略联盟和竞争格局，迫使组织改变原有的经营与竞争方式。同时，国内市场竞争也日益激烈，劳务市场正在发生深刻的变化，企业中出现了大量的裁员和并购，管理人才成为竞争的焦点。

除此之外，外部环境的变化还包括教育、政治、经济、社会结构、法制、自然资源、人口特征等许多方面的变化。这些不同方面的外部环境的变化都可能对组织产生强烈的冲击，从而促使组织正常发展进程和工作秩序发生改变，致使组织产生变革的压力，引发组织变革。

2. 内部条件的变化

除了外部环境之外，内部条件也是引起组织变革的另一重要原因。所谓组织内部条件的变化，是指组织成员的工作态度、士气、期望、个人的价值观念、人员素质的变化、组织结构、组织目标、组织冲突等方面的变化。在现实组织管理当中，现行的组织结构、设计和管理形态与职工期望之间存在很大的差异，差异的扩大，将压抑组织成员的积极性。为了改变这种状况，组织必须变革。

推动组织变革的内部条件的变化主要包括以下几方面。

（1）组织结构适时调整的需要。组织结构的调整必须与组织的阶段性战略目标一致，这时组织就需要根据环境的变化调整组织结构。另外，产业结构的调整、政府经济政策的调整、科学技术的发展引起产品和工艺的变革等外部环境的变化，也要求组织结构做出适应性的调整。

（2）保障信息通畅的需要。一个企业的运作成功与否，在很大程度上取决于其成员间的沟通是否畅通有效，因为有效的沟通可以使成员间的分工与协作都处在高效状态；否则，就会产生一些不必要的冲突、摩擦和误会。所以，有必要通过变革，保障信息沟通渠道的通畅。

（3）克服组织低效率的需要。组织中会出现效率低下的现象，可能是由于机构重叠、人浮于事、权责不明，也有可能是由于目标分歧、冲突矛盾迭起、士气不高。组织只有及时进行变革才能制止组织效率继续下降。一个管理系统即使处在正常的运营状况下，但如果长期没有创新，也需要进行一次变革。

（4）快速决策的需要。决策的制定如果过于缓慢，组织就会常常因决策滞后或是执行中的偏差而错失良机。为了提高决策效率，组织必须通过变革对决策过程中的各个环节进行梳理，以保证决策迅速及时。

（四）组织变革的判断

掌握了组织变革的动因还不能立即进行变革，管理者还应该判断组织对变革的准备程度，即判断组织是否真的需要变革、需要进行什么程度的变革。此时，潜在的变革推动者往往会考虑变革的成本以及变革是否适合时宜等问题。

1. 格莱彻尔的判断公式

美国利特尔咨询公司的格莱彻尔（David Gelicher）就此问题提出了一个判断的公式：

$$C=a\cdot b\cdot d>x$$

其中，C代表变革；a代表人员对现状不满的程度；b代表对变革后可能达到结果的把握；d代表现实的起步措施；x代表变革所花的代价。

此公式说明，是否需要进行变革取决于需要进行变革的各种因素的乘积是否大于变革所付出的代价，否则，进行变革是毫无意义的。

2. 变革平衡公式

贝克哈德（Richard Beckhard）和鲁本・T. 哈里斯（Reuben T. Harris）在格莱彻尔研究的基础上，于 1987 年共同提出了一个简单有效的管理工具——变革平衡公式（change equation），又称变革公式（change formula）、变革模型（change model），表示为

$$D \times V \times F > R$$

其中，D 代表不满情绪 （dissatisfaction）；V 代表变革愿景（vision）；F 代表初步实践（first steps）；R 代表变革阻力（resistance to change）。

该公式用以迅速获取对组织变革可能性及变革条件的直观印象，揭示了战胜变革阻力必备的三个要素，即对当前形势状况的不满、对组织未来愿景的期望及迈向愿景的努力初步实现。如果这三项要素有一项为零或者接近零的话，那么三者之积也将为零或者接近零，此时，变革阻力将占据上风。

正如贝克哈德所说：“为了使变革有可能发生，并对变革产生承诺，组织中必须有大量的人对组织现状下的种种事物显示出不满，从而使人们的精力集中在变革上。同时，也要对变革成功之后事情会是什么状况有足够清晰的概念。当然，变革追求的结果要与客户系统的重点和价值相符。同时，在客户系统中，客户也有必要对追求变革结果的实际起步和起点有一定的了解。”

随着组织的发展，管理者已经深刻理解到了员工参与和组织成功之间的密切关系，管理者所希望的组织发展已不仅仅局限于组织目标的实现，还包括员工的积极参与，而变革平衡公式正是强调了员工参与在组织变革中的重要作用。

第二节 组织变革的阻力

随着信息技术的发展，企业所面临的环境发生着急剧的变化，任何以市场为导向的企业都必须不失时机地推动企业的技术变革、组织变革和人员变革，以适应不断变化着的内外环境。然而变革就意味着破坏，意味着打破传统。变革的这一特性，使变革具有不同程度的风险性。组织内员工对变革的接受与否，组织变革的方向是否适应不断变化的外部环境，都直接影响企业变革的成败。正是由于组织变革所具有的破坏性和风险性，组织变革才会招致来自组织内外各个方面的阻力。

组织变革中的阻力，是指人们反对变革、阻挠变革甚至对抗变革的制约力。变革阻力的存在，意味着组织变革不可能一帆风顺，这就对变革管理者提出了更严峻的变革管理任务。

一、组织变革阻力的分类

组织变革作为战略发展的重要途径，总是伴随着不确定性和风险，并且会遇到各种阻力。管理心理学研究发现，常见的组织变革阻力可以分为两类。

1. 组织阻力

在组织变革中，组织惰性是形成变革阻力主要的因素。这是指组织在面临变革形势时表现得比较刻板、缺乏灵活性，难以适应环境的要求或者内部的变革需求。造成组织惰性的因素较多，如组织内部体制不顺、决策程序不良、职能焦点狭窄、层峰结构和陈旧文化等，都会使组织产生惰性。此外，组织文化和奖励制度等组织因素以及变革的时机也会影响组织变革的进程。

2. 个体阻力

人们往往会由于担心组织变革的后果而抵制变革。一是职业认同与安全感。在组织变革中，人们需要从熟悉、稳定和具有安全感的工作任务，转向不确定性较高的变革过程，其“职业认同”因此受到影响，从而产生对组织变革的抵制。二是地位与经济上的考虑。人们会感到变革影响他们在企业组织中的地位，或者担心变革会影响自己的收入，或者由于个性特征、职业保障、信任关系、职业习惯等方面的原因，产生对组织变革的抵制。

二、组织变革阻力的来源

组织变革不可避免地会影响到组织成员的利益和权力的重新分配，影响到已形成的态度和习惯，因此组织变革必然会引起一些组织成员的抵制。抵制变革的方式有很多种，有的是公开的、直接的，如提出组织变革时，员工会很快做出反应，表现为怨声载道、消极怠工等，这类阻力比较容易处理。而有的阻力则是潜在的、延后的，往往会造成员工缺乏工作积极性、对组织的忠诚感降低等，处理这类阻力时组织会面对很大的挑战。

哈佛大学教授约翰·P.科特（John P. Kotter）和伦纳德·施莱辛格（Leonard A. Schlesinger）归纳了四个组织变革阻力产生的原因：从狭隘的私利出发，不顾组织的整体利益；不明了变革的意义，对发动变革者缺乏信心；对变革的后果与变革者的估计不同；担心自己的知识和技能过时。而比较被广泛接受的是罗宾斯关于变革阻力来源的分析，他认为组织变革阻力主要来源于两个方面，即个体阻力和组织阻力。

（一）个体阻力

变革中的个体阻力源于基本的人类特征，如知觉、个性、需要等，大体可概括为以下五方面的原因（图 10-1）。

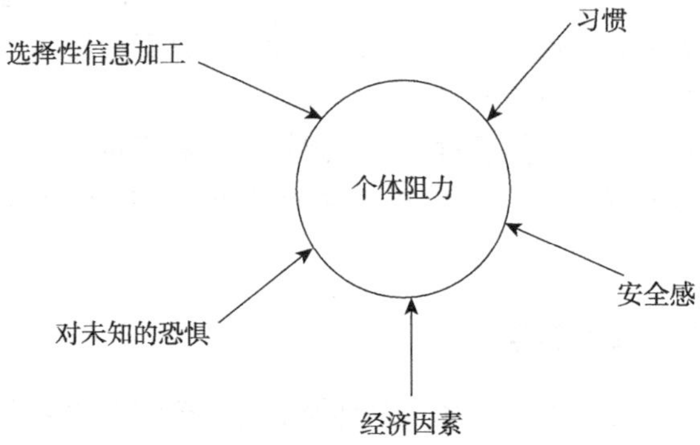

图 10-1　变革的个体阻力

资料来源：罗宾斯（2005）

（1）习惯。习惯使个体适应世界和处理世界，它是合适、安全、满意的源泉。面对生活的复杂性，人们往往依赖习惯或程序化的反应。因此，当面对变革时，以惯常方式做出反应的趋向就会成为一种阻力源。

（2）安全感。有较高安全需要的人很可能会抵制变革，因为变革威胁到了他们的安全感。

（3）经济因素。如果员工担心他们在新的工作任务或工作规范下不能达到变革之前的水平，尤其是当报酬和生产率关联密切时，工作任务的改变或工作规范的重建就会引起工作恐慌，员工就会抵制变革。

（4）对未知的恐惧。变革是用模糊性和不确定性的事物代替已知事物，而人在面对未知事物时都会感到焦虑，所以组织中的员工一般都不喜欢变革的这种不确定性，必然会对其产生抵触。

（5）选择性信息加工。个体通过知觉塑造自己的认知世界，为了保持知觉的完整性，个体会对信息进行选择性加工。他们只听取自己想听的，而忽视那些会对自己构建的知觉世界构成挑战的信息。

（二）组织阻力

组织相对而言是保守的，它积极地抵制变革。组织层面的变革阻力主要源于以下六个方面（图 10-2）。

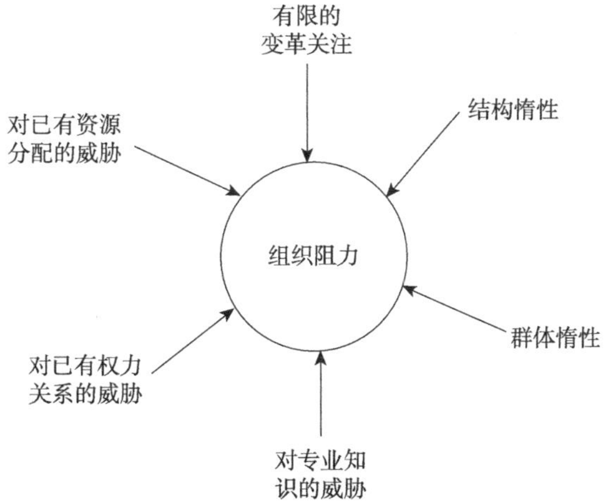

图 10-2　变革的组织阻力

资料来源：罗宾斯（2005）

（1）结构惰性。组织具有产生稳定性的内在机制，如甄选过程和正规化管理，当组织面临变革时，结构惰性就充当了努力维持原有稳定性的反作用力。

（2）有限的变革关注。组织是由一系列相互依赖的子系统组成的，不可能只对一个子系统进行变革而不影响其他的子系统。因此，在子系统中进行的有限变革可能会因为更大系统的问题而变得无效。

（3）群体惰性。即使个体想改变他们的行为，群体规范也会成为约束力。

（4）对专业知识的威胁。组织模式的变革可能会对特殊群体的专业知识构成威胁。

（5）对已有权力关系的威胁。任何决策权力的再分配，都会威胁到组织长期以来形成的权力关系。

（6）对已有资源分配的威胁。组织中控制一定数量资源的群体，常常把变革视为一种威胁。他们倾向于对事情的原本状态感到满意。

三、组织变革阻力的克服

任何组织的变革都需要依赖组织成员的积极配合和支持才能成功，然而前面已经分析过，并不是所有的组织成员都会支持变革。所以变革发动者一定要清楚阻力产生的原因，采用具体可行的策略克服对组织变革的抵制。

（一）勒温的力场分析法

社会心理学家库尔特·勒温提出了力场分析法（force field analysis）来解释变革的过程，它也是解释变革过程最具权威性的观点之一。力场分析图的一边代表着推动组织朝一个新事态发展的驱动力量，另一边代表着维持现状的约束力量，通常被称为变革阻力，当驱动力量和约束力量大致平衡时，稳定就出现了（图 10-3）。

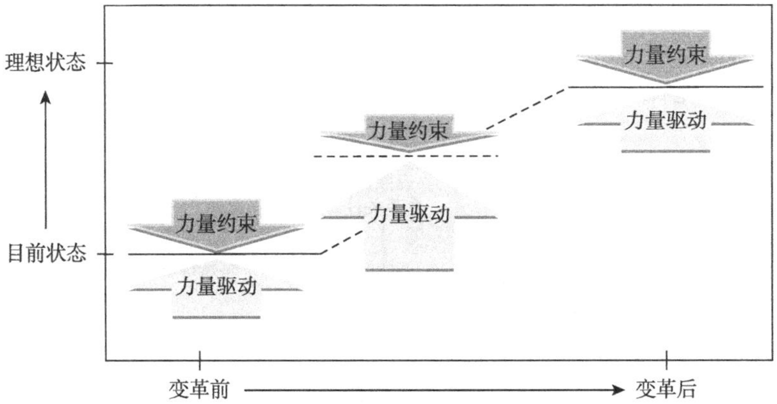

图 10-3 勒温的力场分析法

资料来源：麦克沙恩和格里诺（2011）

勒温认为任何情境都可以被看做彼此推动力量间的平衡状态。当变革遇到阻力时，如果用强硬的手段压下去，可能会得到一时平息，但是反抗的因素会积聚力量卷土重来。因此，他主张把支持变革和反对变革的所有因素采取图示方法排队，分析和比较其强弱程度，然后采取措施，增强支持因素，减弱反对因素，保证变革顺利实施。这种方法已被成功运用到各种组织变革管理的实践中。

力场分析法的一般程序为：确定问题，即调查变革的矛盾冲突；分析问题，即列出变革的动力与阻力因素，并按其强弱程度排序，绘制立场分析图；制定变革策略，即针对其中的一些阻力或动力因素，找出减少或增加的办法。

下面介绍一个勒温亲自参与策划的变革实例，该实例中主要问题就是一家工厂要求全体女工戴防护眼镜的决定受到抵制。勒温经过调查分析，最后绘出图 10-4。

对于第一个阻力因素，经过了解，他只要多花 5 美分就能调换一种比较轻且舒适的镜架，并且公司也同意增加这笔支出；对于第二个阻力因素，他让女工自己设计美观、合适的眼镜式样，并开展评比竞赛，引起了大家的兴趣。这样就使女工对公司的规定由反对变为支持。

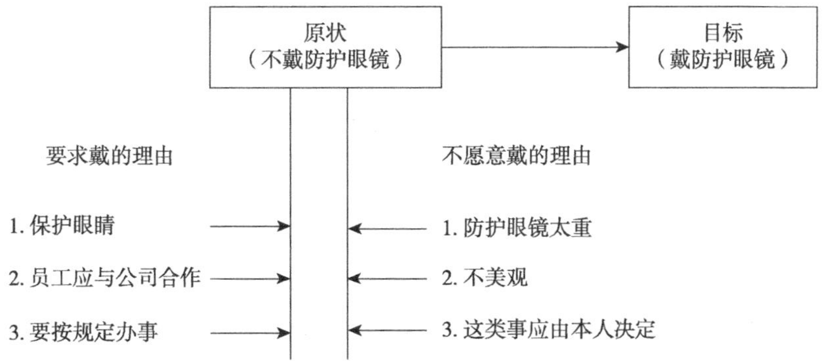

图 10-4　力场分析法实例

资料来源：张德和吴志明（2005）

需要注意的是，在变革过程中员工利益和需要的变化，尽量用协商的态度办事，某些变革可能会使少数人或团体受到损失，变革发动者应该与他们充分协商，对变革所引起的技能要求的变化，要组织培训，使员工得到技术补偿。

（二）克服组织变革阻力的策略

变革发动者要实施变革，克服组织的变革阻力，就要对阻力因素进行系统分析，合理选择措施。美国著名管理学家罗宾斯总结了六种克服组织变革阻力的具体策略。

1. 教育和沟通

加强教育和沟通，是克服组织变革阻力的有效途径。这种方法适用于信息缺乏和对未知环境不了解的情况，具体实施比较花费时间。通过教育和沟通，分享情报资料，不仅带来相同的认识，而且在群体成员中形成一种感觉，即他们在计划变革中起着作用，可以增加他们的责任感。同时，在组织变革中加强培训和信息交流，对于成功实现组织变革也是极为重要的，这既有利于及时实施变革的各个步骤，也使决策者能够及时发现实施中产生的新问题、新情况，获得有效的反馈，从而可以随时排除变革过程中遇到的抵制和障碍。

2. 参与和投入

研究表明，人们对某事的参与程度越大，就越会承担工作责任，支持工作的进程。因此，当有关人员能够参与有关变革的设计讨论时，参与会导致承诺，抵制变革的情况就会显著减少。参与和投入方法在管理人员所得信息不充分或者岗位权力较弱时使用比较有效。但这种方法也有不足之处，即可能会影响决策的质量且较费时间。

3. 促进与支持

变革推动者可以通过一些支持性措施来减少阻力。在员工感到恐惧和忧虑时，提供咨询和心理辅导，新技术培训、短期的带薪休假等都有利于他们调整心态。这种策略的缺点是需要时间且所需费用较多。

4. 谈判

必要时，组织可以用某些有价值的东西换取阻力的降低。例如，在变革阻力集中于少数有影响力的人身上时，可以商定一种具体的报酬方案来满足他们的个人需要，但是也不能忽略这种策略潜在的高成本。

5. 操纵和收买

操纵是指暗地里施加的影响力，如故意歪曲事实使它们显得更有吸引力、封锁不受欢迎的消息、制造谣言让员工接受变革等。收买是一种既包括操纵又包括参与的形式，是通过让某些变革群体的领导者在变革决策中承担重要角色来收买他们。这种策略相对来说成本较低，也易于争取反对派的支持。

6. 强制

强制是指直接对抵制者实施威胁和压力，如威胁调职、不予提拔、消极的绩效评估、提供不友善的推荐信等。这种做法可能是不合法的，即使是合法的强制也容易被当做一种暴力。

除了以上六种策略外，建立学习型组织、管理者观念更新、组织文化创新等对克服组织变革阻力都有一定的作用。另外，为了消除组织成员对组织变革领导者的能力、主观倾向性等方面的质疑，很多组织在进行变革时，通常会采用引入外部咨询顾问的办法。

第三节　组织变革的模型

组织变革的模型是指组织变革的要素构成、运行程序、变革方式方法的总体思维框架。关于组织变革的基本模型，国内外学者从不同的角度进行了研究，提出了自己的观点。

一、勒温的三阶段模型

勒温的三阶段变革模型是最具影响力的组织变革模型，大多数组织变革理论都是来自他的标志性研究成果。他提出的组织变革的三个阶段包括解冻、变革和再冻结，用以解释和指导如何发动、管理与稳定组织变革过程。这个组织变革模型也叫做“力场”组织变革模型。

勒温把组织描述成一个具有稳定状态或者由相等的反向力量组成的“平衡体”。他认为，组织存在很多“驱动力量”，即变革的压力，包括竞争压力、新技术的传播、组织内部的创造性和变革，以及商业运作方面的新立法、环保问题和雇员权利。而均衡这些驱动力量的是许多“抵制力量”，包括企业中固化的传统习惯和惯例、贸易联盟的协定、组织文化和思想观念等。每一种力量都必须要抵消其他力量，系统因而处于平衡状态。

勒温认为推动组织实施变革的动因在于“驱动力量”和“抵制力量”之间的互相作用力，这种力量随着环境的变化而此消彼长、互为胜负。而组织就是在这两种作用力之间寻求平衡，每一次从一种平衡达到另一种平衡，组织即发生激烈的变革。

勒温根据自己的模型断言，可以把任何组织的变革过程想象成为推动目前的平衡状态向人们期望的状态或者说新的平衡状态转变。勒温因而提出了“三阶段组织变革模型”理论，即变革包括解冻、变革、再冻结三个阶段，具体如图 10-5 所示。

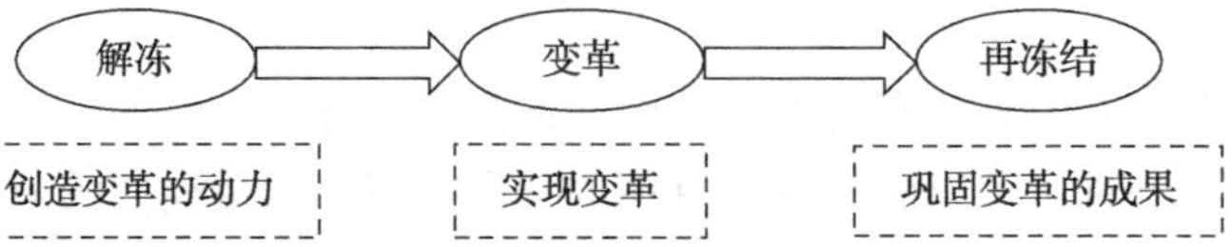

图 10-5　勒温的三阶段变革模型

资料来源：冯明（2013）

第一阶段：解冻。解冻是变革前的准备阶段，其作用是为建立新的行为和树立新的观念做好准备，是创造变革的动力。首先，组织需要收集关于组织现状的相关资料，说明组织现状与期望状态之间的差距及组织成员现有行为与需要达到的行为之间的差异；其次，组织开始改变其现状和组织成员的行为，让组织成员意识到原有观念和行为的不足，打破原有的组织内部平衡，这即为解冻。

第二阶段：变革。变革阶段的主要任务就是引入新方法、新系统、新观念，改变组织成员原有的观念、行为，使其按照新的观念、方法进行思考，形成新的行为方式，以使组织从现有状态模式向期望状态转变。在这一步骤中，应该注意为新的观念和行为树立榜样，采用角色模范、导师指导、专家演讲、群体培训等多种途径。勒温认为，变革是一个认知的过程，它通过获得新的概念和信息得以完成。因此特别要注意沟通方式及协作方式。

第三阶段：再冻结。现实中经常出现，组织变革行动发生之后，个人和组织都有一种退回到原来习惯了的行为方式中的倾向。为了避免出现这种情况，变革的管理者就必须采取措施保证新的行为方式和组织形态能够不断地得到强化与巩固。因此在再冻结阶段，必须利用必要的强化手段，如制度、政策及流程的方法，使新的态度与行为固定下来，使组织变革处于稳定状态。如果缺乏这一冻结阶段，变革的成果就有可能退化、消失，而且对组织及其成员也将只有短暂的影响。

二、科特的八阶段模型

科特在勒温三阶段模型的基础上，建立了更为详细、规范的八阶段模型。他认为站在变革推动者的角度，变革包括八个步骤：增强紧迫感；建立指导团队；确定变革愿景；有效沟通愿景；授权行动；创建短期成效；不停变革；巩固变革成果（图 10-6）。

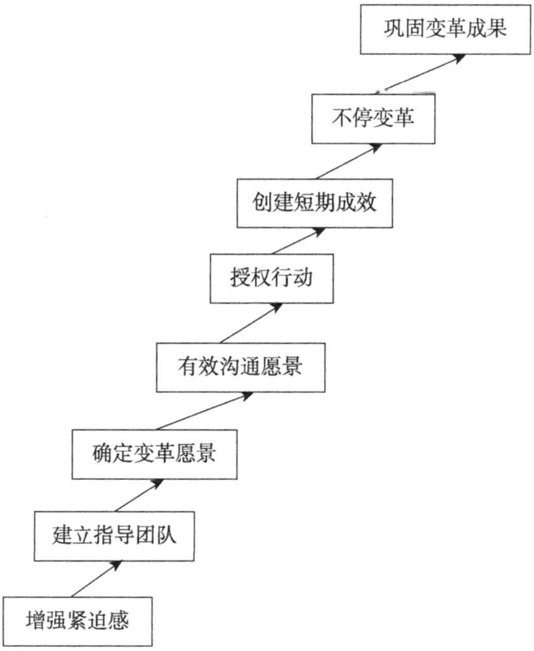

图 10-6　科特的八阶段变革模型

资料来源：陈国权（2006）

第一阶段：增强紧迫感。无论是大型私有企业的高层主管，还是身处非营利组织的基层部门，那些在组织变革中取得成功的人士，都会在发动变革之前，在相关人员心里制造一种紧迫感。紧迫感有时是通过一些富有创造性的方法形成的，可以使人们立即意识到进行变革的重要性，并准备随时为此采取行动。

第二阶段：建立指导团队。有了紧迫感之后，成功的变革者会马上召集那些有一定的可信度、技能、关系、声誉和权威的人员，组成一支指导团队来担任变革过程的领导工作。这支团队应该有很强的责任感，并且能够得到很多人的信任。

第三阶段：确定变革愿景。指导团队会为自己的组织变革确立合理、明确、简单而振奋人心的愿景和相关战略。

第四阶段：有效沟通愿景。指导团队将愿景和战略传达给所有的相关人员，领导者们把简明扼要的信息通过通畅的渠道传达下去。这一步的目标就是在所有相关人员内部形成一种共识和责任感，从而准备变革。领导还应该通过实际行动让人们更好地理解愿景。领导应该不厌其烦地做沟通工作。

第五阶段：授权行动。要想在组织变革中取得成功，领导者必须对参与变革的有关管理者和员工进行充分授权。授权可以使人们有能力克服阻力、清除障碍，将变革向前推进。

第六阶段：创建短期成效。在进行授权之后，那些在组织变革中取得成功的领导者就会设法帮助组织取得一些短期成效。这是非常关键的一步，因为短期成效，可以为整个组织变革的必要性和正确性提供强有力的证明，并为随后的工作提供必要的资源和动力。

第七阶段：不停变革。取得一些短期成效后，成功的变革领导者绝不会放松努力。因为在这种情况下，整个组织的信心已经都被调动起来了，早期的一些变革措施也开始得到理解和认可，这时，人们就会聪明地选择以后的行动，并不断地将变革向前推进，直到彻底实现组织变革的愿景。

第八阶段：巩固变革成果。最后，在那些取得成功的组织中，整个组织的领导者们会通过培育一种新的企业文化来把所有的变革成果固定下来。一种新的企业文化的建立，包括组织中的群体行为规范和人们价值观的建立，需要相对较长的一段时间，而且在这段时间里，整个组织还需要不断取得新的成功，以证明变革措施的有效性。在这个过程中，适当的人事变动、精心设计的新员工培训，以及那些能引发人们某种情感反应的活动都可能会起到很重要的作用。

科特八阶段变革模型中的第一至第四阶段对应勒温三阶段模型中的第一阶段（解冻），第五至第七阶段对应勒温三阶段模型的第二阶段（变革），第八阶段对应勒温三阶段模型的第三阶段（再冻结）。

三、行动研究变革模型

行动研究（action research）是指一种以数据为基础，系统收集信息，然后在信息分析的基础上选择变革行为的变革过程，具体如图 10-7 所示。它的重要性在于为推行有计划的变革（planned change）提供了科学的方法论。

行动研究过程包括五个阶段。

第一阶段：诊断（diagnose）。在行动研究中，变革的组织者和推动者通常定位于外部顾问角色，他们必须从组织成员处收集变革需要、热点问题及利害关系方面的信息，诊断

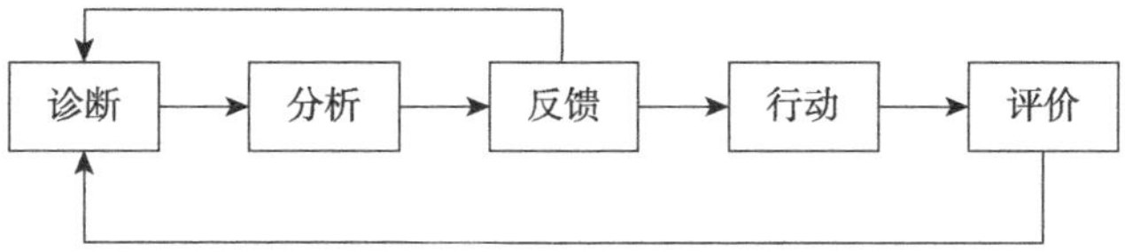

图 10-7　行动研究变革模型

资料来源：苏勇和何智美（2011）

组织现状的“病症”，确定需要解决的问题。

第二阶段：分析（analyze）。在该阶段对诊断阶段所收集的信息进行分析。变革推动者把这些信息综合成几个方面：组织成员主要关心的问题；这些问题的范围和形式；问题的成因和关键所在；可以采取什么样的行动来解决问题，也就是在对组织的“病症”初步诊断的基础上，分析和确定问题产生的原因，并初拟解决问题的方案。

第三阶段：反馈（feedback）。行动研究还包括变革对象的广泛参与。任何变革方案设计的员工都必须积极参与问题的确定及解决办法的寻求过程。所以，第三步就是让员工共同参与前两步发现的问题。

第四阶段：行动（action）。这一步是行动研究中的实际行动阶段，基本任务是计划并执行专门的行动来实施变革，应该由变革推动者和组织成员共同采取行动来改进已确定的问题。

第五阶段：评价（appraise）。在该阶段，变革推动者评价行动计划的效果。他们以收集到的原始资料为参考点，对此后发生的变革进行比较和评价。在有些情况下，行动研究的前四个步骤经过多次循环后才能完成评价工作。

行动研究模型对组织的显著优点是：①以问题为中心，变革推动者客观地发现问题，问题的类型决定了变革的类型。这样可以克服许多人往往以解决问题的方法为中心，先有一个好的管理思想、管理方法或解决方案，然后再寻找与之相应的问题的变革行为。②行动研究中包含了组织成员的大量参与，减弱了变革阻力，增强了变革动力。因为，人们往往对自己参与建立的变革更乐于支持和执行。实际上，一旦管理者与员工共享信息并确认了变革的必要性，变革过程就已经有了动力。

四、系统性变革模型

（一）莱维特的系统性变革模型

在许多组织变革模式中，美国学者莱维特的系统模式较流行，它是从组织系统互相联系、互相影响的要素体系出发探讨组织变革模式的。莱维特认为组织是个多变量的系统，它包含有变革相互作用的四个变量，即结构、任务、人员和技术，具体如图 10-8 所示。

结构是指组织的权责体系、信息沟通、管理层次和幅度、工作流程等。

任务是指组织存在的意义和使命以及工作的性质（简单和复杂、新的和重复的、标准化和独特性）。工作任务的性质能够影响组织内个体和部门之间的关系。

人员是指达成目标的个体、群体、领导人员，包括他们的工作态度、个性和激励等。

技术是指组织解决问题的方法、手段、技术装备以及应用于组织过程中的各种知识。

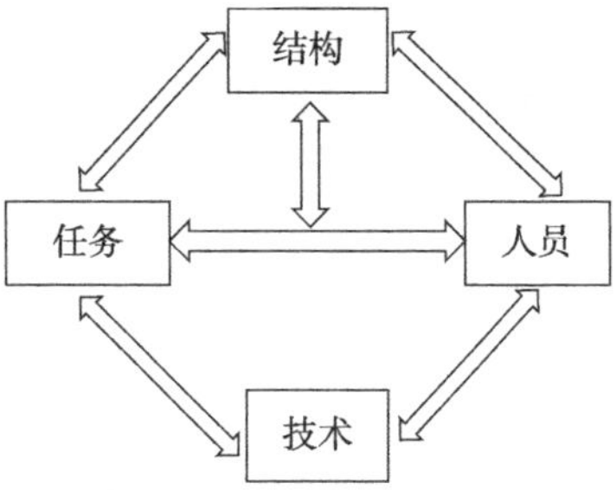

图 10-8 系统性变革模型中相互作用的四个变量

资料来源：赵莉琴等（2005）

这四个变量相互依赖、缺一不可，任何一个变量的改变都会引起其他一个或多个变量的改变。同时，组织又是一定环境中的组织，组织内的各项因素都与环境发生着相互的作用，环境也就通过上述四个变量影响组织的变革。组织变革可以引用单一变量或者结合多个变量，但是管理人员必须了解全部四个变量的相互作用，其可以通过改变组织的工作任务、组织结构，改变人的态度和价值观念、人的行为和组织成员之间的沟通程序，改变解决问题的机制和方法，以及通过环境的变化来进行组织变革。莱维特的变革模式为制定组织变革的对策和方法提供了一个基本框架，具体如图 10-9 所示。

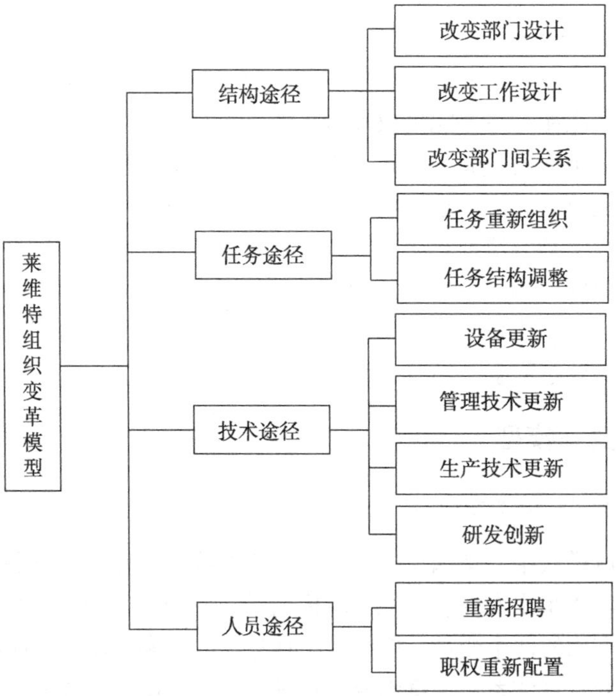

图 10-9 莱维特组织变革模式基本框架

资料来源：任浩（2011）

美国学者黑尔里格尔（Hellriegel）对这个系统模型进行扩充，把组织系统的主要因素扩展为六个，包括人员、文化、任务、技术、设计和战略，这六个变量同样是相互依赖的，任何一个变量的改变都可能导致其他一个或多个变量的改变。它们之间的互动关系如图10-10 所示。

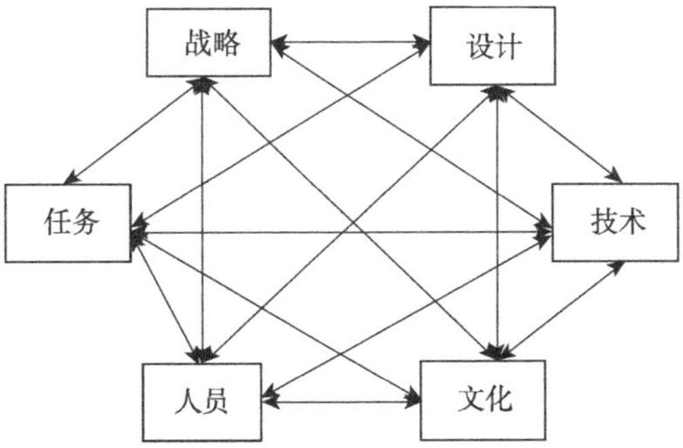

图 10-10　黑尔里格尔的变革系统模型

资料来源：黑尔里格尔等（2001）

（二）杜布林的系统性变革模型

美国行为学家杜布林（Andrew J. DuBrin）把组织变革的动力与组织变革过程联系起来，构成了一个组织变革的系统模型，包括输入、中间变量和输出三个部分，表明了组织变革过程中各变量的内在关系，具体如图 10-11 所示。

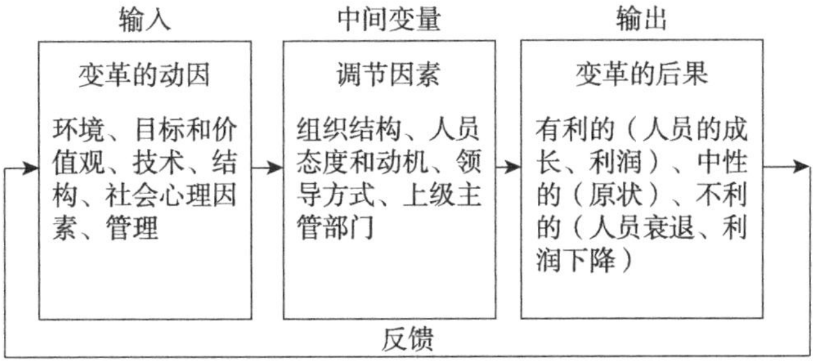

图 10-11　杜布林的系统性变革模型

资料来源：陈树文（2005）

输入部分是内外环境对组织变革的压力，它迫使组织进行变革，主要表现为环境、目标和价值观、技术、结构、社会心理因素和管理等。

（1）环境。组织的外部环境大体可分为三个层次，即科学技术、社会行为和制度结构。科学技术的发展、社会行为价值观念的变迁以及社会的体制因素这三层的变化可以看做外界环境变动的来源。组织的生存发展离不开与外界环境进行信息、人员、物资等方面的交换，需要努力争取与外界环境保持平衡。因此，组织要适应外部环境就必须不断进行自我变革。

（2）目标和价值观。组织目标的变化是组织变革的一大动因，而价值观的变化会导致人们向“适宜”的行为方面变化，可能会引起目标的变化，也可能会保持目标不变。

（3）技术。技术系统是一个明显的变革动因，如新技术革命以空前的深度与广度影响和改变着社会生产及生活的各个方面，从而会对组织结构和社会心理系统产生重大影响。

（4）结构。任何组织的结构都有一个逐步完善的过程。在此过程中，结构改变最典型的就是对现有部门再划分或合并，这种变化往往会影响到整个系统。虽然组织结构本身的某些调整并不直接就是组织本质的变化，但是结构的重大变化必然会导致组织的部分质变。

（5）社会心理因素。充分发挥人的因素，是任何一个组织成功实现预定目标的关键。

组织成员的士气、动机、态度、行为等的改变，对整个组织及其变革都有重要的作用。

（6）管理。管理无疑是组织变革的关键性动因，美国人唐纳利（J. H. Donnelly）和吉布森（J. L. Gibsion）等在《管理学基础》一书中就把变革称做“管理改革”或“改革的管理”。

中间变量发挥着调节作用，用来对变革动因的作用力量进行调整，使其指向变革的预期目标，它主要由组织结构、人员态度和动机、领导方式和上级主管部门等构成。

输出部分即组织变革的后果，包括有利的、中性的和不利的三种情况，不同的后果都有一些具体的指标来表达和描述。

第四节　组织发展

组织发展（organizational development，OD）和组织变革之间联系密切，组织变革的目的是使组织得到发展，以适应组织内外部环境的变化，有效地行使组织职能。罗宾斯也认为，在管理变革的讨论中，不包括组织发展讨论就不完整。

一、组织发展的含义

（一）组织发展的概念界定

组织发展不是一般意义上的概念，而是一个学术专称，这个术语是建立在人文与价值观基础上、所有计划的变革干预的总和，它致力于增进组织的有效性和员工的主观幸福感。因此很难把它作为一个概念进行界定。但是，随着研究内容在实践中的不断充实，人们对组织发展的认识也在逐渐深化。

早期最狭隘的观点把“组织发展”等同于“敏感性训练”，比较广义的观点则是将其视为“改善组织中人的因素的措施”，对于这一观点，美国“国家训练实验室”最具代表性，其认为组织发展是专门致力于组织中的人事改革，如处理个人的激励、权力、知觉、人际关系等的过程。

最早对组织发展进行明确界定的是行为学家贝克哈德和本尼斯（W. G. Bennis）。贝克哈德从目的性和方法论的角度对其进行界定，认为组织发展是运用行为科学知识进行有计划的、全局性的和自上而下发动的活动，通过对组织内各种过程的有计划的干预来增进组织的有效性和促进组织健康发展；本尼斯认为，组织发展是对变革的一种反应，是一种复杂的教育性战略，其目的是努力改变组织的信仰、观点、价值观和结构，以适应新技术、新市场、新挑战及快速变化的市场。

随着社会经济的发展和实践结果的不断丰富，许多组织管理学家和行为学家都对组织发展做了不同程度的界定。

哈佛商学院的教授比尔（Beer）认为，组织发展是从收集资料、分析问题、制订行动计划、采取干预措施到评价效果的整个系统的活动过程。其目的有三个：一是使组织结构、活动过程、战略、人员及组织的制度、作风更好地相互配合；二是提出新颖的和创造性的解决问题的方案；三是开发组织自我更新的能力。

著名的组织变革学家伯克（Burke）则认为，组织发展是利用行为科学技术和理论对组织文化实施有计划的变革的过程。

陈国权认为，组织发展是管理者有意识地运用行为科学理论和方法，从人和事的角度开展相关活动，以改善组织中人的行为，从而达到组织目标的过程。组织发展实际上属于有计划的变革。

综上，组织发展是组织的自我更新与开发，是以行为科学理论和方法为基础，有计划、系统性地促进组织成员行为的变革，提高组织效率的过程。

组织发展是一套有计划、系统的变革方法，这些变革适用于整个组织及组织的每个部分，目的是提高整个系统的效率，发掘员工的潜能，其主要实现方式是通过一系列的干预活动实现个人目标和组织目标。由此可见：①组织发展不是微观意义上的变革，它关注的是宏观的目标，即通过管理的方法提高整个组织的效率；②组织发展不是一项单一的技能，它运用了大量不同的技能，如全面质量管理、工作丰富化等；③组织发展不是随机的、即兴的变化，它是在系统评估和诊断问题的基础上制定的有计划的、有针对性的变革。

因此，对于组织发展必须明确以下几点。

（1）组织发展是一个通过利用行为科学的技术和理论，在组织中进行有计划的变革的过程。组织发展是指在外部或内部的行为科学顾问，或有时被称为变革推动者的帮助下，为提高一个组织解决问题的能力及其外部环境中的变革能力而做的长期努力。组织发展也是指一个有计划的、涵盖整个组织范围的、同时有高层管理者控制的努力过程，它以提高组织效率和活力为目的，该过程利用行为科学知识，通过在组织的“进程”中实施有计划的干预而进行。

（2）组织发展是一个数据收集、诊断、行为规划、干预和评价的系统过程，这是通过组织员工之间及其与使用行为科学理论、研究和技术的变革推动者之间进行合作来达到的。

（3）组织发展致力于增强组织结构、进程、战略、人员和文化之间的一致性，开发新的创造性的组织解决方法，以及发展组织的自我更新能力。

（4）进行组织发展，往往要在一些专家的指导和帮助下，运用管理心理学和其他学科的理论与技术，以实现预定的组织变革计划和目标。组织发展比较强调正式的工作群体的作用，它的主要对象是工作群体，包括管理人员和员工。这一点不同于传统方式的组织改进活动，传统的办法集中于个别管理人员，而不是群体。全面的组织发展还包括群体间的相互关系以及整个组织系统的问题。

（5）组织发展的目的是提高组织的有效性，高有效性不仅仅是指组织效率高，还是指员工的工作生活质量高。

（二）组织发展的特征

组织发展是提高全体员工积极性和自觉性的手段，也是提高组织效率的有效途径。组织发展有几个显著的基本特征。

（1）组织发展是具有高度价值导向的深层次变革。组织发展意味着需要深层次和长期性的组织变革。例如，许多企业为了获取新的竞争优势，计划在组织文化的层次实施新的组织变革，这就需要采用组织发展模型与方法。由于组织发展涉及人员、群体和组织文化，这里包含明显的价值导向，特别是注重合作协调而不是冲突对抗，强调自我监控而不是规章控制，鼓励民主参与管理而不是集权管理。

（2）组织发展是循环诊断及改进的变革。组织发展的思路是对企业进行“多层诊断”、

“全面配方”、“行动干预”和“监控评价”，从而形成积极健康的诊断—改进周期。因此，组织发展强调基于研究与实践的结合。组织发展的一个显著特征是把组织发展思路和方法建立在充分的诊断、裁剪及实践验证的基础之上，其关键部分之一就是学习和解决问题，这也是组织发展的一个重要基础。

（3）组织发展是建立新行为规范的变革。组织发展不只是有关知识和信息等方面的变革，更重要的是在态度、价值观念、技能、人际关系和文化气氛等管理心理各方面的更新。组织发展理论认为，通过组织发展的再教育，可以使干部员工抛弃不适应形势发展的旧规范，建立新的行为规范，并且使行为规范建立在干部员工的态度和价值体系优化的基础之上，从而实现组织的战略目的。

（4）组织发展是一个连贯的变化过程。组织发展活动既有一定的目标，又是一个连贯的、不断变化的动态过程。组织发展的重要基础与特点是强调各部分的相互联系和相互依存。组织发展着重于过程的改进，既解决当前存在的问题，又通过有效沟通、问题解决、参与决策、冲突处理、权力分享和生涯设计等过程，学习新的知识和技能，解决相互之间存在的问题，明确群体和组织的目标，实现组织发展的总体目标。

（5）组织发展是一个设立长远发展目标的过程。组织发展活动是订立和实施发展目标与计划的过程，并且需要设计各种培训学习活动来提高目标设置和战略规划的能力。大量的研究表明，明确、具体、中等难度的目标更能够激发工作动机和提高工作效能。目标订立与目标管理活动，不但能够最大限度地利用企业的各种资源，发挥人和技术两方面的潜力；而且能产生高质量的发展计划，提高长期的责任感和义务感。因此，组织发展的一个重要方面就是让组织设立长远学习目标和掌握工作计划技能，包括制订指标和计划、按照预定目标确定具体的工作程序以及决策技能等。

二、组织发展的过程

组织发展是一个逐步演进的过程，具体包括进入与签约，组织诊断，收集、分析和反馈信息，设计与执行干预措施，评估干预效果等阶段。

（一）进入与签约

进入与签约是组织发展过程的第一步，内容涉及确定良好的合作关系、签订组织发展合同。

（1）确定合作关系。组织发展过程一般始于某一组织的成员和组织发展专家进行接触，希望专家能够帮助解决组织遇到的问题。其中，组织成员可以是管理者，也可以是普通员工；组织发展专家通常是外部顾问，也可以是内部专业人士。

（2）签订合同。双方达成合作意向后，要签订组织发展合同，既可以是口头协定，也可以是对双方具有法律约束力的文件。

（二）组织诊断

组织诊断是指评估组织当前的状况，为制定变革措施提供必要信息的过程，其准确性和有效性对组织发展的成功具有关键的影响作用。组织诊断可以在三个层次上进行：①组织层次上的诊断，包括对公司战略、结构和程序的设计。②群体层次上的诊断，包括针对团队成员之间结构性的相互作用而进行的团队设计和策略。③个体层次上的诊断，包括用来设计岗位以得出必需的作业行为的各种方式。

（三）收集、分析和反馈信息

收集、分析和反馈信息是组织诊断的中心环节。

（1）收集诊断信息。收集信息需要全面收集与组织问题相关的所有情况，常用的信息收集方法包括问卷调查、访谈、观察和查阅资料。其中，访谈是组织发展中使用最广泛的信息收集方法。

（2）信息分析技术。信息分析技术包括定性和定量两种类型。定性分析的方法通常有内容分析（content analysis）和力场分析（force-field analysis）两种；定量分析是指各种统计方法，如描述统计和推断统计等。此外，一些高级统计技术，如回归分析、因素分析、聚类分析、路径分析等都有可能用于数据分析。

（3）反馈诊断信息。组织诊断中最重要的步骤是把收集的信息和分析的结果提供给客户。只有组织成员拥有和使用适当的信息时，才能对组织变革产生影响。有效的反馈既依赖于资料的内容，也依赖于反馈的过程。

（四）设计与执行干预措施

干预措施是一套旨在提高组织有效性的有计划的行动或事件。有效的干预措施应当符合以下要求：①建立在关于组织运作的有效信息的基础上；②能够带来预想结果；③能够提高组织成员管理变革的能力。组织发展干预措施可以分为很多类型，主要的有人类过程干预、技术结构干预、人力资源管理干预和战略干预四类，具体见表 10-2。组织需要根据组织发展目标和需要改进的焦点，选择合适的干预措施。

表 10-2 干预措施的类型

干预措施	个体水平	群体水平	组织水平
人类过程干预			
T 小组	★		
过程咨询		★	
第三方干预	★	★	
团队建设		★	
组织面临会议		★	★
群际关系干预		★	★
大群体干预			★
方格训练		★	★
技术结构干预			
结构设计			★
裁员			★
企业再造		★	★
平行结构		★	★
高投入组织	★	★	★
全面质量管理		★	★

续表

干预措施	个体水平	群体水平	组织水平
工作设计	★	★	
人力资源管理干预			
目标管理	★	★	
绩效评估	★	★	
报酬制度	★	★	★
事业规划与发展	★		
劳动力多样性	★	★	
员工援助计划	★		
战略干预			
开放系统规划		★	★
整合战略变革			★
跨组织发展			★
文化变革			★
自我设计变革战略		★	★
组织学习		★	★

资料来源：冯明（2013）

（五）评估干预效果

评估干预效果涉及判断干预是否按计划执行，以及是否取得了预期结果。越来越多的管理者对组织发展干预效果提出了严格的评价标准，并依据评价结果对组织发展的资源配置做出决策。评价既包括对变革和发展在实际执行中的过程评价，也包括对变革发展是否实现了预期目标的事后评价。

三、组织发展的技术

组织发展专家弗伦奇（F. French）和贝尔（E. Bell）认为，组织发展的干预技术（organization development intervening technique）是指各种有组织的工作活动，以及推广组织中有关成员或团体从事一项或一整套工作任务，其目的是直接或间接地为了组织的改善。

（一）人类过程干预技术

人类过程干预技术主要包括以下几种。

1. T 小组

T 小组（T-groups）又称敏感性训练法（sensitivity training），是开发最早的组织发展干预技术。它是指一种群体训练的方式，成员通过非结构性的团体互动，在专家的协助下，提高了解自我和他人的行为能力，学习合理且适当的人际关系与行为模式，从而改变或调整自己的观念、态度或行为，以利于组织的健全与发展。在训练中，成员处于一个自由、开放的环境中，讨论他们自己以及他们之间的相互交往过程，并且有专业的行为专家做顾问。让成员通过观察和参与来学习，而不是别人告诉他们该学什么，专业人员为他们创造机会，让他们表达自己的观点、信仰和态度。

T 小组可依据彼此间的关系分成四类。

（1）陌生人实验法（stranger laboratories）：成员来自四面八方，彼此互不认识，而且在训练结束后也不会有任何工作上的关系。此种方法强调增进自我的了解及对他人的了解。

（2）兄弟实验法（cousin laboratories）：成员可能来自同一机关组织，但彼此没有直接的工作关系。此种方法重视了解群体内行为与群体间行为以及人际关系。

（3）家庭实验法（family laboratories）：成员来自同一组织，而且彼此具有上下层的工作关系。此种方法重视建立一个具有团队精神、运作有效的群体。

（4）群聚实验法（cluster laboratories）：成员组成与兄弟实验法相似，他们来自同一机关组织，但可以分为几个具有工作关系的“群聚”小组。此种方法兼具兄弟实验法和家庭实验法的要点。

在正式训练实施前，有几项准备工作，即确立训练目标、设立训练实验室、编订日程表、选择训练员。之后正式实施的活动大致可分为四个阶段，具体内容如下。

第一阶段：开始阶段。接受训练的成员在没有领导者及正式日程的安排下，开始进行互动，训练员仅作开场白，并不发表其他意见，由成员围成圆圈进行交谈。

第二阶段：训练阶段。训练员在大家讨论的过程中，以一种非权威的态度进入，以引导讨论的方向，也就是从无组织的主题团体逐渐转化成有组织团体，并且有自然产生的领导者带领大家一起讨论。

第三阶段：人群关系发展阶段。经过相当长的一段时间后，成员间彼此较为熟悉，把原来防卫、固守的态度、价值舍弃，开始了解自我和他人，并发展出一种坦然相对、本性流露、积极互动的群体关系。

第四阶段：建立团体精神与产生共同结论阶段。在大家逐渐形成共识之后，受训的成员强化了自己与他人的能力，因而达成了训练的目标。

2. 过程咨询

过程咨询（process consultation，PC）是一种帮助组织成员提高沟通、人际关系、决策、领导、群体动力等问题能力的通用模型，其目的是让外部顾问帮助客户（通常是管理者）认识、理解他们必须处理的事件并做出行动，这些事件可能包括工作流程、各部门成员间的非正式关系、正式的沟通渠道等。

过程咨询和 T 小组的假设很相似，即协调人际关系和重视参与，可以提高组织的有效性，但过程咨询比 T 小组更具有任务导向性。过程咨询中的顾问不解决组织中的具体问题，而是作为向导和教练在过程中提出建议，帮助管理者解决问题。顾问和管理者共同工作，诊断哪些过程需要改进，之所以强调共同工作，是因为管理者在对自己所在部门的分析过程中还可以培养一种技能，这种技能即使在顾问离开以后仍然存在。另外，管理者积极参与诊断和方案开发过程，能对过程和解决方法有更好的理解，减少对所选择的活动的阻力。

需要注意的是，过程咨询中的顾问不一定是解决具体问题的专家，他只是起咨询和辅导的作用。顾问的专业技能在于诊断和开发一种帮助关系，如果管理者和顾问都不具备解决某一问题所需要的技术知识，则顾问会帮助管理者找到一位这方面的专家，然后指导管理者如何从专家那里尽可能多地获取资源。

3. 团队建设

团队建设（team building）利用高度互动的群体活动提高团队成员之间的信任与真诚，可以应用于群体内，也可以应用于群体之间的相互依赖活动中。其目的是加强团体成员的交互作用，增强成员对组织的认同，提高组织绩效。团队建设中一般考虑的活动包括目标设置及团队成员间人际关系的开发，从而明确每个成员的角色和责任的角色分析以及团队过程分析。

团队建设最流行的做法之一就是户外拓展活动，要求参加者以团队形式参加一系列的户外活动。除了户外活动，也可以在室内环境下进行团队游戏等。

4. 方格训练

方格训练也称格道组织发展技术（grid organization development technology），是由罗伯特·布莱克（Robert Black）和简·莫顿（Jane Monton）使用领导方格来培训管理人员而创立的方格训练方法。他们认为，如果组织有系统地遵循"一个预备及六个实施阶段"，组织将可以从管理行为与方式的初步检查，实行一个"理想的策略性组织模式"，最终迈向"组织最佳方向"，具体实施步骤如下。

预备阶段：遴选并训练将在正式实施阶段主持会议的重要管理人员。

第一阶段：由已受训过的管理人员主持，向与会的管理人员说明方格训练的意义、价值及如何应用等。

第二阶段：通过对团队文化及传统的分析，以发展规划、目标设定及问题解决技巧等方式，达到健全团队的目标。

第三阶段：从事群体间发展工作，主要目标是使原本无效能且经常是输赢竞争关系的群体趋向理想的群体关系。

第四阶段：发展理想的策略性组织模式，由组织的最高管理者设计一个使组织趋于完美的模式。由最高管理者设计好之后，再由成员加以讨论，并提供评价、批评、建议等，以对理想的组织模式进行修正。

第五阶段：执行理想的策略性模式。

第六阶段：进行系统性的评论，努力检查组织是否已达到理想运作目标。

（二）技术结构干预技术

常用的技术结构干预技术如下。

1. 裁员

裁员是一种旨在减少组织规模的组织发展干预技术。裁员的主要方式有：通过解雇、提前退休等减少员工人数；通过外包、并购等减少部门或层次数目。成功裁员的主要步骤如下。

（1）弄清组织战略。本阶段领导者要明确组织发展的战略，并让员工知道裁员与战略的关系。

（2）选择裁员方式。裁员方式有三种：第一种是减少劳动力，是指短期内减少员工的数目，如自然减员、退休诱惑、安置服务和解雇等；第二种是组织再设计，是指调整组织结构，是一种中期的裁员方式，如部门合并、减少组织层次、工作再设计等；第三种是系统变革，是指改变组织的文化和战略，是一种长期的裁员方式。

（3）执行变革。实施裁员时要注意：①克服员工的抵制；②观察员工的士气；③强调裁员是出于战略的需要；④做好沟通工作，减少焦虑与恐慌。

（4）做好思想工作。研究发现，留下来的员工容易患“幸存者综合征”（survivor syndrome），这是一种可能危及组织生存的应激反应，幸存者常常关心将来是否还会裁员，惶惶不可终日。管理者应做好沟通工作，说明裁员的依据，并支持员工参与管理。

2. 平行结构

平行结构以及下面的高投入组织和全面质量管理都是员工投入（employee involvement）活动的一种方式。员工投入源于20世纪50年代末兴起的工作生活质量，它试图促进组织成员参与对组织绩效和员工幸福有重大影响的各类决策，包括权力、信息、知识与技能、报酬。

平行结构的主要形式是质量小组，又称员工投入团队，通常由质量小组、领导者、促进者和执行委员会四部分构成。领导者指导小组的活动；促进者协调几个小组的活动，负责培训小组领导者；执行委员会由促进者和各职能部门的代表组成，负责制定质量小组活动程序和相关政策。每一个小组有3～15人，成员是自愿的，同属一个部门，每周开一个小时左右的会议。质量小组利用自己的知识、经验，识别、分析与工作有关的问题，并推荐解决方案。

3. 高投入组织

高投入组织具有以下特征：①扁平、精干的组织结构。②工作设计具有多样性、自主性、反馈及时。③开放的信息系统。④提供各种咨询服务、信息帮助员工选择事业路径，以促进员工事业的发展。⑤招聘员工时提供真实的有关职位的信息，团队成员将参与选拔过程以发现合适的人员。⑥员工将获得参与决策所需的知识与技能。⑦实行技能工资、收益分成、弹性福利等报酬制度，以提高员工的绩效。⑧物质设计支持团队结构，减少地位差异以促进员工参与。

4. 全面质量管理

全面质量管理（total quality management，TQM）也称持续质量改进，是一系列组织改进技巧和方法的集合，包括质量圈、统计质量控制、统计过程控制、自我管理团队和任务小组及广泛的员工参与等。它是一种长期的、持续的过程，作为组织发展的一种干预措施，意义深远。

全面质量管理具有以下特点：强调客户至上；建立与应用内部客户概念；同时强调统计质量控制和统计过程控制的方法；确立基准；以零缺陷为目标，不断寻找缺陷；参与管理；强调团队和团队合作；强调不断地培训；坚持高层管理者支持。

（三）人力资源管理干预技术

人力资源管理干预技术主要包括以下几种。

1. 目标管理

目标管理（management by objective，MBO）主要是把工作任务目标化，强调运用上下级共同确定的目标来激励、指导、监督、评价员工的工作。其目的既是提高员工的工作效率，也是提高管理者管理员工的能力。

目标管理包括以下四个基本组成要素。

（1）目标设置。目标设置过程包括识别具体的工作责任、开发各种绩效标准、制订完成目标的工作计划等。设置目标时要注意：①说清具体任务；②指出绩效如何测量；③明确绩效标准；④规定完成目标的期限；⑤分清各种目标的主次。

（2）下属参与。目标管理要求下属计划与控制自己的任务，所以下属参与设置目标是目标管理成功的关键。需要注意的是，由于许多员工已习惯于执行分派工作与目标，所以要注意下属参与的能力，激发下属参与的动机。

（3）实施。实施目标之前，上下级应共同制订行动计划，说明如何才能达成目标。实施过程中，管理者应给予员工充分的自主权，让其自我控制、自我管理。应当和员工沟通，发现问题并及时解决。

（4）绩效评估与反馈。目标实施过程中或结束后，应当进行绩效评估以检查进展情况或完成情况。评估既可以由上级进行，也可以自我进行。如果目标达成得出色，应进行奖励和鼓励；如果发现问题，应及时分析原因，找到对策。

2. 劳动力多样化

由于劳动力的构成越来越多样化，组织需要重新设计人力资源系统，以处理员工在需要、偏爱、期望和生活方式等方面的差异。针对劳动力在年龄、性别、残疾、价值观和性导向等方面的变化，组织发展顾问应设计、运用相应的干预措施，具体内容见表 10-3。

表 10-3　劳动力多样化干预技术

劳动力差异	趋势	需要	干预技术
年龄	平均年龄增大 年龄分布变化	健康保障 流动性 安全保障	幸福项目 工作设计 事业规划与发展 报酬制度
性别	女性比例增加 双职工家庭	托儿服务 单亲父母	工作设计 弹性福利
残疾	工作人数增加	工作挑战性 工作技能 物质空间	绩效管理 工作设计 事业规划与发展 尊重与尊严
价值观	少数民族比例增加 报酬转移	灵活政策 自主性 尊重	事业规划与发展 员工投入 报酬制度
性导向	单身人数增加 容许性偏好不同	消除歧视	公平就业机会 弹性福利 教育与培训

资料来源：李剑锋（2010）

3. 员工援助计划

员工援助计划（employee assistance program，EAP）又称员工心理援助项目、全员心理管理技术。它是企业为员工设置的一套系统的、长期的福利与支持项目。员工援助计划通过专业人员对组织的诊断、建议和为员工及其直系亲属提供专业指导、培训和咨询，旨在帮助员工及其家庭成员解决各种心理和行为问题，提高员工在企业中的工作绩效。

员工援助计划的实施步骤如下：①制定援助政策和程序。相关政策应包括保密、惩罚程序、培训等。②选择协调员。选择一名协调员主管员工帮助计划的实施。③获得员工支持。让员工代表参与制订员工援助计划，参加相关培训以及加入援助计划执行委员会。④做好宣传工作。应该让每位员工熟悉员工援助计划的目标、程序和利益，以便支持计划的实施。⑤与相关治疗、咨询机构建立联系。尽管有些大型组织拥有自己的治疗、处理部门，但大多数组织利用外部专业机构处理员工个人问题。⑥搞好培训工作。增强各级管理人员对各种影响员工绩效的个人问题的敏感性，以便及早发现问题；同时，通过培训提高员工处理个人问题的能力。

（四）战略干预技术

战略干预技术主要包括以下几种。

1. 开放系统规划

开放系统规划能够帮助组织成员评估组织环境并制定出相应的战略。开放系统规划一般由高级主管实行，他们常用 2 ~ 3 天的会议时间来分析环境变化并考虑对应措施。组织发展专家帮助他们建立相互信任，让他们分享对环境的不同看法和意见。开放系统规划的主要步骤如下：①评估每一个外部群体（如顾客、供应商、政府等）对组织的期望。②决定组织如何应对每一个外部群体的期望与要求。③确定组织的核心使命，这要通过分析组织与环境的交换关系来完成。④假设环境和组织不发生变化，描绘环境未来的期望，指出组织应采取的反应；假设环境和组织都发生了变化，再描绘环境未来的期望，指出组织应采取的反应。⑤比较现在与未来的环境期望，制订今后的行动计划。

2. 整合战略变革

整合战略变革强调，组织战略必须和组织设计一起变革，以应对环境的威胁、提高组织的有效性。整合战略变革的步骤包括：

（1）进行战略分析。整合战略变革始于对组织当前的战略和组织设计的分析。分析的内容包括组织环境、战略与组织的匹配、组织绩效等。

（2）确定战略选择。经过战略分析，经常会发现不匹配的现象，接下来就要制定新的战略、设计新的组织。新的战略与组织设计确定后，战略变革的内容就可以决定。

（3）制订战略变革计划。战略变革计划规定了变革的方法、步骤，它使组织的战略与组织设计从当前指向未来。

（4）执行战略变革计划。执行变革要求高层管理者激发动机、分配资源、克服抵制、提供反馈，以确保变革的成功。

3. 跨组织发展

跨组织发展旨在帮助组织制定与其他组织之间的合作战略，如合资、战略联盟等。跨组织发展的实行阶段包括：

（1）识别阶段。跨组织发展的第一步是寻找潜在成员建立一个由几个组织为共同目标而彼此合作的系统，即跨组织系统（trans-organizational system）。

（2）会议阶段。跨组织系统的潜在成员找到后，双方或几方需面对面商谈合作的可能性。

（3）组织阶段。如果会议决定组建一个跨组织系统，就要设计这样一种结构或机制来协调大家的合作活动，还应制定合作的规则、政策和程序。

（4）评价阶段。跨组织发展的最后一个阶段是定期评估组织系统运作的情况，以发现存在的问题，为下一步改进提供信息和意见。

4. 自我设计变革战略

自我设计变革战略（self-design change strategy）设计改变组织的各个方面并使其支持组织战略，同时注意提高组织自身的变革能力。自我设计变革战略的阶段如图 10-12 所示。

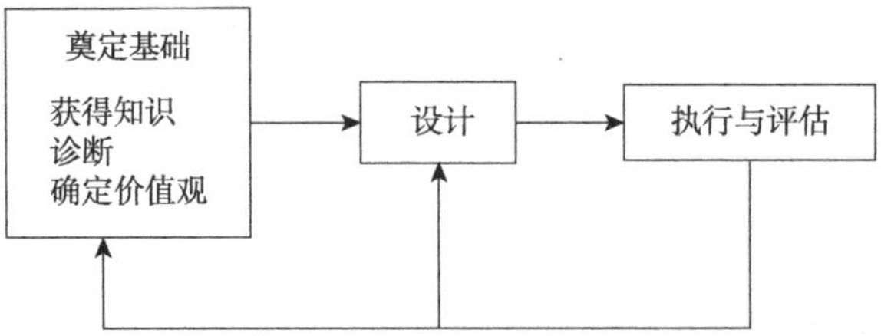

图 10-12　自我设计变革战略

资料来源：李剑锋（2010）

（1）奠定基础。这一阶段的主要任务是为组织成员提供组织转型（organization transformation）所必需的基本知识和信息，主要活动包括：①获得知识，如组织如何运作、如何实现高绩效、如何进行自我设计；②诊断，识别组织中需要改变的部分；③确定价值观，写出价值观陈述，以便与利益相关者讨论与沟通。

（2）设计。确定组织设计、创新、人力资源、技术等各个部分变革的方案，以支持组织战略和价值观。

（3）执行与评估。这一阶段涉及执行设计的组织变革计划，并提出执行过程的相关信息，以便随时调整变革方案。

本章小结

组织变革是指组织主动地因条件变化而做出的相应调整，是组织为了实现发展的目标，根据内外环境的变化，对组织的现状进行改变和创新的过程。组织变革的类型按不同的标准可以划分为不同的类型。组织变革的动因源于组织的外部环境和内部条件的变化，组织变革面临着个体和组织两个方面的阻力，组织需要采取教育和沟通、参与和投入、促进与支持、谈判、操纵和收买及强制等策略克服变革阻力。组织变革的模型是指组织变革的要素构成、运行程序、变革方式方法的总体思维框架。具有代表性的变革模型有勒温的三阶段模型、科特的八阶段模型、行动研究变革模型、系统性变革模型。

组织发展是组织的自我更新与开发，是以行为科学理论和方法为基础，有计划、系统性地促进组织成员行为的变革，提高组织效率的过程。其具体过程包括进入与签约，组织诊断，收集、分析和反馈信息，设计与执行干预措施，评估干预效果等阶段。其中组织发展的干预措施可以分为人类过程干预技术、技术结构干预技术、人力资源管理干预技术和战略干预技术等。

➤复习思考题

1. 什么是组织变革？它有哪些类型？
2. 促使组织变革的动因有哪些？
3. 组织变革的阻力有哪些？如何克服这些阻力？

4. 简述组织变革的系统性变革模型。
5. 什么是组织发展？组织发展的技术有哪些？

扩展阅读

其他的组织变革模型

1. 夏恩的适应循环模型

夏恩（H. Shane）认为变革是一个适应循环的过程（图 10-13），分为六个步骤：①洞察组织内部环境及外部环境中产生的变化；②向组织有关单位提供确切的情报资料；③根据输入的情报资料改变组织的生产过程；④减少或控制因变革而产生的不良副作用；⑤输出变革所产生的新产品及新成果；⑥反馈，进一步观察内外环境的一致程度，评定变革结果。

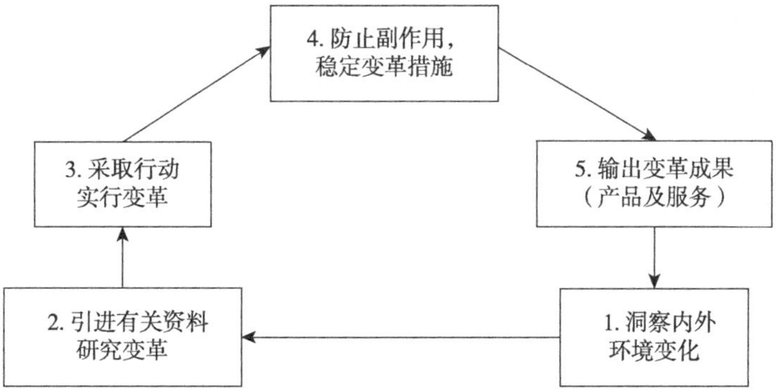

图 10-13　夏恩的适应循环模型
资料来源：窦胜功等（2005）

2. 巴斯的观点和本尼斯的模型

管理心理学家巴斯（Frank M. Bass）认为，按传统方式以生产率或利润等指标来评价组织是不够的，组织效能必须反映组织对成员的价值和组织对社会的价值。他认为评价一个组织应该有三个方面的要求：①生产效益、所获利润和自我维持的程度；②对组织成员有价值的程度；③组织及其成员对社会有价值的程度。

本尼斯则提出，有关组织效能的判断标准，应该是组织对变革的适应能力。当今组织面临的主要挑战是，能否对变化中的环境条件做出迅速反应和积极适应外界的竞争压力。组织成功的关键是能在变革环境中生存和适应，而要做到这一点，必须有一种科学的精神和态度。因此，适应能力、问题分析能力和实践检验能力，是反映组织效能的主要内容。

在此基础上，本尼斯提出了有效与健康组织的标准：①环境适应能力，即解决问题和灵活应付环境变化的能力；②自我识别能力，即组织真正了解自身的能力，包括组织性质、组织目标、组织成员对目标理解和拥护程度、目标程序等；③现实检验能力，即准确觉察和解释现实环境的能力，尤其是敏锐而正确地掌握与组织功能密切相关因素的能力；④协调整合能力，即协调组织内各部门工作和解决部门冲突的能力，以及整合组织目标与个人需求的能力。

3. 卡斯特的组织变革过程模型

美国管理科学家弗里蒙特·卡斯特（Fremont E. Kast）提出了组织变革过程的六个步

骤：①审视状态，即对组织内外环境现状进行回顾、反省、评价、研究。②觉察问题，即识别组织中存在的问题，确定组织变革需要。③辨明差距，即找出现状与所希望状态之间的差距，分析所存在的问题。④设计方法，即提出和评定多种备选方法，经过讨论和绩效测量，做出选择。⑤实行变革，即根据所选方法及行动方案，实施变革行动。⑥反馈效果，即评价效果，实行反馈。若有问题，再次循环此过程。

4. 组织变革的综合模型

综合各学者的观点，组织变革的步骤大致包括以下几个方面（图 10-14）：①研究组织的内外环境；②认识问题，找出差距；③提出变革行动方案；④实行变革；⑤评估变革的效果，实行反馈；⑥巩固变革成果。

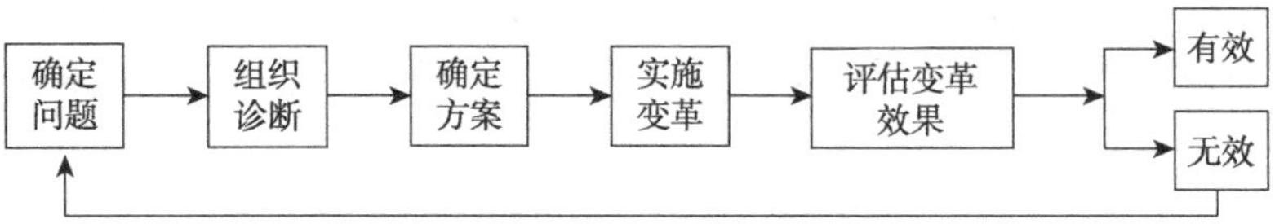

图 10-14 组织变革的一般步骤

资料来源：窦胜功等（2005）

测试

模糊性容忍度调查表

仔细阅读以下内容，然后按照同意或不同意给出相应的评分。

完全反对：1～2 分；既不同意也不反对：3～5 分；完全同意：6～7 分。

1. 能给出明确答案的专家可能懂得并不多。
2. 我愿意在国外住一段时间。
3. 我们大家越早获得相似的价值观和理想越好。
4. 一个好教师能让你对自身观察事物的方法产生怀疑。
5. 我喜欢到会者大部分是自己熟人的聚会，不太喜欢大部分或全部到会者都是陌生人的聚会。
6. 教员或督导布置的任务不明确，可给学员提供展示主动性和创新性的机会。
7. 如果一个人过着四平八稳、按部就班的生活，很少有惊喜或意外发生，那他应该感到庆幸。
8. 许多重要的决定都是在信息不充分的情况下做出的。
9. 确实不存在解决不了的问题。
10. 按照某种日程生活的人可能会丧失生活中的大部分乐趣。
11. 好的工作是指那些被清楚告知做什么和如何做的工作。
12. 解决复杂问题比解决简单问题更有趣。
13. 从长远看，解决小问题、简单问题可能比解决大问题、复杂问题更有效。
14. 通常情况下，最有趣、最刺激的人是那些不介意与众不同和标新立异的人。
15. 我们总是喜欢那些熟知的事物，不喜欢陌生的事物。

总分计算方法：偶数问题将得分直接相加，奇数问题将得分按相反办法相加。偶数和奇数得分的总和即为最后得分。

模糊性容忍度评分表的使用标准：调查表中给出了15项有关人际关系和工作情境模糊性的问题，你要用1～7分的分值给每种情境打分，最高1分（容忍），最低15分（不容忍）（与此相对的问题的答案分值正好相反）。最能容忍的人得分为15分，最不能容忍的人得分为105分。得分为20～80分的，按平均分45分处理。对于偶数问题，用7减去其得分后，加到奇数问题的得分中。

资料来源：苏勇和何智美（2011）

案例分析

海尔“裁员”求变

近期，张瑞敏在某商业论坛上自曝海尔大幅裁员的消息，显示出海尔转型的决心，但要达到向服务型企业的转变，路还很长。

海尔对这场变革思考了很多年，也准备了很长时间。从2013年年初的8.6万人减到2013年年末的7万人，2014年预计还要减少1万人。但如果认真解析来看，就会发现，“裁员”不但必须做，而且减少的人数一点都不多，因为这是互联网在逼着海尔这么做。

1.“裁员”真相

在海尔内部这并非普通意义上的裁员，员工并非无处可去。海尔方面表示，“外界对海尔大裁员的报道存在误解，海尔没有主动‘裁员’，减员增效是公司创新转型的必然结果”。据了解，海尔将7万名员工分为2 000多个自主经营体，形成小微公司（简称小微），小微的员工与海尔解除合同，因此在册员工减少。

海尔减员分为三种情形：一是内部违反行为规范的人；二是累计一定时间、达不到业绩指标的人，也是要淘汰的，这是海尔的惯例；三是没有订单的员工，尤其处于中间层的部分。海尔提出“人单合一”，没有单的人有的就离开了，或者不认可“创客”（海尔提出“人人都是创客”）的人，自己主动离职出去创业或者跳槽到其他单位。

在张瑞敏看来，一些不在册的员工仍然是海尔人。2014年1月16日，张瑞敏在集团互联网创新交互大会上就明确指出，“现在企业不是给每个员工提供一个工作岗位，而是提供一个创业的机会”，并表示“现在我们的员工就不再局限于在册的”，因为海尔为员工提供了一个平台，一个并联的生态圈，“只要在这生态圈里的，都可以算海尔员工”。

张瑞敏说，互联网的三个特征，即零距离、去中心化、分布式，分别颠覆了泰勒、韦伯和法约尔三位古典管理理论先驱的理论。所有的颠覆，减人并不是目的，目的是把企业每个人变成创业者，颠覆原来的观念。海尔现在只有三类人，第一类是“平台主”，他的任务是快速配置资源；第二类是“小微主”，每一个创业团队就是一个小微；第三类是小微成员。员工的去留在小微，小微需要就留，不需要就离开。原来的金字塔压扁了，员工没有领导了，过去听上级的，现在听用户的。

按照海尔集团董事局主席、CEO张瑞敏的思路，海尔从2012年12月进入网络化战略发展阶段。为了适应互联网时代，海尔将转为平台型企业，员工从执行者变为创业者，由员工创立的小微企业通过海尔平台来满足用户的需求。他原是希望“员工不再做生产线的附庸，成为自己的CEO”，帮助每一个员工都迅速孵化出来，从内部破壳而出。可事实上，多数人从执行者转向创业者却并非朝夕之功。

2. 转型之困

从 2012 年开始，海尔陆续推出“倒三角”、“零库存”、“小微企业”、“利益共同体”、“创客”和“外去中间商、内去隔热墙”等概念，而在部分内部员工看来，从 2008 年开始海尔就一直酝酿转型，这些概念的提出都是服务于海尔的转型，但他们有时候感觉很乱，昨天还是小微，今天就是创客，不知道到底想干嘛。单就小微模式就有不同的版本，各个事业部之间的情况还不一样。

频繁地提出理论、概念，也让海尔受到业内的质疑。有业内人士认为，这些年，海尔留给人们最深刻的印象，不是在国际市场取得什么重大突破，也不是开发出什么革命性产品，而是频繁地推出各种理论、概念及战略，但这些“到底给海尔带来了什么”还有待商榷。

一位海尔老员工回忆道，留下的海尔员工人心惶惶，要么担心被裁掉，要么担心业绩完不成。由于取消了雇用制，海尔不与员工签订任何劳动合同。小微团队创业后，员工还与原来在海尔上班基本一样，但却成了海尔的业务关联方，有些只能与第三方劳务公司签约，让人找不到过去的归属感与安全感。

张瑞敏也曾公开表示，“海尔的转型是个非常危险的挑战”。无论如何，转型已经开始，未来结果如何只能拭目以待。

资料来源：庞丽静（2014）；刘畅（2014）。内容有改动

思考题：

1. 企业需要变革的表现有哪些？海尔创新转型面临的阻力有哪些？

2. 企业变革会对员工产生什么样的影响？如果你是领导者，将会怎样处理裁员问题？

3. 海尔的创新转型对你有何启发？

第十一章

组织文化

一个没有自己文化的企业，只能侥幸发展，决不会长久。

——张瑞敏

※ 学习目标

1. 理解组织文化的定义。
2. 掌握组织文化的四层次结构。
3. 了解组织文化的功能和类型。
4. 理解组织文化理论。
5. 掌握组织文化建设的步骤。

导入案例

阿里巴巴将50%的精力花在文化管理上

阿里巴巴的成功离不开其独特的文化。阿里巴巴对阿里文化的重视程度非比寻常，每年要花50%的精力在其文化的管理上。

当大家把阿里的成功归于马云时，马云却对大家说："企业文化和价值观才是阿里巴巴保持快速、稳健发展的重要原因之一。"早在2000年的时候，阿里巴巴就推出了"独孤九剑"的价值观体系，随着公司的发展和中国市场的发展，阿里巴巴的企业文化也有所修改，但其宗旨和核心是不变的。现在，阿里巴巴的文化分别为客户第一、团队合作、拥抱变化、诚信、激情、敬业，被尊为"六脉神剑"。阿里巴巴企业文化的最大特点是，在它的公司中仿佛自己身在江湖，而不是现实中，他们的员工每一个人都有一个属于自己的独一无二、耳熟能详的武侠花名，并一起用青春捍卫自己的名号。段誉、语嫣、乔峰、胡斐、小龙女等来自金庸小说的"武侠人士"经常被用到，大家往往忽略员工真名而只记住其花名。在阿里巴巴，员工讨论公司大小事，不是聚首"光明顶"，就是笑傲"侠客岛"，因为这里所有的会议室也都是以金庸武侠小说里的地名来命名的。“光明顶”是比较重要的会议室，“侠客岛”则是比较轻松的会议室。每逢盛会，所有员工则是根据自己的花名加入不同帮派，争夺“天下第一帮”称号。

阿里巴巴一直主张：企业文化要做到“润物细无声”，不要挂在墙上，而要印在员工心里；不依靠任何大张旗鼓的宣传，于细节处施以点点滴滴的影响，浸润每一个员工。例如，关心员工的生活起居，策划阿里员工的集体婚礼、趣味运动会、单身舞会，建立STAFF CLUB（员工俱乐部），创办内部邮件杂志《感动阿里》、内刊《阿里人》等。在招聘新人时，公司就注重选择那些价值观符合公司标准的人。公司要的是那种个人价值观能够与公司价值观一致或相近的人，认为只有这样的人才是阿里巴巴需要的人才，做事之前要先学会做人。这是阿里巴巴一贯的行事作风。一个成长型的企业，处于一个新兴的行业里，思想的统一性与文化的统一性是必须的。阿里巴巴在人员的培训方面，与其说是在培训还不如说是在努力为阿里巴巴创造一个满足员工多元需求、充满活力与趣味的立体学习环境。在这个立体学习环境中，阿里巴巴根据员工的层级、职能，将笼统的学习细分为阿里党校、阿里夜校、阿里课堂、阿里夜谈和组织部，另外公司针对庞大的销售队伍还组建了专门的销售培训部门，“送课下乡”项目确保了培训学习资源到达一线员工。此外，阿里巴巴为了让员工有一个很好的工作氛围，打造了一个轻松又有活力的集体。每一个阿里人都可以在公司自发成立兴趣小组，开展自娱自乐的活动，阿里巴巴称之为“兴趣派”。其中最有名的是“阿里十派”，它囊括了羽毛球、篮球、足球、乒乓球、音乐、“杀人”游戏、摄影、宠物、车友、电影10个五花八门的兴趣派，在这里大家玩得不亦乐乎。员工只有快乐工作，才能快乐生活，才能更有激情。工作不再仅仅是养家糊口、买车供房的手段，也是人生中充满激情的享受过程。

资料来源：http://www.cnki.com.cn/Article/CJFDTotal-GQCA200801171.htm

在当今世界，凡是成功的组织，都有优秀的文化；反之，凡是失败的组织，都存在不良的文化。这主要是由于组织文化能对组织行为进行规范和引导，从而影响组织的经营和管理。不难发现，在进行组织行为管理时，用组织文化管理组织成员已成为众多组织的选择，越来越多的组织正积极地进行组织文化建设。因此，在组织行为学研究的体系中，组织文化也就成为不可或缺的重要组成部分。本章从组织文化概述、组织文化理论以及组织文化建设过程三个方面进行探讨。

第一节 组织文化概述

组织文化研究是一个系统的过程，首先需要解决的问题是理解组织文化的定义及其结构、认识组织文化的功能。

一、组织文化的定义

1. 文化

在西方，文化一词源于拉丁文“cultura”“colo”等词，是指栽培、培养、照顾等。通俗地讲，文化是指通过人工劳作，将自然界的野生动植物加以驯化和培养，使之成为符合人类需要的品种，后来还包括个人的技能、人格、品德和心灵的修炼，人际关系的培养，等等。可见，文化是指人类思维和理性的发展所引发的社会生活的整体变化。

一般而言，文化有狭义和广义两种理解。广义的文化是指人类在历史实践中所创造的物质财富和精神财富的总和；狭义的文化是指社会的意识形态，以及与之相适应的组织机构、礼仪制度、行为方式等物化的精神。

2. 组织文化

组织文化一词逐渐演变为大众化概念是在 20 世纪 80 年代，关于组织文化的定义尚未统一。早期具有代表性的定义如下。

霍夫斯泰德（Geert Hofstede）认为，组织文化是一种组织的心智程序，是特定的群体所共享的程序。

特伦斯·迪尔（Terrence E. Deal）和阿伦·肯尼迪（Allan Kennedy）认为，组织所信奉的主要价值观就是组织文化。

沙因指出，组织文化就是一组成员们共同享有的基本假设。

后来，随着研究的进一步深入，人们发现组织文化不仅仅体现在组织的精神层面，它也会贯穿于组织物质表征及其成员的行为等各个方面。具有代表性的观点如下。

河野丰弘指出，组织成员共有的价值观、共同想法、意见决定的方式以及共同的行为模式，也是社会风气、组织风气、企业形态、企业气质、企业精神等的总称。

科特和赫斯克特（James L. Heskett）认为，组织文化就是一个企业中各个部门，至少是企业高层管理者共同拥有的组织价值观和经营实践，以及企业中各部门或地处不同地理环境的部门所拥有的共同的文化现象。

综上所述，组织文化贯穿于组织的各个方面，是组织在长期的生存和发展过程中所形成的，是组织成员共同遵循的价值观和行为方式，以及由这些行为所产生的结果和表现形态。

二、组织文化的结构

研究组织文化，必须对它的结构进行系统的分析。分析组织文化结构的过程，也就是研究组织文化具体内容的过程。常用的组织文化结构研究的思路有两种：一是将组织文化分为三个层次，二是将组织文化分为四个层次。本书采用的是后者。按照组织文化的四层次理论，组织文化可分为物质文化、行为文化、制度文化、精神文化四大层次（图11-1）。

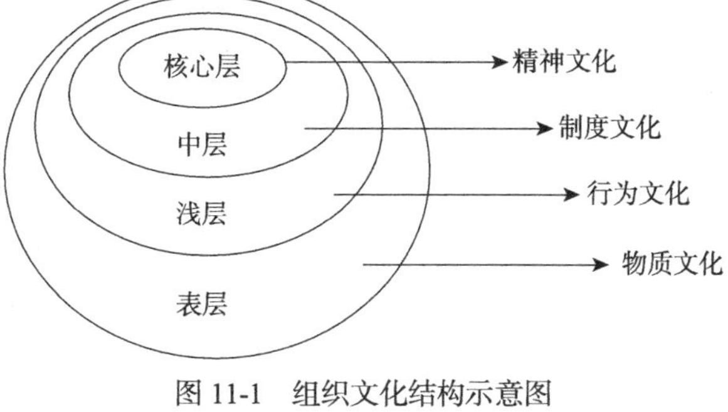

图 11-1　组织文化结构示意图

（一）物质文化

组织文化的第一个层次——表层文化，即为物质文化。物质文化是指由组织员工创造的产品和各种物质设施等构成的器物文化。物质文化往往是可听、可见甚至是可以触摸得到的，它是一种以物质为形态的表层组织文化，是组织行为文化和组织精神文化的显现和外化结晶。它通常包括四个方面。

1. 组织的基本标识

组织的基本标识是组织文化最集中的体现，包括组织的名称、标志、象征物、标准色、标准字、徽标、旗帜、歌曲等。例如，海尔设计了“海尔兄弟”这一象征物，用以体现海尔在那一时期的以“真诚到永远”为核心价值观的企业文化。可口可乐公司将红色作为企业及产品包装的主色调，这正好对应了可口可乐强调快乐与激情的文化。

2. 组织的生产资料

组织的生产资料是组织进行生产经营活动的物质基础，是生产力的直接表现，包括组织的建筑物、机器设备、机械工具等。例如，日本不少企业都奉行“以人为本”的组织文化，因而在组织设施设备的安置中，会强调员工关怀。其中，具有代表性的公司就是丰田公司。丰田公司运用实践动作原理，将产品输送带抬高，使作业人员不必弯腰，这既能提高生产效率，又能减轻工人的体力负荷。

3. 组织的产品

组织的产品是组织物质文化的重要内容，它会从产品的整体形象、产品的质量、产品设计的文化因素中进行反映。例如，人们通过星巴克的店面布置、咖啡的口感、人员的服务等产品和服务，感受到它所营造的工作场所和生活居所之外温馨舒适的“第三生活空间”的文化。

4. 组织的其他设施

组织的文化体育生活设施，反映了组织的价值观和管理理念；组织的文化传播网络，如自办网站、报刊、宣传栏，会直接向外界传达组织的文化理念；组织的纪念建筑物和造型，如厂区雕塑、纪念碑、纪念林，传达了不同组织文化的特点。

（二）行为文化

组织文化的第二个层次——浅层文化，即为行为文化。行为文化是组织成员在组织生产经营、人际关系中产生的活动文化，它是以人的行为为形态的中层企业文化，将动态形式作为存在形式。它主要表现为组织行为、组织领导人行为、组织员工行为和组织模范人物行为。

1. 组织行为

组织行为通常是指组织生产服务行为、组织人际关系、组织诚信与伦理道德、组织文化活动等。例如，在组织诚信和伦理道德方面，万达集团近年来十分重视慈善活动，其董事长王健林曾提出“让慈善成为企业文化”，意在让万达集团成为一家关注社会、服务社会的企业。

2. 组织领导人行为

组织领导人是组织文化的引领者。有什么样的组织领导人，就会有什么样的组织和组织文化。一方面，组织领导人的价值观、个性、思维方式等会极大程度地对组织文化产生影响。另一方面，组织领导者的身体力行和积极倡导是组织文化确定和形成的重要推动力量。例如，苹果公司前CEO乔布斯就是苹果文化的影响者、倡导者和实践者。苹果是一家非常有意思的公司，它的企业文化从员工一直延伸到了消费者。这也就是说，它对员工的期望也是它对消费者的期望。其中，最重要的一点期望就是——相信乔布斯。在过去的10年中，乔布斯一直是苹果的救星。他曾带领苹果走出老化的商业模式并进行革新，从而创造了前所未有的成就，并向市场推出了许多更好的产品。苹果以其永不服输的精神不断创造着辉煌，而这也正是乔布斯传奇一生的典型写照。

3. 组织员工行为

员工是组织的主体，员工的行为决定了组织整体的精神风貌和组织文明的程度。离开了员工的行为，组织的文化将无法具体地体现。例如，组织员工是否按时和保质保量向客户提交产品、对客户服务是否周到热情，将直接反映出这家组织的文化特质。

4. 组织模范人物行为

要成为组织中的模范人物，通常其思想和行为必须与组织所倡导的价值观与行为相一致。因此，组织中的模范人物也就成为组织文化的代言人。在我国，组织中评选的“劳动模范”、“先进工作者”和“三八红旗手”等都属于模范人物的范畴。

（三）制度文化

制度文化是组织文化的第三个层次。组织任何行为的背后都有组织制度作支撑，组织制度文化的规范性是一种来自员工自身以外的、带有强制性的约束，它规范着企业的每一个人，属于强制性文化。

1. 一般制度

一般制度就是各组织存在的一些带有普遍意义的工作制度和管理制度以及各种责任制度。这些普遍采用的成文的制度，对员工的行为起约束作用。例如，组织的领导制度规定着领导者的权限、责任和实施方式；人事制度规定着组织内部用工和晋升规则，关系到组织的人力资源充足程度、使用效率、员工素质等；劳动制度规范着组织的安全管理、劳动时间和劳动纪律方面的活动。

2. 特殊制度

特殊制度是各组织特有的制度，如海尔的“日清日高”员工考核制度和“赛马不相马”的人事制度，苹果公司的直接负责人（directly responsible individual，DRI）制度。与一般制度相比，特殊制度更能反映一个组织的管理特点和文化特色。有良好文化的组织，必然会有多种多样的特殊制度，这也正是各个组织的文化闪光点。

（四）精神文化

组织文化的最深层次和最核心的层次就是精神文化，它在组织文化中起决定性的作用。精神文化是组织在生产经营中形成的一种组织意识和文化观念，它是一种以意识形态存在的深层企业文化，通常包括组织价值观、组织目标与愿景、组织精神、组织经营理念等。

1. 组织价值观

组织价值观是组织在追求经营成功的过程中，所推崇和信奉的基本行为准则。组织能否树立正确的价值观，是组织文化能否健康发展的根基。

组织的价值观一般分两类，一是职业化价值观，如诚信、尊重、奋斗、责任、信任、追求完美等，它主导人们的态度和行为准则；二是业绩导向的价值观，如团队合作、创新、质量、效率、客户第一、结果导向等，它确保企业业务目标的实现。组织在确定价值观时，通常选择其一或两种兼顾。例如，IBM 的价值观为“尊重个人、追求卓越、服务顾客”三大准则，其中既有组织职业化价值观，又有业绩导向价值观。

2. 组织目标与愿景

组织的目标反映了组织领导人和成员的追求层次和理想抱负，是共同价值观的集中体现，也是组织文化建设的出发点和归宿点。组织愿景是指建立在组织员工共同价值观基础之上的，对组织发展的共同愿望。它表现为组织成员共同认可、接受并内化为自身追求的组织使命、任务、目标以及价值信念体系，能够产生众人一体的感觉，使组织孕育无限的生机和创造力。例如，联想集团（简称联想）将其愿景确立为，未来的联想是高科技的联想、服务的联想、国际化的联想。联想通过这个共同的愿景把员工凝聚在一起，从而激发员工追求更高目标的热情，并使其在组织中获得鼓舞，使组织拥有一种能够凝聚并坚持实现共同愿望的能力。

3. 组织精神

组织精神是组织有意识提倡、培养组织成员的优良精神风貌，是对组织现有的观念意识、传统习惯、行为方式中的积极因素进行总结、提炼和倡导的结果。企业精神一旦形成群体心理定势，就既可以通过明确的意识支配行为，也可以通过潜意识产生行为，还可以通过潜意识产生行为。这种群体心理定势将提高员工行为与组织要求的一致性，从而形成和巩固组织文化。因此，组织文化是组织精神的产物，组织精神是组织文化发展到一定程度的产物。例如，日本佳能公司形成了“自发、自觉、自治”的三自精神，保利集团形成了“永不满足、思变图强；永不止步、争创一流”的企业精神。

4. 组织经营理念

组织经营理念即组织经营哲学，是组织在经营过程中形成的、全体员工共同遵从的一种意识，是组织全部行为的指导思想。组织经营理念决定着企业的经营方向，它和价值观及愿景一样是企业发展的基石。

综上所述，组织文化的四个层次既相互独立又相互关联。独立性表现在，每个层次的组织文化有各自的内涵和特点；关联性表现在，四个层次的组织文化彼此依托、相互联系。最里层的精神文化是组织文化的核心，其他层次文化内容的确定都以它为基础和出发点；最外层的物质文化是组织文化的硬外壳，易被观察，是各层次文化外显的展示平台；中间层次的行为文化和制度文化是连接组织内、外层文化的桥梁。

三、组织文化的类型

（一）按照企业的任务和经营方式的不同

1982 年 7 月，美国哈佛大学教授特伦斯·迪尔和麦肯锡咨询公司顾问阿伦·肯尼迪将组织文化分为以下几种。

1. 硬汉文化

硬汉文化鼓励内部竞争和创新，鼓励冒险，竞争性较强，产品更新快，适用于高风险、快反馈的组织，如建筑、化妆品、管理咨询、证券投资、文体娱乐业。

2. 努力工作尽情享受的文化

这种文化把工作与娱乐并重，鼓励员工完成风险较小的工作，竞争性不强，产品比较稳定，适用于风险小、反馈快的组织，如各种销售公司、IT 业、中介业务。

3. 长期赌注文化

它具有在周密分析基础上孤注一掷的特点，崇尚美好未来，权威、技术能力、逻辑和条理扮演重要角色，决策自上而下，适用于风险大、反馈慢的组织，如石油开采、航空航天业。

4. 过程文化

过程文化即着眼于如何做，基本没有工作的反馈，员工难以衡量他们所做的工作，按部就班就可以完成任务，适用于风险小、反馈慢的组织，如银行、保险公司、政府机构、公共事业、医药行业。

（二）按照组织文化对其成员影响力的大小

哈佛商学院的两位著名教授约翰·科特（John P. Kotter）和詹姆斯·赫斯科特（James L. Heskett）于 1987 年 8 月至 1991 年 1 月，先后进行了四个项目的研究，依据组织文化与组织长期经营之间的关系，将组织文化分为三类。

1. 强力型组织文化

在具有强力型组织文化的组织中，员工方向明确、步调一致，组织成员有共同的价值观念和行为方式，所以他们愿意为组织工作或献身，而这种心态又使员工更加努力。强力型组织文化提供了必要的组织机构和管理机制，从而避免了组织对那些常见的窒息组织活力和改革思想的官僚们的依赖，因此它促进了组织业绩的提升。

2. 策略合理型组织文化

具有这种组织文化的组织，不存在抽象的、好的组织文化内涵，也不存在任何放之四海而皆准、适合所有组织的“克敌制胜”的组织文化。只有当组织文化“适应”于企业环境时，这种文化才是好的、有效的文化。不同的组织，需要不同的组织文化，文化只有适应于组织，才能发挥其最大的功能，改善组织经营状况。

3. 灵活适应型组织文化

市场适应度高的组织文化必须具有同时在组织成员个人生活中和组织生活中都提倡信心和信赖感、不畏风险、注重行为方式等特点，员工之间相互支持，勇于发现问题、解决问题。员工有高度的工作热情，愿意为组织牺牲一切。

（三）按照组织文化的内在特征

艾莫瑞大学的杰弗里·桑南菲尔德（Jeffrey Sonnenfeld）提出了一套标签理论，它有助于我们认识组织文化之间的差异，以及个体与文化的合理匹配的重要性。通过对组织文化的研究，他确认了四种文化类型。

1. 学院型组织文化

学院型组织是为那些想全面掌握每一种新工作的人而准备的地方。在这里他们能不断地成长、进步。这种组织喜欢雇用年轻的大学毕业生，并为他们提供大量的专门培训，然后指导他们在特定的职能领域内从事各种专业化工作。桑南菲尔德认为，具有学院型文化的组织有 IBM、可口可乐公司、宝洁公司等。

2. 俱乐部型组织文化

俱乐部型组织文化非常重视适应、忠诚感和承诺。在俱乐部型组织中，资历是关键因素，年龄和经验都至关重要。与学院型组织相反，它们把管理人员培养成通才。具有俱乐部型文化的组织有联合包裹服务公司、德尔塔航空公司、贝尔公司、政府机构和军队等。

3. 棒球队型组织文化

棒球队型组织文化鼓励冒险和革新。具有这种文化的组织在招聘时，从各种年龄和经验层次的人中寻求有才能的人，薪酬制度以员工绩效水平为标准。由于这种组织对工作出色的员工给予巨额奖酬和较大的自由度，员工一般都拼命工作。在会计、法律、投资银行、咨询公司、广告机构、软件开发、生物研究领域，这种组织文化比较普遍。

4. 堡垒型组织文化

棒球队型组织重视创造发明，而堡垒型组织着眼于公司的生存。这类组织以前多数是学院型、俱乐部型或棒球队型的，但在困难时期衰落了，现在尽力保证企业的生存。这类组织工作安全保障不足，但对于喜欢流动性、挑战的人来说，具有一定的吸引力。具有堡垒型文化的组织包括大型零售店、林业产品公司、天然气探测公司等。

四、组织文化的功能

组织文化是组织的灵魂，是推动组织发展的不竭动力，但组织文化若不能合理使用，也将成为组织发展的绊脚石。

（一）组织文化的正向功能

1. 凝聚功能

凝聚功能是指一种价值观被组织员工共同认可后，它就会成为一种黏合力，从各个方面把其成员聚合起来，从而产生一种巨大的向心力和凝聚力。组织文化属于“软”调控，它能使全体员工在组织使命、战略目标、战略举措、运营流程、合作沟通等基本方面达成共识，这就从根本上保证了组织成员目标明确、协调一致。这种由共同的价值观、信念、行为准则形成的“软”调控会比组织通过制度、纪律等“硬”调控产生的凝聚力更有效。

组织文化凝聚功能的发挥有多种渠道。一是通过目标凝聚，即组织目标的确立，给员工一个明确的企业发展目标和个人发展目标，在这些明确的目标下，全体员工的工作将有的放矢。二是通过价值凝聚，确立组织共同的价值观，全体员工在共同价值观的引领下，统一思想、统一行为。

2. 导向功能

组织文化的这种导向作用，主要是通过组织文化的塑造来引导组织成员的行为心理，使人们接受共同的价值观念，自觉、自愿地把企业目标作为自己的追求目标来实现。这种导向与传统管理中单纯强调硬性的纪律或制度不同，它强调通过组织文化的塑造来引导组织成员的行为，使人们在一种文化的潜移默化中接受共同的价值观念。

组织文化主要从三个方面发挥导向功能：第一，通过价值观发挥导向功能。组织文化的核心是价值观，组织文化的第一任务也是影响和引导所有成员的价值观，让企业成员自觉、自愿地与企业保持一致。成功的组织文化可以把组织的价值取向变成员工的价值取向，潜移默化地改变员工态度，从而引导员工行为。第二，通过目标发挥导向功能。在特定的组织文化下，会形成特定的目标，这些目标的设立既是为了符合外界环境的需要，更是为了符合组织内在的需要。由于员工认同组织的文化，所以他们也会认同与文化相一致的目标。当组织目标与员工目标相一致时，员工在实现组织目标的同时，也实现了个人目标，因而具有强烈的动机努力工作。第三，通过行为规范发挥导向功能。为了落实价值观、实现目标，需要更为具体的行为规范。行为规范是组织文化的重要组成，它更加详细地引导员工应该如何行动，从具体层面，或者说从细节上体现组织特有的文化。行为规范可以帮助员工理解组织文化，更能让员工从行动上实现组织文化。

3. *激励功能*

激励功能是指组织文化本身所具有的通过各组成要素来激发员工动机与潜在能力的作用，它属于精神激励的范畴。这种激励功能的发挥，在很大程度上来自对员工需求的满足，这点在优秀的企业文化氛围中表现得尤为突出。

具体来说，组织文化能够满足员工的精神需要，调动员工的精神力量，使他们产生归属感、自尊感和成就感，从而充分发挥他们的巨大潜力。同时，一旦员工对组织文化产生了强烈的共鸣，那么组织文化的激励功能就具有了持久性、整体性和全员性的特点与优势。优秀的组织文化就是一把职工自我激励的标尺，他们通过这把标尺对照自己的行为，找出差距，从而产生改进工作的驱动力。同时，组织共同的价值观、信念及行为准则又是一种强大的精神支柱，能使人们产生认同感、归属感及安全感，直到起到相互激励的作用。

4. *约束功能*

约束功能是指组织文化对每个组织员工的思想、心理和行为具有约束与规范的作用。企业文化、企业精神为企业确立了正确的方向，对那些不利于企业长远发展的不该做、不能做的行为，常常发挥一种“软约束”的作用，并为企业提供“免疫”功能。

约束功能的具体表现如下：一是企业制度作为文化的重要组成部分，是企业精神文化的表现形式，也是实现物质文化的重要保证，其作为企业内部的法规，对成员的行为带有强制性，保证企业活动有序地组织、运行起来。二是企业文化建设过程中形成的企业精神、价值观念、企业道德、团队意识等，对成员具有强烈的感染力，并会逐渐地形成无形的自我约束力。很多研究表明，员工总是希望自己的行为和整个企业的文化相融，当员工的行为与其他人不一致时，员工会产生一种心理压力，从而自我约束这种不一致的行为。因此，在一个具有良好伦理氛围的企业中，每位员工同样会按照相应的伦理道德标准约束自己的行为，从而降低目前较为普遍的“假公济私”、“工作偷懒”和“推卸责任”等行为，也可以更加有效地解决“劳工问题”。此外，那些重视经营伦理、社会绩效较高的企业可以获得较好的声誉，从而对员工具有较高的吸引力，能够吸引更多的高水平人才，形成自己独特的竞争优势。

5. 辐射功能

组织文化不仅对内产生强烈的感染、传播作用，而且对社会会有扩散作用，即把良好的精神风貌等辐射到社会。这一功能实现的途径如下：一是产品辐射，即组织文化中产品文化向社会扩散。二是精神辐射，即组织文化中精神文化向社会扩散，并为其他组织所借鉴、学习和推崇。三是人员辐射，即组织文化通过员工向社会传播和扩散。四是宣传辐射，即组织文化通过媒介向外扩散。

（二）组织文化的负向功能

尽管组织文化存在上述种种正向功能，但在特定情形下组织文化会对组织产生负向功能。这主要是因为，组织文化一旦形成就会相对固化下来，具有一定的稳定性。当组织面临一些调整时，需要组织文化相应调整，相对固化的组织文化会起到一种阻碍作用，产生时滞效应。

1. 兼并和收购的障碍

以前，管理人员在进行兼并或收购决策时，所考虑的关键因素是融资优势或产品协同性。近几年，他们除了考虑产品线的协同性和融资方面的因素外，更多则是考虑文化方面的兼容性。如果两个组织无法成功整合，那么组织将出现大量的冲突、矛盾乃至对抗。正如彼得·德鲁克所言，兼并必须是“意气相投”。所以，在决定兼并和收购时，很多经理人往往会分析双方文化的相容性，如果差异极大，为了降低风险则宁可放弃兼并和收购行动。

2. 变革的障碍

在组织发展中，组织环境要求组织不断地追求革新，组织内部自然而然地会产生一种进一步提高企业效率的客观要求。但是，如果组织的共同价值观与进一步提高组织效率的要求不相符合，那么它就成了组织的束缚。这是在组织环境处于动态变化的情况下，最有可能出现的情况。当组织环境正在经历迅速的变革时，根深蒂固的组织文化可能就不合时宜了。因此，当组织面对稳定的环境时，行为的一致性对组织而言很有价值。但组织文化作为一种与制度相对的软约束，更加深入人心，极易使人形成思维定式，这样，组织有可能难以应付变化莫测的环境。当问题积累到一定程度，这种障碍可能会对组织造成致命打击。

3. 多样化的障碍

统一性或同质性可以维持组织的凝聚力，但是多样化和异质性是组织发展的条件，任何社会发展都源于差异性。在组织内部，由于成员的种族、国籍、成长背景、知识结构等不一样，因此产生了矛盾。管理人员希望新成员能够接受组织的核心价值观，否则这些新成员就难以适应组织或被组织接受。但是组织决策需要成员思维和方案的多样化，一个强势文化的组织要求成员和组织的价值观一致，这就必然导致决策的单调性，抹杀了多样化带来的优势，在这个方面，组织文化成为组织多样化、成员多样化的障碍。

第二节 组织文化理论

组织文化是一个复杂的管理问题，学者们从不同的角度对其进行了系统的研究，并形成了各自的研究理论。其中具有代表性的有霍夫斯泰德的文化维度理论、沙因的组织文化理论、奎因（Quinn）的竞争性文化价值模型、丹尼森（Daniel Denison）的组织文化模型。

一、霍夫斯泰德的文化维度理论

1967年和1973年，霍夫斯泰德在IBM这家跨国公司做了两次大规模的调查研究。他和他的同事对IBM的各国员工先后进行了两轮问卷调查，用20种语言在72个国家发放了116 000多份调查问卷并回收了答案。调查和分析的重点是问卷回答中各国员工价值观上表现出来的国别差异。在1980年，霍夫斯泰德根据这项历时多年的调查研究，发表了《文化之重》，提出了能够对企业管理产生重大影响的文化差异的四个指标，即权力距离（power distance）、不确定性规避（uncertainty versus avoidance）、个人主义（individualism）与集体主义（collectivism）、男性化（masculinity）与女性化（femininity）。他认为，这四种文化指标对管理的领导方式、组织结构和激励内容将产生巨大的影响。后来，霍夫斯泰德又结合中国文化的特点，加入了“长期取向与短期取向”这一指标。

（一）权力距离

霍夫斯泰德认为权力距离这一维度所关心的基本问题是人与人之间的平等问题。在各种群体中，权力上的不平等是不可避免的，而且是功能性的。

各个国家由于对权力的理解不同，在这个维度上存在很大的差异。欧美人不是很看重权力，他们更注重个人能力。而亚洲国家由于体制的关系，注重权力的约束力。权力距离指数高的国家和地区有菲律宾、墨西哥、委内瑞拉、印度、新加坡、巴西、中国香港、法国、哥伦比亚等。权力差距小的社会，人们接受较弱的等级制。权力距离指数低的国家有澳大利亚、以色列、丹麦、新西兰、爱尔兰、瑞典、挪威、芬兰、瑞士等。

在总结权力分配距离大的文化与权力分配距离小的文化时，霍夫斯泰德发现，在权力分配距离小的国家下属对上司的依靠有限，他们崇尚协商解决问题，下属与老板的关系是互依的，彼此间的感情较浅，下属可以随便地接近老板，并提出与老板不一样的看法。在权力分配距离大的国家，下属对上司有较大的依赖。下属通常有两种表现：一种喜欢这种依赖；另一种完全拒绝这种依赖，也就是心理学上所说的反依赖，这也是一种依赖，只不过表现为消极的一面。

（二）不确定性规避

不确定性规避是指组织或群体面对不确定性时所感受到的威胁以及试图通过制定安全规则和其他手段来避免不确定性的程度。霍夫斯泰德认为，人们抵抗未来这种不确定性的途径主要有三种，即科技、法律和宗教。人们用科技来抵抗自然界的不确定性，用法律来抵抗来自其他社会成员的不确定性，而宗教则被人们用来化解无法抵抗的死亡和来世的不确定性。霍夫斯泰德的调查表明，不同民族文化之间在不确定性状态的回避倾向上有很大的不同，有的民族把生活中的未知、不确定性视为大敌，千方百计加以避免，而有的民族则采取坦然接受的态度，认为“是福不是祸，是祸躲不过”。

避免不确定性的强弱程度，可以通过不确定性回避指数来体现。不确定性回避程度高的文化通过规章制度、安全措施以及对绝对真理的信仰尽力回避各种不确定因素。属于这类文化的国家包括希腊、葡萄牙、比利时、日本、秘鲁、法国、智利、西班牙、阿根廷。不确定性回避程度高的国家的人民相对更忙碌，他们常常坐立不安，喜怒形于色，积极活泼，其文化对法律、规章的需要是以情感为基础的，这不利于产生一些根本性的革新想法，但却可以培养人们精细、守时的特质，因而善于将别人的创意付诸实施，使之在现实生活中生效。而回避程度低的文化很有能力对付模模糊糊、模棱两可的事，人们对此没有心理的压力，对反常的行为和意见比较宽容，他们的规章制度比较少，在哲学和宗教方面他们容许不同的主张同时存在。属于这类文化的国家和地区有新加坡、丹麦、瑞典、中国香港、爱尔兰、英国、印度和菲律宾。这些国家和地区的人们比较起来则显得更沉静些，也更矜持，随遇而安、怠惰、喜静不喜动、懒散一些，人们对于成文法规在感情上是接受不了的，除非绝对必要，社会不会轻易立法，其文化能容忍各种各样的思想和形形色色的主意，因而有利于产生一些根本性的革新想法，但却不善于将这些想法付诸实施。

（三）个人主义与集体主义

个人主义是指一种结合松散的社会组织结构，在这种组织结构中，每个人都重视自身的价值和需要，提倡依靠个人努力来为自己谋取利益。集体主义是指一种结合紧密的社会组织，在这种组织结构中，全体的利益高于个体利益，人们期望得到“群体之内”成员的照顾，但同时也将对该群体保持绝对的忠诚作为回报。

霍夫斯泰德对被调查员工提出“对你来说，一份理想工作包括哪些最重要成分？你不必考虑自己当前的工作是否具备这些因素”的问题。答案主要集中在两方面，一部分人认为个人时间、自由和挑战是最重要的，这样的国家被认为是个体主义社会；另一部分人认为培训机会、良好的工作条件、充分运用自己的技能最重要，这样的国家被认为是集体主义社会。

在个人主义指数较高的国家（如美国），个体利益优先于群体利益，在个体利益得到有效维护的前提下，人们才考虑群体利益。在组织中强调个性自由及个人成就，常常采用通过员工之间的个人竞争来对个人表现进行奖励的激励政策。员工流动率较高，雇用和晋升的主要依据是员工本人的技能。在集体主义指数较高的国家（如中国），群体的利益高于个体利益，人们从出生起就融入强大而紧密的群体当中。在群体中，员工对群体有依赖情感，管理者与被管理者之间关系融洽。员工流动率很低，雇用和晋升要优先考虑被选人与决策人之间的道义关系，而非首先考虑技能。

（四）男性化与女性化

男性化社会与女性化社会维度表明性别对一个社会中男性和女性扮演什么角色的决定程度。霍夫斯泰德把这种以社会性别角色的分工为基础的“男性化”倾向称为男性或男子气概所代表的维度［即男性度（masculinity dimension）］，它是指社会中两性的社会性别角色差别清楚，男人应表现得自信、坚强、注重物质成就，女人应表现得谦逊、温柔、关注生活质量；而与此相对立的“女性化”倾向则被其称为女性或女性气质所代表的文化维度［即女性度（feminine dimension）］，它是指社会中两性的社会性别角色互相重叠，男人与女人都表现得谦逊、恭顺、关注生活质量。

在一切社会中，都存在男性和女性文化现象，但总有一个占主要地位。在衡量男性化社会/女性化社会的倾向时，一般采用男性度指数（masculinity dimension index，MDI）来衡量。这一指数的数值越大，说明该社会的男性化倾向越明显，男性气质越突出，典型的国家有阿拉伯、奥地利、德国、意大利、日本、墨西哥、新西兰、瑞士、委内瑞拉等。反之，数值越小，说明该社会的男性化倾向越不明显，男性气质弱化，而女性气质突出，典型的国家和地区有智利、哥斯达黎加、丹麦、非洲东部、芬兰、荷兰、葡萄牙和瑞典等。

（五）长期取向与短期取向

考虑到孔子的儒家思想对东方国家特别是中国的影响之后，霍夫斯泰德在前四个文化尺度的基础上增加了第五个维度：长期（long-term）取向与短期（short-term）取向。这一维度表明一个社会的决策是受传统和过去发生事情的影响程度大还是受现在或将来的影响程度大。长期取向的文化关注未来，强调“坚忍不拔”、“节俭”、“有羞耻感”和“非常珍惜将来”；短期取向的文化价值观倾向过去和现在，强调“个人的稳定”、“保护面子”、“尊重传统”和“珍惜过去和现在”。

但是，他的模式没有解释为什么只有五个维度，没有解释为什么只有这五个维度才是文化的基本组成部分。更进一步说，这个模式暗示了文化是静止的而不是动态的。此外，霍夫斯泰德只关注了作为民族特性的文化而没有关注现代社会的文化差异，没有关注亚文化、混合文化及个体的发展，为此他受到了批判。他对维度的描述有时会暗示一些文化比其他文化“好”的倾向。然而，对许多读者来说，这五个维度从直觉上来看与社会的组成是相关的。

二、沙因的组织文化理论

沙因是美国麻省理工斯隆学院教授。在组织文化领域中，他率先提出了关于文化本质的概念。沙因认为文化是一个特定组织在处理外部适应和内部融和问题时所学习到的，由组织自身所发明和创造并且发展起来的一些基本的假定类型，这些基本假定类型能够发挥很好的作用，并被认为是有效的，因此被新的成员所接受。沙因认为真正的文化是隐含在组织成员中的潜意识，而且文化和领导者是同一硬币的两面，一个领导者在创造一个组织或群体的同时也就创造了文化。

沙因认为文化由以下三个相互作用的层次组成，即组织文化的三个层次：①物质层——可以观察到的组织结构和组织过程等；②支持性价值观——包括战略、目标、质量意识、指导哲学等；③基本的潜意识假定——潜意识的、暗默的一些信仰、知觉、思想、感觉等。

沙因综合前人对文化比较的研究成果，将深层的处于组织根底的文化分成以下五个维度。

（一）自然和人的关系

自然和人的关系是指组织的中心人物如何看待组织和环境之间的关系，包括认为是可支配的关系还是从属关系，或者是协调关系等。组织持有什么样的假定毫无疑问会影响到组织的战略方向，而且组织的健全性要求组织对于当初的组织/环境假定的适当与否具有能够随着环境的变化而进行检查的能力。

（二）现实和真实的本质

现实和真实的本质包含组织中对于真实和现实的判断标准是什么，如何论证真实和现实，以及真实是否可以被发现等，同时包括行动上的规律、时间和空间上的基本概念。沙因指出，在现实层面上包括客观的现实、社会的现实和个人的现实。在判断真实时可以采用道德主义或现实主义的尺度。

（三）人性的本质

人性的本质包含哪些行为是属于人性的，而哪些行为是非人性，这一关于人的本质的假定和个人与组织之间的关系应该是怎样的；等等。

（四）人类活动的本质

人类活动的本质包含哪些人类行为是正确的，人的行为是主动还是被动的，人是由自由意志支配的还是被命运支配的，什么是工作，什么是娱乐等。

（五）人际关系的本质

人际关系的本质包含什么是权威的基础，权力的正确分配方法是什么，人与人之间关系的应有态势（如是竞争的还是互助的）等。

沙因认为组织文化决定了组织价值观和在此价值观之下的组织行为，以及深刻地隐含在组织深层的东西，要了解它是非常困难的。通过对组织构造、信息系统、管理系统、组织发表的目标、典章以及组织中的传说等物质层面的分析，能够推论得到的文化信息是有限的。

三、奎因的竞争性文化价值模型

奎因竞争性文化价值模型是指美国组织行为专家奎因于 1988 年开发的竞争性文化价值模型。该模型把组织文化指标按照内部外部导向和控制授权两个维度进行分类，最后形成四个基本的价值模式。该模型从内在-外在、控制-灵活两个维度，将组织文化分为目标、规则、支持、创新四种导向（图 11-2），用来实证分析各种导向的文化类型对组织竞争力的影响。该模式从 20 世纪 90 年代开始在世界范围内被广泛应用，逐渐成为一种国际上比较权威的组织文化分析工具。

“过程控制”与“灵活自主”、“外部发展”与“内部运营”对于组织来说都是必要的，它们之间的关系都是对立统一和相辅相成的，只是组织在不同时期对它们需要和使用的程度不同而已。每个组织的文化在同一时期存在以上四个导向，只是在不同历史条件和阶段下呈现的各个文化导向的强弱程度不同而已，并且四个导向都具有自己相对的关联特征。

一般而言，组织文化在企业的不同发展阶段，呈现出不同的导向，组织文化的发展都遵循着一种螺旋式上升的路径，即“创新导向—目标导向—规则导向—支持导向—高层次的创新导向”，以此来进行企业文化的不断演进，推动组织管理一步一步地迈向更高层次，

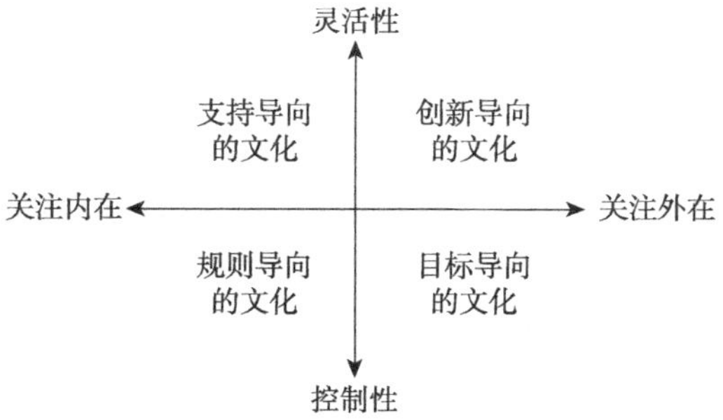

图 11-2 竞争性文化价值模型

并形成螺旋式上升态势。

从模型来看，创新导向、目标导向都偏重于面向外部发展，规则导向和支持导向偏向内部运营。当然，内部运营也需要创新导向和目标导向，但检验所有创新性工作及其工作目标是否有效的根本标准在于它们是否有利于组织的外部发展，是否有利于满足用户的需求、保障企业的盈利。通过“模型”实证分析，不仅可看到所有的工作成效最终都要与外部发展联系起来，而且它还进一步证明“促进组织的外部发展是衡量所有工作成效的最终标准”。

从理论上来看，组织文化导向的健康状态应该是菱形的。而从国际上成熟且优秀组织的文化导向结构图形来看，它们的文化导向大多呈现为一种倒梯形，即支持导向和创新导向较强，规则导向和目标导向较弱（这可能和西方发达国家的法制文化和企业管理基础扎实有关）。目前，这种倒梯形的文化导向结构，已经成为国际优秀组织努力追求的文化模型。

四、丹尼森的组织文化模型

衡量组织文化最有效、最实用的模型之一是由瑞士洛桑国际管理学院的著名教授丹尼森创建的丹尼森组织文化模型。丹尼森认为理想组织文化的四大特征是外部适应性、内部整合性、灵活性和稳定性。丹尼森的组织文化模型在经过对 1 500 多家样本公司的研究后，总结出组织文化的四个特征，即参与性、一致性、适应性和使命（图 11-3）。

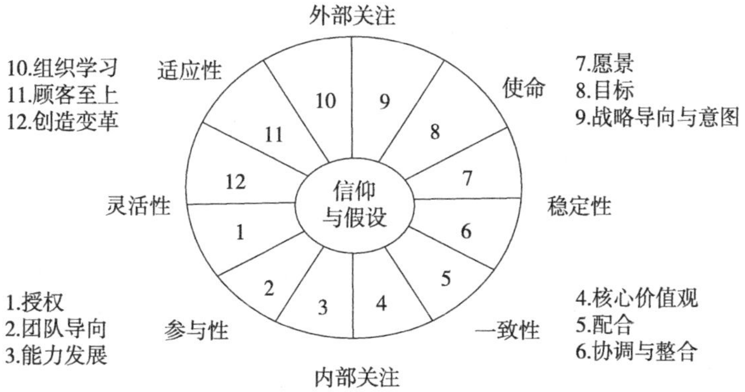

图 11-3 丹尼森组织文化模型

资料来源：http://www.denisonconsulting.com/dc/DenisonAdvantage/Researchbased Model/tabid/124/Default.aspx

（一）参与性

参与性涉及员工的工作能力、主人翁精神和责任感的培养。组织在这一文化特征上的得分，反映了组织对培养员工、与员工进行沟通，以及使员工参与并承担工作的重视程度。它包括三个维度：一是授权，即员工是否真正活动授权并承担责任，他们是否具有主人翁意识和工作积极性。二是团队导向，即组织是否重视并鼓励员工相互合作以实现共同目标，员工在工作中是否依靠团队力量。三是能力发展，即组织是否不断投入资源培训员工，使他们具有竞争力，跟上组织业务发展的需要，同时满足员工不断学习和发展的愿望。

（二）一致性

一致性用以衡量组织是否拥有一个强大且富有凝聚力的内部文化。它有三个维度：一是核心价值观，即组织是否存在一套大家共同信奉的价值观，从而使组织员工产生强烈的认同感，并对未来抱有明确的期望。二是配合，即领导者是否具备足够的能力让大家达成高度的一致，并在关键的问题上调和不同的意见。三是协调与整合，即组织中各职能部门和业务单位是否能够密切合作，部门或团队的界限会不会变成合作的障碍。

（三）适应性

适应性主要是指组织对外部环境（包括客户和市场）中的各种信号迅速做出反应的能力。适应性包括三个维度：一是创造变革，即组织是否惧怕承担因变革而带来的风险，组织是否学会仔细观察外部环境，预计相关流程及变化步骤，并及时实施变革。二是顾客至上，即组织是否了解自己的客户，使他们感到满意，并能预计客户未来的需求。三是组织学习，即组织能否将外界信号视为鼓励创新和吸收新知识的良机。

（四）使命

使命用于判断组织是一味注重眼前利益，还是着眼于制订系统的战略行动计划。使命包括三个维度：一是愿景，即员工对组织未来的理想状况是否达成了共识，这种愿景是否得到组织全体员工的理解和认同。二是战略导向与意图，即组织是否希望在本行业中脱颖而出，明确的战略意图展示了组织的决心，并使所有人都知道应该如何为组织的战略做出自己的贡献。三是目标，即组织是否周详地制定了一系列与使命、愿景和战略密切相关的目标，可以让每个员工在工作时做参考。

第三节　组织文化建设

组织文化建设是指组织根据其发展需要和组织文化的内在规律，在对组织现实文化进行分析和评价的基础上，设计和制定组织文化实现的方案，并有计划、有组织、有步骤地加以实施，进行组织文化要素的维护、强化、变革和更新，不断增强组织文化竞争力的过程。

一、组织文化的形成

（一）组织文化形成的影响因素

组织作为一个开放的系统，组织文化在形成的过程中会受到来自不同层面的因素的影响：第一，社会层面的影响因素，主要是指社会、经济、文化发展的特征和态势；第二，组织层面的影响因素，包括行业文化、组织结构、组织传统文化；第三，个体层面的影响因素，包括组织领导人的个人文化、组织内其他关键人物（如模范人物、精英人士）的文化、组织内的群体文化。

但在这些众多的影响因素中，组织领导人的个人文化通常是最显著和最直接的。这主要是因为，组织领导人拥有最高指挥权，组织的经营管理模式和方法往往会体现出领导者个人的价值观、思维方式。因此，在组织文化形成的过程中，组织领导人往往就是组织文化的创建者，其文化特质也成为组织文化最初的发端。沙因曾特别阐述过组织文化创建者在组织文化形成中的角色和作用机制（表 11-1）。

表 11-1 文化深植机制

初级植入机制	次级勾勒与增强机制
领导人平时注意的、测量的、控制的是什么	组织设计及结构
领导人对关键事件及问题的反应方式如何	组织系统及程序
领导人资源分配所依循的看得到的标准是什么	组织的典礼与仪式
领导人的角色示范、教导与训练	空间、外观及建筑物之设计
领导人配置奖酬及地位的看得见的标准	有关人物、事件的故事和传奇
领导人招募、甄选、选拔、退休及调职的看得见的标准	组织哲学、价值观、章程的正式陈述

资料来源：沙因（1996）

按照沙因的研究思路，他认为创建者借助初级植入机制与次级勾勒与增强机制来深植和传递文化。初级植入机制创造出组织整体的气氛，这是组织文化的雏形；当次级勾勒与增强机制与初级植入机制相一致时，组织文化的框架和内容也就基本形成了。

（二）组织文化形成的步骤

组织文化从无到有，一般会经历以下过程（图 11-4）。

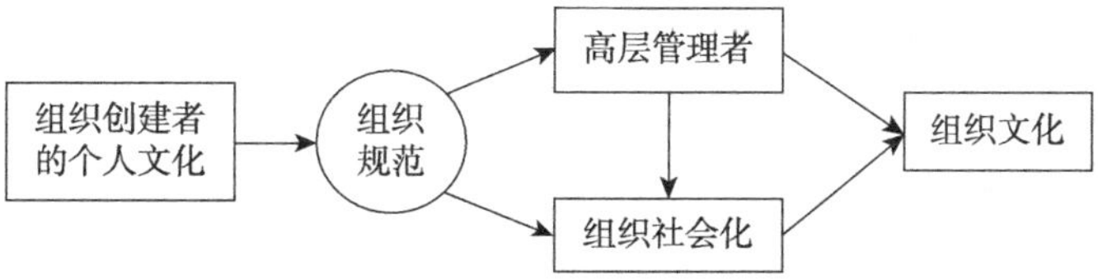

图 11-4 组织文化形成示意图

首先，组织文化发端于文化创建者的个人文化，并会受到社会、组织及其成员的文化因素的影响。这也就解释了，为什么不少的组织文化都留有文化创建者个人文化的印记。例如，海尔文化深受张瑞敏个人文化的影响，华为文化深受任正非个人文化的影响。

其次，组织文化创建者的文化会在实践的发展中加以沉淀和完善，逐渐发展出一套组织规范，用来规范和引导组织成员的意识与行为。经历了上一个阶段，组织文化雏形已基本形成，它确定了组织文化的发展方向，但还相对简单和粗糙。这种简单的组织文化体系若要在组织内部得以推广，还必须进行完善。通常，我们会把这种完善后的文化框架表达成一套系统的组织规范，最典型的组织规范就是组织文化手册。像海尔、华为这些拥有优秀组织文化的组织，在其组织内部都有一套完善的组织文化手册。

再次，明确了组织规范之后，管理者会营造相应的文化氛围，以使员工能按照规范认知和行动。同时，对于进入组织的成员来说，他们还会经历组织社会化的过程，以便能较好地掌握和应用组织规范。所谓组织社会化，是指员工为了适应所在组织的价值体系、组织目标和行为规范而调整自己态度与行为的学习过程。进行组织社会化的方式有多种，但最常用的是以下几种：①正式的与非正式的。新员工与当前的工作环境越是隔离，并以某种方式清晰地表现出自己是新来的，社会化过程则越是正式。而非正式的社会化让新员工直接进入工作，很少或根本没有特殊注意他们。②个体的与集体的。新成员可以单独完成社会化，很多专业办公室具有这种特点。另外，新成员还可以被组织起来，经历一系列共同的经验。③固定的与可改变的。固定日程设定了变化的标准化阶段，它的特点是循环式培训方案，还包括试用期。而可变日程安排没有提前给出任何变动时间表。④序列的与随机的。序列社会化的特点是使用可以培训和鼓励新成员的角色榜样。在随机社会化中，角色榜样被有意隐含起来，他们让新员工自己去思考和理解。

最后，最终在组织规范的基础上，组织成员们有了共享的价值观和行为方式时，组织文化也就形成了。简单地说，鉴定组织文化是否形成就是看组织成员从心理到行为举止是否达成一致。要是所有组织成员心往一处想、劲往一处使，那么这个组织的文化就已经形成。

二、组织文化的维系

组织文化形成过程中，组织内部还需要采取一些措施来维系现有的文化建设成果。特别是在组织的生存和发展环境并不是一成不变的情况下，要想在这种动态的、组织内部的员工和结构等都可能发生调整与变化的环境中保持相对稳定，组织需要确保组织文化在组织中的主导地位和相对稳定性。组织文化维系工作主要包括以下几个方面。

1. 组织社会化过程

在组织文化的形成阶段，组织社会化发挥着重要的作用，它是将新的组织文化植入组织成员心中的有效手段。同样的，在组织文化维系阶段，也需要将已有的组织文化进一步渗透，从而保持和巩固原有的文化体系，以实现组织文化的延续性，达到组织文化维系的目的。前面关于组织文化形成的论述中，所提及的组织社会化的手段，即正式的与非正式的、个体的与集体的、固定的与可改变的、序列的与随机的组织社会化手段，在组织文化维系工作中也仍然有效。

2. 甄选成员

组织需要根据相应的价值观、规范等来设计甄选标准，为组织选聘与组织发展相匹配的个体。首先，选拔符合组织文化的人才加入企业，有利于更好地培养并留住人才，因为这些人员在价值观取向及行为模式上与组织文化比较相近，比较适合企业的环境，容易让员工产生归属感，降低人员的流失率，沉淀管理，促进经营。其次，选拔符合组织文化的人才加入企业，是一种组织文化的推广手段，这不单是内部推广，其实也是一种外部宣传的手段，因为企业员工本身就是企业对外的“代言人”，一个好的组织文化，员工会自发地在企业外部进行传播，所以这类员工的行为同时也会促进组织文化进一步发展并得以沉淀。最后，选拔符合组织文化的人才，有利于企业各类运营项目、发展方案的推动，一方面容易营造“员工与企业共发展”的氛围，另一方面也能确保经营方在员工当中保持较好的一致性。

3. 制定制度

在组织文化维系阶段，工作的重点是将现有的组织文化予以延续。而将基础的组织规范制度化后，一方面可使其具有约束成员的效力，从而实现组织文化的巩固；另一方面它也可以为成员们学习和应用组织文化提供制度依据，从而使组织文化清晰明了。总之，组织制定制度对于规范企业和员工的行为、维系组织文化、促进组织的长远发展具有重大作用。

4. 设计组织结构和流程

在组织架构和经营流程方面，充分体现组织文化的相关基础假设和理念，将使组织文化更深入地融入企业的日常经营管理中。例如，一家组织的组织文化中若强调尊重个人，那么这家组织在进行组织结构设计时，会充分考虑如何让员工能更好地开展工作，以便更好地发挥员工的创造性。

5. 举行典礼仪式

典礼和仪式能反映出文化的核心价值，而且其涉及的成员范围比较大，常常是组织高管与基层员工沟通的有效渠道。组织的典礼仪式是组织将现有文化进行传递的有形平台。例如，各大组织的先进表彰大会就是在弘扬组织所倡导的价值观和行为。

三、组织文化的传承

西方一些经济发达国家十分推崇这种传承理念，并纷纷将这种传承文化导入自己的组织。传承组织文化并不是一味地保守继承，相反，它的本质是一种主动求变，是在继承基础上的发展与完善。

那么，组织文化传承的问题会在什么时候出现呢？组织文化传承的问题一般不会发生在组织文化的创建阶段。当组织文化的创建者还在或多少掌管企业时，即使外面的环境发生了剧烈的变化，也少有人可以挑战企业文化，甚至去威胁企业文化的核心基础假设。只有在创建者不在组织的领导岗位，而且新的领导已经开始掌权时，传承问题才会真正被摆上议事日程。传承组织文化需要考虑以下三个方面的问题。

（一）目标

在继承的基础上发展与完善组织文化，必须要有明确的组织目标。组织目标将明确地表达未来组织文化发展的方向。假使组织目标在此阶段发生了重大变化，那么在对组织文化进行发展和完善时需要做出的调整会相对较大。

（二）责任

责任感与组织文化中的“主动性”息息相关。只有拥有了强烈的责任感，组织文化的传承才会得到更多的重视。组织中所有的责任和使命都会分配到每个员工身上，需要大家自觉、主动承担，这样最终才能实现美好愿景。

（三）价值观

价值观是组织文化的定海神针。组织文化传承中的继承，更多体现在对现有价值观的继承。只要价值观不变，组织文化不论做出了多大的调整，也只是对原有组织文化的完善。

四、组织文化的变革

当组织的内、外部环境发生变化，组织原有的文化难以或不能适应形势变化的要求时，就要通过变革来打破原有组织文化。但打破原有的稳定和平衡本身不是目的，目的是建立适应新形势的新的稳定和平衡，应当把组织文化的变动性和稳定性有机地结合起来。

（一）组织文化变革的动因

1. 外部动因

（1）社会经济环境的变化。社会经济不断发展，人民生活水平不断提高，使市场更为广阔，产品更新换代速度加快，加上工作自动化程度的提高等，均会迫使组织进行变革。社会经济环境还包括国家的经济政策、法规以及环境保护等。

（2）科学技术的发展。科学技术的迅速发展及其在组织中的应用，如新发明、新产品、自动化、信息化等，使组织的结构、组织的运行要素等都发生了巨大变化，这些变化也会推动组织不断地进行变革。

（3）管理理论与实践的发展。管理的现代化、新的管理理论和管理实践，都要求组织变革过去的旧模式，对组织要素和组织运行过程的各个环节进行合理的协调与组织，从而对组织提出变革的要求。

2. 内部动因

（1）组织目标的选择与修正。组织的目标并不是一成不变的，当组织目标在实施过程中与环境不协调时，需要对目标进行修正。

（2）组织结构与职能的调整和改变。组织会根据内、外环境的要求对自身的结构进行适时的调整与改变，如管理幅度和层次的重新划分、部门的重新组合、各部门工作的重新分配等。同时，组织在发展的过程中，亦会不断抛弃旧的不适用的职能并不断承担新的职能，如社会福利事业、防止公害、保护消费者权益等。这些均会促使组织不断进行变革。

（3）组织员工的变化。随着组织的不断发展，组织内部员工的知识结构、心理需要及价值观等都会发生相应的变化。现代组织中的员工更注重个人的职业发展和管理中的平等自主。组织员工的这些变化必将带动组织的变革。

（二）组织文化变革的内容

组织文化变革是对原有文化的颠覆。在此过程中，其变革的对象就是组织文化的各个组成部分，即组织精神文化、制度文化、行为文化和物质文化。

1. 组织精神文化的变革

组织文化变革的核心是精神文化的改变，而其他层面文化的变化是配合精神文化变化的，是精神文化变革的外在体现。例如，海尔在推行国际化战略后，持续不断创新成为其新的经营哲学，因而其对外宣传的口号由“真诚到永远”变为“海尔勇创最高”（Haier and higher）。

2. 组织制度文化和行为文化的变革

组织制度文化和行为文化的变革包括组织一般制度和特殊制度的设立与取消，员工和管理者行为规范的调整。

3. 组织物质文化的变革

以组织标识、建筑物、组织产品为代表的物质文化的变化多数是为了建立组织文化的统一形象，并树立个性鲜明的组织形象和品牌形象。例如，联想在确立了新的组织价值观后，将原英文标识“Legend”（传奇之意），更换为新的英文标识“Lenovo”（创新之意）。

（三）组织文化变革的方式

1. 文化整合

组织文化的产生源于不同文化倾向的整合，其中潜在的文化优势并不会自动形成并发挥作用，而需要创立一种整体文化，也需要进行组织文化整合。这种变革的关键是吸收其他文化的优点。例如，方正集团总裁张玉峰将公司的研究开发部门与北大计算机所合并后积极开展文化变革，其具体的方式是将“求真务实、兼容并包”的北大精神引入方正，由此实现了技术开发和市场开发两个业务板块的文化整合，从而推动了方正的超常规发展。

2. 文化移植

文化移植就是把优秀的组织文化核心要素移植到新的组织中，经过培育，最终在新组织里结果，建立起一种新的组织文化。例如，日本索尼公司在收购美国哥伦比亚电影公司后，把在日本执行得很成功的企业文化以及管理方式等搬到美国使用，但执行了一两年后问题就出来了。调查发现，不是索尼自己公司的企业文化有问题，而是美国人的习惯使然，美国人习惯在一个企业或一个岗位干上两三年就要换。在这种情况下，索尼只好调整自己的战略和制度，来适应美国文化，将美国文化植入它原有的企业文化中，从而形成了美国版本的索尼，它具备美国化的管理和习惯，索尼最终获得了成功。

3. 文化重塑

组织文化重塑通常是一个企业的现有文化已不适应社会发展要求，不适应企业发展步伐，甚至阻碍企业发展时，在吸取原有文化精华的基础上重塑和重构原有的组织文化。例如，有“中国煤炭工业源头”之称的开滦集团面对快速变化的市场，对开滦企业文化进行了创新：由管理控制型文化向开放融入型文化转变；由基因驱动型文化向战略驱动型文化转变；由单纯的企业文化建设向经济文化一体化战略转变。

总之，组织文化变革会根据每家组织的不同情况而选择不同的变革方式。在组织文化变革的过程中，需注意：组织文化的变革只能是自上而下的，需要组织高层领导的支持；组织文化的变革领导者应具备一整套领导艺术才能；组织成员既是组织文化作用的客体，也是组织文化建设的主体。

五、组织文化的测评

组织文化测评是对组织文化优劣和建设成效的系统评估方式，组织文化测评有两大板块，一是组织文化测量，二是组织文化评价。

（一）组织文化测量

组织文化测量一般是运用已开发的量表对组织文化进行测量，然后运用测量到的数据与常模相比较，发现组织文化的特征及其优、劣势。组织文化测量的目的是判断企业文化的所属类型、预测组织或员工的有效性、揭示企业文化对经营绩效的贡献。常用的组织文化测量量表如下。

1. 组织文化评估量表

卡梅隆（Cameron）和奎因构建的组织文化评估量表（organizational cultural assessment instrument，OCAI），是在对立价值框架的基础上开发出的直观、便捷的组织文化测量工具。

组织文化评估量表从组织有效性的影响因素中提炼出六个维度来评价组织文化，这六个维度是主导特征、领导风格、员工管理、组织凝聚、战略重点、成功准则。每个维度下设四个选项（表 11-2）。

表 11-2 OCAI 量表中的组织文化测量表

1.主导特征		现在的情况（100）	期望的情况（100）
A.	组织是一个非常人性化的地方，就像一个大家庭，成员间愿意分享很多事情		
B.	组织是一个非常有活力的、多元化的地方，成员们坚持自己的想法，同甘共苦		
C.	组织非常注重结果，非常重视员工工作的完成情况，成员之间有竞争且都为组织和个人取得成就		
D.	组织运营控制良好，结构化很强，成员都是按照规章制度办事		
总分			
2.领导风格		**现在的情况（100）**	**期望的情况（100）**
A.	组织的领导通常被视为体现了导师、推动者或培育者的作用		
B.	组织的领导风格主要是创业、创新和尝试冒险		
C.	组织的领导风格主要是“没有废话”，具有进取性和高功利性		
D.	组织的领导风格主要是有条理、有组织性、运作顺畅和充满效率		
总分			
3.员工管理		**现在的情况（100）**	**期望的情况（100）**
A.	管理风格是团队合作、少数服从多数以及参与性强		
B.	管理风格是个人英雄主义、喜欢冒险、勇于创新、崇尚自由和展现自我		
C.	管理风格具有很强的竞争性，要求和标准都非常严格		
D.	管理风格主要是确保雇用关系，人们的关系是可以预见、稳定和一致的		
总分			
4.组织凝聚		**现在的情况（100）**	**期望的情况（100）**
A.	组织靠忠诚、互信凝聚在一起。人们都具有承担义务的责任感		
B.	人们靠创新和发展结合在一起，走在时代的前端是重点		
C.	成功和完成目标把人们联系在一起，进取和取得胜利是共同的目标		
D.	人们靠正规的制度和政策在一起工作，维持一个顺畅运作的组织是非常重要的		
总分			
5.战略重点		**现在的情况（100）**	**期望的情况（100）**
A.	组织重视人力资源发展、互信、开诚布公和员工持续地参与		
B.	组织主要寻求新的资源和迎接新的挑战，尝试新的事物和寻求机遇是员工价值的体现		
C.	组织追求竞争和成功，打击对手和在市场中取胜是组织的主要战略		
D.	组织希望看到持久和稳定，效率、控制和顺畅的运作是工作重点		
总分			

续表

6.成功准则		现在的情况（100）	期望的情况（100）
A.	组织对成功的定义为人力资源、团队合作、员工的贡献、对员工的关怀上的成功		
B.	组织对成功的定义是组织是否具有最特别和最新的产品，组织是否是产品领导者和创新者		
C.	组织对成功的定义是赢得市场份额并且打败对手，成为市场的领导者		
D.	组织视效率为成功的基础，相互传递、稳定的工作安排和低成本是至关重要的		
总分			

资料来源：陈春花等（2013）

受测者按照选项陈述与组织文化的契合程度，给四个选项打分，四项的总分为 100 分。同时，每项还被要求按照期望状态打分，用来对照现状的得分，从而找出薄弱环节和发展方向。

2. 组织文化测量量表

丹尼森开发了组织文化测量量表（denison organizational culture survey），通过测量四个文化特性来评估组织文化，每个文化特性用三个指标衡量，每个指标对应 5 个题项，量表总共有 60 个题项。每个题项均是陈述题，用五点量表法（从 1=强烈不赞同到 5=强烈赞同，此外还可选择“不适用”）表明同意或不同意的态度。

丹尼森组织文化测量量表的测量体系根据 500 多家组织的调查结果建立常模，受测对象可对照常模得到百分位数，从而使受测对象组织文化的相对优势和不足很直观地反映在所形成的模型中。它被广泛用于各类企业。

3. 组织文化特征量表

奥莱利（O' Reilly）和查特曼（Chatman）等为了从契合度的途径研究个人-组织契合和个体结果变量（如组织承诺和离职）之间的关系，构建了组织文化特征量表（the organizational culture profile，OCP）。OCP 量表包括七大测量维度，分别是革新性、稳定性、尊重员工、结果导向、注重细节、进取性和团队导向。

OCP 量表采用 Q 分类方法，即一种自模的强迫分配的形式。回答者分两次对 54 个题项分等级，一次是描述感知到的组织文化，一次是描述期望的组织文化。所有项目要求被分成从最符合到最不符合或从最期望到最不期望 9 类，每类包含的题项数量分别为 2 个、4 个、6 个、9 个、12 个、9 个、6 个、4 个、2 个。

4. 组织文化价值观量表

最早在我国进行量化研究的是台湾大学的郑伯埙教授，他在沙因研究的基础上设计了组织文化价值观量表（values in organizational culture scale，VOCS）。

VOCS 量表包含科学求真、顾客取向、卓越创新、甘苦与共、团队精神、正直诚信、表现绩效、社会责任和敦亲睦邻九个维度。郑伯埙对这九个维度进行因子分析后，发现可得到两个高阶维度，即外部适应价值（包括社会责任、敦亲睦邻、顾客取向和科学求真）和内部整合价值（包括正直诚信、表现绩效、卓越创新、甘苦与共和团队精神）。

VOCS 量表是完全本土化的量表，在中国组织文化测量方面具有开创性。郑伯埙还应用 VOCS 量表，通过不同的契合度计算方式，考察了组织价值观和个体结果变量之间的关系，但是该方式比较抽象，不易让被访者理解。

总之，组织文化测量是一种定量研究的方法，能够揭示组织文化的一些表象和表达的价值观。方法相对简单，对操作者要求不高，利于大规模测试和比较。但被测者所提供数据的客观性和科学性有时会遭到质疑，而且特定量表的局限性难以展现组织文化的全貌。

（二）组织文化评价

组织文化评价是一种综合式的组织文化测评方法，意在对组织文化的层次和要素进行总体判断。组织文化了解和破译企业的文化、评价特定企业文化的优劣。

组织文化评价是一种定量与定性相结合的方法。一方面，通过个人和小组面谈的过程来评测企业文化，特别是文化深层次的潜在假设。另一方面，选定评价要素集，给定各要素权重，确定评价等级集，通常运用综合评价方法进行定量评价，并给出定性评价。组织文化评价能够通过综合评价对总体打分，利于评比和比较；但受评价者主观感受影响，评价结果存在较大主观性。

1. 探查式评价

探查式评价以了解和破译企业文化深层假设为目的，使用访谈和诊断的方式形成评价结果。

2. 综合式评价

综合式评价以评价特定企业文化的优劣为目的，一般使用综合评价的方式算出评价结果。

这种评价方式的基本步骤是：第一步，选定评价要素集（表 11-3）；第二步，给定各要素权重；第三步，确定评价等级集；第四步，运用综合评价方法进行定量评价（常以给组织文化打分的形式出现）。

表 11-3 综合式评价要素集示例

一级指标	二级指标	三级指标
精神文化	企业家及员工价值观	儒家价值观观念
		…
	英雄人物认知	人际关系好的人的认可程度
		…
	企业凝聚力	员工的共同理想
		…
制度文化	企业制度	薪酬制度的合理性
		…
	工作倾向	对员工的关心过问程度
		…
	客户导向	产品和服务的最终评价标准
		…
	企业民生	上级考虑下级意见的充分性
		…

续表

一级指标	二级指标	三级指标
行为文化	领导者作风	领导的倡导和示范
		…
	组织学习	学习作为工作内容的重要性
		…
	社会责任	环保意识
		…

资料来源：陈春花等（2010）

本章小结

组织文化是组织在长期的生存和发展过程中所形成的，是组织成员共同遵循的价值观和行为方式，以及由这些行为所产生的结果和表现形态。组织文化结构研究的思路是将组织文化分为四个层次，即物质文化、行为文化、制度文化、精神文化。组织文化不仅具有正向功能，还有负向功能，因此要合理、适时运用。

学者们从不同的角度对组织文化进行了系统的研究，并形成了各自的研究理论。其中具有代表性的有霍夫斯泰德的文化维度理论、沙因的组织文化理论、奎因的竞争性文化价值模型、丹尼森的组织文化模型。

在组织文化建设过程中，有五大环节非常重要，即组织文化的形成、组织文化的维系、组织文化的传承、组织文化的变革、组织文化的测评。

➢复习思考题

1. 组织文化的内涵是什么？
2. 举例说明组织文化在组织经营管理中的作用。
3. 在你工作过的组织（如某社团）中，组织文化是怎么影响你的行为的？
4. 根据霍夫斯泰德的文化维度理论，分析你的文化价值观维度。
5. 简述组织文化建设的过程。

扩展阅读

20世纪七八十年代的美日管理比较研究

1979年，美国国家广播公司为拍摄一个纪录片到处寻找主题。面对西方企业经营效率低下、企业衰落的警报越来越响的现状，美国国家广播公司将这个节目的讨论主题确定为美国企业的日益衰落。执行制片人开始制定了一个暂定题目："面对日益下滑的生产力，我们该怎么办？"后来又把题目改为："'优秀的老扬基人'的创造力怎么了？"这两个题目似乎都不能引起世界的注意。有人建议他，派人去拜访一位住在华盛顿特区的年长的纽约大学学者。这个人就是爱德华·戴明，他在第二次世界大战后日本经济复苏中扮演了重要角色，为日本企业进行全面质量管理立下了汗马功劳，并提出了鼎鼎有名的"戴明环"理论。戴明建议，把目光投向东方，因为在西方企业衰败的同时，日本正在崛起。于是，节目方重新拟定了题目："如果日本能，我们为什么不能？"这期节目播出后，在美国引起了巨大的反响，美国开始把目光转移到日本。

至此，众多的学者加入这场美日管理比较研究的讨论中来，一本又一本的书开始研究日本成功背后的秘密。1981年，威廉·大内在《Z理论》中，率先大力推崇日本的雇用制度和管理实践。其后，帕斯卡尔和阿索斯出版了《日本企业管理的艺术》一书，确认日本管理的关键部分之一是愿景，而这正是西方特别缺乏的东西。日本咨询顾问大前研一也参与到辩论中来。他证明，归根到底，日本是以人为主，最引人注目的是日本的战略思考艺术。日本的本田汽车美国分公司的例子很好地证明了大前研一的这一观点。20世纪80年代的日本本田公司美国分公司只有高层管理者是来自日本的，其余员工都是美国人，这些美国人都曾在三家美国较大的汽车制造企业中工作，即这个公司的职工队伍和美国汽车制造业的同行一样。可是，该公司的生产效率和产品质量都超过美国同行。它成功的秘诀是什么？美国《华尔街日报》于1983年对该公司的经验做了如下报道："本田公司美国分公司的做法是缩小工人和管理人员在地位上的差别，把工人当做群体的一分子。每个人，不论是工人还是管理人员，同样都在公司的餐厅就餐，公司也没有高管专用的停车场。职工被称做'合伙人'。管理人员和工人一样穿着本田公司的白色衣服而非西装革履。"可见，本田公司美国分公司的成功，归根到底是因为高管"重视人、尊重人、团结和依靠广大职工群众"的管理思想和管理实践。这一点恰恰是优秀企业文化的精髓。可以说，本田公司美国分公司是依靠形成优秀的企业文化而取胜的。

20世纪80年代日本企业的成功实践，使美国乃至全世界的企业管理人员都开始对企业文化予以关注，并由此掀起了企业文化的实践热潮。

资料来源：陈春花等（2010）

案例分析

IBM：电脑帝国的企业文化

IBM是有明确原则和坚定信念的公司。这些原则和信念似乎很简单、很平常，但正是这些简单、平常的原则和信念构成了IBM特有的企业文化。

老托马斯·沃森在1914年创办IBM公司时设立过"行为准则"。正如每一位有野心的企业家一样，他希望他的公司财源滚滚，同时也希望能借此反映出他个人的价值观。因此，他把这些价值观标准写出来，作为公司的基石，后人称其为"行为准则"。

1. 第一条准则：必须尊重个人

IBM并不是唯一呼吁尊重个人权利与尊严的公司，但却没有几家公司能做得彻底。自从IBM创业以来，公司就有一套完备的人事运用传统，直到今天依然未变。任何一位有能力的员工都有一份有意义的工作，同时没有任何一位正规聘用的员工因为裁员而失去一小时的工作，即使是在经济萧条时期。

对有能力的员工应该给予具有挑战性的工作。他们在工作时能够体会到公司对他们的关怀，都愿意为公司的成长贡献一技之长。IBM晋升人员时永远在自己公司员工中挑选。但在IBM里没有自动晋升与调薪这回事，晋升、调薪依工作成绩而定。

2. 第二条准则：杰出的顾客服务

为了让顾客感觉到自己是多么重要，无论顾客有什么问题，IBM一定在24小时之内解决，如果不能立即解决，也会给予一个圆满的答复，如果顾客打电话要求服务，通常都会在一小时之内派人去服务。此外，IBM 的专家们随时在电话旁等待提供服务或解决软件方面的问题，而且电话费是由公司付账。此外，还有邮寄或专人送零件等服务，以此增加服务范围。IBM 还要求任何一个 IBM 新零件，一定要比原先换下来的好，而且要比市场上同级产品好。服务的品质取决于公司训练及教育，在这方面，IBM 已经在全球所属公司投下了大量的钱财，其所提供的训练与教育是任何公司无法比拟的。相信 IBM 员工在公司受训所花费的时间超过任何一所大学的授课时间。

3. 第三条准则：追求卓越

对任何事物都以追求最理想的观念去做，无论是产品或服务都要永远保持完美无缺，当然完美无缺是永远不可能达到的，但是目标不能放低，否则整个计划都会受到影响。公司设立一些满足工作要求的指数，定期抽样检查市场以设立服务的标准。从公司挑选员工计划开始就注重优异的准则，IBM 认为从全国最好的大学挑选最优秀的学生，让他们接受公司的密集训练课程，必定可以收到良好的教育效果，他们日后定会有优异的工作表现。为了达到优异的水准，他们必须接受优异的训练，从而使他们有一种使命感，一定获得成功。IBM 是一个具有高度竞争环境的公司，它所创造出来的气氛，不仅可以培养出具有高度竞争环境的公司，还可以培养出优异的人才。在 IBM 里，同辈竞相争取工作成绩，不断地强调教育的重要，因此每个人都不自满，都力争上游。每个人都认为任何有可能做到的事，都能做得到。这种态度令人振奋。

有了这样的行为准则，任何为 IBM 工作的人都明白公司要求的是什么。老沃森这三个信条在其儿子时代更加发扬光大，小托马斯·沃森在 1956 年任 IBM 的总裁，老沃森所规定的“行为准则”，由总裁至收发室，没有一个人不知晓。这些准则一直被牢记在公司每位人员的心中，任何一个行动及政策都直接受到这三条准则的影响，“沃森哲学”对公司的成功所贡献的力量，比技术革新、市场销售技巧或庞大财力所贡献的力量更大。在企业运营中，任何处于主管职位的人必须彻底明白“公司准则”。他们必须向下属说明，而且要一再重复，使员工知道，“准则”是多么重要。在 IBM 会议中、内部刊物中、备忘录中、集会中所规定的事项，或在私人谈话中，都可以发现“公司哲学”贯彻其中。如果 IBM 的主管人员不能在其言行中身体力行，那么这一堆信念都会成为空口白话。

资料来源：http://blog.sina.com.cn/s/blog_67a33c3d0100mhiy.html

思考题:

1. 从案例中，总结 IBM 企业文化建设的成功之处。
2. IBM 企业文化的精髓是什么？
3. IBM 企业文化建设的过程对其他企业有什么启示？

参考文献

安德烈 R. 2012. 组织行为学［M］. 史烽，周劲波，蔡翔译. 北京：机械工业出版社.
奥斯兰 J，库伯 D，鲁宾 I，等. 2011. 组织行为学［M］. 第 8 版. 王永丽，何敏，叶敏译. 北京：中国人民大学出版社.
布朗 D R. 2015. 组织发展的实践方法［M］. 第 8 版. 刘延平，左莉，等译. 北京：高等教育出版社.
陈春花，曹洲涛，曾昊. 2010. 企业文化［M］. 北京：机械工业出版社.
陈春花，杨忠，曹洲涛. 2013. 组织行为学［M］. 第 2 版. 北京：机械工业出版社.
陈国海. 2010. 组织行为学简明教程［M］. 北京：清华大学出版社.
陈国权. 2006. 组织行为学［M］. 北京：清华大学出版社.
陈洪安. 2013. 管理学原理［M］. 第 2 版. 上海：华东理工大学出版社.
陈立富，刘保海，夏保京. 2010. 管理学——理论与方法［M］. 上海：第二军医大学出版社.
陈树文. 2005. 组织管理学［M］. 大连：大连理工大学出版社.
陈阳，禹海慧. 2013. 管理学原理［M］. 北京：北京大学出版社.
程云，刘明鑫，何强. 2012. 管理学基础［M］. 北京：北京大学出版社.
崔勋. 2014. 组织政治知觉的研究溯源、现状评述与前沿探析［J］. 华东经济管理，28（5）：1-7.
达夫特 R L. 2004. 组织行为学［M］. 杨宇，闫鲜，于维佳译. 北京：机械工业出版社.
戴淑芬，刘明珠，李伊松. 2013. 管理学教程［M］. 北京：北京大学出版社.
定雄武. 2012. 企业文化［M］. 北京：经济管理出版社.
窦胜功，张兰霞，卢纪华. 2005. 组织行为学教程［M］. 北京：清华大学出版社.
窦胜功，张兰霞，卢纪华. 2012. 组织行为学教程［M］. 第 3 版. 北京：清华大学出版社.
段万春. 2012. 组织行为学［M］. 北京：北京大学出版社.
冯明. 2013. 组织行为学［M］. 北京：科学出版社.
傅永刚. 2010. 组织行为学［M］. 北京：清华大学出版社.
高爱霞，满广富. 2012. 管理学实用教程［M］. 北京：北京大学出版社.
格里芬 R W，摩海德 G，唐宁玉. 2009. 组织行为学［M］. 中国版. 刘伟译. 北京：中国市场出版社.
格林伯格 G，巴伦 R A. 2005. 组织行为学［M］. 第 7 版. 范庭卫，等译. 南京：江苏教育出版社.
古桥. 2005. 奥迪康公司的面条式组织［J］. 企业管理，（4）：59-60.
顾琴轩. 2003. 组织行为学：新经济 · 新环境 · 新思维［M］. 上海：上海人民出版社.
郭志达，王岩. 2014. 组织行为学［M］. 北京：经济管理出版社.
黑尔里格尔 D，斯洛克姆 J W，伍德曼 R W. 2001. 组织行为学：下册［M］. 岳进译. 北京：中国社会科学出版社.
侯奕斌，凌文辁. 2006. 积极组织行为学内涵研究［J］. 商业时代，（27）：4-7.
胡君辰. 2010. 组织行为学［M］. 北京：中国人民大学出版社.
胡凌云，王其和，邱少春，等. 2013. 管理学原理［M］. 武汉：武汉大学出版社.
胡宇辰，蔡文，杨建锋，等. 2012. 组织行为学［M］. 上海：复旦大学出版社.
冀鸿，李泓欣. 2012. 组织行为学实用教程［M］. 北京：北京大学出版社.
贾蕾. 2009. 基于儒家人际关系理论的品牌关系管理研究［D］. 中国海洋大学硕士学位论文.
姜宝钧. 2010. 实用组织行为学［M］. 北京：高等教育出版社.
康善招，姚小远，相正求. 2012. 新编组织行为学［M］. 上海：华东师范大学出版社.
雷金荣. 2012. 管理学原理［M］. 北京：北京大学出版社.
李宝元，严帆，董青. 2014. 组织行为学通论［M］. 第 2 版. 北京：清华大学出版社.
李宏，杜学忠. 2002. 组织行为学精华读本［M］. 合肥：安徽人民出版社.
李剑锋. 2010. 组织行为管理［M］. 第 4 版. 北京：中国人民大学出版社.

李润林，温明，柳建营. 2011. 组织行为学［M］. 北京：中国传媒大学出版社.
李霞. 2012. 365 天管理智慧书［M］. 北京：人民邮电出版社.
李亚婷，王雨渤. 2015. 团队比老婆难找［J］.中国企业家，（18）：48-50.
凌文辁. 2010. 行为科学在中国［J］. 焦点战略新探，1（3）：39-44.
刘汴生. 2012. 管理学：理论与实务［M］. 北京：北京大学出版社.
刘畅. 2014-06-22. 海尔“裁员”求变［EB/OL］. http://finance.ifeng.com/a/20140622/12585737 _0. Shtml.
刘佛翔. 2012. 组织行为学［M］. 北京：科学出版社.
刘洪. 2011. 菜单中的群体决策［J］. 商界：评论，（4）：106-108.
罗宾斯 S P. 2005. 组织行为学［M］. 第 10 版. 孙健敏，李原译. 北京：中国人民大学出版社.
罗宾斯 S P. 2009. 组织行为学精要［M］. 第 7 版. 潘晓莉注. 北京：中国人民大学出版社.
罗大章. 1999. 组织行为学研究对象及研究方法初窥［J］. 社科与经济信息，（1）：31-32.
马作宽. 2009. 组织变革［M］. 北京：中国经济出版社.
麦克沙恩 S L，格里诺 M A. 2011. 组织行为学［M］. 第 5 版. 吴培冠，张璐斐，等译. 北京：机械工业出版社.
纳尔逊 D L，奎克 J C. 2004. 组织行为学：基础、现实与挑战［M］. 桑强，等译. 北京：中信出版社.
庞丽静. 2014-07-07. 海尔“裁员门”始末［EB/OL］. http://www.eeo.com.cn/2014/0707/263039. Shtml.
彭婉丽. 2013. 组织政治知觉研究综述［J］. 东方企业文化，（6）：20-21.
乔忠. 2012. 管理学［M］. 北京：机械工业出版社.
秦志华. 2013. 组织行为：形成与发展［M］. 大连：东北财经大学出版社.
邱晓昀. 2013. 快公司的领导力战略［J］. 哈佛商业评论（中文版），（5）.
曲建国. 2009. 人力资源管理［M］. 北京：清华大学出版社.
任浩. 2011. 组织行为学——现代的观点［M］. 北京：清华大学出版社.
沙因 E H. 1996. 组织文化与领导［M］. 陈千玉译. 台北：五南图书出版公司.
申文青. 2013. 管理学［M］. 北京：北京大学出版社.
盛蕻希. 2015. 用未来领导力应对未来挑战［J］. 哈佛商业评论，（3）.
苏勇，何智美. 2011. 现代组织行为学［M］. 第 2 版. 北京：清华大学出版社.
孙蓓. 2013. 组织政治行为产生的原因及对策分析［J］. 淮海工学院学报（人文社会科学版），11（14）：42-45.
孙汉银. 2004. 论组织行为学中的组织政治知觉［J］. 北京师范大学学报（社会科学版），（1）：48.
托夫勒 A. 2006. 权力的转移［M］. 吴迎春，等译. 北京：中信出版社.
汪罗. 2015. 孟斯特伯格：工业心理学之父［J］. 当代电力文化，（4）：86-87.
王怀明. 2014. 组织行为学：理论与应用［M］. 北京：清华大学出版社.
王怀明，王益明. 2012. 高级组织行为学 10 讲［M］. 上海：华东师范大学出版社.
王慧娟，彭傲天. 2012. 管理学［M］. 北京：北京大学出版社.
王里，戴雯. 2012. 组织行为学［M］. 北京：北京大学出版社.
王振宇. 2004. 心理学教程［M］. 北京：高等教育出版社.
韦克难. 2001. 管理心理学［M］. 成都：西南财经大学出版社.
魏国江，李碧珍. 2009. 组织行为学［M］. 厦门：厦门大学出版社.
沃特金斯 M D. 2014. 从管理者到领导者必须完成的 7 种质变［J］. 鲁志娟译. 销售与管理，（2）：112-118.
吴晓义，杜今锋. 2006. 管理心理学［M］. 广州：中山大学出版社.
肖余春. 2009. 组织行为学［M］. 北京：机械工业出版社.
邢以群. 2011. 管理学［M］. 北京：高等教育出版社.
邢以群. 2012. 管理学［M］. 杭州：浙江大学出版社.
熊勇清. 2011. 组织行为管理［M］. 长沙：湖南人民出版社.
徐碧琳，陈颉. 2012. 管理学原理［M］. 北京：机械工业出版社.
许芳. 2014. 组织行为学原理与实务［M］. 第 2 版. 北京：清华大学出版社.

阎海峰，郭毅. 2010. 组织行为学［M］. 第 3 版. 北京：高等教育出版社.
杨杰，凌文辁，方俐洛. 2003. 心理契约破裂与违背刍议［J］. 暨南学报（哲学社会科学版），25（2）：58-64.
伊万切维奇 J M，康诺帕斯基 R，马特森 M T. 2006. 组织行为与管理［M］. 邵冲译. 北京：机械工业出版社.
余凯成. 2002. 组织行为学［M］. 第 2 版. 大连：大连理工大学出版社.
郁阳刚. 2014. 组织行为学（理论・实务・案例）［M］. 北京：清华大学出版社.
袁凌. 2003. 组织行为学［M］. 长沙：湖南科学技术出版社.
曾晖，赵黎明. 2007. 组织行为学发展的新领域——积极组织行为学［J］. 北京工商大学学报（社会科学版），22（3）：84-90.
张春兴. 1994. 现代心理学［M］. 上海：上海人民出版社.
张德. 2012. 组织行为学［M］. 北京：高等教育出版社.
张德. 2013. 企业文化建设［M］. 北京：清华大学出版社.
张德，吴志明. 2005. 组织行为学［M］. 第 2 版. 大连：东北财经大学出版社.
张嵩. 2012. 组织行为学［M］. 哈尔滨：哈尔滨工业大学出版社.
赵辉. 2011. 国外工作价值观研究综述［J］. 燕山大学学报（哲学社会科学版），12（2）：75-77.
赵莉琴，郭跃显，李英. 2005. 组织行为学理论与案例［M］. 北京：中国铁道出版社.
赵应文. 2011. 组织行为学概论［M］. 北京：清华大学出版社.
赵应文，胡乐炜. 2013. 组织行为学精编［M］. 第 2 版. 武汉：武汉理工大学出版社.
郑可和，江历明，李中斌. 2014. 组织行为学理论与实务［M］. 杭州：浙江大学出版社.
中国科学院心理研究所战略发展研究小组. 2001. 行为科学的现状和发展趋势［J］. 中国科学院院刊，（6）：418-421.
周三多，陈传明，鲁明泓. 2007. 管理学——原理与方法［M］. 上海：复旦大学出版社.
朱新华. 2007. 组织行为学［M］. 郑州：河南出版集团.
竺乾威，邱柏生，顾丽梅. 2002. 组织行为学［M］. 上海：复旦大学出版社.
Kegan R，Lahey L，Fleming A，et al. 2014. Making business personal［J］. Harvard Business Review，92（4）：44-52.
Newcomb T M. 1953. An approach to the study of communicative acts［J］. Psychological Review，60（6）：393-404.
Tuckman B W，Jensen M A C. 1997. Stages of small-group development revisited［J］. Group and Organization Studies，（12）：419-427.
Zenger J，Folkman J. 2013-03-15. The ideal praise-to-criticism ratio［EB/OL］. Harvard Business Review blog.